A Sabedoria do Extremo Oriente

Um estudo sobre as principais tradições religiosas da Índia, China, do Japão e Tibete.

Murillo Nunes de Azevedo

A Sabedoria do Extremo Oriente

Um estudo sobre as principais tradições religiosas da Índia, China, do Japão e Tibete.

EDITORA
TEOSÓFICA

Direitos Reservados à
EDITORA TEOSÓFICA
SIG Quadra 6, Nº 1235
70.610-460 – Brasília-DF – Brasil
Tel.: (61) 3322.7843
E-mail: editorateosofica@editorateosofica.com.br
Site: www.editorateosofica.com.br
Instagram: @editorateosofica
Whatsapp: 61 98613-4906

A994 Azevedo, Murillo Nunes de
A sabedoria do extremo oriente
Brasília: Editora Teosófica, 2022.
p. 396

ISBN 978-65-88-797-99-0

1.Teosofia

II. Título

CDU 141.332

Revisão de texto: Carmem Cruz e Zeneida Cereja da Silva
Capa e Diagramação: Ana Paula Cichelero
Impressão: Gráfika Papel e Cores (61) 3344-3101
E-mail: comercial@grafikapapelecores.com.br

À Maria Idalina, cujo estímulo e compreensão
permitiram que esta obra tivesse a marca do Amor.

Das profundezas imprecisas de um passado remoto consultei milhares de tomos de textos sagrados.

Profundos, herméticos, obscuros como as trevas mais espessas.

Ensinamentos diversos, distintos. Conflitantes.

Quem poderá abarcar todo o conjunto?

Todavia, se ninguém os tivesse escrito e se ninguém os tivesse lido, como iríamos saber?

Como iríamos?

Kobo Daishi (774-835 d.C.)

Sumário

Prefácio da Edição Brasileira

Murillo Nunes de Azevedo (1920 - 2007) foi uma daquelas pessoas que deixaram em sua passagem por este mundo uma expressiva contribuição para os buscadores da verdade. Ele se dedicou profundamente ao estudo, meditação e difusão da sabedoria oriental. Murillo foi engenheiro, professor universitário, poeta, escritor, monge budista, editor e radialista. Além de escrever muitos livros, incluindo livros sobre Tantra, Budismo da Terra Pura, Zen e Alquimia, ele traduziu e comentou algumas pérolas da sabedoria oriental como o *Tao Te Ching - O Livro do Caminho Perfeito*, *Viveka Chudamani - A Joia Suprema da Sabedoria* (Editora Teosófica), e outros. Ele orientou também uma coleção de livros esotéricos da Editora Civilização Brasileira, incluindo *A Doutrina Secreta*, de Helena Blavatksky.

Murillo foi o primeiro brasileiro a entrevistar Sua Santidade o Dalai Lama e foi membro da Sociedade Teosófica desde 1950. Por três mandatos foi presidente da Sociedade Teosófica no Brasil, tendo trazido com suas palestras e criatividade grandes contribuições para a difusão do movimento teosófico. Ele foi ordenado monge em três das mais tradicionais escolas budistas japonesas: Soto Zen, Shingon e Hompa Hongangi. Foi também fundador da Sociedade Budista do Brasil.

Eu tive o privilégio de tê-lo como professor da disciplina de Filosofia Oriental quando estudava na PUC do Rio de Janeiro. Durante um ano eu tive a oportunidade de aprender muito com o Murillo. O livro texto desta disciplina foi exatamente este livro que estamos relançando como o título *A Sabedoria do Extremo Oriente - Um estudo sobre as principais tradições religiosas da Índia, China e Japão*, que em sua edição original tinha o título "*O Olho do Furacão*". Quando as aulas terminaram, o Murillo e o Monge Ricardo Mário Gonçalves trouxeram do Japão um monge Zen-budista para dar um belo curso de extensão na própria PUC, que eu também participei. No final deste curso, ele me convidou para ir à Sociedade

Teosófica no Rio de Janeiro para assistir uma palestra sobre Budismo. Foi o momento de uma grande reviravolta na minha vida. O contato com a ST e a Teosofia foi um divisor de águas na minha jornada, a descoberta de um novo mundo que marcou de forma definitiva minha vida. Agradeço muito ao Murillo por ter sido o canal através de quem eu tive a oportunidade de mergulhar no oceano da Teosofia e aprender tanto!

Nos meus primeiros anos como membro da Sociedade Teosófica, assisti muitas de suas palestras e tive diversas conversas com ele. Sua bela casa em Santa Tereza foi utilizada por diversas vezes nos anos 70 como ponto de encontro de teósofos. Lembro que eu me deleitava em ouvir música clássica de qualidade em seu sistema de som de alta fidelidade.

O presente livro é uma grande viagem pelos ensinamentos e História da Filosofia Oriental, desde os primórdios da tradição dos Vedas até os dias de hoje. Murillo demonstra como os ensinamentos do Hinduísmo e do Budismo influenciaram os grandes pensadores e filósofos do Ocidente e do Oriente Médio, bem como as escolas de mistério e as religiões persa, judaica e cristã.

No livro existem textos que dão uma boa introdução ao estudo da rica Filosofia Oriental, incluindo o *Sanatana Dharma – A Religião Eterna*, o culto às divindades femininas, o Shivaísmo, Krishnaísmo, Jainísmo, Vedanta, *Yoga*, Tantra, Sikhismo, e as diversas escolas do Budismo (incluindo o Budismo Tibetano e o Zen-Budismo). Ele escreve também sobre as escolas chinesas como o Taoísmo e o Confucionismo e sobre *o I Ching – O Livro das Mutações*. Existem ainda capítulos sobre as mandalas e os mantras e algumas das principais obras da tradição oriental como a *Bhagavad-Gītā*, o *Ramayana*, os *Upanishads*, o *Dhamapada* e textos Zen.

É com grande alegria que tenho a satisfação de prefaciar este livro que me abriu o caminho para o estudo da Filosofia Oriental, especialmente a tradição indiana, que marcou desde então a minha vida.

Que ele seja inspirador para todos assim como foi para mim.

Encerro com uma saudação de gratidão do Budismo da Terra Pura, que era uma grande paixão do Murillo: *Namo Amida Butso* que significa "Obrigado, Amida Buda".

Eduardo Weaver

1

As Relações entre o Ocidente e o Oriente

O Ocidente sempre dependeu do Oriente. A relação mais antiga parece provir, segundo a arqueologia, da existência de uma Cultura comum na planície inferior da Índia e da Mesopotâmia, Golfo Pérsico e Grécia.

Não há dúvida de que a sociedade descrita nos poemas de Homero e a da Índia, no *Mahābhārata*[1], são muito semelhantes. Adoram os mesmos deuses. O Pai Celestial (Zeus, Júpiter, Dyaus Pitar), a Mãe Terra, a extensão celestial (Varuna, Uranos), a Aurora (Ushas), o Sol (Surya).

O comércio entre essas regiões era intenso. Há provas de trocas entre os fenícios e a Índia no remoto ano de 975 a.C., quando Hiran, rei de Tiro, enviou navios ao Golfo de Aqaba para transportar marfim, macacos e pavões para os palácios e o templo de Salomão. Junto com o comércio, há sempre, inevitavelmente, a interfusão de cultura. Os fenícios foram, portanto, uma das mais antigas portas entre o Ocidente e a Índia. Os verdadeiros caixeiros viajantes da antiguidade.

Os contatos mais ativos do Ocidente grego com a Índia começaram com a Pérsia, que é também um ramo do mesmo tronco ariano. No ano 510 a.C., Dario, o Grande, enviou mercenários para explorar o rio Indus[2], os quais levaram 25 anos nessa tarefa, tendo regressado, via Suez, pelo Mar Vermelho. Suas aventuras foram

---

[1] *Mahābhārata* (Sânsc.) – "A Grande Guerra", poema épico da Índia que inclui uma síntese do *Ramayana* e da *Bhagavad-Gītā*, "Canção Celeste", contém 220.000 versos divididos em 18 livros (*parvas*) e foi composto, segundo se acredita, por Krishna Dvaipāyana, chamado o Vyāsa ("ordenador" ou "compilador"). Glossário Teosófico, 7ª edição, Ed. Teosófica, 2020.

[2] Indus – Rio Indus – é o rio mais longo e mais importante dos rios do subcontinente indiano. O nome do continente é proveniente do nome do rio. Berço da civilização do Vale do Rio Indo, que teve seu apogeu em 2.600 a.C.

divulgadas pelo historiador Heródoto – nascido em Halicarnasso, no ano 484 a.C. – que também nos fala muito da Índia e seu povo "de raça branca como os egípcios". Em 480 a.C., há registros de que tropas hindus tomaram parte na invasão da Grécia e de funcionários gregos terem prestado serviços na Índia. Rapson afirma:

"Em nenhuma época como essa estiveram tão abertos os laços devidos às comunicações terrestres, nem foram tão favoráveis as condições para o intercâmbio de ideias entre o Ocidente e o Oriente".

Daí, podemos observar a penetração de algumas raízes de forte influência hindu no pensamento grego. Das ingênuas especulações de Homero, nasce um movimento que busca conhecer as profundezas do pensamento dos gregos jônicos da Ásia Menor, que estavam em contato com a Pérsia e com a Índia. Uma prova dessa identidade é encontrada nas cogitações do pai da Filosofia Grega, Tales de Mileto. Mas as bases repousam firmemente nas Escolas Eleáticas de Xenôfanes, Parmênides e Zenão, que buscavam a Realidade Una, latente sob os fenômenos materiais, dentro do mesmo espírito que impregna os *Upanishads* hindus. A identidade fica mais patente quando surge o movimento órfico, com suas doutrinas esotéricas. Orfeu foi um nativo da Trácia e aparece como o profeta de uma escola religiosa ou seita, que possuía um rígido código de vida, teologia, mística e um completo sistema de ritos. Dionísio é o deus do culto. Nele encontramos a fé na imortalidade da alma, o fenômeno do êxtase, a "posse" por Deus e a ideia de que não há um golfo definitivo entre Deus e a alma. Segundo ele, o que pode tornar-se divino em certa ocasião é fundamentalmente de essência divina.

Segundo Jane Ellen Harrison, em seu Prolegômenos ao estudo da religião grega:

"O grande passo dado por Orfeu foi que apesar de manter a antiga fé Báquica de que o homem pode tornar-se um Deus, ele alterou a concepção a respeito desse Deus e procurou atingi-lo por diferentes meios. A graça que buscava não estava na embriaguez física, mas no êxtase espiritual. Os meios que adotava não eram as libações, mas a abstinência e os ritos de purificação".

No Orfismo, o homem busca libertar-se da cadeia dos renascimentos, tendo, para isso, a possibilidade da salvação graças ao germe da divindade latente. A fonte do mal está nos nossos apetites e paixões. As práticas ascéticas nos mistérios

Órficos, onde encontramos o Batismo, o Sagrado Casamento, o Nascimento da Santa Criança, que foram adotados nos Sacramentos Cristãos, são uma prova de que a vida é una; daí, o sentido da solidariedade dessas práticas. A religião Órfica é completamente distinta do brutal antropomorfismo da clássica religião grega. Seus adeptos viviam em comunidades, pois Orfeu é o símbolo do amor supremo. As suas representações mostram-no empunhando uma lira para domesticar as feras, que simbolizam as paixões humanas.

O Prof. John Burnet aponta a notável semelhança entre essas ideias e as existentes na Índia na mesma época. As crenças comuns eram: 1) o renascimento; 2) a imortalidade e semelhança divina da alma; 3) a escravidão da alma ao corpo; e 4) a purificação como chave da libertação.

"Parece haver uma crescente probabilidade, do ponto de vista histórico, de ter sido a Índia o berço da religião contemplativa e da mais nobre filosofia".

A distinção entre *PARA-VIDYĀ* ou Sabedoria Suprema, e *APARA-VIDYĀ*, ou Conhecimento Inferior é claramente traçada nos *Upanishads*.

Novamente vamos encontrar semelhanças no culto de Elêusis, que é similar ao Órfico e usa, inclusive, muitos de seus hinos. A diferença é que enquanto os órficos exigem um ascetismo rigoroso tal não acontece no culto de Elêusis. Mas também lá estão a iniciação, os mistérios, as provas e a ideia do duplo nascimento. Os discípulos eram profundamente modificados depois das provas da inscrição.

Segundo Aristóteles, "os iniciados parecem não aprender coisa alguma, mas *são de certa forma afetados* e colocados em determinado estado mental". Deus, nesses cultos antigos, não é conceito ou palavra, mas, algo – uma consciência – a ser realizado *aqui* e *agora* em nossa carne.

Há uma profunda relação entre esses cultos e os ensinamentos de Pitágoras, que preconizava também uma forma ascética de vida, pois acreditava na reencarnação, na purificação da alma, e que o ciclo de renascimentos era indispensável à evolução humana. Pitágoras nasceu em 580 a.C., na Ilha de Samos, e, devido às muitas viagens que empreendeu, esteve em contato com as doutrinas dos egípcios, essênios e dos brâmanes. É provável que a Índia o tenha marcado mais que o Egito. Quase todas as cogitações religiosas, filosóficas e matemáticas eram conhecidas na Índia, em pleno século VI a.C. A teoria da reencarnação desempenha no pensamento grego um papel tão importante como na Índia. Empédocles e Pitágoras afirmavam poder lembrar-se de vidas passadas. Na comunidade pitagórica, a purificação da alma consistia na observação de regras de abstinência para certas comidas e roupas. Sendo matemático, Pitágoras expressava a sua Cosmogonia em temas matemáticos. A mônada primordial substitui o ovo cósmico.

Segundo o Prof. H. G. Rawlinson, "é bem possível que Pitágoras tenha sido mais influenciado pela Índia do que pelo Egito. Quase todas as teorias religiosas, filosóficas e matemáticas eram conhecidas na Índia no século VI a.C. Parece que o chamado teorema de Pitágoras já era conhecido dos hindus desde os tempos védicos".

Pitágoras considerava Orfeu como seu Mestre e inspirador. O grande músico o impressionou profundamente, levando-o a uma série de experiências com a música, e, daí, à matemática. A regra do silêncio era imposta aos neófitos para poderem atingir a "harmonia" do Universo. A ordem pitagórica baseava-se na fraternidade religiosa, na qual a purificação era indispensável para que o discípulo pudesse atingir a THEORIA: – a contemplação da divina realidade. Pitágoras distinguia "três vidas" – (pode-se notar a identidade com as castas da Índia): a teórica, a prática e a apoláustica. Segundo ele, existem três espécies de homens. Os que compram e vendem nos estádios (Apoláustica), os que entram na competição (Práticos) e os que somente a ela assistem (Teóricos). De Pitágoras, a linha de contato com o Oriente passa por Sócrates, que foi, antes de tudo, um pitagórico, grande apóstolo da autodisciplina e homem profundamente religioso. Mencionou várias vezes a presença da "sua voz interna" e, frequentemente, mergulhava em profunda meditação. Certa vez, quando servia no Exército, meditou dia e noite sem parar, desligado de toda a luta que se travava à sua volta.

Platão é uma fonte privilegiada da mística, pois não se adapta ao racionalismo grego. Nietzsche vai além e o considera um anti-helênico. Para Platão, a verdade não pode ser provada racionalmente. Ele nos fala do verdadeiro poeta: "Como a luz, uma coisa dada, santa, a quem Deus possui e o faz a Sua boca". Fala no *Fedro* como um hindu ao descrever a visão atemporal dos filósofos:

"Observamos a visão beatífica e fomos iniciados nos mais sagrados dos mistérios, por nós celebrados em estado de inocência, antes que fôssemos contaminados pelos males que viriam, e fomos admitidos à visão de aparições inocentes e simples, calmas e felizes, que víamos brilhando em pura luz. Puros estávamos, e não ainda encarcerados na tumba viva que nos prende e que agora carregamos, e que nos aprisiona ao corpo como uma ostra em sua concha".

O pensamento dominante em Platão é o hindu. Para ele, o homem comum é um ser mais ou menos adormecido. Um sonâmbulo, que terá de ser despertado, ou seja, a mesma ideia fundamental do Budismo. O símbolo da caverna tem as mesmas raízes da ideia de *Māyā* – duas aparências ilusórias. Em Platão, como nos *Upanishads,* está a ideia de um Deus Supremo – o Bem. As três qualidades que a matéria possui para os hindus (*Gunas*) – *Sattva, Rajas e Tamas* – têm seus equivalentes nos conceitos de Platão – *Logistikon (*elemento racional - *Sattva), Thumos* (elemento da paixão – *Rajas)* e *Epitmumia (*desejo cego – *Tamas*). Segundo Aristóteles, Platão segue o ensinamento de Pitágoras. O espírito órfico e pitagórico está presente na sua filosofia, assim como o ascetismo e o amor ao corpo manifestado pelos gregos. O teólogo Dr. Inge observa que o mistério de Platão foi primeiramente formulado na Ásia, especialmente no Budismo e nos *Upanishads.* Sobre a influência do pensamento hindu no Ocidente há uma tradição preservada por Eusebius (315 a.C.), que relata o que ocorreu com Aristóxenos, discípulo de Aristóteles:

"Aristóxenos, o músico, conta a seguinte história sobre os hindus: Certa vez, um hindu encontrou Sócrates em Atenas e perguntou-lhe qual a finalidade de sua filosofia. Respondeu Sócrates: 'Uma pesquisa da natureza humana!' O hindu pôs-se a rir, dizendo: "Como podemos pesquisar a natureza humana quando somos ignorantes da divina?"

A invasão da Índia por Alexandre, em 327 a.C., fez aumentar o intercâmbio entre o Ocidente e aquele país, pois, antes de executá-la, ele tentou conhecer a *sua cultura.* O oficial grego, Onesicritus, discípulo do filósofo cínico[3] Diógenes, foi enviado a Taxila, famosa cidade que tinha uma série de universidades célebres na época, e conseguiu trazer consigo um iogue chamado Kalanos. Além disso,

---

[3] Cinismo, dos chamados filósofos cínicos, foi um movimento filosófico da Grécia Antiga conhecido por repudiar as convenções sociais e prezar por uma vida exageradamente natural. (Nota Ed. Bras.)

Alexandre casa com uma princesa asiática, Roxana, sendo seguido por milhares de soldados e oficiais que desposaram mulheres orientais. O filósofo Pirro, que tomou parte na expedição, teve contato com o pensamento hindu, cuja influência faz-se sentir na religião dos Epicuristas, que nos fala da contemplação da natureza de Deus através do controle mental (Budismo); na dos Estoicos, ao afirmar que Deus pode ser identificado com o Universo vivo, pois tudo procede de Deus. Os homens são centelhas (*Jīvas*) do fogo divino (*Agni*). Riqueza, pobreza, doença e saúde não importam. O homem sadio "vê" as coisas da alma! Observamos aqui a transformação do Zeus antropomórfico em Zeno, no século III a.C., e sua transformação no guardião e regente do mundo. Para Sêneca, a mente é o espírito do mundo. A meta suprema do homem é viver de acordo com a razão (*Rta?*) que nele está infusa.

Alexandre deixa atrás de si, na Índia, colonizadores e soldados. Entretanto, o grande rei hindu, Chandra Gupta, derrota mais tarde os macedônios e conquista todo o Hindustão. As relações continuam quando o príncipe grego Seleuco Nikator (século III a.C.) dá suas filhas em casamento a Chandra Gupta e envia um embaixador, Megastenes, à cidade de Pataliputra. O embaixador grego transmitiu ao Ocidente um relato das condições culturais da Índia naquela época.

No ano 270 a.C., Ashoka sobe ao trono e envia missionários ao Ocidente para divulgar os novos ensinamentos. Diversas missões budistas partem com essa finalidade. Encarregam-se de estabelecer contato entre os dois mundos e, segundo Megastenes, é sensivelmente forte sua influência.

"Em muitos pontos" – diz ele – "a doutrina budista assemelha-se à dos gregos; por exemplo, o mundo tem um princípio e um fim no tempo. Sua forma é esférica e a Divindade é seu Ordenador, que a tudo impregna".

Com a morte de Ashoka, que em 232 a.C. ficou célebre pelos editos gravados em rocha e pela sua tolerância, há uma interrupção desse intercâmbio cultural, retomado em 150 a.C., quando o rei Menandro (Milinda) converte-se ao Budismo. São célebres até hoje os diálogos travados entre o monge Nagasena e o rei.

Nesse encontro de Oriente e Ocidente, não se pode desconhecer o papel ecumênico de Alexandria, com seu comércio e seu aspecto cosmopolita. Lá não havia o desprezo pelos "bárbaros". Um monge budista era recebido no Areópago com a mesma atenção dada a S. Paulo. O texto Milinda-Pañha descreve Alexandria como uma cidade frequentemente visitada pelos hindus. Lá, sua filosofia vai aos poucos obtendo uma aceitação cada vez maior. Prova disso é a ida de Apolônio de Tiana, em 150 a.C., a Taxila, a fim de estudar com os brâmanes. Sua vida é uma sequência maravilhosa de fatos e manifestações sobrenaturais; Bardenases, o babilônio, é outro mestre gnóstico, cuja concepção da iluminação (Gnose) através de uma vida pura e de meditação é, indiscutivelmente, uma ramificação direta da sabedoria hindu no Ocidente.

Dois séculos antes de Cristo, o Budismo já existia na Palestina, conforme se constata ao examinar os textos dos Essênios, Mandianos e da seita dos Nazarenos, transbordantes do seu espírito. Philo, que escreveu no ano 20 a.C., e Josephus, cinquenta anos depois, dizem que os judeus da seita dos Essênios obrigavam o casamento e levavam uma vida comunitária. Não realizavam culto em templos, nem possuíam escravos. Cultuavam o Sol como o símbolo de um poder universal que nos dá vida. A admissão na comunidade era precedida de provas. Tinham seus mistérios e praticavam a disciplina mental. João Batista era essênio, e Jesus foi influenciado diretamente pelos seus ensinamentos, pois considerava João Batista como seu Mestre. Ambos admitiam a salvação e o perdão dos pecados. A ênfase dada por Jesus à não violência diante do mal pode ser devida aos essênios. Jesus deu forma aos anseios que moravam no coração de seus compatriotas que, em grande parte, não eram de origem judaica.

É interessante notar que os ensinamentos de Cristo estão impregnados do mesmo espírito dos *Upanishads* e do Buda. Rhys Davis declara:

"Não será demais dizer que quase todos os ensinamentos morais dos Evangelhos podem ser encontrados nos escritos budistas, vários séculos mais antigos que os Evangelhos... As mesmas exortações ao amor universal, à compaixão, a importância dada à pureza, à humildade, à gentileza, à verdade. O ensinamento ministrado em parábolas...".

A mente de Jesus e de seus seguidores foi modelada num ambiente no qual Ocidente e Oriente se encontravam livremente. Disse Jesus: "A vós será dado o Mistério do Reino de Deus (esotérico), mas, para os que estão de fora (os não iniciados), todas as coisas serão dadas em parábolas (em linguagem cifrada)". Em outro trecho, observa:

"Eu ainda tenho muitas verdades que desejo vos dizer, mas seria demais para o vosso entendimento neste momento." [4]

Encontramos, também, uma clara indicação do batismo como sendo um segundo nascimento, ideia predominante nos mistérios da época. Há uma série de coincidências unindo a tradição cristã à hindu. Também existem, segundo Garbe, os seguintes paralelos entre Cristo e Krishna:

1. Uma luz maravilhosa envolve Maria e Devaki antes do nascimento de Cristo e de Krishna.
2. A alegria mundial pelo nascimento de ambos.
3. Herodes e Kamsa mandam matar as crianças.
4. José vai com Maria a Belém alistar-se para o recenseamento.
5. A fuga para o Egito e para Braj.

Muitas práticas são comuns a hindus e cristãos, tais como a tonsura, o ritual do altar, o incenso, flores, luzes, cânticos. O celibato, as relíquias e a confissão são encontrados no Budismo.

Os contatos entre a Índia e o Ocidente foram frequentes durante o Império Romano, na época de Augusto, Trajano e Marco Aurélio, pois havia um considerável comércio de sedas, cânfora, berilo, opala etc.

Clemente de Alexandria, que faleceu em 220 de nossa era, conhecia bem a distinção entre o Hinduísmo e o Budismo. Nessa época, o povo era atraído para os cultos orientais. Existiam, lado a lado, os cultos de Ísis, Mitra, Jesus e os Mistérios Órficos. As principais linhas religiosas eram então: 1. Mitraísmo; 2. Mistérios do Egito; e 3. Teologia de Alexandria.

Mitra era considerado o deus da luz. O verdadeiro mediador entre o céu e a terra, e seus adeptos eram obrigados a cumprir uma série de iniciações e sacramentos a fim de poderem alcançar a iluminação suprema.

---

[4] *João* 16:12. (Nota Ed. Bras.)

Na Pérsia, com seu fundador Mani (215 d.C.), surge o Maniqueísmo, que prega um misto de dogmas zoroastrianos e gnósticos, em que o jejum, o ascetismo, o celibato e a pobreza são práticas obrigatórias. Proíbe o culto à imagem e a morte de animais. Mas é absorvido pelo Budismo, na China, e pelo Cristianismo, no Ocidente.

Em Alexandria, verdadeiro cadinho da fusão da cultura oriental, Philo elabora nova interpretação do Judaísmo. O ponto central é a doutrina grega de *Logos*. Os terapeutas do Egito, que tanto entusiasmo lhe despertavam, adotavam um misto de crenças hindus e judaicas. Ali nasceu também o Gnosticismo, uma tentativa de fundir o Platonismo grego com os elementos hindus. A Gnose não é o conhecimento espiritual ou a compreensão lógica, mas a percepção da Sabedoria Divina (Teosofia). É a recepção da visão beatífica: a deificação. O termo Teosofia foi criado no século II da nossa era pelo filósofo de Alexandria, Amônio Saccas, considerado o fundador do Neoplatonismo. Por sua extraordinária bondade, seus discípulos, entre os quais se contavam Longinos, Orígenes e Plotino, cognominaram-no *Theodidaktos,* que significa "o instruído de Deus". Essa Sabedoria Divina é eterna, e se reflete nos conceitos de Deus imanente e transcendente. Segundo os hindus, ela é cíclica e abrange três aspectos do Todo (*Purna*): *SAT*, *CHIT* e *ĀNANDA*, ou seja, a existência, a consciência e a bem-aventurança. Toda coisa vive e existe imersa em bem-aventurança. A mola impulsora da conscientização, do reconhecimento, é *Vidyā* – a Sabedoria. Primeiro, dá-se a dissolução do Uno. A heterogeneização do homogêneo. A ideia de coalhar do oceano cósmico encontrada na Mitologia hindu serve de veículo à transmissão esotérica da mensagem do *Yoga* (união). O oceano primordial é visto como *Vishnu*. Nele repousa a serpente do tempo (*Sesa*). De *Vishnu* brota um lótus, e dele nasce *Brahmā*. É o coalhar do Cosmo, onde os coágulos são os Universos-ilhas, ou *Brahmā-Nanda*. Nesse caso, *Sat* é o oceano primordial, a existência onde não há diferenciação; *Chit* é a consciência que está em tudo, sendo a mente o instrumento que permite a manifestação dessa consciência. Mente e matéria são, pois, essencialmente, a mesma coisa. A essência da natureza humana é gozo de uma perfeita experiência. Em resumo: o Todo é um ser sem limite (*Sat*), a consciência pura (*Chit*), e a perfeita bem-aventurança (*Ānanda*).

A sabedoria é, portanto, o *Logos* manifestado. Este conceito, que é encontrado em todo o Oriente, expandiu-se pelo mundo inteiro. Vejamos:

Índia – *Brahmã-vidyã*: a Sabedoria Divina. Os *Vedas*. Os Avatares.

Tibete – *Manjuri*: O Absoluto não é afirmado nem negado. É a mente essencial iluminadora.

Egito – *Hermes* (400 a.C.). O Pai da Sabedoria. Envolveu sua mensagem de luz. A luz do céu é igual à luz que mora no coração dos homens, o fogo do tempo. O fogo dos céus. Sol: LUZ.

Palestina – *Jesus* é identificado com o amor. Coração em chamas é seu símbolo.

Grécia – *Apolo* é a luz que ilumina o coração dos Iniciados. Segundo Sócrates, conhecer é recordar, lançar uma luz nas trevas.

Roma – *Mercúrio* é o mensageiro alado que trouxe ao mundo a Sabedoria Divina.

Cristianismo – O Espírito Santo está infuso em todas as coisas e revela-se aos homens. As chamas que pairavam sobre a cabeça dos discípulos estão maravilhosamente representadas por El Greco na tela existente no Museu do Prado. Diz a Bíblia:

"De repente, veio do céu um som, como de um vento veemente e impetuoso, e encheu toda a casa (o corpo) em que estavam reunidos. E eles viram línguas repartidas, como que de fogo, que pousaram sobre cada um deles. E todos ficaram cheios do Espírito Santo, e começaram a falar noutras línguas, conforme o Espírito Santo lhes concedia que falassem".[5]

Gnósticos – O sol é o símbolo da Luz, da iluminação interna. O perfeito gnóstico é um homem livre do mundo e mestre de si mesmo! Os gnósticos foram os teólogos do século I, segundo Harnack. Para certos autores, os gnósticos derivam sua religião de Pitágoras e Platão.

"Abençoados os puros de coração, pois eles verão a Deus!" Basílides, no século II, apresenta o pensamento hindu e budista num modelo cristão. Aceita a reencarnação e fala da necessidade de cinco anos de silêncio como prova.

---

[5] *Atos dos Apóstolos*, 2:2-4. (Nota Ed. Bras.)

Plotino, o fundador da Escola Neoplatônica, era um grande interessado na Filosofia Hindu. Acompanhou a expedição de Gordiano contra Sapor, rei da Pérsia. Segundo ele, tudo que existe é, direta ou indiretamente, o resultado de um primeiro princípio. A primeira emanação da essência original é o *Nous*. É a imagem completa da Essência Original e o arquétipo de todas as coisas existentes. Três homens apenas conquistam o Bem Supremo e obtêm uma visão da verdade: o filósofo, o músico e o apaixonado. Através de um processo analítico, dialético, a mente pode atingir sua meta. Dentro da alma, no seu próprio centro, está a suprema unidade, a alma do autoconhecimento. Há uma centelha (*Ātman*) na alma que pode servir de luz no caminho. Em Plotino, o Deus Supremo é idêntico a *Brahman*, e o *Nous* corresponde ao *Ishvara* pessoal da Índia.

Porfírio (230-300 d.C.) foi o grande divulgador dos ensinamentos de Plotino. O Neoplatonismo foi, inclusive, considerado um adversário perigoso do Cristianismo, e seus livros foram queimados. O assassinato da filósofa Hipátia, verdadeira mancha para a raça humana, põe fim à tradição de Alexandria; mas a Teologia cristã absorveu o espírito do Neoplatonismo. O esoterismo dos textos é evidente. Diz-se, por exemplo, que a conversão é o segundo nascimento, pois a criança é prenúncio do novo homem. Vejamos, agora, algumas citações. Na 2ª Epístola aos Coríntios[6], S. Paulo afirma:

"Se alguém está em Cristo, é uma nova criatura, passou o que era velho. Tudo então se fez novo."

"Porque em Jesus Cristo nem a circuncisão nem a incircuncisão valem alguma coisa; mas, sim, a fé que obra por caridade".[7]

"Se vivemos no Espírito, andamos também em Espírito. O Ser Supremo (*Ātman*) está mergulhado no ser mortal, mas a tumba não tem poder para sustar o divino que inevitavelmente surgirá, vencendo *Māyā* (a ilusão) que nos impede a visão das coisas como elas são". A vida, morte e ressurreição de Cristo são simbólicas, segundo Paulo: "Assim como Deus levantou-se dos mortos através da glória do Pai, podemos também caminhar na novidade da vida. Cada um possui a mente de Cristo". E na Epístola aos Coríntios, 2:16, acrescenta:

[6] 2 *Coríntios* 5:17. (Nota Ed. Bras.)

[7] *Gálatas* 5:6. (Nota Ed. Bras.)

"Porquanto quem conheceu o conselho do Senhor, para que o possa instruir? Porém, nós sabemos a mente de Cristo".

Em S. Paulo, encontramos duas espécies do Supremo: Deus e Cristo, assim como a realidade da experiência mística, o Deus latente, a conversão como um renascimento, a necessidade da crucificação da carne (*Tapas*), a salvação como a Unidade em Cristo (*Ātman-Brahman*), e a redenção do processo cósmico (*Moksha*). "A não ser que o homem nasça de novo, não poderá ver o Reino dos Céus".

Os principais representantes desse Cristianismo de Alexandria são Clemente e Orígenes. Vemos, na descrição de Deus, a imagem contida nos *Upanishads* e no Vedanta hindu, em sua afirmação *Neti Neti:* Deus é inominável, não pode ser expresso por números nem substâncias. Não podemos atingi-lo senão através do *Logos*. O *Logos* é a lei racional do mundo. O Deus transcendental não é objeto do conhecimento, e só pode ser alcançado pelo êxtase. A deificação tantas vezes enfatizada no Hinduísmo é, segundo Clemente, uma realidade. "Se o indivíduo conhece a si mesmo, conhecerá a Deus e, conhecendo a Deus, tornar-se-á como Ele". Clemente foi profundamente influenciado por Basílides, recebendo dessa forma grande influência budista. Inúmeras vezes cita Basílides e, numa dessas citações, diz: "Basílides afirma que a alma que pecou, noutra vida anterior, cumpre pena nesta". A interpretação de Clemente era livre e liberal.

Orígenes nasceu em 185 d.C., provavelmente em Alexandria. Ele nos fala da possibilidade de o homem controlar os sentidos. O Ser Supremo, para ele, é o Uno neoplatônico. O Pai (*Brahmā*) é a fonte de todas as criaturas e é puro espírito. O Filho é gerado por um ato de vontade. A queda torna necessário o aparecimento dos corpos. Segundo ele, cada alma existe desde o princípio, passa por vários mundos até atingir a consumação final. O Reino de Deus é, para Orígenes, uma realidade espiritual possível de ser constatada. São inúmeros os exemplos.

Em Agostinho, vamos encontrar o ponto de encontro de dois mundos. Antes de sua conversão, foi maniqueu e neoplatônico. Para ele, Deus é a Verdade, essa mesma verdade que para os orientais é expressa em termos de *Dharma*, *Tao*. A verdade é encontrada, e não criada pela mente humana, e a mente humana a ela se sujeita. Isso nos faz lembrar a afirmação de Lao-Tsé: "O *Tao* que pode ser nomeado não é o verdadeiro *Tao*". Agostinho distingue entre a Ciência, que é o trabalho do intelecto inferior, e a Sabedoria, que é o trabalho da razão suprema. Admite a intuição suprema, um "clarão de luz que nos fez ver aquilo que é". Essa intuição é o *Prājña* do Budismo, e quando a possuímos dá-se a transformação.

Em Boethius (480 d.C.), vamos encontrar outro neoplatônico, fortemente impregnado no Oriente. Um homem cuja filosofia é um verdadeiro encontro Oriente-Ocidente. Seu livro básico, *As consolações da filosofia,* é uma síntese do pensamento oriental transposto em termos ocidentais.

Dionísio, o Areopagita (século VI), por muitos considerado o Pai do Mistério Cristão, afirma que a união extásica com o Divino pode ser obtida pela tranquilidade. No trecho a seguir, sente-se o mesmo espírito mais tarde encontrado no Zen-Budismo: "Para mim, parece correto falar sem palavras e compreender sem conhecimento. Para mim, esse estado é como um silêncio misterioso, uma quietude mística que destrói as formas e a consciência". Há, sem dúvida, grandes pontos de contato entre as místicas cristã, persa e hindu. Parece haver um terreno único onde todos os místicos, sendo profundamente humanos, falam a mesma língua.

No século IX, encontramos a figura de Scotus Erígena, que é, antes de tudo, um pensador oriental. Seus ensinamentos foram, inclusive, considerados heréticos. Logo a seguir, com S. Boaventura, a tradição neoplatônica é retomada. Para ele, a alma é o ponto de partida de todo o conhecimento humano.

Alberto Magno foi outro grande místico da época, que seguiu a tradição dionisíaca: "Quando rezares, fecha tua porta, isto é, a porta dos teus sentidos. Mantém-na fechada e aferrolhada no meio de todos os fantasmas e imagens".

Santo Tomás de Aquino (1227-74) foi discípulo de Alberto Magno. No último ano de sua vida, experimentou um prolongado êxtase, negando-se a escrever qualquer coisa depois desse momento.

Segundo J. Kennedy (1902-) *The gospels of the infancy,* as doutrinas de Alberto Magno eram essencialmente hindus:

"De que fonte veio a filosofia que Alberto Magno difundiu? Ele a obteve através dos árabes: mas, essa não é a intuição ou o êxtase (*Samādhi*) de Plotino. Não posso dizer se é encontrada em alguns dos neoplatônicos posteriores, ou nas especulações dos metafísicos árabes, mas em ideias que são claramente hindus e que devem ter vindo da Índia para o Ocidente".

No século XV, acentua-se a luta pelos interesses comerciais do Oriente quando Vasco da Gama descobre a rota marítima para a Índia, em 1498. Logo a seguir, vieram os espanhóis, ingleses, holandeses e franceses. Com os ingleses, começou o estudo organizado da literatura da Índia. Visando principalmente a atender esses mesmos interesses comerciais, Warren Hastings estudou sistematicamente os antigos textos hindus. Em 1785, Charles Wilkins publicou a primeira tradução da *Bhagavad-Gītā*. Em 1789, Winson Jones apresenta a versão do poema do Halidasa, "Shakuntala". Esse poema, traduzido para o alemão, arrebatou Goethe e Herder.

A admiração do Goethe ficou expressa nos seguintes versos:

"Aspiras por flores frescas e frutos maduros, e

por tudo que encanta e deleita a alma?

Queres, com uma palavra, reunir o céu e a terra?

Em teu nome, ó Shakuntala, tudo se diz de uma só vez!"

O prólogo do *Fausto,* onde conversam o diretor de cena, o autor e um palhaço, foi, evidentemente, inspirado no prólogo do drama sânscrito.

Na Inglaterra, a Filosofia Hindu influiu fortemente em Coleridge, Carlyle, Shelley e nos precursores do movimento romântico inglês. No poema *"Adonai"*, de Shelley, temos um exemplo nítido dessa influência.

"O uno permanece. O múltiplo muda e passa.

Sob a luz do céu, eternamente, as sombras terrenas desvanecem.

A vida é como uma cúpula de cristais multicoloridos

Empanando o branco esplendor da Eternidade

Até que a morte a desfaça em fragmentos!"

E Wordsworth falava uma pura linguagem védica ao dizer:

"Algo muito mais profundamente entrelaçado,

Cuja morada é a luz dos idos sóis,

e o redondo oceano, e o ar vivo,

e no céu azul, e na alma do homem

um movimento e um espírito que impelem

todas as coisas pensantes, todos os objetos do pensamento,
e giram no meio das coisas!"

Ou ainda quando declara:

"Toda forma natural, rocha, fruta ou flor,
até as pedras soltas que cobrem o caminho
estão sujeitas a uma lei moral: elas sentem!
Ou estão ligadas a algum sentimento. A grande massa está impregnada de sombra de uma alma purificadora, e tudo que contemplei respirava com um sentido interno!"

É enorme essa influência no movimento transcendentalista norte-americano, onde a figura de Emerson surge como um sol; a seu lado, Thoreau e o admirável Walt Whitman formam uma constelação. Um exemplo de Emerson é o poema "*Brahmā*", que revela a marcante influência do Hinduísmo em sua alma sensível; sua "Superalma" é o *Paramātman:*

"Se o vermelho assassino crê que assassina,
ou se o morto crê que foi morto,
não conhece bem os sutis modos
com que permaneço, passo e volto.
O distante e olvidado para mim está próximo,
a luz e a sombra são a mesma coisa.
Os deuses do passado me aparecem
a Fama e o Esquecimento são a mesma coisa.
Calculam mal os que me excluem.
Quando voam a mim, eu sou as asas,
Eu sou a dúvida de quem duvida!
Eu sou o hino e o Brâmane que o canta!"

Para Schopenhauer, a leitura dos *Upanishads* foi uma verdadeira revelação:

"Este hino incomparável comove o espírito até as raízes da alma. Brotam, de cada frase, pensamentos profundos, originais e sublimes. Todo o conjunto está impregnado de um espírito elevado, santo e sério... Em todo o mundo não há estudo tão elevado, tão benéfico e elevador como o dos *Upanishads*. Tem sido o consolo da minha vida e será o consolo da minha morte."

O mesmo ocorreu com Michelet em 1864, quando leu o *Ramayana:*

"Todos aqueles que muito agiram ou quiseram nesta vida podem beber a vida e a juventude neste profundo copo... Tudo é estreito no Ocidente! – A Grécia é pequena e estéril! Falta-me o ar! Deixai-me olhar em direção à altaneira Ásia e o profundo Leste!..."

Para Maeterlinck, o cérebro do mundo possui o lóbulo ocidental e o oriental:

"Um dos lóbulos produz a razão, a ciência e a consciência; o outro, maravilhosas intuições secretas, religiosas, ou subconscientes... Mais de uma vez eles tentaram penetrar-se, misturar-se trabalhar juntos, mas o lóbulo ocidental, sendo mais ativo, quase paralisou e aniquilou os esforços do outro. Devemos a isso um progresso extraordinário em crenças materiais, e também em catástrofes... É tempo de despertar o lóbulo oriental!"

Profundamente marcado pela cultura oriental, afirma Romain Rolland:

"Há certo número de nós, na Europa, a quem a cultura europeia não mais satisfaz."

Da mesma forma, hoje, mais que nunca, é indispensável um estudo do pensamento oriental, que até certa época, como vimos, influenciou decididamente as fontes da cultura ocidental e que depois, graças ao Helenismo dominante e à disciplina política de Roma, deu lugar ao pensamento lógico e formal que caracteriza o mundo ocidental. É triste, entretanto, ver-se completamente relegado ao esquecimento todo esse magnífico potencial de sabedoria nos programas oficiais de ensino, onde mal se mencionam os nomes da Índia, China, Japão e Ásia Central. Com essa falha, coloca-se de lado, simplesmente, mais da metade do mundo que teve, está tendo e terá uma influência decisiva na civilização universal que se avizinha. Ninguém pode desconhecer a revolução numérica em que estamos envolvidos, levando-se em conta que a população humana duplicará em trinta anos.[8] Há que se considerar também a revolução dos transportes e das comunicações, subprodutos da revolução tecnológica, que irá permitir a utilização dos recursos terrestres, por essa super-humanidade. Não se pode fugir a tal realidade. A pressão do número se faz sentir nas cidades em que vivemos, nos veículos que nos transportam e nos órgãos de comunicação de massa. Da rota da seda, que no passado levou Marco Polo ao Oriente depois de longos anos de peregrinação, ao jato supersônico, a diferença está apenas na quantidade e qualidade. Ambas, entretanto, são rotas estabelecendo ligações entre opostos. O transporte e as comunicações são, portanto, chaves de aproximação, onde se forma uma nova cultura universal. Essa cultura, que levará fatalmente a um governo mundial, apresenta perigos evidentes. Um deles é a massificação do homem, seu esmagamento e redução a uma simples "coisa" diante de uma humanidade-massa padronizada. É inevitável o conflito entre a natureza profunda do ser humano, que é viva, criadora, não padronizada e sujeita a constantes mutações, e uma forma de vida mecânica, que submete o homem aos moldes de determinados padrões. O resultado é o que se vê nos países onde o sonhado desenvolvimento atingiu uma renda *per capita* das mais elevadas, mas nos quais o número de suicídios, crimes e desajustes mentais alcançou índices nunca vistos. Portanto, algo está errado na civilização das "galinhas dos ovos de ouro", onde todos serão felizes e que tanto agrada aos economistas. Esse algo é a dissolução do homem de suas raízes profundas, a perda das dimensões interiores do seu ser, que permite um crescimento infinito. A superficialidade e a mecanização do homem deram origem à angústia existencial e ao mito moderno da "incomunicabilidade". Neste mundo tecnológico que deforma e priva o homem da sua liberdade, submetendo-o sistematicamente a um padrão, mais que nunca é necessária uma revolução interior. Nesse sentido, a cultura oriental, com a ênfase na meditação, na união, na paz fundamental, é o único caminho certo. No equilíbrio, no caminho do meio do Buda, na observância da Lei (*Dharma*) do Hinduísmo, e no *Tao* dos chineses estão indicações seguras do encontro do homem consigo mesmo, e

[8] Projeção populacional feita em 1973 pelo autor não se confirmou. Naquele ano, a população mundial era de cerca de 4 bilhões de pessoas. Em 2003, portanto 30 anos depois, a população humana era de pouco mais de 6 bilhões. Só em 2021, a população do planeta alcançou a marca de 7,9 bilhões de pessoas. Fonte: Nações Unidas. (Nota Ed. Bras.)

a possibilidade de encontrar a paz numa sociedade-furacão dominada pelo ruído, pelo movimento e por um ritmo de vida cada vez mais acelerado. Esse mesmo furacão, que é o símbolo vivo do movimento, da destruição, do conflito, possui no seu centro um ponto onde a paz permanece inalterada.

É o olho do furacão!

2

A Índia e Seu Pensamento Antigo: *Os Vedas*

A Índia é, indiscutivelmente, um dos sóis principais dessa constelação de estrelas que constitui o chamado Mundo Oriental. Sua atuação efetiva no complexo mental da raça humana deriva da inegável profundidade do seu pensamento. Vamos voltar ao passado, onde encontraremos no ano 4 000 a.C., no vale do rio Indo, a civilização de Mohenjo Dharo e Harapa. Nessas cidades, habitava um povo de pele escura, baixa estatura e raça negroide: os dravídicos, ou *Dasyus.* Até hoje se espera que novas descobertas venham a ser feitas ao longo das margens desse rio. Geograficamente, a Índia é privilegiada, pois, ao Norte, é protegida pela cadeia dos Himalaias. Esse subcontinente, também chamado Punjab devido aos seus cinco rios, possuía florestas que cobriam vastas extensões, além de uma fauna das mais ricas. As lutas entre as diferentes cidades que se formavam eram raras, e os homens tinham condições básicas para a criação artística e para profundas elucubrações religiosas e filosóficas. As escavações de Mohenjo Dharo[9] nos revelam que se tratava de uma civilização que conhecia com perfeição a arte da cerâmica, possuía escrita própria, água encanada nas casas, ruas pavimentadas e piscinas públicas. Poucas constatações podem ser tiradas das amostras estudadas, e uma delas prende-se a aspectos relacionados com a fertilidade. Foram encontrados selos e estatuetas com símbolos fálicos e uma figura sentada, de pernas cruzadas, na posição tradicional da meditação. Para alguns, é a representação arcaica de uma divindade anterior a *Shiva.*

---

[9] Mohenjo Dharo – "Monte dos Mortos". Sítio arqueológico na província de Sinde, no hoje Paquistão. Foi um dos maiores centros urbanos da antiga civilização do Vale do Indo. Abandonado no século 19 a.C., foi redescoberto em 1922. Foi declarado Patrimônio Mundial pela Unesco, em 1980. (Nota Ed. Bras.)

Fig 1 – Búfalo de Mohenjo Dharo (5.000 anos a.C.)

O nome Índia provém de uma corruptela do vocábulo *Shindhu*, dado a um rio existente na fronteira nordeste do Punjab. Os persas chamavam o povo que morava próximo ao rio *Shindhu* de hindu. Os antigos habitantes conheciam, entretanto, o subcontinente – o *Jambudvipa* (continente da árvore jambu) ou *Bharatavarsa* (a terra dos filhos de Bhārata). Na verdade, um subcontinente que se estende desde a barreira natural dos Himalaias, ao Norte, até o cabo Camorim, ao Sul. As florescentes civilizações primitivas foram destruídas pela invasão de um povo forte, vindo do Norte. As escavações demonstram, pela posição dos esqueletos encontrados, que muitos foram mortos quando exerciam suas atividades cotidianas. Esse povo invasor, de pele branca e alta estatura, era o ário ou ariano, oriundo do planalto da Ásia Central, na região do atual deserto de Gobi. Essa invasão deve ter ocorrido, segundo alguns, por volta do ano 5000 a. C. e, segundo outros, em data muito mais remota. A verdadeira causa da imigração dos arianos não está ainda perfeitamente esclarecida. Pensam alguns historiadores, baseados nas descobertas do explorador sueco Sven Hedin, que a causa foi de natureza geológica. Existia, no atual deserto de Gobi, um imenso mar interior que foi extinto em consequência de uma série de cataclismos. Os lagos de água salgada, as minas de sal encontradas na região, assim como esqueletos de peixes e animais nativos reforçam essa hipótese. Há, além disso, antigas tradições budistas mencionadas por Ossendovsky, Giuseppe Tucci, Roerich e outros, sobre a existência de uma cidade chamada Shambala, situada numa ilha desse vasto mar. As invasões foram progressivas e houve várias migrações. Grande parte dos habitantes dirigiu-se para o Oeste, penetrando na Europa e tornando-se, assim, ancestral dos celtas, gregos e latinos. Nem todos tinham a mesma raça e língua. O fato é que, com a chegada dos arianos, foram extintas as primitivas culturas dravídicas. Como bem frisa C. Kunham Rasa, na sua contribuição à obra *History of philosophy eastern and western,* é difícil, para não dizer impossível, precisar o exato sentido do termo dravídico. Nesta palavra estão incluídas todas as formas de cultura dos povos que habitavam a Índia antes da grande invasão ariana.

Nos mais antigos hinos do *Rig-Veda* estão descritas as batalhas travadas entre os invasores de pele branca e os primitivos negroides, os *dasas* ou *dasyus*, que eram, evidentemente, sobreviventes de uma cultura anterior florescente no vale do rio Indo. Nesses hinos, os *dasas* são descritos como tendo pele escura, pequena estatura, cabelos encarapinhados, nariz de ventas largas, linguagem bárbara, sendo, além disso, cultores do sexo. Segundo a descrição, possuíam grandes rebanhos e moravam em locais fortificados (*Pur*), que o deus Indra, que combatia ao lado dos arianos, impiedosamente destruía. A palavra *dasa*, que identificava os habitantes do país, passou, logo a seguir, a ter o significado de escravo. Não se pode desprezar, entretanto, a grande contribuição dravídica à vida da Índia, devendo-se destacar as seguintes:

1) A comunhão com a Natureza, sendo intensa a influência das florestas na vida do povo. Cumpre lembrar que os povos que recitavam o *Rig-Veda* habitavam pequenas povoações. Os locais para a vida contemplativa, os *ashrams,* onde os *rishis* se dedicavam à vida introspectiva da meditação, é uma das contribuições pré-arianas.

2) A valorização dos animais, pássaros e árvores dentro do Universo. Na civilização ariana, que se desenvolveu nas cidades, dava-se pouca importância aos seres vivos. Os deuses védicos têm formas e reações humanas. Todos os deuses, com forma total ou parcial de animais, são pré-védicos e foram posteriormente absorvidos pela cultura ariana. Entre eles podemos mencionar as montarias ou veículos (*vahanas*) de diversas divindades. O touro de Shiva (Nandi), o cisne de *Brahmā* (Hamsa), o falcão de *Vishnu. Vishnu*, por exemplo, é às vezes representado repousando no corpo da serpente Sesa. Simboliza a divindade imersa no repouso da eternidade. Quanto às árvores, nota-se o culto de certas espécies, como é o caso da *Ficus Religiosa,* conhecida por *Banian.*

Fig. 2 – Naga – serpente estilizada

3) O culto ao aspecto feminino da divindade (*Shakti*). Aqui está a raiz do Tantrismo, onde a perfeita união dos opostos, masculino e feminino, positivo e negativo, é considerada a mais alta realização. A religião dos arianos é eminentemente masculina. Como verdadeira exceção à regra, pode-se citar a deusa *Aditi*, que simboliza a Terra. A trindade masculina *Brahmā*, *Vishnu* e *Shiva* tem uma contraparte feminina. É a seguinte a correspondência: *Brahmā-Saravasti*, *Vishnu-Laksmi* (*Bumi*) e *Shiva-Parvati*.

4) O culto do sexo é encontrado em mitos religiosos da Índia. Os órgãos sexuais, o masculino (*Lingan*), e o feminino (*Yoni*), são símbolos da força cósmica. Nesses cultos há uma reminiscência de períodos arcaicos da raça humana, em cujos estágios os rituais ligados à fertilidade eram uma constante.

O estudo de Filosofia Hindu exige uma classificação, para melhor situar as várias etapas do desenvolvimento do seu pensamento. Segundo Hiriyanna, na obra *The Essentials of Índia Philosophy*, o tema é vasto e deve ser dividido nos seguintes períodos:

1. Védico
2. Transição para os sistemas
3. Escolas não védicas
4. Sistemas clássicos

A fonte mais antiga de informações relativas à Índia está contida nos *Vedas,* que são um conjunto de livros cuja antiguidade é controvertida. Para uns, apareceram entre 2000 e 2500 a.C.; para outros, em 6000 a.C., ou talvez mesmo antes. O Prof. Radhakrishnan é de opinião que esses textos são imemoriais. Na sua introdução aos *Upanishads,* assim se expressa:

"Os *Vedas* são imemoriais, *Sanatana.* Suas verdades – (*Dharma*) –, dizem, foram sopradas por Deus ou captadas pelos profetas. São a expressão de sábios que falam da sua vasta experiência iluminadora. Essas verdades não são apreendidas pela percepção comum, mas percebidas pelos videntes, do mesmo modo que nós, ao contemplarmos um céu de verão, não captamos a beleza do caos nele existente. Os profetas têm o mesmo sentido de pureza e segurança na sua visão espiritual, que nós, em relação à física."

A palavra *Veda* deriva da raiz sânscrita *vid,* que significa Sabedoria. A origem dos *Vedas* é controvertida, pois os hindus nunca se preocuparam muito com a autoria dos seus livros. Há uma corrente tradicional que considera Vyasa o seu autor. Supõe-se que Vyasa foi uma espécie de compilador de diversas tradições reveladas pela inspiração dos homens santos, os *rishis.* Para reforçar essa corrente, há uma citação feita pelo grande filósofo Shankaracharya (século VI), na sua obra *Sariraha bhasya* (I-iii-3), atribuindo a autoria dessa afirmação a Vyasa:

"Os *Vedas* foram recolhidos no fim do ciclo (*Yuga*), um período de 4.320.000 anos de duração. Os *Maharishis*, com a permissão de *Brahmā*, redescobriram-nos por meio de práticas ascéticas (*Tapas*)."

Desde a mais remota antiguidade, os hindus compreenderam o caráter cíclico da manifestação universal. Na Natureza, a sucessão dos acontecimentos é constante, dias e noites se alternam. As estações, as fases da lua, as colheitas, tudo é uma sucessão. Nos seres vivos, a respiração, com as fases de inspiração e expiração, as batidas do coração, tudo se repete. Daí, a generalização para o plano cósmico e a admissão da existência dos chamados dias e noites de *Brahmā*, que são os períodos de manifestação e repouso do Universo. Na Cosmogonia hindu, apresentada no livro chamado *Purānas*, encontramos os *Kalpas*, os *Yugas* e os *Maha-yugas,* que mais adiante serão descritos com detalhes. Conforme Shankaracharya, os *Vedas* são reabsorvidos no fim de cada ciclo, e são os grandes Mestres (*rishis*), com a permissão de *Brahmā* (aspecto da divindade), que os redescobrem através do *Tapas* (ardor).

Tapas é uma das numerosas palavras sânscritas de difícil tradução. Significa, literalmente, sacrifício, atos de ascetismo, austeridades religiosas, como também uma vida dedicada à busca de um supremo ideal. Diz a tradição que o Universo é mantido graças ao *Tapas* desses homens santos, que continuamente se entregam à operação de certas forças cósmicas que mantêm a criação universal. Outros círculos afirmam que é graças ao sacrifício absoluto (*Brahmā*), sua autolimitação ou autodestruição que se produz a manifestação cósmica. Para se manifestar, o Absoluto tem de limitar-se, de perder graus de liberdade. O homogêneo, uniforme, sem contrastes, tem de se tornar, gradativamente, múltiplo, heterogêneo, diferente de si mesmo, antíteses, polarizável. E isso é conseguido através de *Tapas*. É o autossacrifício do Absoluto.

A tradição hindu diz ainda que os *Vedas* foram transmitidos "da boca ao ouvido" (ouvido interior). Do Mestre ao discípulo, que era obrigado a decorá-los integralmente. Os *Vedas* são os chamados *Sruti*, isto é, "o que tem de ser ouvido". Quando os receberam, os *rishis* ou profetas-videntes estavam sob a ação da inspiração divina, sob a ação daquela maravilhosa loucura que, segundo Platão, permite ao comum dos mortais atingir o Absoluto.

São quatro os *Vedas:* 1. *RIG-VEDA*; 2. *YAJUR*; 3. *SĀMA*; e 4. *ATHARVA*. Cada um deles, por sua vez, é dividido em quatro [partes]: 1. *MANTRA*; 2. *BRAHMANA*; 3. *UPANISHAD*; e 4. *TANTRA*.[10]

---

[10] O Dicionário de Filosofia de Cambridge detalha de outra forma esta sequência dos *Vedas*: "Transmitidos oralmente e depois compostos através de um milênio, que começa aproximadamente 1400 a.C., existem quatro coleções dos *Vedas*: O *Rig-Veda* (1.028 cantos sacros de louvor com algumas especulações cosmológicas), o *Sāma Veda* (cânticos para acompanhar os sacrifícios), o *Yajur Veda* (fórmulas sacrificais e mantras) e o *Atharva Veda* (fórmulas mágicas, mitos e lendas). O termo 'veda' aplica-se também aos *Brahmanas* (comentários rituais e teológicos sobre os *Vedas* anteriores); aos *Āraṇyakas* (compostos principalmente por homens que passaram pelo estágio de vida de chefe de família e se retiraram para a floresta para meditar), e os *Upanishads*, que refletem mais plenamente a ideia de um conhecimento sagrado teórico, ao passo que os Vedas antigos estão mais orientados para a prática, preocupados com o ritual e o sacrifício". (AUDI, Robert, org. *Dicionário de Filosofia de Cambridge*. São Paulo: Paulus, 2011. p. 976). (Nota Ed. Bras.)

Nos mantras, encontra-se uma série de orações, produto de uma religião panteísta, mas que por trás da aparente diversidade encerra uma presença monoteísta. A base dessa religião é o culto à Natureza, corporificada pelas suas forças: o fogo (*Agni*), o vento (*Vayu*), a água (*Apas*), a terra (*Privati*), o sol (*Surya*).

Seus deuses principais são Indra e Varuna (o Urano dos gregos) que simbolizam todos os outros deuses. Ushas é a madrugada. Trata-se de uma religião que é henoteísta, isto é, onde cada deus ocupa, por sua vez, um lugar supremo. Segundo Aurobindo Goshe, há por trás dessas diversas formas de divindades uma unidade, um esoterismo, cuja profundidade só é conhecida pelos Iniciados. A interpretação é psicológica e extremamente engenhosa. No seu *Le secret du veda,* Sri Aurobindo afirma:

"Uma vez descoberta a chave e encontradas certas relações entre a luz do céu e a do espírito, torna-se fácil compreender como o Sol pode simbolizar a intuição penetrante, que vai até às sombras da caverna do subconsciente para libertar os raios luminosos do conhecimento, que se encontram aprisionados...

"... A linguagem dos hinos indica claramente como características da Ásia um determinado culto espiritual - o culto da luz e das suas potências - e uma cultura baseada na essência do Ser, na prática da verdade, e na aspiração à imortalidade: *Rta e Amrta...*

"... Certas formas de pensamento, certos símbolos particulares dos *Upanishads,* bem como uma parte do conteúdo dos *Brahmana*, dão a entender a existência, em época anterior, de um ensinamento esotérico semelhante ao dos Mistérios gregos."

Nos *Vedas,* encontra-se a noção de *Rta,* que é a Ordem Cósmica, da qual os deuses são os guardiães. Nela se encontram, em estado latente, o que viriam a ser as futuras concepções caracteristicamente hindus do *Dharma* e do *Karma.* Cada deus é considerado o guardião de *Rta.* No hino a Varuna, traduzido por Muir, encontra-se a elevada concepção de Deus, comum aos arianos que escreveram os *Vedas:*

"Ó Poderoso Senhor das Alturas, que a todas as nações observas.

Os deuses sabem o que fazem todos os homens,

embora tentem ocultar seus objetivos.

Quem quer que permaneça onde está, que se mova, ou de um lugar para outro se esquive, ou numa secreta cela se esconda,

os deuses seguem seus movimentos.

Onde quer que dois se encontrem pensando que estão a sós,

o Rei Varuna lá está, como um terceiro, conhecendo

todos os seus propósitos.

Esta terra é sua! A Ele pertencem estes vastos e ilimitados céus!

Os mares dentro Dele repousam, assim como Ele jaz naquela pequena poça do caminho.

Quem pensar que voando além do céu

pode escapar a seu domínio

não poderá iludir o poder do Rei Varuna!

Seus espiões descem dos céus e deslizam por todo

este imenso mundo.

Seus milhares de olhos tudo esquadrinham

varrendo a terra até o mais remoto rincão.

O que existe no céu e na terra, ou além dos céus,

está sempre, irremediavelmente, diante dos olhos de

Deus!"

Outro exemplo que permite medir exatamente a profundidade do pensamento védico é o *Hino à Criação:*

"Não existia nem o ser nem o não ser.

Não havia ar, nem céu, nem o que está além deles,

O que então se achava oculto? Onde se encontrava?

Quem o protegia?

Onde estavam as águas abissais, insondáveis?

A Morte não existia, nem a vida imortal,

Nem o dia ou a noite davam qualquer sinal.

Pela sua força intrínseca, o Uno respirava sem qualquer sopro:
Nada existia, nenhuma coisa, a não ser esse Além.
As trevas ocultavam-se nas próprias trevas.
Sem marcas distintivas, tudo era água.
Aquilo que mais tarde se manifestaria estava imerso no vazio.
Então o Um, pela força do sacrifício, veio a ser.
O Desejo entrou no Um; no princípio
era a primeira semente, do pensamento nascida!
Buscando em seus corações com Sabedoria,
os sábios encontraram a ligação do ser e não ser.
Seus raios lançaram luz nas trevas existentes.
Mas estaria o Um em cima ou embaixo?
O Poder da Criança estava lá, um fértil poder:
embaixo a energia, em cima o impulso.
Quem sabe se isto é certo? Quem pode afirmar que seja assim?
De onde vem o nascimento, de onde vem a Criação?
Os deuses nasceram após a criação do mundo.
Como, então, podemos saber quando e como surgiram?
Ninguém sabe como surgiu a Criação
E quem a produziu ou não a produziu.
Somente Aquele que tudo governa do mais alto do Céu
Poderá saber. Somente Ele sabe!
Ou, quem sabe?
Talvez, nem Ele saiba!"

Em outro fragmento, encontramos descrita a Criação:

"Do Sacrifício Máximo (*Tapas;* fervor, calor, ascetismo) nasceu a Lei Eterna, a Verdade Suprema.

Então surgiu a noite e dela brotou a enxurrada das águas do mar.

O Regente dos dias e das noites, Senhor de tudo que cerra os olhos.

Dhatar, o grande Criado, formou, então, na devida ordem, o Sol e a Lua.

Ordenadamente, gerou o Céu e a Terra, as regiões do ar e a luz."

Encontra-se, assim, perfeitamente refletida neste antigo poema, em esplêndido embrião, a tônica monoteísta do pensamento hindu posterior. Toda a diversidade de deuses, *devas* e seres angelicais são apenas fragmentos desse Deus Supremo. Nota-se, nesses hinos de milhares de anos a.C., a germinação da ideia de que um Espírito Divino impregna toda a Natureza. A eterna base de onde, mais tarde, iria nascer, perfeitamente formulada, a equação fundamental do ser humano: *Tat Tvan Asi* (Tu és Aquilo), encontrada nos *Upanishads.*

Pesquisando-se os diversos hinos, podemos descobrir, como num terreno, diversas camadas superpostas. Lá estão o naturalismo politeísta, o monoteísmo e o monismo.

O conceito de *Rta*, verdadeiramente a chave de tudo, significa a Ordem Cósmica, a Lei Suprema, a Verdade. Nele podemos encontrar as bases da moderna Ciência, que vê na Natureza uma manifestação de diversas leis que podem ser matematicamente equacionadas. Conhecendo a ordem com que os fenômenos se manifestam, o homem pode utilizá-los a seu serviço. *Rta* é, pois, a lei absoluta, que atinge desde o físico ao hiperfísico. No campo da Ética, abrange o comportamento da criatura humana, a ordem, a conduta perfeita, condições essenciais para o viver correto. A desordem, a falsidade, a deturpação da realidade constituem um grande mal. A Virtude é, então, segundo os *Vedas*, a obediência à Lei Cósmica. A raiz da noção do pecado é representada como a violação dessa Lei. Em um hino a Varuna, o crente afirma:

"Libertai-me dos pecados que, como cordas, me escravizam. Possa em nós brotar, Varuna, a tua fonte de Ordem".

A noção de castas, de camadas sociais dividindo os homens, também está descrita nos *Vedas:*

"Quando eles dividiram *Purusha*, em quantas partes o arrumaram? Qual era a sua boca? Quais os dois braços? Quais os nomes de suas coxas e pés?

O brâmane é a boca, seus braços, o guerreiro (*Kshatria*), a coxa, o negociante (*Vashia*) e de seus pés nasceu a classe servil dos trabalhadores (*Shudra*)."

Nos *Vedas*, vamos encontrar igualmente a dúvida, o ceticismo, que é indiscutivelmente a mola da filosofia de todas as épocas. O amor à sabedoria só pode ser alimentado pela dúvida. O filósofo é um homem alerta, um potro bravo correndo em direção ao desconhecido, apesar de saber que nunca encontrará a Terra da Promissão. Vejamos, no pequeno trecho que se segue, como está bem espelhada a dúvida no poder do deus Indra:

"Buscando a força, louvai a Indra com um verdadeiro hino,
Como se ele na verdade existisse.
Um afirma: Indra existe!
Outro desmente: Indra não existe!
A quem devemos, então, honrar?"

O sentido do ridículo, da repetição mecânica de fórmulas, é apontado com penetrante ironia, no poema "As Rãs":

"Partem para os céus os hinos de louvor aos que viveram virtuosamente durante
todo o ano, e os hinos dos brâmanes
que honraram os seus votos.
Da mesma forma, sobem aos céus os cânticos das rãs do pântano.
Quando, em cachoeiras, as chuvas caem sobre a terra,
a música das rãs flui em concerto com a música
das vacas acariciando seus novilhos!
A um canto, os sacerdotes sentados em redor do vaso
que contém o Soma cantam, num ritual complexo, louvores aos deuses.
Em outro canto, as rãs, reunidas em bando no pântano,
cantam, em coro, louvores às primeiras chuvas do ano!"

3

Sanatana Dharma : A Religião Eterna

O Hinduísmo, baseado nos *Vedas,* é a mais antiga religião do mundo que ainda se mantém viva. É como um vasto oceano, que contém profundidades tão insondáveis, que nem um gigante pode alcançar, e poças onde as crianças podem brincar. Quanto mais a estudamos, mais nos sentimos iluminados pela beleza dos seus conceitos. Sua ideia básica é a da Lei. Essa lei que nos *Vedas* é apresentada como *Rta,* e que viria adquirir, posteriormente, a característica de *Dharma.* Como afirma um texto védico: "O *Dharma* é aquilo que mantém unidos as pessoas e o Universo". Aplica-se desde o Cosmo até a nossa vida diária – uma vida que poderá tornar-se feliz, tranquila e benéfica para todas as criaturas. As relações humanas, que hoje tanto são estudadas, podem ser perfeitas quando baseadas na Lei Suprema do *Dharma.* O verdadeiro ariano é aquele que vive a vida de acordo com a Lei.

O *Sanatana Dharma* é, pois, baseado na autoridade dos *Vedas.* Segundo o Dr. Bhagavan Das:

"Não se deve concluir apressadamente que os ensinamentos dos *Vedas* são tão sem valor como o balbuciar de uma humanidade criança, pelo fato de não serem compreendidos pelo moderno estudante que não dominar o *Yoga* e não tiver o conhecimento interior. Assim, deve o estudante suspender seu julgamento quando se sentir inclinado a encará-los como um absurdo, lembrando que alguns dos mais altos intelectos produzidos pela humanidade viram a Sabedoria onde ninguém a vê. Deve, portanto, esperar até que o amadurecimento dos anos, aliado a uma crescente pureza de vida, acabem por abrir-lhe os olhos."

Passamos a apresentar os princípios fundamentais do *Sanatana Dharma.*

1. A Existência Una

"Somente um, sem segundo". Esta é a forma sintética com que os *Vedas* apresentam a Unidade Suprema.

O infinito, supremo, moral, o Aquilo onde todas as coisas estão mergulhadas, o Pai-Mãe, o Andrógino, a Noite-Dia, sem atributos e sem qualidades, é *Nirguna Brahman*. Segundo um velho poema sobre a Criação:

"Pela sua força intrínseca o Uno respirava sem qualquer sopro:

Nada existia, nenhuma coisa, a não ser esse Além."

Esse "Além", esse Aquilo, que corresponde à partícula inglesa *it,* contém no seu seio todas as coisas. Um dos *Upanishads,* o *Svestavataro,* declara:

"Quando não havia trevas, nem dia nem noite, nem ser ou não ser, só existia o Bem-aventurado."

Mais adiante, no mesmo texto, encontramos:

"Neste imperecível, infinito e supremo *Brahman* estão ocultos o conhecimento e a sabedoria."

A única coisa que se pode dizer é: "Ele é!". O som uno e misterioso é a única presença do Aquilo que está além do nome e da forma. Note-se que, milhares de anos após, a mesma ideia está expressa no Evangelho de São João com relação ao Verbo.

Somente um som misterioso, contínuo, representa Aquilo que está além do nome e da forma: No *Katha Upanishad* está escrito:

"Aquilo que todos os *Vedas* declaram, Aquilo que conduz a todas as austeridades, Aquilo que, para alcançar, levamos uma vida de continência (*Brahmacharia).* A palavra que representa o Aquilo, eu vos direi resumidamente, é AUM (OM). Esta palavra é o Supremo". AUM é, portanto, o som primordial, que contém todos os outros. A palavra *Pranava* é o nome dado ao som AUM. Significa "Aquilo que renova, que rejuvenesce". É o sopro da vida que impregna o Universo. É, segundo o Gênese: "... o espírito de Deus pairando sobre as águas".

Vários livros já foram escritos sobre a significação do OM. A trindade fundamental está contida nas letras A, U, M, que simbolizam o ser, o não ser e a relação existente entre eles. Descobrir a relação entre o ser e o não ser é uma experiência iluminadora. Cada letra é a expressão de um fato, e a justaposição significa a relação entre os fatos. A inter-relação, a troca permanente, é *Lila*, a constante transformação dos três em um.

Nosso ser profundo (*Ātman*) é, então, uma centelha que participa, tem sua raiz no Aquilo (*Brahman*). Nesse mesmo Aquilo em que, segundo S. Paulo, "vivemos, nos movemos e temos o ser". O *Manduka Upanishad* afirma, em outra equação básica do ser humano:

"Este *Ātman* é *Brahman*."

Esta verdade é constantemente repetida e apresentada tanto em parábolas como em muitos símiles, como é o caso, por exemplo, dos jarros que, apesar de possuírem formas distintas uma das outras são feitos do mesmo barro; ou do ouro com que se fazem anéis, pulseiras e inúmeros enfeites, e que continua a ser o mesmo ouro apesar de toda a diversidade de formas. Mas, afinal, onde está localizado esse *Ātman*? O *Chāndogya Upanishad* declara:

"Este é o meu ser dentro do meu coração. Este é *Brahman.*"

O conhecimento dessa identidade, sua conscientização, é a Suprema Sabedoria: *Para-Vydiā,* Teosofia ou *Brahmā-Vydiā* (Sabedoria Divina). É um centro de paz que habita no coração do Universo e do homem.

Como atingi-lo? Segundo outro texto (*Katha Upanishad*):

"Aquele que renunciar aos maus caminhos e controlar a mente poderá atingir o Aquilo".

"Os *rishis*, com seus pecados destruídos, suas dúvidas dissipadas, total autocontrole e dedicação ao bem-estar de todos os seres, obtêm por fim o *Brahmā-Nirvāna.*"

O Absoluto, o Aquilo, apresenta dois aspectos distintos. É outro texto, o *Brihadaranyaka Upanishad*, que nos revela:

"Há dois estados de *Brahman:* com forma e sem forma, mutável e imutável, finito e infinito, existente e além da existência."

Brahman com forma, finito, com qualidades, é chamado *Saguna Brahman.* Convém aqui explicar o que é *Guna. Guna* são qualidades essenciais da matéria que se manifestam tanto no físico como no hiperfísico. São elas: *Tamas* (inércia), *Rajas* (movimento) e *Sattva* (equilíbrio, harmonia). *Nir* é um sufixo que indica *não, Sá* é *com;* logo, *Nirguna* é "sem qualidades" e *Saguna,* "com qualidades".

Saguna Brahman, na sua própria natureza, é *Sat, Chit* e *Ānanda. Sat* é existência; *Chit* é consciência (dessa existência), e *Ānanda,* (bem-aventurança) ou o gozo supremo da consciência de existir. Os três chamam-se *Prakriti.* O triângulo descreve simbolicamente a natureza tripla de *Ishvara (Saguna):*

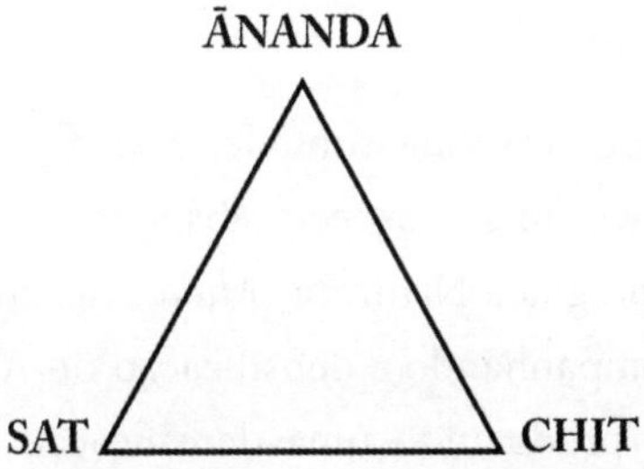

A tríplice natureza da manifestação de *Ishvara,* ao densificar-se, forma outro triângulo, de vértice para baixo, para mostrar sua descida à matéria:

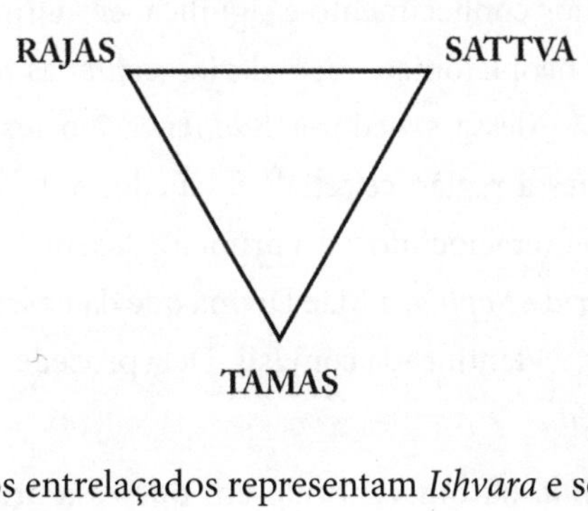

Os dois triângulos entrelaçados representam *Ishvara* e seu Universo:

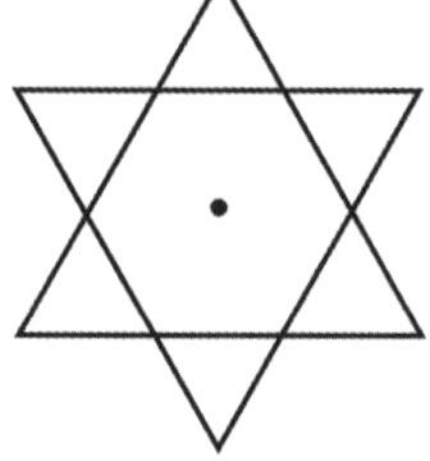

O ponto do centro é o símbolo do Um.

O Poder Divino, a força que surge dentro do Um e o faz desdobrar-se em dois, é *Shakti* (o feminino). Esta manifestação é identificada com *Māyā* - a ilusão.

A relação entre os dois é como a existente entre a lua e o luar, o fogo e a capacidade de queimar e iluminar.

O Poder Divino, ou seja, Sua vontade, é Una, virgem, pois o Universo é virgem de formas. *Māyā,* no seu aspecto absoluto, chama-se *Maha-Māyā* ou a Grande Ilusão, que impregna a Natureza (*Mula Prakriti)* e dela jamais se separa. Estamos, portanto, acompanhando a densificação do Absoluto (*Brahman*) onde, gradativamente, vai-se produzindo uma densificação da Energia primordial e vão surgindo os diversos planos da manifestação, cada qual com seus limites e características. Em primeiro lugar aparece *Ahamkāra,* o sentido de ser separado do outro, da autoconsciência; depois, sucessivamente, *Buddhi* ou uma consciência suprema, pura sabedoria, que predispõe as coisas que vão acontecer. É a fonte daquilo que chamamos conhecimento e significa, em última análise, o despertar. Plotino, o filósofo neoplatônico, nos daria, centenas de anos depois, uma maravilhosa descrição dessa sabedoria *Búddhica.* No texto *A beleza inteligível,* afirma: "A vida lá (nessa região celestial) é sabedoria, uma sabedoria que não é obtida pelo processo do raciocínio... é a primeira sabedoria não derivada de coisa alguma". *Essa sabedoria é Sophia,* a Mãe Divina que dá nascimento ao seu filho. No Egito, séculos depois, é identificada com Ísis. Dela procede *Manas,* a mente situada logo abaixo de *Buddhi.*

Na *Bhagavad-Gitā,* há um versículo em que essa proximidade de *Manas* e *Buddhi* é realçada:

> "Coloca teu *Manas* (mente) em Mim, e deixa que a tua compreensão Me penetre, e não terás dúvida que em Mim morarás para sempre."

A seguir, temos, pela ordem: éter (*Ākasha*), ar (*Vayu*), fogo (*Agni*), água (*Apas*) e terra (*Priviti*). Vejamos o que significam. O éter é o símbolo da matéria primordial. É dele que procedem e nele são novamente recebidas todas as criaturas. O vento é o símbolo do Espírito Divino que sopra de dentro para fora no processo emergente chamado evolução. Aqui, o fogo é o símbolo-força do Ego (o Ser), dirigindo-se aos canais mais altos de sua manifestação. A água é o símbolo do mundo das emoções, dos desejos e ilusões. A terra é o Plano Físico, de maior densidade, onde vivem os seres.

A terra é a causa de toda a manifestação. É a suprema essência de onde tudo procede. Dentro do processo cósmico, existem dois caminhos: um de ida, de máxima densificação, de ilusão crescente, chamado *Priviti-Mārga*, e outro de volta, de libertação gradual, de desprendimento, de conscientização crescente, que é o *Nivriti-Mārga*. Quando a noção da separatividade está presente, *Jīva* (o Ego, a Mônada) começa a sua marcha envolvida no vir a ser (*Samsāra*) como resultado da ignorância (*Avydiā*). Todos os que palmilham o caminho de ida estão sob o domínio dessa ignorância. Os que começam a trilhar o caminho da libertação (de retorno ao Absoluto) seguem os ensinamentos da essência dos *Vedas* (Vedanta). Esse Absoluto não pode ser descrito por palavras, mas apenas pela expressão *Neti Neti*, que significa: não é isso, não é isso!

2. O Múltiplo

No poema *Bhagavad-Gitā,* de que trataremos com detalhe num capítulo posterior, está escrito:

> "Do Imanifestado, assim que se aproxima o dia, todo o Manifestado jorra. Ao chegar a Noite, tudo se dissolve, mesmo Aquilo a que chamam Imanifestado. Uma multidão de seres vai e vem, é dissolvida ao chegar a noite e, pela força da Lei, surge novamente ao chegar o dia.

> "Na verdade, mais alto do que Aquele Imanifestado, existe outro Imanifestado que, quando todos os seres são destruídos, jamais é destruído.
>
> "O Imanifestado, o Indestrutível, assim Aquilo é chamado. É a meta suprema!"

Para os hindus, a criação é cíclica. O Universo é um ser vivo, que está em expansão durante os dias e em retração durante as noites de *Brahman*. É como se fosse um gigantesco pulmão expirando as formas, a multiplicidade, e inspirando-as no fim dos ciclos. A criação é, portanto, cíclica. Ao dia de *Brahman* sobrevém a noite. Ao Dia de *Brahman* dá-se também o nome de *Manvantara* (período entre os *Manus*), e à Noite, o de *Pralaya* (Dissolução). A concepção cósmica dos hindus é, a esse respeito, extraordinariamente moderna. Além da ideia de expansão, corroborada pela Astronomia moderna pelo exame do deslocamento das faixas do espectro luminoso das estrelas distantes, vemos a grandiosidade com que descreve o Cosmo. É uma concepção muitíssimas vezes mais ampla do que a do mundo centrado numa terra plana, e das esferas de cristal da Astronomia de Ptolomeu e da Idade Média Ocidental. Ao estudar-se a Astronomia dos hindus, percebe-se a grandeza do Absoluto, que somente Giordano Bruno, Copérnico e Galileu iriam revelar no século XVI. O *Mundaka Upanishad* nos dá duas imagens simbólicas extremamente adequadas:

> "Assim como a aranha emite e retrai sua teia, assim como as ervas crescem na terra, assim como num homem vivo nascem cabelos e unhas, assim, também, do Indestrutível, brota o Universo.
>
> "Assim como de uma flamejante fogueira saltam as centelhas em milhares de formas, assim também do Indestrutível nascem e retornam vários tipos de seres."

Segundo a moderna Ciência, existem no Cosmo incontáveis Universos. São as nebulosas, que atraem bilhões de estrelas e que são fechadas em verdadeiros Universos-ilhas. Na Cosmogonia da Índia, esses Universos-ilhas são chamados ovos de *Brahman* ou *Brahmānanda*.

Em um dos textos chamados *Purānas*, estão assim descritos: "Os grãos de areia talvez possam ser contados, mas os Universos são inumeráveis."

Em cada *Brahmānanda* (galáxia), há um *Brahmā*, um *Vishnu* e um *Shiva*. *Brahmā* é o Criador. Sua contraparte feminina (*shakti*) é *Saravasti* (sabedoria), pois, sem sabedoria, a Criação, que é, em última análise, pura ação, não poderia ser mantida. A imagem representativa do Supremo é a de um ser com quatro cabeças, uma para cada ponto cardeal. Seu veículo (montaria) - *Vāhana* - é o cisne, *Hamsa*.

Vishnu é o preservador. Aquele que sustenta e atrai as coisas, e permite que por certo tempo elas permaneçam juntas. Sua *shakti* é *Laksmi*, a Felicidade ou Prosperidade. É representado com quatro braços, pois sustenta os quatro quadrantes. Sua montaria é um pássaro, *Garuda*, que é o símbolo da velocidade. Os *Avatares* são as encarnações periódicas de *Vishnu* para auxiliar o mundo quando a Lei decai.

Shiva, ou *Mahadeva*, é o Destruidor, sem o qual não haveria a Criação. É ele que liberta o *Ātman* das peias da escravidão e permite a libertação gradual do Universo. Sua companheira (*Shakti*) é *Parvati*, que simboliza a Vontade, sem a qual não haveria a destruição. Sua imagem representa um ser de quatro braços, tendo em cada uma das mãos um objeto simbólico, e dançando sobre um ser demoníaco, personificação da natureza inferior, que terá de ser controlada a fim de que se obtenha a libertação final. A imagem é rodeada por um halo de chamas, que indica a constante renovação. Algumas vezes, *Shiva* está montado num touro, emblema da mente que precisa ser dominada. Veste-se com uma simples pele de tigre, símbolo dos desejos mortos, e é considerado o Grande Iogue, o padroeiro de todos os que buscam a união fundamental do homem consigo mesmo.

Segundo a Cosmogonia hindu, a duração do Universo abrange vários ciclos. Em cada *Brahmānanda*, ou Universo-ilha, essa duração é medida pela duração da vida de *Brahmā*. E quanto vive um *Brahmā*, em relação aos anos de vida humana?

432.000 anos x 4 =	1.728 000	- *Krita-Yuga*
432.000 anos x 3 =	1.296 000	- *Treta-Yuga*
432.000 anos x 2 =	864.000	- *Dvāpara-Yuga*
432.000 anos x 1 =	432.000	- *Kali-Yuga*
4.320.000 anos		(*Māha-Yuga* ou Grande-*Yuga*)

1.000 *Māha-Yugas,* ou 4.320.000.000 anos, correspondem a um dia de *Brahmā* – um simples *Kalpa.* Curiosamente, esse número que mede o tempo equivalente entre o início da expansão (expiração) da "Essência Desconhecida" até o máximo, quando irá iniciar-se a retração universal (inspiração), é comprovado pela ciência. Segundo o astrônomo *Huble,* a esfera-Universo encontra-se em expansão à velocidade de 300 km/seg. A Ciência admite que o Universo-embrião teria inicialmente 10 milhões de km e se expandiu até os atuais 6 trilhões de anos-luz de diâmetro.

As recentes pesquisas feitas por *Shapley,* dão para o Universo 4 bilhões de anos, a idade da nossa galáxia, número significativamente aproximado ao citado pelos hindus como a duração de um dia de *Brahmā.*

A ideia de contração e expansão, da criação e dissolução rítmicas é aceita pelo físico George Gamow [11], que declara:

"De acordo com a melhor informação disponível relativamente às massas galáxicas ou nebulosas, parece que atualmente a energia cinética das galáxias que se afastam é várias vezes maior que seu potencial mútuo de energia gravitacional; de onde se deduziria que o nosso Universo está se expandindo até o infinito sem nenhuma possibilidade de se contrair, para reunir-se novamente mediante as forças de gravitação. Devemos recordar que a maior parte dos dados numéricos relativos ao Universo como um todo não é muito exata, e é possível que no futuro invertam essa conclusão. Mais ainda, se o Universo, que está atualmente em expansão, se detivesse bruscamente em sua marcha e o movimento se transformasse em movimento de compressão, passar-se-iam bilhões de anos antes desse dia terrível concebido pelo *negro espiritual* que canta "o momento em que as estrelas começarem a cair."

Depois de um dia de *Brahmā,* segue-se, implacavelmente, uma noite de *Brahmā,* ou seja:

---

[11] George Anthony Gamow, (1904 – 1968), físico ucraniano naturalizado norte-americano, autor, ao lado do astrônomo belga Georges Lemaître (1894 – 1966) da Teoria do Big Bang, segundo a qual o universo teria surgido após uma grande explosão cósmica, entre 10 e 20 bilhões de anos atrás.(Nota Ed. Bras.)

4.320.000.000 anos - dia

4.320.000.000 anos - noite

8.640.000.000 anos, equivalentes a um dia (24 horas) na vida de *Brahmā*. Como o deus *Brahmā* vive 100 anos - uma Grande Idade - (*Māha Kalpa*), teremos então:

360 x 8.640.000.000 = 3.110.400.000.000 anos

3.110.400.000.000 x 100 = 311.040.000.000.000 anos!

O Universo é absorvido novamente no Divino durante um século de *Brahmā* e, então, tudo recomeça e irá durar outros 311 trilhões de anos! E, assim, indefinidamente...

A Lei está presente nesse grandioso e quase inconcebível cenário, e a evolução sempre se processa do sutil para o concreto, e do concreto para o sutil.

3. O Mundo Visível e Invisível

A centelha em torno da qual se constituem os vários corpos, o *Jīvātman*, nas suas peregrinações circula, incessantemente, em três planos: o chamado *Bhur-Loka,* que equivale ao mundo físico em que estamos mergulhados durante os intervalos de nossa vida nas camadas mais densas da manifestação; o *Bhuvar-Loka*, que é constituído da matéria hiperfísica mais sutil que impregna o físico e, por fim, o *Svar-Loka,* que de certa forma equivale ao mundo celestial, que muito poucos atingem nos seus períodos entre as vidas físicas. Além desses, existem outros quatro planos ainda mais refinados em densidade, que são conhecidos por *Mahar, Jana, Tapo* e *Satya-Loka*.

O homem possui sete corpos adequados à "vida" em cada um desses "planos". Convém esclarecer que a palavra "plano" não tem exatamente o significado de *loka*. Não se trata de algo que esteja superposto, e sim de uma interfusão, uma impregnação onde não há espaços vazios. Os três corpos principais de que o homem comum tem consciência e constantemente utiliza são o corpo grosseiro (*sthūla*), o sutil (*Sushumnā*), e o causal (*karana*). Esses corpos, ou *upadhis,* são os veículos de que se serve normalmente durante a vida. É preciso lembrar que dentro dos planos citados existem os chamados "mundos", que não passam de estados de consciência que permitem o contato com determinado nível da Realidade total em função do "sistema de referência" de cada ser. Esse sistema de referência engloba um conjunto de capacidades manifestadas ou não, o alcance dos sentidos, a capacidade física e mental, e dá a cada um a imagem da realidade que o cerca. O "mundo" de uma formiga ou de uma ameba será assim, logicamente, diferente do nosso, em virtude de diferentes "sistemas de referências". Com isso, pode-se facilmente chegar à concepção de "mundos paralelos", onde os acontecimentos ocorrem simultaneamente sem a consciência dos seres envolvidos no processo. Os *triloki*, ou os três mundos, são os seguintes: o dos homens, o dos *Pitris* (antepassados) e o dos *devas* (deuses). Em cada um desses "mundos", um determinado ser dotado de seu "sistema de referência" particular pode apresentar-se em quatro estados de consciência. O primeiro é *Jāgrat*, que equivale ao desperto, e no qual o ser tem a consciência da Realidade tal como ela é, e não está envolvido nas malhas da ilusão. No entanto, pouquíssimos são os que atingem esse estado, que equivale ao alcançado por Siddharta Gautama ao atingir o estado de *Buddha* (o Iluminado, o Desperto). A maioria da humanidade está sonhando, isto é, encontra-se no estado *Svapna*, envolvida pelo seu próprio condicionamento e pelos pensamentos deturpadores da Realidade. São criaturas que vivem, sofrem e morrem sem nunca experimentar um relance do que seja o despertar. Seres puramente autômatos, sem qualquer liberdade própria, teleguiados como teleguiados são os que os guiam, e que se desgastam numa existência semelhante às coisas inertes. O homem-coisa de hoje, como o de ontem, é um exemplo vivo dessa consciência de sonho. Há, também, os que estão dormindo profundamente – *Sushupti;* que ressonam, apesar de acordados, tal o grau de inconsciência em que se encontram. Além desses estados, há um supremo *Turya,* onde cessam as palavras e dá-se a total identidade entre a coisa separada e sua origem.

Dentro desse panorama, onde o visível se mescla a todos os instantes com o invisível, nasceram os rituais através dos quais o homem pode modificar certas condições e comunicar-se com o mundo superfísico. Neste sentido, a Índia desenvolveu uma verdadeira Química oculta, tão válida quanto a nossa orgulhosa Química moderna. Uma Química que vai à raiz das coisas e opera transformações fundamentais. Para compreender esse complexo de realidades que se misturam e interpenetram, esse jogo de influências sutilíssimas, vamos analisar seus pontos básicos.

Em primeiro lugar, todo homem é um ser constituído de natureza energética e, portanto, vibratória. Cada homem, como cada coisa que nos rodeia, ou qualquer outro ser, seja qual for a sua escala, é vibração. O *Ātman*, a centelha, reveste-se de vários corpos de densidades diferentes. Em cada um desses corpos há uma sintonia, uma harmonia, com determinado plano, e que torna possível a comunicação com os habitantes de cada um deles. Os *Jivātman* estão em constante vibração, que se torna cada vez mais complexa a medida que o ser desabrocha. Esse desabrochar equivale ao desenvolvimento natural das capacidades latentes em função da evolução. Há, portanto, uma constante inter-relação de seres, uns influenciando os outros com sua presença. Em inúmeros trabalhos, Jung aborda essa possibilidade de influência a distância, citando, inclusive, o caso de inúmeras crianças que sofriam os efeitos da falta de harmonia e amor entre os pais, apesar de nunca terem eles discutido na sua presença. O fato é que existe uma *"psicoatmosfera"* em que estamos mergulhados, e que podemos modificá-la pela nossa ação. A existência dessa "psicanálise" abre uma porta à compreensão, no tocante à forma efetiva com que podemos auxiliar os outros a distância, através da prática de exercícios interiores, tais como a meditação e a oração. Essa oração não é, entretanto, uma oração normal que a maioria concebe como uma simples petição a um Deus que nada mais é que a projeção da figura do pai. A oração verdadeira é aquela na qual o homem se comunicação com o Absoluto que existe dentro dele, projetando-o para fora. Segundo os hindus, o homem tem a capacidade de alterar suas vibrações, tal como uma estação de rádio que tivesse a capacidade de modificar sua frequência de emissão e intensidade, e dirigir suas ondas para determinadas direções. O chamado mantra é uma das formas utilizadas nesse processo de irradiação. Para muitos, o mantra é apenas uma sequência de sons sem qualquer significado lógico. Na realidade, mantra é o som utilizado na sua forma absoluta para produzir determinados efeitos no mundo superfísico. Para isso, atinge realmente os indivíduos. Recitado repetidamente, o mantra pode penetrar pouco a pouco nos diversos veículos (corpos), modificando-lhes o ritmo vibratório. Daí o sentimento de paz e tranquilidade que se segue à recitação de um mantra, quando devidamente enunciado. Nos lábios de uma pessoa que não conheça os segredos do ritmo, da entonação, e da importância do momento em que ele é recitado, o mantra não atua e nada mais será do que simples sons sem qualquer sentido. Há uma escola de *Yoga*, o Tantra, que estuda todo o mecanismo dessa Química oculta. É, entretanto, a mais secreta das instruções, pois seu domínio coloca nas mãos dos que não têm o preparo para recebê-la, dos que são simples crianças em busca de poder e novas experiências, uma força de imenso alcance, muitas vezes superior ao da energia nuclear tão apregoada pelos homens de hoje.

Na vida diária, são cinco os sacrifícios que devem ser oferecidos. O primeiro dirige-se aos *Vedas*, que são o repositório da religião eterna e que contêm toda a Sabedoria revelada aos homens, vinda de épocas passadas. O segundo é para os *devas*, que são as diversas "divindades" que nos rodeiam. Em certos aspectos, o *deva* nada mais é que uma força natural de seres que seguem outra linha de evolução. Todas as maravilhosas histórias de fadas, gnomos, silfos e salamandras, que povoam as tradições de todos os povos, são reminiscências do contato com seres dessa escala de evolução. Seguem-se os sacrifícios oferecidos aos *Pitris* e *Buddhas*, que são entidades que nos precederam no mundo, e, também, aos seres inferiores que vivem conosco a todo instante. O sacrifício aos homens é o último a ser cumprido. Destina-se a estabelecer um elo permanente de entendimento e amor entre as criaturas. É um voto constantemente repetido para que a fraternidade universal, não só entre os homens, mas entre todos os seres, seja qual for a sua posição na escala evolutiva, torne-se uma realidade.

A vida do hindu divide-se tradicionalmente em quatro estágios, nos quais procura tirar o máximo proveito das oportunidades que lhe são oferecidas. Segundo essa tradição, todos principiam como estudantes, em cujas qualidades são inculcados os conhecimentos recebidos pelo estudo. Depois, o homem se torna o dono da casa, quando tem de cumprir sua missão como homem e dar à sociedade um filho que seja a sua continuação no mundo. A seguir, cumprida essa missão como dono de casa, pai e marido perfeito, poderá dedicar-se ao estudo. Para isso, deverá retirar-se para a floresta, onde, ao contato com a Natureza e com outros que estão no mesmo estágio, irá aos poucos transformando-se no asceta: aquele que busca a libertação. A vida é, portanto, uma escola na qual o *Jivātman* procura as experiências necessárias ao seu desenvolvimento.

4

Renascimento

Em um dos *Upanishads*[12] está assim descrito o processo cósmico, que leva a sucessivas reencarnações:

"Na vasta roda de *Brahman*, origem e sustento de todos os *Jīvas*, o indivíduo peregrina pensando que ele e o Regente são diferentes. Unido a Ele, obterá a imortalidade."

Quando isso acontece e o homem encontra a sua raiz, que está e sempre esteve dentro de si mesmo, há uma transmutação maravilhosa. Outro texto[13] afirma:

"Tendo conhecido o Supremo *Brahman* - a Suprema Imensidão - como a Essência oculta em todas as criaturas, o único que impregna o Universo, o Senhor, eles se tornam imortais.

Do tamanho de um dedo polegar, *Purusha*, o Ser interno, para sempre habita no coração dos homens."

A natureza de *Jīva* é, portanto, identificada à de *Brahman*. Assemelha-se a uma semente, que tem todas as possibilidades de desenvolvimento dentro de si mesma em estado latente. A roda dos renascimentos (*Samsāra*) existe para que *Jīva* possa desenvolver-se através da repetição de experiências. A transmigração é,

[12] *Shvetashvatara Upanishad*, embora não faça parte dos Dez *Upanishads* Maiores ou Principais, é um dos mais comentados, pela beleza e profundidade de seus ensinamentos. A citação refere-se ao fenômeno Causa-Efeito e não à causa e o efeito, segundo Rohit Mehta em *O Chamado dos Upanixades*, Brasília: Editora Teosófica, 2014. (Nota Ed. Bras.)

[13] *Mundaka Upanishad*. (Nota Ed. Bras.)

assim, o processo pelo qual o *Jivātman* passa de um corpo para o outro em busca de novas experiências. Na *Bhagavad-Gitā,* encontra-se uma citação das mais esclarecedoras:

> "Tal como um homem que, despojando-se de suas vestimentas velhas, toma outras novas, de igual modo o morador do corpo, despojando-se dos corpos gastos, entra em outros que são novos". (22)[14]

O caminho a percorrer é, pois, um caminho que levará o *Jivātman* das trevas à luz, da morte à imortalidade. Em outro texto dos *Upanishads, Katha,* há uma descrição bastante significativa.

> "Sabei que o Ser é o dono, o corpo da carruagem. Sabei que a Razão é o condutor da carruagem, a mente as rédeas, os cavalos os sentidos, e os objetos dos sentidos o campo em que eles correm. O Ser, unido aos sentidos e à mente, é quem usufrui a experiência – assim dizem os sábios. O ignorante, porém, conserva a mente frouxa, frouxos e sem controle os sentidos, como cavalos que o cocheiro não consegue dominar. O sábio, que mantém a mente constantemente controlada, controla também os sentidos como o bom cocheiro controla os cavalos. O ignorante, sempre impuro, não alcança a meta suprema e sempre retorna à roda de *Samsāra.*"

Quando sobrevém a morte, o corpo físico se dissolve, enquanto o *Jivātman* continua ligado aos corpos constituídos de matéria sutil que interpenetram o físico. Vai, aos poucos, libertando-se desses corpos em "mortes" sucessivas ao longo do tempo, em intervalos que dependem principalmente das causas do passado (*Karma*).

Ao abandonar o corpo usado, o *Jivātman* leva consigo a experiência acumulada do passado, o que, em outro trecho dos *Upanishads,* vem descrito num belo simbolismo:

> "Assim como o ourives, que tomando um pedaço de ouro bruto transforma-o numa forma nova e mais bela, assim também, na verdade, o *Ātman*, abandonando o corpo físico e desprezando a ignorância (*Avydiā*), cria, com o mesmo corpo, uma outra forma nova e, também, mais bela."

---

[14] *Bhagavad-Gitā – A Canção do Senhor.* Trad. Annie Besant. Brasília: Editora Teosófica, 2ª edição de bolso revisada, 2014. (Nota Ed. Bras.)

O *Jivātman* permanece no plano sutil durante algum tempo, enquanto durar a energia acumulada pelos méritos conquistados em sua vida anterior. É como uma pedra que, arremessada para o alto e vencendo a força da gravidade, sobe até certo ponto, isto é, até o ponto em que a força de impulsão é maior que a da gravidade. Então, a força da terra atrai novamente a pedra para baixo. É o que diz em outras palavras certo trecho de um dos *Upanishads* [15].

> "Tendo atingido o fim do trabalho, o indivíduo retorna novamente a este mundo da ação. Esta é a verdadeira história daquele que deseja."

A constituição do ser humano está claramente descrita no poema *"Mahabharata"*. O ser humano, o chamado *Jivātman,* é idêntico, em natureza, ao Ser Supremo, *Brahman.* Deste, procede a compreensão (*Buddhi*), e desta, a mente (*Manas*). Quando aparecem os sentidos, o homem, o morador desse corpo físico, está completo: o corpo, a sua moradia, é composto dos elementos: água, fogo, ar e éter, já apontados. Os sentidos, através dos quais o corpo entra em contato com o mundo exterior, transferem para a mente os resultados desse contato, dando atributos ou propriedades aos objetos contatados – isto é, dando forma aos objetos pelos quais foram afetados. A mente recebe esses informes e agrupa-os em imagens mentais que são apresentadas à compreensão que, por sua vez, capta então a realidade sugerida por essas imagens mentais, feitas de atributos. Esse é o caminho de ida do *Jivātman*, o meio de colher experiências, o chamado *Priviti-Mārga.* Entretanto, depois de inúmeros renascimentos chega o momento em que o caminho da libertação, da volta, o *Nivriti-Mārga*, tem início. Cansado de peregrinar, o *Jivātman* compreende finalmente a ilusão do processo em que está envolvido e, como filho pródigo, retorna à casa do Pai, de quem nunca esteve realmente separado, senão pela ignorância que o impedia de ver a verdade de tal fato. A libertação, *Moksha*, pode ser alcançada por três caminhos distintos, que correspondem aos três aspectos do Absoluto: *Sat, Chit e Ānanda.* Esses três caminhos são: o da Sabedoria (*Jñāna*), quando predomina *Sat* (existência); o da Devoção (*Bakti*); e o da Ação (*Karma*). Esses caminhos são adequados aos diversos temperamentos humanos, sendo o *Yoga* o método através do qual podem unir-se o ser individual e o Ser Supremo.

[15] *Mundaka Upanishad.* (Nota Ed. Bras.)

5

Karma : A Lei Universal

Uma das leis aplicadas ao movimento dos corpos físicos é a lei da ação e reação. Seu conhecidíssimo enunciado, "a toda ação corresponde uma reação de intensidade igual, mas, em sentido contrário", foi formulado pelo grande físico e matemático inglês, Isaac Newton, no século XVII. Entretanto, em todas as épocas e regiões do mundo encontramos a mesma lei dissimulada sob as mais diversas roupagens. Os hindus a conheciam sob o nome genérico de *karma,* quando aplicada ao mundo suprafísico, ao mundo moral. O alcance da lei de ação e reação estende-se, porém, a todos os planos. O *Svetasvara Upanishad* afirma que Deus é o Ordenador e o Senhor do *Karma* (*Karma-Dhyaksali*). Num de seus ensaios, o filósofo Sarvepalli Radhakrishnan[16] assim se exprime:

> "Existem, na Natureza, leis de caráter físico, biológico e psicológico que são chamadas englobadamente de *Karma.* O Criador não usa as forças da Natureza para recompensar a virtude e punir o pecado. Jesus disse: 'Por acaso julgais que os dezoito sobre os quais caiu a torre em Siloam eram os únicos pecadores que habitavam Jerusalém? Eu vos digo que não. Deus faz o sol brilhar para bons e maus, e envia a chuva para justos e injustos.'"[17]

Vivemos num mundo onde não há lugar para caprichos e incertezas, onde a palavra "milagre" é o recurso que usamos para ocultar a nossa ignorância sobre

[16] Sarvepalli Radhakrishnan (1888 – 1975), filósofo e político indiano, primeiro vice-presidente da Índia e segundo presidente. Primeiro indiano nomeado professor na Universidade de Oxford (Inglaterra), destacou-se em estudos comparados de religião e filosofia, tendo contribuído para a formação da identidade hindu contemporânea. (Nota Ed. Bras.)

[17] *Mateus* 5:45. (Nota Ed. Bras.)

os fatores que concorreram para modificar o curso provável dos acontecimentos. No entanto, além das leis conhecidas, estudadas pelo homem, existem outras leis que governam o Universo e que nos são completamente desconhecidas. Essas leis constituem a estrutura, os fundamentos em que se apoiam as diversas leis reveladas à humanidade. O chamado "destino" das coisas, sejam homens, animais ou qualquer outra entidade, é a resultante de uma série de ações anteriores. Quando estas ocorrem de acordo com determinada ordem, deve também ocorrer determinado resultado. É inevitável. Da mesma maneira que uma reação física pressupõe a existência de uma ação ou de um conjunto de ações anteriores, tudo que hoje ocorre e que atinge em particular nosso pequeno mundo provocando-nos alegrias ou dores, é também a resultante de inúmeras ações constituídas por pequenos vetores. A resultante da sua soma será obtida pelo método do paralelogramo na forma indicada no desenho abaixo:

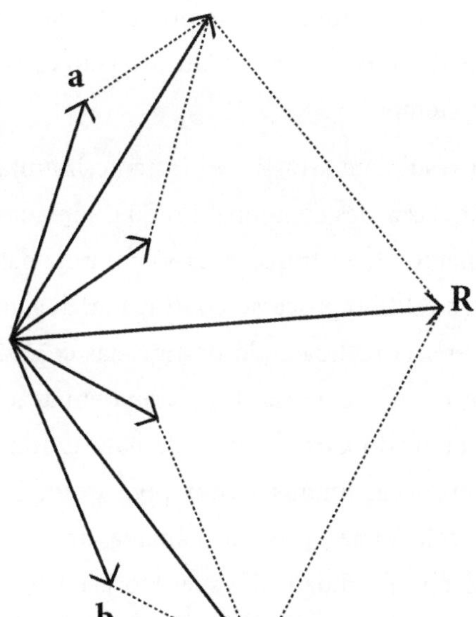

Na realidade, o número de ações é quase infinito, variando continuamente. As reações do instante anterior tornam-se ações determinantes do instante vindouro. Valendo-se novamente dos gráficos, podemos figurar três instantâneos do desenvolvimento do "destino" de uma entidade qualquer:

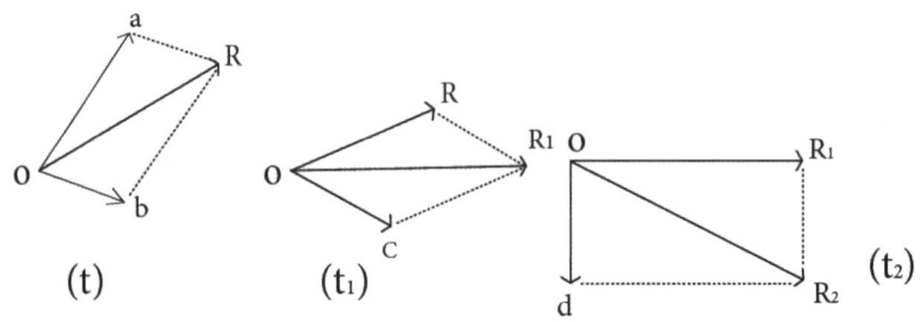

T, t1, t2, etc. são pontos infinitamente próximos que constituem a "linha do destino de uma entidade". É o "rastro" produzido pelo eterno fluir do tempo. É a projeção do *karma* no tempo.

No instante t, a resultante será R. No instante infinitamente próximo t1, a resultante R será uma das ações componentes que, somadas, irão constituir a resultante R1. No momento t2, R1 transforma-se em uma das ações que, somadas, darão como resultante R2. E o processo continua analogamente à medida que o tempo se escoa. É a eterna realidade do destino das coisas. A transformação da energia potencial em energia cinética. É o *karma* em ação. Destino é a palavra que damos aos resultados do *karma*, que é de natureza material, segundo ensinam certas escolas filosóficas hindus – como, por exemplo, a dos jainistas. Essa escola, fundada no século VI a.C. por Vardhamana, um contemporâneo de Buda, é digna de estudo, tal a profundidade das suas teorias. Para termos uma noção de quão antigas são as ideias expostas pelos jainistas, basta dizer que o próprio fundador dessa escola – Vardhamana, também chamado por seus discípulos de Jina (conquistador espiritual) e de Mahavira (grande herói) – não apregoava nenhuma originalidade para as doutrinas que ensinava. Apresentava-se como expositor da sabedoria transmitida por uma linhagem de vinte e três sábios de épocas anteriores. Os épicos hindus, cuja antiguidade até hoje ainda não foi definitivamente estabelecida, como, por exemplo, esse expoente da Sabedoria Eterna que é o *Bhāgavata-Purāna*, atribuem a um personagem semilegendário chamado Rsabha a fundação da escola Jainista. As teorias dessa escola filosófica, especialmente as que dizem respeito ao *karma*, sua natureza e funcionamento, são perfeitamente modernas quando analisadas à luz dos atuais conhecimentos. Em resumo, para os jainistas, o caráter e a duração da vida humana são determinados pela lei do *karma* que, como já dissemos, é de natureza material. A matéria primordiial, apta a se manifestar como *karma*, enche todo o espaço cósmico. O espírito (*Jīva*) é um centro, um ponto, de natureza muito mais sutil do que a matéria *kármica*. O *Jīva*, à medida que se oculta involuindo no sentido da materialidade, vai-se impregnando paulatinamente nas partículas dessa matéria sutil. Essas partículas constituem um corpo especial chamado *Karma-Sharīra* que não deixa a Alma atingir a emancipação final. A matéria *kármica* age, então, como um retardador, um lastro que impede a radiância da alma. O *karma* funciona de tal modo que cada modificação registrada no corpo *kármico* deixa uma marca, que é retida e incorporada ao organismo como base de uma ação futura.

No curso natural das coisas, o *karma* produz os resultados esperados. Até a libertação final (*Mukti*), a alma permanece unida aos corpos mais densos por intermédio do *karma* que, nesse caso, funciona como um elo. Somente quando esse elo se extingue é que o *Jīva* se liberta dos renascimentos periódicos (*Samsāra*). É a matéria *kármica* que produz a reencarnação e impede a livre manifestação do conhecimento e da intuição, qualidades intrínsecas da alma. Até que o *karma* seja purgado, gasto, extinto, através de um processo de descarga e a alma brilhe intensamente, livre da nuvem que a cerca, o movimento cíclico não terá fim.

Essas são, em resumo, as principais ideias da Filosofia Jainista sobre o assunto. De um modo geral, essas teorias estão bastante difundidas em todo o Oriente e em muitas escolas de pensamento ocidentais.

Vejamos, agora, a forma pela qual podemos explicar, com os recursos que a Ciência moderna pôs à disposição do homem, essas ideias cuja antiguidade ainda é discutível, mas que, entretanto, possuem um valor eterno.

Inicialmente, abordaremos a noção atual da matéria. O antigo conceito newtoniano de matéria como coisa determinada, ponderável, já foi ultrapassado. Teve sua época áurea durante a qual duvidar da sua validade era sinônimo de perturbação mental, da mesma forma que o sistema geocêntrico de Ptolomeu, as leis de Galileu, a geometria de Euclides, a medicina de Hipócrates e tantos outros conceitos eram considerados definitivos, irrefutáveis. Mas cada novo conceito nasce e é sustentado pelos conceitos anteriores. Entre os sábios que mais contribuíram para a renovação da Física, devemos apontar Einstein e Planck. No início deste século[18], caíam as barreiras relativas à imutabilidade da matéria ao embate das novas e revolucionárias teorias. Começou-se a verificar que muitas das ideias expostas por filósofos, místicos e ocultistas, em todos os tempos, tinham sua razão de ser; que esses indivíduos, através de uma percepção aguçada, alcançaram o conhecimento da realidade em si mesma antes que a Ciência oficial dela se apercebesse.

Para melhor exemplificar essa antecipação contida nas teorias filosóficas orientais, basta citar um único caso: Há cerca de 2.500 anos, o grande filósofo chinês Lao Tsé escreveu o texto intitulado *Tao Te Ching*. No capítulo inicial dessa obra, onde o autor estuda o aspecto transcendental do *Tao* e sua manifestação física, está exposto o conceito, hoje oficialmente aceito pela Ciência moderna, da matéria como uma concentração de energia, com as seguintes palavras:

> "Essas duas coisas, o espírito e a matéria, embora as chamemos por nomes diferentes, são, em sua origem, uma coisa única. Essa identidade é um mistério – e mistério dos mistérios. É a fonte de toda a espiritualidade."

Mesmo sob uma forma nebulosa, vaga ou poeticamente metafórica, essa realidade já era descrita há milênios, apesar de violentamente combatida pelos doutores da Ciência ortodoxa. A cicuta de Sócrates, a cruz de Jesus, a abjuração de

[18] O autor refere-se ao Século XX, em que a presente obra, publicada com o título *O Olho do Furacão*, em 1973, teve a sua primeira edição pela Editora Civilização Brasileira. (Nota Ed. Bras.)

Galileu, a fogueira de Giordano Bruno são símbolos, ou melhor, são exemplos dos métodos usados pela sociedade para fazer calar aqueles que tiveram a ousadia de rejeitar o modo de pensar aceito pela maioria.

Diz C. J. Jung na obra *A Realidade da Alma:*

> "Não se pode ir contra o espírito da época, que equivale a uma religião, ou melhor dizendo, a uma confissão ou a um credo cuja racionalidade nada deixa a desejar e que, por sua vez, reúne a desagradável condição de ser considerado a medida absoluta da verdade."

E, mais adiante, acrescenta:

> "Pensar de modo diverso do aceito pela corrente do momento tem sempre um caráter clandestino e danoso, quase indecente, doentio ou blasfemo, e por essa razão é socialmente perigoso para o indivíduo. Aquele que pensa por conta própria está nadando insensatamente contra a corrente."

Felizmente, sempre existiram em todas as épocas indivíduos que – como diz Jung –, "nadam contra a corrente", que não se submetem às bitolas, aos cabrestos, às viseiras do pensamento da época. São os artistas, místicos, santos, revolucionários, que impedem a estagnação do espírito humano. Pouco a pouco, os tabus de qualquer espécie vão sendo removidos, apesar do choque inevitável da resistência passiva contra as inovações revolucionárias. Foi esse o caso do conceito da matéria ao ser afirmado que esta, a matéria, nada mais é que energia concentrada, isto é, uma concentração energética. A ideia da invariabilidade da massa foi substituída pela da sua variabilidade em função da velocidade. Ampliaram-se os horizontes. As leis de Galileu, a mecânica de Newton e a geometria de Euclides tiveram seu campo de ação restringido. Acima de determinados valores, perderam a validez e foram substituídas pela Física Relativista de Einstein e pelas Geometrias especiais de Riemann[19] e Lobatchevisky.[20]

---

[19] Georg Friedrich Bernhard Riemann (1826 - 1866). Matemático alemão que contribuiu para a análise e a geometria diferencial, com uma teoria que dizia que o espaço tem quatro dimensões, em vez de três (comprimento, largura e altura). Na literatura matemática, são famosas a Hipótese de Riemann e a sua chamada função zeta. (Nota Ed. Bras.)

[20] Nikolai Ivanovich Lobachevsky (1792 - 1856). Matemático russo que aos 14 anos se destacou

O antiquíssimo conceito do *karma*, como sendo de fundo material, está perfeitamente de acordo com as últimas teorias da Ciência oficial. Revive, a bem dizer, quando a observamos através das lentes da Ciência. A morte e o renascimento encontram-se também no mundo das ideias. Nada existe de novo sob o sol. O "novo" é o aspecto de uma mesma realidade imutável. A Ciência nada mais é senão a decifração da mensagem proveniente do meio que nos cerca. A compreensão real dessa "mensagem" está inteiramente fora do alcance da mente humana discursiva. Não pode ser expressa por palavras e captá-las integralmente transcende a todos os recursos humanos. Só pode ser sentida no âmago do nosso ser. Daí, o valor imenso, incomensurável, do estudo sério, metódico, profundo, de certas escolas filosóficas orientais. Numerosos físicos de vanguarda da atualidade, entre os quais avulta as figuras de Philips-Oppenheimer[21], estudam as línguas mortas do Oriente, especialmente o sânscrito, a fim de beber na fonte original dos velhos textos uma Metafísica capaz de explicar suas próprias descobertas e provocar intuições que os levem a novos resultados.

Antes de entrarmos em maiores detalhes sobre a natureza do *karma*, torna-se necessário traçar certas considerações sobre os chamados sistemas "isolados". Por definição, sistema é a combinação de fatos coordenados para um mesmo resultado, ou de modo a formar um conjunto. No Universo, comprova-se a existência de sistemas que englobam outros sistemas. Qualquer "fato", "coisa" ou "acontecimen-

---

nos estudos e ingressou na universidade. Por 40 anos foi ligado à Universidade de Cazã, como estudante, professor auxiliar, professor ordinário, bibliotecário, conservador do museu e reitor, cargo que ocupou de 1827 a 1846. Considerado o Copérnico da geometria, se destacou nas chamadas geometrias não euclidianas, a que chamou de geometria hiperbólica.

[21] Julius Robert Oppenheimer (1904 - 1967). Físico norte-americano que dirigiu o Projeto Manhattan para o desenvolvimento da bomba atômica, durante a Segunda Guerra Mundial, no Laboratório Nacional de Los Alamos, no Novo México. No seu doutorado, ele desenvolveu, com o físico alemão Max Born, a célebre série Born - Oppenheimer, ao investigar cristais iônicos usando a aproximação adiabática no cálculo quântico dos níveis de energia moleculares em seus três tipos: eletrônico, rotacional e vibratório. Na década de 1930, iniciou seus trabalhos em Física Nuclear. Em 1933, ele calculou a dependência de energia na reação nuclear envolvendo o bombardeamento do lítio com prótons, e, mais tarde, em parceria com a física Melba Newell Phillips (1907 - 2004) estudou outra reação nuclear importante para o desenvolvimento da física nuclear no pós-guerra, que foi a colisão de um dêuteron contra um núcleo pesado, ocorrendo a separado do nêutron e do próton constituintes do dêuteron, sendo uma dessas partículas retida no núcleo-alvo enquanto a outra era reemitida. (Nota Ed. Bras.)

to" constitui um conjunto, uma unidade de ordem superior, quando observados exteriormente. É um sistema isolado. Se o observador se situar internamente, essa unidade perderá sua globalidade e ficará dissociada numa série de sistemas de segunda ordem.

Esses sistemas de segunda ordem são também considerados, "internamente", a resultante da interação de uma terceira ordem. E assim por diante. O sistema de ordem mais elevada é o Todo. A Unidade Suprema é formada por um número infinito de sistemas de ordem inferior. À semelhança de uma casa, que é o produto da junção de diversos elementos constitutivos, cada um deles, por sua vez, sendo o resultado de outras aglomerações, é o Universo. Fundações, vigas, lajes, colunas e paredes são sistemas de ordem superior. Pedras, tijolos, areia, cimento, madeira e ferro são sistemas de segunda ordem. Moléculas, átomos, prótons e elétrons são sistemas de terceira ordem. Todos eles, somando-se progressivamente, constituem o sistema de ordem mais geral chamado "casa". Os componentes são isolados, quando observados exteriormente. Na realidade, porém, não passa de mera ilusão pensar que existe isolamento. Todos os sistemas estão interligados, interpenetrando-se uns nos outros.

Na sua obra *Evolução Criadora,* Bergson[22] descreve magistralmente esse esboroar de fronteiras, a queda das pseudobarreiras, quando afirma:

> "O contorno distinto que notamos num objeto, e que lhe dá a individualidade, é apenas a expressão de uma espécie de influência que podemos exercer sobre determinados pontos do espaço. As superfícies e arestas das coisas, contrastando contra um fundo, são enviadas de volta tal como quando as vemos num espelho. Suprima-se a ação e, consequentemente, desaparecerão essas direções principais traçadas pela percepção, e a individualidade do corpo será reabsorvida no âmbito universal que, indiscutivelmente, é a própria realidade."

---

[22] Henri Bergson (1859 - 1941). Filósofo francês, recebeu o prêmio Nobel de Literativa de 1927. Conhecido por ensaios como *Matéria e Memória, A evolução criadora* e *As duas fontes da moral e da religião*, ele procurou construir uma metafísica positiva e fazer da filosofia uma ciência baseada na intuição como um método. Usou a biologia, a psicologia e a sociologia como fundamentos de seu pensamento filosófico. (Nota Ed. Bras.)

Suponhamos um sistema qualquer. Um pedaço de giz, por exemplo. Esse pedaço de giz, quando observado exteriormente, constitui um sistema isolado. Podemos chamá-lo um "fato" ou uma "coisa". É, enfim, uma realidade na nossa percepção fenomênica. Esse "fato", afirma a Ciência, é um campo de energia. Ou melhor definindo: é uma concentração energética espaço-temporal. Cada sistema é um campo de forças e, como tal, dispõe de um centro polarizador em torno do qual aglutinam-se os sistemas de ordem inferior que constituem o "fato" sob observação. Nas leis de equilíbrio estudadas na Física, encontra-se o conceito de centro de gravidade, ou baricentro. É um ponto hipotético onde se considera aplicada a resultante da soma das distintas forças que agem simultaneamente sobre um corpo. Conforme a posição relativa desse baricentro em relação ao plano horizontal, diz-se que o corpo está em equilíbrio estável, instável ou indiferente. Generalizando-se o conceito de centro de gravidade, o mencionado centro polarizador é um baricentro energético, o centro da ação de um campo. Esse campo manifesta-se ao seu redor de modo idêntico ao magnetismo manifestado em torno dos polos de um ímã. O centro é a região do espaço onde é maior a intensidade do campo. Dele irradia-se o campo de força, que é a região adjacente permeada pelas linhas de força, que são imaginárias e ao longo das quais se supõe que atuam forças atrativas ou repulsivas. Teoricamente, o campo estende-se em todas as direções até o infinito, diminuindo de intensidade à medida que nos afastamos do centro irradiador. Nosso modesto pedaço de giz vai, portanto, muito além dos limites determinados pela nossa percepção sensorial. Seu campo interpenetra os outros – o da mesa sobre o qual porventura estiver apoiado, ou o do indivíduo que o segurar. O homem, em contato com seus semelhantes e com os demais seres participantes do meio que o cerca, interfere continuamente nos diversos campos de forças. Cada ser é um campo de forças. Aplico a palavra "ser" no seu sentido mais amplo, a tudo aquilo que "é", e não no sentido restrito de entidades orgânicas. A constância da interação provoca alterações nas características próprias de cada um desses campos, uma espécie de impregnação. Tais alterações podem ser mais ou menos marcantes, mais ou menos sensíveis, mas, nem por isso deixam de existir. Dois campos em contato retêm, cada um, um pouco da natureza essencial do outro, como um objeto empoeirado que, ao ser tocado, deixa em nossas mãos a marca desse contato. São inúmeros os exemplos que podem ser extraídos da Física para demonstrar esse fato. Um deles são os fenômenos de eletrização a distância. Aproximando--se uma esfera carregada de eletricidade de outra esfera isolada completamente descarregada, nota-se imediatamente que esta última adquire uma carga elétrica, apesar de não ter sido tocada pela esfera carregada. A presença dessa carga perdura mesmo depois de afastada a primeira esfera, e pode ser comprovada por meio de um eletroscópio. Os fenômenos da indução eletromagnética são notavelmente significativos. Experimentalmente, constata-se que toda corrente elétrica, ao fluir por um condutor, provoca em torno deste um campo magnético que pode ser detectado mediante a aproximação de uma simples agulha magnética. Se, em relação ao campo magnético produzido no primeiro condutor, deslocarmos um segundo condutor não percorrido por nenhuma corrente elétrica, verifica-se nesse segundo condutor o aparecimento de uma corrente gerada por indução. Toda a revolução industrial por que passou a humanidade, ao iniciar-se a era da eletricidade, baseia--se na lei de transformação da energia mecânica em energia elétrica.

Uma massa de metal ao deslocar-se no interior de um campo magnético é freada em seu movimento devido às correntes elétricas nela induzidas. Essas correntes, as chamadas correntes de Fady, em homenagem ao pesquisador que as descobriu, são o resultado da interação de dois campos de energia: o campo magnético e o campo de energia correspondente à aglomeração de partículas elétricas subatômicas que constituem a massa de metal móvel. Inúmeros outros exemplos poderiam ser aduzidos, extraídos de todos os domínios da Física e da Química. A transformação da energia em seus vários estados – eletricidade, magnetismo, luz, calor, gravidade etc. – baseia-se, em última análise, na lei de ação e reação aplicada aos campos de energia.

Retornando às noções dos campos de força, vemos que em redor de determinados pontos do espaço condensam-se ordenadamente as partículas subatômicas. Muitos são os nomes dados a esse centro polarizador dos diversos campos. Vórtice, apéx, centelha, espírito, alma, polo, *Ātman, Jīva,* base, fogo interno etc. são todos sinônimos. As várias concentrações energético-espaço-temporais se processam em torno desses pontos. Se, em vez do pedaço de giz do nosso exemplo inicial, examinarmos essa entidade chamada homem, verificamos que se trata também de uma concentração de energia, um sistema isolado. A energia que, no seu conjunto, constitui a entidade, a coisa que se chama homem é da mesma natureza do giz. A única diferença reside no grau de concentração. O mesmo ocorre com a água, que pode ser encontrada sob a forma de vapor, líquido e sólido, sem deixar de ser essencialmente água. Sua energia primordial também é uma só. Manifesta-se, porém, sob vários aspectos, várias formas nos diversos Planos: Físicos, Suprafísicos ou, adotando-se a nomenclatura teosófica, nos Planos Físico, Astral, Mental etc. essa energia primordial está uniformemente distribuída em todo o espaço. Penetra em tudo e a tudo alimenta. Não há um único ponto em que não penetre e que não alimente. É a base eterna, o terreno onde tudo tem a sua raiz. É o "Aquilo" do *Chāndogya-Upanishad.*

Toda sabedoria que pode ser revelada ao homem está na compreensão do *Tat Tvan Asi.* Tu és Aquilo. Tua base, como a de tudo que te rodeia, é a mesma.

A energia primordial densifica-se progressivamente em torno de pontos que são da mesma natureza até alcançar um máximo de concentração no Plano Físico. Nesse plano, o estado sólido é aquele em que a densidade atingiu o máximo. Além do Plano Físico, existem, porém, outros planos mais sutis que servem de ponto de referência ao Físico, estabelecendo a ligação com a base comum. Os corpos, tal como aparecem através da nossa percepção sensória, são afloramentos, ilhas que emergem do grande oceano. O que nos dá essa impressão de isolamento são as limitações dos nossos "sistemas de referência". Aquilo que não tem lógica por estar acima ou abaixo das nossas referências, da nossa sensibilidade, não existe para nós. O manifestado é tudo aquilo de que temos ou podemos vir a ter conhecimento, ou consciência. O imanifestado, aquilo para o qual somos cegos, surdos, mudos, insensíveis, devido à nossa própria constituição, a nossa inconsciência. Entretanto, nem por isso o imanifestado deixa de ter valor. É nele que o manifestado tem seu ser, da mesma forma que é das trevas que nos parece surgir a luz. É impossível dissociar, em sua raiz, o manifestado do imanifestado, assim como qualquer outra das infinitas dualidades que nos rodeiam. São aspectos de uma realidade única que foge aos nossos horizontes perceptivos.

O filósofo Lao Tsé diz, de modo muito prático:

“A mais sutil substância do mundo impregna a mais densa.”

“Aquilo que não tem forma penetra naquilo que não tem fendas.”

Num homem, por exemplo, a energia se densifica desde um foco polarizador mais sutil – espírito – até as camadas mais densas do corpo físico. Em cada um dos diversos planos, a energia encontra-se cristalizada dentro de certos limites, nos quais permanece, tendo o próprio ser no plano imediatamente mais sutil.

Se fosse possível conseguir a visualização dos vários campos de energia que coexistem no homem com a mesma simplicidade com que levantamos o espectro magnético de um ímã, com o auxílio de um pedaço de papel e um pouco de limalha de ferro, ver-se-ia a forma harmônica com que eles se entrosam. Os diferentes campos de força que constituem o homem ou qualquer outra entidade são, na realidade, um campo único. Consideramo-los distintos devido às limitações da nossa mente. Graficamente, podemos ter uma ideia dessa interpenetração “superposta” pois, cada campo ordenado interpenetra e vivifica todos os outros que lhe são inferiores e, ao mesmo tempo, superpõe-se, dirigindo-se com sua ação no sentido indicado no seguinte diagrama:

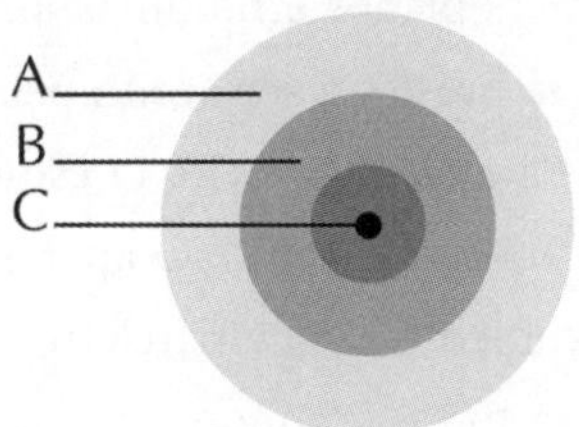

De um centro O, traçamos uma série de círculos concêntricos A, B, C etc. Cada um desses círculos contém todos os outros de menor raio e é por sua vez contido pelos de raio maior. Suponhamos que cada círculo represente a zona do espaço em que se manifesta um campo de energia de determinadas características. Esses campos energéticos estão, portanto, interpenetrados e vivem em função dos demais.

Qualquer ação no campo C provocará uma reação nos campos B e A que, por sua vez, repercutirão novamente no mesmo campo C. Analogamente, se provocarmos uma ação num tanque cheio de água tranquila provocaremos uma perturbação ondulatória circular e concêntrica no ponto inicial da perturbação que se propaga no meio líquido até encontrar um obstáculo. Esse obstáculo reflete a onda propagada e gera uma nova perturbação ondulatória que volta em direção ao ponto inicial, produzindo interferências na onda principal, marcando-a. Sendo essencialmente de caráter energético, o *karma* também está sujeito às mesmas leis que regem os campos de força estudados na Física. Analogamente às interferências luminosas e elétricas, temos que considerar as interferências *kármicas* como "marcas" produzidas pelas mutações que se processam no campo energético total da entidade observada, em decorrência do choque com os campos circunvizinhos. Por meio de suas ações físicas, morais, intelectuais, o homem "vive", pois, simultaneamente, em vários planos. Os distintos campos humanos de energia compatíveis com esses planos estão em constante ressonância. Viver em um plano é, portanto, estar "sintonizado" com ele. Voltando à figura anterior, quando pensamos, a matéria que constitui nosso campo mental C entra em vibração com um ritmo diferente do normal e produz uma série de ondulações concêntricas que se propagam ao meio ambiente e se "aprofundam" nos campos de energia B e A, provocando perturbações nesses planos e modificando-lhes o ritmo. O caráter vibratório do pensamento está prestes a ser aceito pela Ciência. Acreditamos que pouco falta para chegarmos a essa conclusão. O estudo das ondas cerebrais representa o primeiro passo dado nessa direção. O aparelho em que essas ondas são medidas e registradas graficamente se chama eletroencefalógrafo. Inúmeras experiências vêm sendo feitas em todo o mundo a fim de observar as radiações emitidas pelo cérebro humano, com os pacientes submetidos às mais diversas condições. A ocorrência de ondas cerebrais pressupõe, logicamente, a existência de um campo de energia localizado no cérebro humano. Os diferentes tipos de ondas produzidas pelos mais diversos pensamentos que já foram estudadas caracterizam a mudança da frequência e a intensidade vibratória do campo energético. Foram estudados como forçosamente se propagam no espaço e penetram no cérebro humano, provocando o que chamamos de ato de pensar. A propagação de pensamentos e sua recepção constituem a chamada telepatia, cujos fenômenos, além de inúmeros outros, estão sendo minuciosamente estudados por diversas organizações de pesquisas psíquicas. A Parapsicologia, ciência relativamente nova, trata do que está além da Psicologia comum no domínio da percepção sensória normal. O que antes era olhado com desprezo, ou como curiosidade exibida em circos e teatros, está sendo atualmente medido, observado, fichado. Por meio do cálculo das probabilidades, procura-se confirmar a exatidão das informações captadas pelo cérebro. Como exemplo, relataremos uma experiência feita com cartas de jogar realizada em Londres pelo matemático Dr. S. G. Soal, e citada por Aldous Huxley em um dos seus ensaios. O paciente Basil Shackleton, submetido aos mais severos controles, conseguiu em cerca de 11.000 provas, adivinhar as cartas com tamanha precisão que, se essas adivinhações fossem somente um produto da sorte, a probabilidade matemática para que isso ocorresse seria da ordem de 1 para 1.035, ou seja, um número acompanhado de 35 zeros! Ao mesmo tempo em que se propagam, as radiações cerebrais aprofundam-se no cérebro humano do mesmo modo pelo qual a ação do pensamento sobre o corpo físico já não pode ser mais negada. A Psicologia, a Psicanálise e a Psiquiatria são ciências do conhecimento geral. As modificações registradas na circulação, na digestão, no metabolismo e na respiração em consequência das emoções podem ser registradas por aparelhos. Reciprocamente, a repercussão das dores e dos sofrimentos físicos sobre o modo de pensar do indivíduo é um fato comum. Quantas poesias, pinturas, sistemas filosóficos e religiosos não teriam sido produzidos se o fígado, a vesícula ou qualquer outro órgão dos pacientes tivessem sido tratados a tempo por um médico consciencioso?!...

O pessimismo de Schopenhauer, o azedume de Pascal, os êxtases de puro gozo dos místicos, a filosofia de Maine de Biran, que filosofava em consonância com o funcionamento de suas vísceras, como se depreende de leitura de seu *Journal Intime*, não terão sido apenas o produto de modificações temperamentais provocadas pelo mau funcionamento orgânico?

No seu todo, o homem é, portanto, um sistema em constante desequilíbrio. Da mesma forma, a vida também é um eterno desequilíbrio, uma morte constante. Inspiração e expiração, sístole e diástole, movimento e descanso. É o inevitável e contínuo pendor para o repouso. Todos os campos de energia que, em seu conjunto, constituem uma entidade, estão em constante movimento, interpenetrando-se mutuamente à medida que o tempo escoa, que o *karma* se transforma de energia potencial em energia cinética, verdadeiro potencial de todas as possibilidades que conduzem a um destino final e inexorável. Isso porque sob o nome genérico de "Destino" estão agrupados todos os resultados da ação do *karma*.

Entretanto, dentro de certos limites, o indivíduo pode modificar seu "destino". Não somos fantoches manobrados por deuses estranhos. Deus está dentro de nós. Deus é o núcleo, nosso baricentro energético, nossa verdadeira razão de ser. Desse núcleo, dimanam todas as forças que, harmoniosamente reunidas, constituem o homem. As sementes da futura colheita estão dentro de nós. O que somos hoje é apenas o efeito lógico do que fomos ontem. Se nos chamam de bons ou maus, isso se deve unicamente à qualidade dessas sementes, às interferências, às marcas deixadas pelo passado. Toda a teoria mendeliana da hereditariedade é apenas um simples fragmento de uma realidade incomparavelmente maior. Está, porém, ao nosso alcance, mediante um processo de seleção interna, separar o joio do trigo. De um lado, a esterilização das sementes do joio; do outro, o tratamento do terreno para que vicejem em sua plenitude total as sementes do trigo. A única dificuldade consiste em reconhecer o que é joio e o que é trigo. Não devemos agir antes de termos a consciência plenamente desperta, pois bem e mal são padrões humanos, relativos. O verdadeiro bem é, muitas vezes, considerado um mal pelos padrões humanos, e vice-versa. A *Bhagavad-Gitā* afirma que o que são trevas para o comum dos mortais, é luz radiosa para o sábio. Por isso, devemos aguardar a chegada do momento propício para podermos abandonar o caminho de ida, da perseguição de riquezas e da satisfação material, dos desejos, do separativismo. Aquele momento que é o *Pravritti-Mārga* dos hindus. Então, entraremos no caminho de volta, o caminho da renúncia, do desprendimento, da união com o Todo - o *Nivritti-Mārga*. No momento em que cruzarmos o ponto de reversão e enveredarmos pela nova senda, estaremos maduros para apressar nossa evolução. Antes disso, não. Não se colhe a fruta da árvore antes que ela atinja determinado desenvolvimento. Então, sim, mesmo que ainda esteja verde pode-se apressar o processo de maturação. Antes é impossível.

Se estamos verdes ou maduros, é uma pergunta que cada um deve responder por si mesmo. É uma questão de foro íntimo, de constituição morfológica.

O *karma* apresenta-se sob três aspectos diferentes: a) Operativo - *Prārabda;* b) Acumulado - *Sañchita;* e c) Novo - *Kriyamāna.*

O *karma* acumulado é a soma total de *karmas* anteriores que, um dia, nesta vida ou em outra, entrará em plena manifestação. O *karma* operativo, ou maduro, é aquele que está prestes a se manifestar. Já o *karma* novo é aquele produzido através da transformação do *karma* acumulado. Convém notar, porém, que esses três aspectos - operativo, acumulado e novo - são aspectos de uma realidade única e indivisível. Não são três *karmas* distintos, mas, sim, um só e único *karma,* que constitui um campo de energia potencial que se transforma continuamente em energia cinética em ação nos diversos planos. A corda do relógio que, ao desenrolar-se, provoca a movimentação dos ponteiros, é o exemplo material que dá uma ideia exata do processo *kármico.* O *karma* é, pois, a mola propulsora da evolução. A extinção dessa potencialidade congênita que dinamiza a roda dos nascimentos e das mortes - a parada do relógio - é a libertação, o *Nirvāna.* Está ao nosso alcance a aceleração do processo evolutivo para acabar com esse constante retorno ao Plano Físico e alcançar mais rapidamente o limiar de uma evolução superior. Para o grande filósofo Radhakhrisnan[23], "o indivíduo só se liberta quando alcança a universalidade do espírito, mas, sem ser libertado, retém a individualidade como centro de ação enquanto perdurar o processo cósmico". Não há, em absoluto, a extinção do ser quando o homem atinge a libertação. Inicia-se, apenas, um novo caminho - mais nada.

Teríamos o direito de indagar qual a razão dessa evolução superior, dessa eterna escravidão à existência? Infelizmente, a pergunta não pode ser respondida por meio da palavra, da mesma forma que também não podemos explicar por que o verde é verde, por que um círculo tem sua forma característica, por que vivemos, ou por que as leis da Natureza agem da forma que agem. As raízes, as razões, o porquê desses fatos estão acima e além do conhecimento intelectual humano; por isso, devemos ter a humildade necessária para compreender que a realidade perceptiva que chega até nós é apenas o eco quebrado de encontro às montanhas. São

[23] Sarvepalli Radhakrishnan (1888 - 1975), filósofo e político indiano, primeiro vice-presidente da Índia e segundo presidente. Primeiro indiano nomeado professor na Universidade de Oxford (Inglaterra), destacou-se em estudos comparados de religião e filosofia, tendo contribuído para a formação da identidade hindu contemporânea. (Nota Ed. Bras.)

sombras que se refletem em muralhas cheias de reentrâncias e saliências, sombras disformes, irreais. Compete ao homem transcender essas barreiras, estabelecer pontos de contato para alcançar o conhecimento do real. Por isso, deve procurar dentro de si mesmo, em zonas situadas muito além do intelecto, a resposta para tantos enigmas que o atormentam. Ao atingirmos esse alvo, transcendemos de súbito o tempo e o espaço. Então, reconhecemos a transitoriedade da vida humana e verificamos que, apesar de todas as contingências existenciais do Plano Físico, vivemos e temos consciência dos valores eternos, de Deus, do Absoluto.

6

Considerações a Respeito do Culto de *Shiva*

É riquíssima a mitologia da Índia. Cheia de símbolos e significações. Podemos afirmar que ultrapassa até a decantada mitologia grega. Nada melhor para exemplificar esta afirmação do que uma análise do culto de *Shiva*.

A Trindade (*Trimūrti*) hindu (*Brahmā* - *Vishnu* - *Shiva*) simboliza a criação, a preservação e a destruição. Na universalidade da manifestação tríplice encontrada nas religiões do mundo, observam-se os aspectos de uma mesma realidade. São faces escavadas num mesmo bloco granítico, como expressa simbolicamente a magnífica estátua da *Trimūrti* existente nas grutas de Elefanta, na Índia. *Shiva* é considerado pelos seus adeptos como o aspecto principal da realidade trina, e há a esse respeito uma história cuja antiguidade é desconhecida.

Certa vez, *Vishnu* e *Brahmā* discutiam a respeito de quem seria superior ao outro, quando, repentinamente, surgiu entre eles uma coluna de luz. Os dois suspenderam a disputa e concordaram em pesquisar a origem de tão estranha aparição. *Brahmā* revestiu-se com a sua forma tradicional de um ganso (*Hansa*) e voou, tal uma flecha, em busca do topo da coluna de luz. Durante mil anos, subiu com a velocidade de um raio de sol até que, sem forças e sem esperança de encontrar o fim de tão estranha luz, notou que, lá do alto, vinha descendo e revoluteando caprichosamente a pequena pétala de uma flor. Ao passar perto de *Brahmā*, a pétala diz-lhe que vinha caindo há milênios, desde a época em que se havia desprendido da cabeça de *Shiva*. Ao ouvir *Brahmā* relatar o fato, *Vishnu* tomou a forma de um javali e, imediatamente, com as suas formidáveis presas, começou a cavar o solo a fim de encontrar a base do pilar. Tudo em vão. Nesse momento, *Shiva* manifestou-se materialmente diante de *Brahmā* e *Vishnu*, com mil braços e pernas, o Sol, a Lua e o fogo como os seus três olhos, a cabeça rodeada por uma guirlanda de serpentes. Disse, então, com voz retumbante:

"Oh, inconscientes, ambos nasceram de mim! Nós três somos um, embora apareçamos como *Brahmā*, *Vishnu* e *Shiva*".

Ao ouvir isso, conta a tradição, *Vishnu* e *Brahmā* curvaram-se diante de *Shiva*, num culto silencioso que reconhecia sua grandeza.

Outro fato curioso é que, enquanto *Vishnu* e *Shiva* são cultuadíssimos na Índia, *Brahmā* praticamente não recebe o culto dos homens, e só existe um único templo a ele dedicado em todo território indiano.

Isso porque, segundo a lenda, quando *Brahmā*, após ter tomado a forma de um ganso, regressou de suas infrutíferas investigações para encontrar o topo da coluna de luz (*Shiva*), trouxe consigo uma pequena pétala, que há milênios vinha caindo, depois de ter-se desprendido da cabeça de *Shiva* e, talvez por orgulho infantil ou por qualquer outra razão, pois não se pode saber o que se passa na cabeça de um Deus, mentiu e afirmou que a pétala tinha sido por ele retirada da augusta cabeça de *Shiva*. Foi o suficiente para que fosse condenado por essa mentira, a não merecer o reconhecimento dos homens.

Outra curiosa tradição explica a razão por que Benares é considerada uma das mais sagradas cidades da Índia. De acordo com essa tradição, logo após a manifestação na qual o Um, por um ato de sacrifício, fez-se três, *Brahmā* tomou uma forma humana com cinco cabeças, intitulando-se o princípio criador. *Shiva* também se limitou dentro de uma forma e, como sempre, afirmou sua superioridade dizendo ser o maior dos dois. Conta-se que *Shiva*, empolgado pelo fogo da destruição, com um golpe de um dedo da sua mão esquerda corta uma das cabeças de *Brahmā*. Aconteceu, porém, um fato curioso. Logo após ser seccionada, a cabeça de *Brahmā* une-se firmemente à mão de *Shiva*, talvez por serem *Brahmā* e *Shiva* uma mesma realidade. Em vão, *Shiva* pede que *Brahmā* o liberte desse peso morto, e este, como castigo, condena-o a uma peregrinação de 12 anos sob a forma de um mendigo, sempre acompanhado pela cabeça decepada. Doze anos se passaram e, findo o prazo, solta-se a cabeça da mão de *Shiva* e penetra na terra. O local em que isto se deu, diz a tradição, é onde hoje está edificada a bela cidade de Benares.

Eis a razão por que, em algumas imagens, *Shiva* apresenta-se sobre um crânio.

O Supremo ostenta um crânio!
Possamos ser felizes em Ti!
Da tua ampla testa procede o fogo
que, com sua chama, consumiu o deus
do amor impuro.
Tu és obedecido por todos os deuses
Em teu cabelo brinca o Ganges
Enquanto do teu diadema nascem raios de luar.

As diferentes formas pelas quais *Shiva* se apresenta chocam muitas vezes as pessoas menos avisadas. Encontram-se imagens de aspecto sereno, outras de aspecto atemorizador, nas quais *Shiva* é simbolizado como o poder de destruição da Natureza. Sob esse ponto de vista, *Shiva* é considerado o Senhor dos crematórios, e suas estátuas o apresentam ornado de crânios e coberto de cinzas dos mortos. Pessoas condicionadas à mentalidade ocidental mostram-se horrorizadas com essas representações. Mas se meditarem um pouco, verão que Deus está presente em tudo e, portanto, a morte e todos os sentimentos correlatos nada têm de mal em si mesmos. São fases indispensáveis à existência da manifestação divina. Convenhamos que é ilógico admitir-se um poder divino, supremo, total, e considerá-lo bondoso somente quando se relaciona com o nascimento e malévolo ao relacionar-se com a morte. Deus está acima desses convencionais conceitos humanos. Sendo o aspecto renovador de Deus, *Shiva* é representado dinamicamente. É o aspecto dinâmico do Absoluto e, como tal, o melhor símbolo para representá-lo está contido na dança. Dançando, *Shiva* representa a Divindade em sua manifestação. Dissolve as formas antigas, integrando-se no grande Todo, de modo que qualquer coisa de novo resulte desse esforço contínuo.

Existe um trecho de uma invocação a *Shiva* em que esse caráter dinâmico é perfeitamente caracterizado:

> "Assim como, sem ter começo, existe um ciclo cruel de renascimentos, *Shiva* existe também, sem nunca ter tido começo. *Shiva* é o Deus que liberta as criaturas do ciclo de renascimentos."

A tradição hindu fala das 108 danças executadas por *Shiva*. No templo de Chidambaram, todas essas danças estão representadas.

Shiva dançando é o chamado *Shiva Nataraja*. Sua dança chama-se *Nadanta*, e ele é representado por um personagem com uma só cabeça e quatro braços. Quando se apresenta com dois braços, a dança denomina-se *Tandava*.

Observe-se a imagem. Analisem-se primeiramente as quatro mãos. Primeira mão: segura um pequeno tambor em forma de ampulheta chamado *Damaru*, que serve para marcar o ritmo da manifestação. Meditem sob o caráter cíclico da manifestação e compreenderão o simbolismo do tambor de *Shiva*, que marca o compasso dessa grande dança, que é a própria manifestação cósmica. Um cântico antigo diz o seguinte:

> Auxilia-nos, ó Auspicioso Senhor!
> Executa a frenética dança
> Portando o pequeno tambor
> Que assim ressoa: damad, damad, damad, damad!

Análise da Imagem de *Shiva Nataraja*

Figura 3 – *Shiva Nataraja*

Segunda mão: nela repousa o fogo eterno e purificador. O fogo é o símbolo da destruição e da purificação, pois é o elemento indispensável à renovação. É também o símbolo da renovação, no sentido mais amplo possível, em todos os planos da existência.

Terceira mão: faz um gesto, um *mudrā*, que significa: "Não vos atemorizeis. Tende esperança"! É o sinal para que não nos deixemos levar ao desespero pelo medo dos aspectos repelentes da manifestação, porque há uma finalidade na vida que foge normalmente ao nosso conhecimento. A imagem parece dizer: "Não vos perturbeis com este meu aspecto, tende confiança, transcendei a relatividade sensorial e uni-vos ao Real que está acima dos antagonismos!"

Quarta mão: Parece apontar para o pé direito levantado, indicando que a libertação é o fim de todo o sofrimento. Observem agora o detalhe do pé direito erguido. Indica a libertação. A perda de contato com o solo das paixões da vida física, sensorial, relativa, em que nos encontramos.

Firmemente apoiado, o pé esquerdo está esmagando as costas de uma figura, misto de animal e homem. Essa figurinha merece algumas considerações à parte. É o chamado *Apsmara Purusha*, simboliza a natureza inferior no seu caráter *āsúrico* (demoníaco). Esse caráter é representado por um animal com face humana. Meditemos e haveremos de perceber a profunda significação do símbolo. Quantos de nós não somos internamente feras, animais, e só externamente a face é humana? Este mundo de paixões e vícios, que é um apanágio da maioria dos seres humanos, não será um mundo animalizado? Não seremos animais piores que o pior animal? Com os mesmos métodos de destruição em massa e a sangue frio? Misticamente, *Shiva* está no fundo dos nossos corações. Lá habita o Supremo. Lá se desenrola essa dança constante. O ritmo! O som dos tambores e instrumentos de sopro! O canto verdadeiro, frenético.

Outras tradições relatam vários episódios ligados a *Shiva*, que aparecem na iconografia. Certa vez, aproxima-se de um grupo de filósofos que discutiam doutrinas errôneas. Tenta convencê-los do erro. Em vão. Estes revoltam-se com a interferência, e resolvem enviar contra *Shiva* um demônio anão chamado *Apsmara Purusha*. *Shiva* parte-lhe a espinha e inicia a sua dança, pisando-o incessantemente. Despeitados, enviam então contra ele um tigre feroz, a quem *Shiva* tira a pele com a ponta do seu dedo mínimo e dela faz um manto.

Outra característica que se pode observar nas imagens de *Shiva* é o terceiro olho, localizado no meio da testa. É através desse olho, diz a tradição, que a manifestação cósmica é sustentada. É ele o difusor da vida. Sobre esse papel fundamental, existe uma lenda que narra que, estando *Shiva* nos Himalaias, logo após seu casamento com *Parvati*, esta, irrefletidamente, tapa-lhe os olhos com a mão. Imediatamente, a escuridão no mundo foi completa. Tudo cessou, e o Cosmo teria entrado em *Pralaya* (dissolução) se essa obstrução não terminasse rapidamente. Outra lenda interessante é a que se refere ao Deus do Amor. *Kama* é o cupido da Índia. Conta-se que, certa vez, enquanto *Shiva* estava mergulhado em profunda meditação, um demônio chamado *Taraka* mandou que o pequeno deus *Kama* procurasse distraí-lo, provocando-lhe a visão perturbadora de sua esposa *Parvati*. *Kama* aproxima-se e envia a *Shiva* cinco flechas com o seu pequenino arco adornado de flores. Subitamente trazido à realidade, *Shiva* enfurece-se e através do poder do seu terceiro olho reduz a cinzas o corpo do pobre Deus do Amor. Afirmam os mais velhos que, desde então, o amor tornou-se ainda mais perigoso, pois age em corpo invisível. Eis a razão por que *Kama* é chamado incorpóreo. É a forma poética de explicar o súbito amor à primeira vista, que ocorre a tantos seres. São travessuras do pequenino e invisível *Kama*. Diz um verso:

"Da tua testa crepita

O fogo no qual foi sacrificado

O Deus do Amor".

Figura 4 – *Shiva* e *Parvati*

Outro aspecto marcante é a cabeleira. Sua cabeleira está ligada a um fato de capital importância para os hindus: o nascimento do rio Ganges. O Ganges, ou Ganga, é feminino: é uma deusa. Conta-se que, há milhões de anos, o Ganges corria no espaço; não atingia a terra, mas, para atender às preces de um ser que desejava ardentemente que purificasse com suas águas as cinzas de seus antepassados, resolveu baixar à terra. Quem, entretanto, poderia impedir que a terra se fendesse ao impacto daquele imenso caudal de água despencado dos céus? *Shiva* prontifica-se a receber o choque e a amortecer o golpe. Encaminha-se então para os Himalaias, onde recebe na cabeça o impacto da grande torrente do Ganges. Embaraçado pelos seus cabelos (símbolo das densas florestas do Norte), o Ganges tem de abrir caminho e vai sendo domado na sua impetuosidade pela força de *Shiva*, tornando-se um rio benéfico, símbolo da própria vida. Diz um versículo:

"Através da floresta dos teus cabelos

Irrompe a torrente purificadora..."

Vejamos agora o que simbolizam as deusas *Parvati* e *Kali*, que são a contraparte feminina de *Shiva*: a *Shakti*. O poder. Da trindade masculina, origina-se, como uma imagem no espelho, uma trindade feminina com ela relacionada do seguinte modo:

Brahmā ⟶ *Saravasti*
Vishnu ⟶ *Laksmi*
Shiva ⟶ *Parvati*

Figura 5 – A Trindade

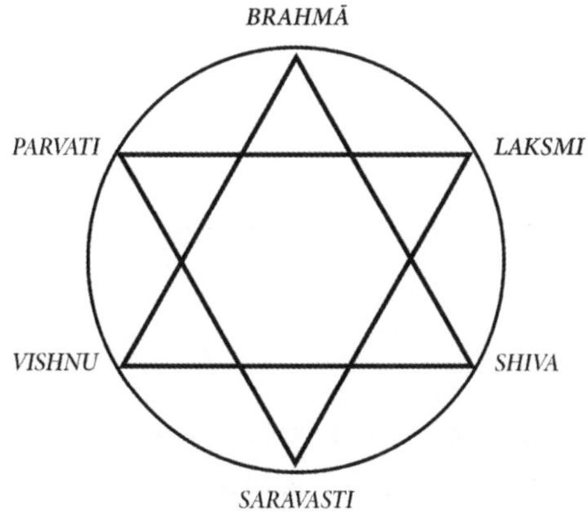

Segundo a tradição, os aspectos femininos surgiram de um encontro entre *Brahmā*, *Vishnu* e *Shiva*, ocorrido logo após a criação. Desolados, entreolhavam-se os três quando, de súbito, ali apareceu uma belíssima donzela. Espantados, perguntaram-lhe de onde viera, e ela respondeu que se originara do fogo contido nos seus olhares recíprocos. Essa mesma donzela transformou-se, a seguir, em três, constituindo, dessa maneira, a trindade feminina. É o molde, a forma, o receptáculo, o aspecto da natureza indispensável à manifestação. Convém relembrar, entretanto, que os três aspectos masculinos e os três femininos são facetas de uma mesma realidade, una, indivisível, que os transcende, e eles formam, com essa realidade básica, representada por *Brahmā*, aquele místico setenário que se repete desde o Absoluto até o plano mais denso da manifestação.

Meditai nos dois triângulos entrelaçados, circunscritos num círculo que os contém. As palavras não vão mais além, neste ponto...

7

A Bhagavad-Gitā[24]*: A Canção do Bem-Aventurado*

Este é um dos clássicos da literatura universal que expressa os mais profundos sentimentos humanos. Sua aplicação, sua vivência, poderá ser comprovada por qualquer um, seja qual for sua religião, tanto na época de hoje como na de amanhã. A *Gitā* é um pequeno trecho do grande épico, *Mahabarata,* que retrata a luta dos conquistadores arianos contra os habitantes primitivos, os dravídicos. O poema *Bhagavad-Gitā* descreve a batalha prestes a ser travada no campo de Kuruksetra, uma extensa planície localizada nas cercanias da moderna Déli. Dhrtarastra era o rei cego dos Kurus, que preferiu deixar o filho mais novo, Yudhisthira, como seu sucessor, preterindo, assim, o primogênito, Duryodhana. Dessa disputa pelo trono, e da revolta de Duryodhana, nasce o conflito inevitável. O Deus Krishna, que é uma das manifestações (Avatares) de *Vishnu,* procura, primeiramente, conciliar os dois partidos. Tenta de todas as formas a conciliação entre os oponentes. Vendo que a situação é irreversível, divide seus vassalos, agrupando-os nos dois lados que irão defrontar-se, e, pessoalmente, passa a servir como cocheiro do grande herói que lutará por Yudhisthira. O poema, que se desenvolve em dezoito capítulos, retrata os diálogos travados pelo cocheiro divino e Arjuna, enquanto o carro de guerra percorre a terra de ninguém e confronta os exércitos adversários. Analisemos os principais versículos:

---

[24] Escritura sagrada milenarmente venerada na Índia. É uma maravilhosa síntese da filosofia oriental e da Ciência da Meditação e do *Yoga*. É o mais sublime e célebre episódio do *Mahabarata*. A palavra *Gitā* é feminina. Portanto, a *Bhagavad-Gitā* significa, em sânscrito, a Canção do Senhor. (Nota Ed. Bras.)

Capítulo 1: Hesitação e Desespero de Arjuna

29. Quando vejo o meu povo preparado para a luta e ansioso por ela, ó Krishna, minhas pernas tremem, minha boca seca, meus cabelos ficam de pé e minha pele arde. O arco escapa de minhas mãos. Não posso permanecer firme! Minha mente está confusa. Vejo maus presságios, e sinto que não é correto matar meus próprios irmãos em combate. Não anseio por vitória, nem pelo reino e seus prazeres...

Comentário: A *Gitā* reflete, antes de mais nada, uma situação psicológica. Os dois exércitos prestes a se defrontarem são o eterno dualismo em que vivemos. A dicotomia do Bem e do Mal, do certo e do errado, do positivo e negativo, as constantes opções que somos obrigados a fazer em nossa vida diária, que apresenta todas as características de uma batalha. Nessa batalha, temos muitas vezes que *matar* nossas mais queridas concepções e nossos mais nobres ideais, e combater certos princípios que consideramos permanentes. Viver é uma constante opção entre situações conflitantes. Arjuna representa nossa personalidade, a máscara através da qual nos expressamos. Krishna, o divino cocheiro, é a profunda consciência do Ego mergulhada no âmago do nosso Ser. É o *daimon* socrático, a voz interior que está sempre presente e que na maior parte das vezes não ouvimos, devido ao envolvimento numa vida superficial cheia de conflitos e formas ilusórias. Em certas ocasiões, entretanto, a voz interior dessa consciência mais alta faz-se ouvir. Então, o homem, perplexo, sente-se envolvido pelo desespero e pela hesitação, produtos de uma vida inteira condicionada às exterioridades da existência. Quando o quadro familiar é modificado por um acontecimento inesperado, o homem entra em pânico, sem saber como agir. O que fazer?

Capítulo 2: A Exortação de Krishna

2. O Senhor Bem-aventurado disse:

Ó Arjuna, de onde vem, neste momento crítico, esta depressão indigna, contrária à conquista do céu? Não te deixes envolver por essa emoção. Ela não é benéfica! Afugenta essa disposição de fraqueza!

16. O irreal não existe. O real nunca cessa de existir. A verdade sobre isso foi percebida pelos sábios que veem a essência das coisas.

17. Sabe que Aquilo é indestrutível. Nada poderá destruir o Uno imperecível.

18. Os corpos do Uno são finitos, apesar de ele ser eterno, indestrutível e imensurável. Luta, portanto, ó Arjuna!

19. Aquele que pensa ser assassino ou assassinado é ignorante. Ele não mata nem é morto.

20. Ele nunca nasce ou morre em qualquer ocasião. É eterno, incriado, permanente e perpétuo. Não morre quando o corpo morre.

22. Assim como o homem põe de lado as roupas velhas e veste as novas, o morador do corpo também abandona os corpos gastos e entra em novos.

27. Certa é a morte para quem nasce, certo o nascimento para quem morre; não deves, portanto, lamentar-se diante do inevitável.

28. Os seres são imanifestados no começo, manifestados no meio e imanifestados no fim. Como poderá haver lugar para lamentação?

31. Encara o teu dever e não tremas. Não há nada mais próprio para o guerreiro do que uma guerra justa.

38. Tomando como igual o prazer e a dor, o lucro e a perda, a vitória e a derrota, parte para a batalha! Não cometerás qualquer pecado.

39. Estes ensinamentos estão de acordo com a Escola Sankhya. Ouve agora o que nos diz o *Yoga*. Se chegares a compreender estas verdades, libertar-te-ás das cadeias da ação.

45. Os *Vedas* falam dos três atributos da matéria. Eleva-te acima desses três atributos, ó Arjuna. Liberta-te dos contrastes das forças opostas da Natureza, firma-te sempre na consciência do teu Ser Real, despreza a avidez das possessões materiais, concentra-te em ti mesmo e não te entregues às ilusões do mundo finito.

46. Os *Vedas* não têm utilidade para uma pessoa iluminada, como inútil é um tanque num lugar cheio de água.

47. A tua preocupação deve ser somente com a ação, nunca com os resultados. Não seja o fruto da ação o teu motivo, nem te apegues à inação.

48. Executa a ação, permanecendo em união com o divino, renunciando ao apego e equilibrando-te na ventura e na desventura. O equilíbrio é chamado *Yoga*.

58. Assim como a tartaruga recolhe todos os membros para dentro de si, devemos desviar os sentidos dos objetos sobre os quais eles se apoiam. Assim faz o ser equilibrado.

62. O homem anseia pelos objetos dos sentidos, a eles se apega; do apego nasce o desejo, do desejo, a paixão. A paixão gera a ilusão, a ilusão, a perda da memória; da perda da memória resulta a perda da razão e, com isso, perde-se o homem totalmente.

66. Para o não harmonizado não há razão pura, nem tampouco concentração. Para quem não possui concentração não há paz; então, como pode haver felicidade para quem não tem paz?

69. Aquilo que é noite para a multidão indica ao homem disciplinado que é tempo de despertar. Quando todos os seres estão despertos, é noite para o sábio que vê.

70. O homem cujo coração é como o oceano ao qual afluem todos os rios e que, apesar disso, permanece constante e não sai dos seus limites - o homem que sente o ímpeto dos desejos e das paixões, mas que, todavia, fica imóvel - esse alcança a paz. Aquele, porém, que se entrega aos desejos não conhece a paz, e é escravo dos desejos inquietantes.

Comentário: Sente-se claramente nos versículos deste capítulo o ecumenismo da *Gitā*. As várias escolas existentes apresentam-se harmonizadas dentro de uma síntese maior. Os próprios *Vedas* são ultrapassados e não têm mais utilidade quando o homem atinge a libertação. Talvez seja essa uma das inúmeras influências do Budismo, impregnando o pensamento da *Gitā*. A ideia do *Dharma*, a lei suprema, leva o homem a agir. A ação poderá ser interessada, visando a um resultado, plena de desejos, ou desinteressada. A ação desinteressada é a única que poderá libertar o homem, pois nela não existe apego nem a ideia da permanência ou a busca de segurança num mundo em que todas as coisas são transitórias, e não há possibilidade de continuar eternamente. Todos aqueles que violam essa norma natural pecam contra sua própria natureza, e irão colher os resultados inevitáveis dessa cegueira fundamental diante da realidade dos fatos.

Capítulo 3: O Método do Trabalho

Por que trabalhar?

1. Arjuna pergunta: Se pensas que o conhecimento é superior à ação, por que me impeles a agir em situação tão dramática? A vida é um trabalho em que não devemos preocupar-nos com os resultados.

3. O Senhor explica então: Neste mundo há uma senda dupla – *Yoga* do conhecimento dos sankhyas e do *Yoga* da ação dos iogues.

4. O homem não conquista a liberdade de ação simplesmente se abstendo da atividade, nem por mera renúncia se elevará à perfeição.

5. Ninguém pode também, nem sequer por um instante, permanecer inativo, pois a própria natureza da matéria faz com que sejamos levados à ação.

6. Aquele que se senta para meditar com os órgãos de atividade controlados, mas que, em sua mente, está apegado aos objetos dos sentidos, é um hipócrita.

7. Mas aquele que, controlando os sentidos pela mente, expressa o seu reto pensar em reta ação, cumpre seu dever sem esperar recompensas e, ocupando-se de objetos dos sentidos não se deixa dominar por eles.

A Importância do Sacrifício

8. Executa tua ação, pois a ação é superior à inação, e na inatividade até a manutenção do teu corpo seria impossível.

10. Narram as doutrinas antigas que o Senhor das criaturas criou os homens pelo sacrifício. Disse: "Por meio do sacrifício, vos propagareis; ele será para vós a mola dos desejos."

A Satisfação com o Próprio Ser

17. Para o homem que está contente com o ser, que com ele está satisfeito e se delicia, não existe mais trabalho a executar.

19. Portanto, o homem que executa a ação sem egoísmo e cumpre o seu dever atinge verdadeiramente o Supremo!

Dar Exemplo aos Outros

21. Tudo que um grande homem faz será imitado pelos outros. Qualquer padrão que estabeleça será seguido.

24. Se eu, Krishna, deixasse de agir por um momento, os Universos se arruinariam e a minha inatividade seria a causa da destruição do gênero humano.

26. Não permitas que o sábio perturbe a mente das pessoas ignorantes, ainda apegadas à ação. Mas agindo em harmonia comigo anima os outros à atividade, dando-lhes o exemplo.

O Ser não é o Ator

27. Todas as ações são produzidas pelas qualidades da matéria. O insensato, que é iludido pela presunção e vaidade, pensa que ele é o ator.

31. Os homens que, cheios de fé e confiança, seguirem meus ensinamentos e não tiverem dúvidas, alcançarão a liberdade também pelas obras e ações.

Natureza e Desejo

35. É melhor seguir a própria lei do que a lei de outro, por mais nobre e excelente que seja. É melhor morrer no cumprimento do dever, do que viver negligenciando-o e querendo fazer o que compete a outros.

O Inimigo são o Desejo e a Cólera

42. Os sentidos são grandes e poderosos, porém, maior e mais poderosa é a mente; maior que a mente é a inteligência, porém, maior que ela é o Ser.

Comentário: Neste terceiro capítulo da *Gitā*, a tônica fundamental é a importância em seguir a própria Natureza. Na Natureza, o processo de desenvolvimento dos seres segue uma lei pela qual, gradativamente, vai-se revelando um estado potencial. A rosa, antes de ser rosa foi botão e, como botão, encerrava toda a potencialidade da plena abertura de sua corola. Não adianta ir de encontro à natureza, a fim de fazer com que as coisas aconteçam antes de sua maturidade, pois isso irá matar a criação.

Capítulo 4: Do *Yoga* da Sabedoria

A Tradição de Continuidade da Transmissão da Sabedoria

1. O Abençoado Senhor disse: "Esse *Yoga* imperecível, eu a revelei a Vivasvat, Vivasvat ensinou a Manu, Manu a Ikshvaku.

2. Assim transmitida, os reis sábios a conheciam. Este *Yoga*, com o passar do tempo, caiu no esquecimento. Tal é a sorte da Verdade entre os homens!

3. Este mesmo *Yoga* antigo, estou hoje te revelando, pois és meu devoto e meu amigo. Este é o supremo segredo!

A Teoria dos Avatares

5. Muitas foram as minhas vidas passadas e, também, as tuas. A única diferença é que me lembro de todas elas, ao passo que tu estás mergulhado no esquecimento.

7. Sempre que a correção declina e surge a perversão, eu volto novamente ao mundo.

8. Para a proteção do bem, a destruição dos perversos e o estabelecimento da correção, retorno, de idade em idade.

9. Aquele que conhece minha verdadeira natureza, meu nascimento divino, minha essência, ao abandonar o corpo, vem a mim.

A Ação sem Apego não Conduz à Escravização

14. A ação não me macula, nem anseio por qualquer recompensa. Aqueles que conhecem minha natureza íntima libertam-se dos efeitos das ações.

Ação e Inação

16. O que é a ação? O que é a inação? Quanto a isso, até os sábios às vezes ficam perturbados. Eu te revelarei em que consiste a ação que te libertará do mal e te tornará livre.

18. Aquele que na ação vê a inação e na inação a ação é sábio entre os homens. É um iogue e permanece em harmonia enquanto pratica ações.

Sabedoria e Ação

33. A Sabedoria como sacrifício é maior do que qualquer sacrifício material. Todas as ações, no fim, terminam em Sabedoria.

Elogio da Sabedoria

36. Mesmo que sejas o maior pecador dos pecadores, cruzarás o oceano de todos os males utilizando apenas a nave da Sabedoria.

37. Assim como a chama transforma em cinzas o combustível, o fogo da Sabedoria reduz a cinzas toda a ação.

38. Nada há no mundo tão puro como a Sabedoria. Nada purifica tanto quanto ela.

A Fé é Necessária para a Sabedoria

39. Aquele que tem fé, que nela é absorvido e controla os sentidos, alcança a sabedoria, e ao alcançar a sabedoria entra rapidamente na Paz Suprema.

Comentário: A missão do Avatar é permitir que a evolução rumo à perfeição não seja interrompida pelas forças permanentes da dissolução. Basta observar a força da inércia que dificulta o movimento, as diversas barreiras que a própria natureza coloca no caminho do desenvolvimento das diversas formas em que se fragmentou. Por trás de tudo, no âmago de cada ser, há, entretanto, a natureza real, sempre espontânea, lutando para encontrar canais por onde possa expressar-se mais plenamente. Aurobindo, nos seus *Essays on Gitā,* afirma:

"O Avatar pode descer como um grande Instrutor espiritual, um salvador... mas o seu trabalho, depois de terminada sua manifestação terrena, leva sempre a profundas e poderosas mudanças, não só éticas, mas sociais, na vida externa e nos ideais da raça."

Capítulo 5: A Verdadeira Renúncia

O Sankhya e o Yoga Conduzem à mesma Meta

2. A renúncia à ação e sua prática desinteressada conduzem à salvação da alma. Mas, das duas, a prática desinteressada é melhor que a renúncia.

3. Aquele que nunca se lamenta ou deseja deve ser conhecido como alguém que sempre teve espírito de renúncia. Está livre dos dualismos e liberta-se facilmente.

4. O ignorante fala da renúncia e da prática da ação como sendo diferentes...

5. Os homens que renunciam (*Sankhya)* e os homens que agem (*Yoga*) atingem o mesmo objetivo.

6. Mas a renúncia é difícil de obter sem o *Yoga*. O sábio que é treinado em *Yoga* cedo alcança o Absoluto.

11. Os iogues (homens da ação), tendo-se libertado de todo o apego, executam as ações do corpo, da mente, do intelecto e até dos sentidos, sempre com o fito de purificar a mente, e sem qualquer motivo egoísta.

O Ser Iluminado

13. O ser que controlou sua natureza e renunciou a todas as ações mora tranquilamente dentro da cidade das nove portas, sem agir e sem causar ação.

18. O sábio vê com igual sentimento e respeito um letrado e um humilde, uma vaca, um elefante, e mesmo um cão ou um pária.

21. Em delícias eternas vive a alma que em si mesmo encontra a fonte da felicidade, sendo unida com Deus e desapegada dos objetos do mundo exterior.

A Paz Interior

26. A paz do Eterno mora naqueles que se conhecem a si mesmos, que estão desligados dos desejos e as paixões, controlando sua natureza e seus pensamentos.

27. Com os contatos externos cortados, fixando a visão entre os olhos e harmonizando a expiração e a inspiração, o sábio que controlou os sentidos, a mente e a compreensão, que está firme no intento de atingir a libertação, que pôs de lado o desejo, o medo e a cólera, alcançou, por fim, a liberdade.

Comentário: Vimos que o terceiro capítulo trata do *Yoga* da ação (*karma*). Já no quarto, a ênfase é dada à sabedoria (*jñāna*). No capítulo anterior, mostra-se que em ambos os *Yogas* objetiva-se a renúncia. É a condição suprema. Com a renúncia, poderemos atingir a libertação.

Capítulo 6: O Verdadeiro Iogue

Renúncia e Ação São Uma Só Coisa

1. Aquele que faz o trabalho que deve fazer, sem buscar seu fruto, é um *sannyasin*. É o verdadeiro iogue.

A Senda e a Meta

3. A ação é o meio para o sábio que deseja atingir o *Yoga*: ao atingir essa união, a serenidade e a paz da mente são os melhores meios para conduzi-lo ao alvo.

Eterna Vigilância

10. Deve o iogue concentrar constantemente a mente no Ser Supremo, permanecendo em solidão, autocontrolado, livre de desejos e de expectativas egoístas.

11. Senta-se num lugar limpo, nem demasiado alto, nem demasiado baixo, coberto de capim, cinge-se com um pano ou com uma pele.

13. Mantém o corpo, a cabeça e o pescoço eretos e imóveis, fixa o olhar na ponta do nariz, sem movimentar os olhos.

14. Com ânimo tranquilo e sereno, livre de medo, inabalável em seu propósito, refreando a vontade, permanece em silêncio pensando em Mim e em mim imergindo.

15. O iogue, assim, com a mente controlada, harmonizado, alcança a Paz, o supremo *Nirvāna* que mora em mim.

16. Na verdade, o *Yoga* não é para quem come demais ou de menos. Nem para quem dorme demais ou de menos. Quem quer ser iogue, há de evitar os extremos e seguir o dourado caminho do meio.

O Perfeito Iogue

19. Assim como a lâmpada colocada num lugar onde o vento não tem acesso, o iogue cuja mente tornou-se estável e firme pratica a união com o Ser.

27. A suprema felicidade chega ao iogue quando a mente é harmonizada, e as paixões estão em repouso.

O Controle da Mente É Difícil, mas não Impossível

34. A mente é instável, impetuosa, forte e obstinada. É tão difícil de controlar quanto o vento.

36. O *Yoga* é dificílimo de atingir para quem tem a mente descontrolada, mas é acessível para quem tem a mente dominada.

Comentário: O *Yoga* é a união do homem consigo mesmo. O encontro com sua natureza mais profunda que é divina e da qual, na maior parte dos casos, ele não tem consciência. O caminho é estreito como um fio de navalha, diz um dos *Upanishads:* é um caminho de equilíbrio, de escolha. Mas aquele que mantém os sentidos e a mente sob controle atingirá a libertação. Há uma série de condições preliminares, no tocante ao local e às posturas, indispensáveis à predisposição de quem o pratica. O iogue é maior que o asceta, que suprime a tentação violando a sua natureza. É superior ao homem erudito, que repete incessantemente as frases e os pensamentos dos outros, mas não os vive. O iogue é aquele que se move e atua no mundo sem ser por ele contaminado.

Capítulo 7 – Deus e o Mundo

Deus é Natureza e Espírito

3. Dentre milhares de homens, poucos são os que lutam para chegar à perfeição e, desses poucos, raros são os que conhecem a Verdade.

4. Terra, água, fogo, ar, éter, mente, compreensão, autoconsciência – essa é a minha natureza óctupla.

6. Sabe que todos os seres nasceram dessa natureza. Eu sou o princípio da criação e da dissolução do Universo.

8. Eu sou o líquido das águas, a luz do sol e da lua. Eu sou a sílaba sagrada AUM. Eu sou a harmonia dos sons que vibram no éter, a virilidade dos homens. Eu sou o perfume da terra e o esplendor do fogo. Eu sou a vida de todas as existências.

13. Iludido pela tríplice qualidade da matéria, o mundo dos homens não reconhece que pairo acima de tudo e sou imutável.

14. Essa ilusão (*Māyā*) é muito forte, e tão denso é seu véu que é difícil aos olhos humanos penetrá-lo. Só aqueles que a mim se dirigem e se deixam iluminar pela chama que está detrás da fumaça vencem a ilusão e chegam até mim.

As Diferentes Espécies de Devoção

16. São de quatro espécies os que a mim se dirigem: o homem fustigado pelo sofrimento, o que busca o conhecimento, o generoso e o sábio.

17. De todos eles, o sábio está constantemente em união com o Divino. É o melhor, pois sua devoção é constante.

18. Nobres, em verdade, são todos; mas, de todos, o sábio é aquele que, mantendo sempre sua devoção em mim, atingiu a meta suprema.

O Poder da Ignorância

25. Velado no meu poder criador, permaneço indescoberto e invisível. Inato e imortal sou Eu, mas o mundo, obscurecido pela ilusão, não o discerne, pensando que a sombra é a substância.

30. Aqueles que me conhecem como o Uno, que governa o material e o divino, e em mim se refugiam, comigo se unirão para sempre no momento da sua partida deste mundo.

Comentário: Deus é uma presença constante diante dos nossos olhos. Entra em nós e sai de nós por todos os poros. Nele "nos movemos, vivemos e temos o nosso ser", como dizia S. Paulo. Mas, é tremendo o poder da ilusão (*Māyā*) que envolve a realidade suprema, tal como os mantos que impedem a visão dos corpos. O fato é que os sentidos nos mostram somente a superfície, a casca das coisas e, com isso, a maioria vive toda uma existência ignorando a presença do Supremo. A *Gitā* nos dá uma plena medida da massa imensa dos homens envolvidos numa existência puramente mecânica, como pedaços de madeira ao embate das águas. Compreendemos melhor a citação bíblica "É mais fácil um camelo passar pelo fundo de uma agulha, do que um rico entrar no reino dos céus" quando vemos a ignorância e o orgulho acumulados pelos que são "ricos de conhecimento" puramente verbal e pobres de Deus. Tudo isso será melhor esclarecido no próximo capítulo.

Capítulo 8 – O Curso da Evolução Cósmica

As Perguntas de Arjuna

1. O que é o Absoluto (*Brahman*)? O que é o Ser? O que é ação? Quais são as bases dos deuses?

2. Krishna responde: O Absoluto é o Indestrutível, o Supremo, o Imutável, a Natureza Essencial. *Karma* é o nome dado às forças criadoras que trazem os seres à existência.

4. A base de todas as coisas criadas é sua natureza mutável; a base de todos os elementos divinos é o espírito cósmico. E a base de todos os sacrifícios aqui neste corpo sou Eu mesmo.

8. Aquele que medita na Pessoa Suprema, com a mente sintonizada em uma prática constante, atinge a Pessoa, o Divino, o Supremo.

13. Aquele que pronuncia a mística sílaba AUM, no momento da partida, entrará no caminho da Suprema Ventura.

17. Os que sabem que o dia e a noite de *Brahman* têm a duração de mil idades, conhecem, na verdade, o dia e a noite.

18. Ao surgir o dia, emergem todas as coisas do imanifestado. Ao chegar a noite, dissolvem-se e nele mergulha.

Os Dois Caminhos

23. Eu te revelarei a época em que os iogues, partindo, nunca mais retornarão...

26. Luz e trevas são as sendas imperecíveis do mundo. Por uma delas, aquele que parte nunca mais retornará. Pela outra, há sempre uma volta.

Comentário: A *Bhagavad-Gitā* é um livro que deve ser lido constantemente. Vai ganhando luz à medida que meditamos sobre seus versículos. O Absoluto também se manifesta ciclicamente nas noites e dias de *Brahman*. As alternâncias, os ciclos, a espiral, são uma presença constante em tudo. Há, entretanto, dois caminhos: um de ida, sem volta, e outro de constante retorno. A maioria dos seres está no processo de ida e volta, de aprendizagem na escola da vida. Só os que atingiram a raiz do seu próprio ser e mergulharam na consciência do Absoluto não mais retornarão.

Capítulo 9 – O Senhor é maior que sua criação

O Mistério Supremo

2. Este conhecimento supremo, supremo mistério, suprema santidade, conhecido somente pela experiência direta, de acordo com a lei, é fácil de praticar.

4. Todo o Universo é uma emanação minha na forma não manifestada. Todos os seres de mim provêm, mas Eu não tenho origem neles.

18. Eu sou a meta, o sustentador, o senhor, a testemunha, a morada, o refúgio e o amigo. Sou a origem e a dissolução, a base, o semeador e a semente imperecível.

26. Eu aceito toda oferenda que se me faça com amor: seja uma flor, uma folha, um fruto ou apenas gotas d'água. Eu não olho o valor da oferenda, mas o coração de quem a faz.

32. Todos que em mim se refugiam, qualquer que seja sua posição social, atingirão a libertação.

Comentário: O Supremo está além de todo o relativo. A criação é maior que as criaturas. A grandeza humana consiste em poder manifestar plenamente o Absoluto, desde que nele nos refugiemos. O mistério supremo é de extrema simplicidade, daí a sua dificuldade. Nada está oculto a ninguém. Os caminhos da realização acham-se escancarados no "aqui e agora", à espera dos que irão segui-los.

Capítulo 10 – A Imanência e Transcendência de Deus

8. Eu sou a origem de tudo. O Universo inteiro de mim emana. Compreendendo esta verdade, o sábio me cultua através da meditação.

10. Para os que estão em constante união comigo e me cultuam com amor, Eu dou o poder do discernimento, mediante o qual eles chegam a mim.

41. Todo ser e toda coisa são o produto de uma porção infinitesimal do meu poder e da minha glória.

Capítulo 11 – A Transfiguração do Senhor

Arjuna deseja conhecer a natureza da forma universal de Deus

3. Apesar de teres descrito Tua forma majestosa, eu desejo vê-la, ó Senhor!

9. Então, o Grande Senhor do *Yoga* revelou a Arjuna sua Suprema e Divina Forma.

10. Com inúmeras faces, olhos e bocas, inúmeras aparências, consciências e formas, com todo o esplendor de adornos celestes e forças do poder divino.

12. Se mil sóis brilhassem ao mesmo tempo no firmamento, sua luz empalideceria na presença da glória que Aquele semblante irradia em todas as direções.

Arjuna fala ao Senhor:

15. Em Teu corpo vejo todos os deuses e todas as hostes de seres...

16. Eu vejo Teu Ser infinito com numerosas armas, ventres, braços, faces e olhos...

25. Vejo Tua boca terrível, com presas que se assemelham às chamas devoradoras do Tempo, perco o equilíbrio e não tenho paz...

27. Todos os seres, reis, guerreiros, a multidão, desaparecem nessa horrível boca de aguçados dentes. Alguns são triturados e despedaçados por esses dentes...

28. Como os rios que correm para o oceano, assim os heróis vão lançar-se na Tua garganta flamejante.

29. Como as mariposas que vão queimar-se na chama e nela perecem, assim os homens vão entrando velozmente em Tuas bocas, encontrando a destruição.

47. O abençoado Senhor disse: Por meu poder contemplaste, ó Arjuna, a minha forma suprema, universal, luminosa, infinita e primitiva que, antes, ninguém ainda tinha visto.

49. Não temas, não te assustes. Liberta-te de todo o medo e, com o coração alegre, vê-me de novo, agora, em minha forma humana.

50. Tendo assim falado, Krishna transforma-se novamente em homem.

Comentário: Todo o sofrimento humano consiste em desconhecer que atrás da placidez das superfícies há um processo de vir a ser constante, consumindo as criaturas como a chama de uma vela. A transformação é constante. Constante a atração do abismo, onde, um dia, entraremos para sermos triturados na boca da morte. Entretanto, devemos ver além desse aspecto relativo do Absoluto. Da morte depende a vida. A criação é o resultado do antagonismo dos opostos.

Capítulo 12 - O *Yoga* da Devoção

2. Os que estiverem com a mente fixa em mim e me cultuarem, sempre harmonizados e imbuídos do maior fervor, eu os considero os mais perfeitos iogues.

12. Na verdade, melhor do que o conhecimento é a prática da concentração; melhor do que a concentração é a meditação; e melhor do que a meditação é a renúncia ao fruto da ação. Da renúncia nasce a paz de espírito.

Comentário: Este capítulo mostra que o culto de um deus pessoal é melhor do que a meditação sobre o Absoluto[25]. A devoção não é, porém, um mero repetir de fórmulas e uma fé irracional. Devoção é "sentir" a presença de algo que não é humano. De algo sobre-humano que brota do nosso ser como uma fonte das profundezas da terra. O essencial é o equilíbrio, a paz no meio da luta, mergulhados que estamos nos opostos e na diversidade. Afirma Aurobindo: "A visão de Deus traz infalivelmente a adoração e a apaixonada busca do Divino - uma paixão pelo Divino no seu ser autoexistente, não só no Deus que está em nós, mas no que está em todas as coisas."

---

[25] Diz Subba Row: "Alguns tomaram os conselhos de Krishna a Arjuna para adorá-lo com exclusividade como apoio à doutrina de um deus pessoal. Mas isso é uma conclusão errônea. Pois, apesar de falar de si mesmo como *Parabrahman*, Krishna ainda é o *Logos.* (...) Mas um *Logos,* sendo uma manifestação de *Parabrahman*, pode usar essas palavras e assumir esses atributos. Assim, Krishna apenas convoca Arjuna à adoração de seu próprio espírito superior, somente por meio da qual ele pode esperar alcançar a salvação. Krishna está ensinando a Arjuna o que o *Logos,* no curso da Iniciação, ensinará à Mônada humana, ressaltando que apenas por meio dele a salvação pode ser obtida. Isso não implica nenhuma ideia de um deus pessoal". [ROW, Subba, *Escritos Esotéricos - A Sabedoria do Ocultismo da Antiga Índia*, Brasília: Editora Teosófica, 2019, p. 101-102. (Nota Ed. Bras.)]

Capítulo 13 – A Distinção entre o Campo e o Conhecedor do Campo

1. Este corpo é chamado o campo; e aquele que o conhece, o conhecedor do campo.

14. Suas mãos, seus pés, cabeças e faces estão em toda parte. Ele (*Parabrahman*) vê tudo e tudo ouve, e contém em si todo o Universo, no qual habita.

18. Ele é a luz das luzes, e está além das trevas. É o conhecimento, o conhecedor e o conhecido. Mora no coração de todos.

34. Como um único sol ilumina o mundo, assim o Senhor do campo ilumina todo o campo.

Comentário: A chuva cai tanto no campo fértil como no estéril. Há um trabalho a ser realizado no campo individual de cada um de nós que consiste numa verdadeira remoção das pedras, no tamanho da terra. Esse trabalho deve ser começado imediatamente por cada um dentro de si mesmo.

Capítulo 14 – O *Yoga* da Separação das Três Naturezas

3. Meu ventre é o grande Universo onde coloco o germe. Daí nascem todos os seres.

5. Harmonia, Movimento e Inércia são as qualidades nascidas da matéria que escravizam o corpo.

6. Sendo pura e imaculada, a Harmonia vincula a alma pelo amor ao conhecimento e à harmonia. Quem está em seu poder renasce, devido aos vínculos que o prendem ao saber e à beleza.

7. A emoção é da mesma natureza da atração, pois brota do anseio e do apego. Ela escraviza ainda mais.

8. A Inércia nasce da ignorância e ilude todos os seres corporificados, desenvolvendo a indolência, a apatia e a preguiça.

20. Quando a alma se eleva acima dessas três qualidades inerentes ao corpo, liberta-se da morte, do nascimento, da velhice, da dor e atinge a vida eterna.

24. Aquele que, equânime no prazer e na dor, fixa-se no Eu, olhando com indiferença a argila, a pedra e o ouro, recebe com a mesma afabilidade as coisas agradáveis e desagradáveis.

25. Aquele que, com igual indiferença aceita honrarias e vitupérios, que olha por igual amigos e inimigos, está desprendido de todos os compromissos.

Comentário: É sábio aquele que percebe que por trás da diversidade da Natureza e de suas qualidades está o Eterno. Por trás do movimento, a serenidade. Do cheio, o vazio. A equanimidade é, portanto, a condição indispensável para os que vivem no Eterno. Há uma paz que ultrapassa todas as coisas, que mora no coração dos que vivem no Eterno. Esta é uma citação de um antigo *Upanishad,* que contém a plenitude dessa realidade não manifestada para muitos que ainda estão envolvidos nas qualidades da matéria.

Capítulo 15 – A Árvore da Vida

1. Existe uma árvore que tem as raízes para cima e os ramos para baixo. Suas folhas são os *Vedas*, e quem a conhece é conhecedor dos *Vedas.*

2. Seus ramos elevam-se para o céu e vergam-se até a terra, nutridos pelas qualidades da matéria; seus rebentos equivalem aos objetos sensórios.

3. Sua forma real não é aqui percebida...

6. Nem a lua, nem o sol, nem o fogo iluminam minha suprema Morada...

16. Há dois aspectos neste mundo: o perecível e o imperecível. O perecível está em toda a existência, e o imperecível no imutável.

18. Como estou dentro e acima do perecível e do imperecível, Eu sou o Ser Supremo...

Comentário: Segundo Krishna, essa é a Doutrina Secreta através da qual o homem pode se tornar sábio, transmutando, assim, sua existência. É sempre possível uma abertura dessa consciência do Absoluto que vive em nós. É o *Yoga* do Ser Supremo que a Ele poderá conduzir-nos.

Capítulo 16 - O *Yoga* da Divisão entre o Demoníaco e o Divino

1.2.3. A coragem, a pureza da mente, a perseverança na busca do conhecimento e da concentração; caridade, autocontrole e sacrifício; estudo das escrituras, austeridade, correção, não violência, aversão à maledicência; amor e compaixão para com todos os seres vivos; modéstia, vigor, pureza, indulgência, abstenção da malícia e do orgulho demasiado são dons nascidos da minha natureza divina.

4. Ostentação, arrogância, orgulho excessivo, cólera, dureza e ignorância são os dons nascidos de minha natureza demoníaca.

21. Três são as portas desse inferno destruidor do ser: luxúria, ira e ambição. Que o homem delas se aparte.

Comentário: O homem está sempre diante do dilema da opção. A *Gitā* mostra que o Bem e o Mal, na sua natureza profunda, são idênticos porque se completam. A luz são as trevas para quem não a vê. Da mesma forma, Deus confronta-se com algo que parece a sua própria negação: o Mal. Bem e Mal manifestam-se de algo que os supera e harmoniza. O vício do reacionarismo e da identificação da mente humana terá de ser vencido para podermos atingir o que está além das palavras, que nunca poderá ser descrito, e sim, vivido.

Capítulo 17 – As Três Divisões da Fé

2. De três tipos é a fé inata dos seres humanos: pura, passional e ignorante. A fé de cada um reflete o caráter ou a natureza do homem. Assim, qual seja a sua fé tal será o homem.

4. Os homens puros cultuam os deuses; os passionais, os semideuses, demônios e outros seres; e os ignorantes, os espíritos e fantasmas.

7. De três espécies são os alimentos apreciados pelos homens, assim como os sacrifícios, austeridades e oferendas.

8. Bons são os alimentos que produzem vitalidade, vigor, saúde e alegria; que são doces, macios, nutritivos e agradáveis.

9. As comidas amargas, picantes, salgadas, quentes demais, acarretam dores e enfermidades; são as preferidas dos passionais.

10. Os alimentos estragados, insossos, pútridos, impuros, são os apreciados pelos ignorantes.

Comentário: Neste capítulo, além da fé e dos alimentos, são examinados o sacrifício e as oferendas. Tudo, enfim, é tríplice em sua manifestação, revelando a natureza das qualidades da matéria. Os pensamentos não podiam fugir a esse princípio geral, nem tampouco as obras resultantes das ações humanas. Nada escapa ao controle da Lei Suprema.

Capítulo 18 – O *Yoga* da Libertação pela Renúncia

6. Os sábios entendem por "renúncia" a abstenção de todos os atos dimanantes do desejo, a renúncia dos frutos de todas as ações...

7. Não é correto abster-se alguém de uma ação inerente à sua própria condição. Tal abstenção nasce da própria ignorância.

9. Mas aquele que pratica um ato por considerá-lo seu dever, sem apego e nem visando aos resultados – a sua renúncia é efetiva.

13. Existem cinco fatores para o cumprimento da ação: o veículo (o corpo), o agente, os instrumentos diversos, as várias espécies de energia e a providência (destino).

15. Qualquer obra boa ou má, em ação, palavra ou pensamento, tem como causas esses cinco fatores.

64. Ouve meu apelo final, minha última palavra, a mais secreta de todas...

65. Fixa tua mente em mim; sê meu devoto. Serve-me, prosterna-te diante de mim...

66. Abandona todos os teus pequenos deveres e toma-me como teu único refúgio.

68. Aquele que, com a mais sublime devoção, divulgar este supremo segredo entre meus devotos, sem dúvida alguma a mim chegará.

Comentário: O capítulo final, o fecho desta canção do Bem-Aventurado Senhor, ou o diálogo do homem com sua natureza interior, é uma volta, com nova ênfase, ao motivo de toda a obra: a ação sem apego aos resultados. Nele são analisadas as três espécies de conhecimento, as três espécies de ação e as três espécies de compreensão. A *Bhagavad-Gitā* é, e continuará a ser, o consolo de milhões de criaturas que meditam sobre elevados ensinamentos e procuram aplicá-los à vida diária, sem o que as palavras seriam meros sons sem qualquer finalidade. É um dos caminhos que poderá conduzir o homem ao Absoluto.

8

Krishnaísmo: A Religião do Amor

A Índia deu nascimento a várias religiões, cada qual acentuando um aspecto da Realidade Suprema. Temos, assim, mensagens que enfocam o encontro do homem com a base última de tudo sob o ângulo da pureza (Jainismo), do equilíbrio (Budismo), da coragem (Sikhismo), do poder (Tantrismo), da luz (Zoroastrismo) e, por fim, o Amor (Krishnaísmo). É preciso compreender que pureza, equilíbrio, coragem, poder, luz e amor são palavras-símbolos, e que em qualquer uma das religiões citadas poderemos encontrar todos esses atributos misturados. Há, entretanto, uma intensificação de certos aspectos que permite classificá-las dando ênfase a um aspecto particular – uma tônica. Os conceitos citados são símbolos e, como tais, devem ser interpretados em diversos níveis. O amor, que é dominante na religião criada em torno de Krishna não é somente o amor físico e, sim, esse estado de graça no qual desaparecem o sujeito e o objeto observado num instante de fluência total. O observador é o sujeito, o "eu" isolado dos outros, a cidade cercada de muros, de proteções psicológicas – barreiras autocriadas, produto do condicionamento de idades que estão presentes nos genes e nos cromossomos do nosso sangue. O objeto é a coisa observada ou possuída, o "tu", o "outro", a cidade semelhante a mim que tento conquistar. A relação estabelecida pelas percepções advindas dos sentidos é o *Nexus*, a fluência entre a minha experiência, a minha ideia em relação a outra realidade que está diante de mim, e a experiência do outro a meu respeito. No amor, sempre existiram dois centros, duas metades, eu e tu, e uma ligação. No Krishnaísmo, essa dualidade fundamental é apresentada como Krishna (o eterno masculino) e Radha (o eterno feminino), a Divina Consorte. A felicidade, o amor supremo, está na união total (*Yoga*) dos opostos, quando cessa a ideia da separação que é substituída pela vivência da participação.

Essa vivência da participação é o êxtase que se encontra descrito em toda a mística autêntica. No Cristianismo, encontramos essa manifestação do amor físico no sentido simbólico, supremo na sua realização, nos poemas de São João da Cruz, especialmente na obra da alma e declaração das canções que encerram o Caminho da Perfeita União, do Amor com Deus que se pode alcançar nesta vida. Na primeira canção, está assim descrito o encontro simbólico dos amantes:

"... Ó Noite amável mais que a Alvorada
ó noite que juntaste
amado com amada
amada no amado transformada..."

Encontramos nas Canções de Amor, de Vidyapati, compostas mais ou menos em 1352, e que descrevem os amores de Radha e Krishna, o seguinte trecho:

"Todas as dúvidas desapareceram...
as cinco flechas do amor podem tornar-se um milhão de lanças.
A brisa do sul suavemente a soprar
enquanto ele estiver junto a mim
seu corpo brilha como o meu..."

O Feminino nas Religiões da Índia

No Hinduísmo, a manifestação se faz sob três aspectos que correspondem a: Pai-Mãe-Filho, Positivo-Negativo-Neutro, Luz-Sombras-Meia Luz, Criação-Preservação-Destruição. A Terra e os Cosmos são considerados sob o aspecto feminino, sacrificando-se para que a evolução se processe; daí a grande ênfase que se dá à imagem da Grande-Mãe. Ela é cultuada do Egito à Índia, da Grécia à Ásia Menor, passando pela África. É Isthar na Mesopotâmia, que tem a estrela vespertina como símbolo, Ashtaruth ou Astarte, na Síria, Arthemis em Efeso, Demeter e Afrodite nascendo do oceano, na Grécia, Ísis no Egito. Na Índia, a Grande-Mãe está presente na Trindade feminina, Lakshimi-Parvati-Saravasti, que completa a trindade masculina *Brahmā, Vishnu, Shiva*. Recebe o culto de mais de 200 milhões de pessoas, o segundo aspecto dessa trindade, *Vishnu*. Segundo a tradição, *Vishnu* se reencarna periodicamente entre os homens como um Avatar. A figura de avatar indica que os hindus têm bem presente a necessidade de uma comunicação especial para cada estágio da evolução humana. A religião foi obrigada a se adaptar à receptividade psicológica da época sob pena de desaparecer. Segundo a teoria dos Avatares, *Vishnu* já desceu à Terra sete vezes, ou nove vezes para alguns. Segundo Monier Williams em *Indian Wisdom:*

"É como *Vishnu* que o Supremo Ser mostra a sua simpatia pelas provações humanas, seu respeito por todas as formas de vida, amor pela raça humana, e sua condescendência para os animais inferiores...". *Vishnu* é um símbolo do *Logos* manifestado, do divino sacrifício e de Deus encarnado que se limita – (sacrifica) – no processo da involução (descida), a fim de se tornar um Salvador de muitas almas em evolução. O poema *Bhagavad-Gitā* afirma em certo trecho:

"Para a proteção do Bem, a destruição do Mal e o restabelecimento da correção, eu me manifesto periodicamente".

A Teoria do Avatar

Na tradição hindu relatada nos *Purānas*, o tempo é dividido em *Yugas*. A *Yuga* é um ciclo com duração determinada que corresponde à tradição das idades existentes no Ocidente. A primeira *Yuga* é *Satya*, que significa Sabedoria e está relacionada com a idade de ouro. Durou 1.728.000 anos (432.000 x 4), e nela, a Lei (*Dharma*) era perfeitamente cumprida (4/4) pelos homens e pela Natureza. A vida era um paraíso onde não havia doenças, ódios ou guerras.

A segunda *Yuga* chamou-se *Treta*. Sua duração é de 1.296.000 anos. Nela, o *Dharma* decai para ¾, a vida diminui, começam as doenças, os ódios e as lutas. Na terceira *Yuga*, *Dvāpara*, a lei cai para a metade 2/4 e a sua duração para 864 000 anos. Por fim, nasce *Kali Yuga*, a que vivemos, com uma duração de 432 000 anos, na qual a consciência da lei atinge somente ¼.

VISHNU – o segundo aspecto divino, encarna periodicamente nessas *yugas*, a fim de auxiliar a manifestação. São as seguintes as suas formas sucessivas:

1. MATSYA – O Avatar é um peixe nessa época remota em que as águas cobriam a face da Terra. Segundo a tradição relatada no *Satapatha Brāhmana*[26], o dilúvio tinha coberto quase todos os lugares da Terra. Dos seres humanos, só restou *Manu*. Certa ocasião, quando *Manu* fazia as suas abluções, um pequeno peixe disse-lhe: "Eu te salvarei!". E aconselha *Manu* (Noé) a construir um grande barco e não recear a inundação que se aproximava. Assim foi feito, e, quando as águas chegaram, o peixe conduziu o barco a um local seguro. Matsya, o peixe, salvara o sétimo *Manu*, o pai da raça humana.

2. KŪRMA – O Avatar, agora, aparece sob a forma de uma tartaruga, com a finalidade de levantar a terra que se encontrava submersa pelo dilúvio. Ela se colocou no fundo do oceano, e das suas costas elevou-se a montanha Mandara (Arat).

3. VARĀHA – É o javali, que com a sua imensa força eleva as terras acima das águas.

4. NARASINHA – O Avatar é agora um ser meio homem, meio leão, simbolizando o estágio semisselvagem que o homem vivia. Esse homem primitivo, que ainda recentemente povoava a face da Terra, não teria capacidade de compreender a mensagem divina em sua pureza total. O instrutor, portanto, aparecia sob uma forma capaz de sensibilizar o coração dos seres humanos da época.

5. VĀMANA – O anão. Simboliza a perda de estatura física e psicológica dessas raças primitivas. Apesar disso, *Vishnu* está presente para auxiliar a raça humana. Todos os cinco Avatares descritos apareceram na primeira *Yuga*.

6. PARASURAMA – é o primeiro avatar da Treta *Yuga*.

7. RĀMA – É o personagem herói, filho do rei Dasaratha, de Ayodhya, cujas aventuras estão relatadas no capítulo em que se trata do *Ramayana*, que se desenvolve em plena *Dvāpara Yuga*.

8. KRISHNA – Este é o Avatar cuja vida simbólica descrevemos neste capítulo, e que representa a inspiração para mais de 200 milhões de pessoas na Índia atual[27]. Sua morte ocorre no início da *Kali Yuga*.

---

[26] *Shatapatha Brāhmana* (sânsc) – Texto hindu que descreve os rituais e a mitologia associados ao *Shukla Yajurveda*. (Nota Ed. Bras.)

[27] Década de 1970, do século XX. (Nota Ed. Bras.)

9. BUDDHA – O príncipe Siddharta, da corte dos sakyas, que abandona todas as riquezas para se tornar Iluminado.

10. KALKĪ – É o Avatar que virá no fim da *Kali Yuga* anunciando o fim do ciclo.

A Vida de Krishna

A ação se passa na Índia de 3.000 anos a.C., uma Índia dividida em pequenos reinos em constante luta. Mathura era um desses reinos. A cidade estava localizada às margens do rio Yaimuna, onde hoje se encontra a atual Muttra. Segundo um velho texto, o *Vishnu Purāna*, ela era chamada originariamente como Madhu, ou Madhuvana, devido ao demônio Madhu que lá morava. A cidade foi fundada por um personagem de nome Satrugna, que derrota e mata o antigo governante que todos temiam.

Na época citada, Mathura era governada por um tirano chamado Kansa. Seu nome era temido e respeitado por todos os reinos vizinhos, tal a força de seus exércitos e a fúria de sua cólera. A sobrinha de Kansa era a meiga e pura Devaki, que recebe o consentimento do tio para se casar com Vasudeva. O rei conduz pessoalmente o casal até o local da cerimônia do casamento. Nesse instante, o *Rishi* Narada eleva a voz e prediz que nasceria daquela união um filho que mataria o rei Kansa. Este, tomado de uma fúria nunca vista, exige que Vasudeva lhe entregue para serem sacrificados todos os filhos que nascessem do matrimônio. Os anos passam e, sucessivamente, apesar das súplicas de Devaki e Vasudeva, são sacrificados sete filhos. Quando Devaki, grávida, espera o oitavo filho, Kansa manda aprisionar o casal. Altos e fortes muros, sentinelas armadas velavam dia e noite para que, assim que nascesse, a criança fosse conduzida ao rei e sacrificada diante de seus olhos.

Figura 6 – O nascimento de Krishna

Vendo aproximar-se a hora, o casal suplica auxílio ao todo poderoso e amantíssimo Deus. *Vishnu*, o Senhor do Amor, sente-se tocado pela súplica e aparece diante deles, dizendo: "Não chorem mais, pois cheguei para salvá-los e auxiliar todos os que merecem. Dentro em pouco, a Terra não mais se lamentará, pois os dias dos perversos estão contados. O miserável Kansa morrerá e, mais uma vez, a Bondade e a Paz surgirão na face da Terra!" Nessa última frase, pressente-se a missão do Avatar. No momento do nascimento, abrem-se as correntes que prendiam Vasudeva, bem como as pesadas portas da prisão por onde ele passa, levando nos braços o recém-nascido Krishna. Vasudeva ouve uma voz que lhe ordena conduzir a criança até a casa do seu amigo Nanda, que é o chefe dos pastores de Gokula. Enquanto isso ocorre, Yasoda, a pura esposa de Nanda, dava no mesmo instante à luz uma filha. Sem que Yasoda perceba, é feita a troca das crianças. Krishna menino é deixado nos braços de Yasoda e no meio dos pastores, que o adoram. Curiosas coincidências ocorrem ao se comparar o acontecimento com o nascimento de Jesus, ocorrido 3.000 depois. O estábulo, os pastores, a adoração. Os astrólogos chamados predizem o destino maravilhoso do ser que ali nascera e a Natureza parecia tomada por uma infinita alegria. Vasudeva toma nos braços a filha de Yasoda e retorna à prisão. Como que por encanto, tudo se encontra como dantes. Os guardas adormecidos, as portas abertas e os grilhões a sua espera. Coloca a menina nos braços de Devaki e, nesse instante, as correntes se fecham em torno dos seus punhos, as portas também e os guardas despertam e veem que uma criança tinha acabado de nascer. E correm para anunciar o fato a Kansa. Este, ouvindo a notícia que tanto temia, vai à prisão e arranca dos braços suplicantes de Devaki a filha da pastora Yasoda. Gira a criança e quando está prestes a despedaçar a sua cabeça de encontro à parede, ela se transforma na própria Mãe do Mundo que o reprova da seguinte forma: "Miserável! Pensas que poderás evitar com teu gesto que se cumpra a vontade do Todo-Poderoso? Neste instante, o teu destruidor já está florescendo na Terra!" E desaparece subitamente, deixando atônito o cruel Kansa. Segue-se, como no caso de Herodes na Bíblia, a morte indiscriminada de todos os recém-nascidos. Krishna, guardado pelos pastores que o adoravam, nada sofre. Dessa época, nos chegam os relatos de suas travessuras. Certa ocasião, sua mãe adotiva o surpreende comendo terra. Abre-lhe a boca e, surpresa, vê dentro da boca daquela criança o sol, a lua e todo o Universo. Em outra ocasião, rouba coalhada e, ao fugir, quebra vários jarros contendo leite, a fim de dar alimento aos macacos. Sua mãe o persegue inutilmente até que, penalizado, Krishna concorda em ser contido. Aos pastores, o jovem ensina a dançar. O som de sua flauta os encanta, e enche de alegria todos os seres. Conhece, então, sua esposa, Radha, e o amor total se apossa do coração dos dois fundindo-os em um só ser. Esse amor tem servido de tema para as maiores expressões da arte hindu. Nas pinturas e miniaturas, são representados diversos episódios da vida do casal. Na música, a harmonia desse amor total pode ser sentida. Na poesia, pela magia das palavras, a atração, a fusão de um ser com outro ser pode ser vivida. Nos poemas, sente-se a saudade quando o casal está separado. O desejo, quando se aproximam. A paixão total, no momento do encontro. No livro *Gitā Govinda* e, principalmente, no clássico do poeta Vidyapati, *Canções de Amor,* podem ser sentidas todas as nuances de um amor que por ser superlativamente humano se tornou divino. Vejamos alguns exemplos:

O Amanhã

Amanhã eu voltarei, ele me disse.
E com essa palavra, amanhã, cobri
O chão de minha solitária casa.
Quando, devagarinho, a madrugada chegou
Perguntei-lhe: diz-me, amiga,
quando chegará o teu amanhã?
Amanhã. Amanhã. Amanhã...
Todas as minhas esperanças desvanecem,
pois não verei mais o meu amado.
Nunca.

O Retorno do Bem-Amado

Não há limites para a minha alegria!
Krishna voltou para sempre a sua casa.
A dor que sofria e minhas noites consumia,
em bem-aventurança se transformou,
à medida que meus olhos em sua face pousaram.
Levanta minhas roupas enchendo-as de ouro.
Nunca mais deixarei que ele parta,
pois é meu abrigo durante as pesadas chuvas.
É o barco com que atravesso o turbulento rio.
É o calor que me sustém quando é duro o inverno,
É a brisa fresca nos meses de verão,
e com ele nada mais necessito nesta vida.

Êxtase

Seu cabelo despenteado é como um véu
cobrindo a beleza de sua face.
É como uma nuvem ao ocultar a lua cheia.
As guirlandas de flores entremeadas nos seus cabelos
sacodem-se como as águas de um rio
após as chuvas.
Enquanto o casal se ama,
as contas de suor brilham na face de RADHA,
como pérolas ao luar
presenteadas pelo próprio deus do Amor.
Com todo seu ardor ela beija
os lábios de seu amado,
assim como a lua beija
o botão entreaberto do lótus.
Seus cabelos sacodem-se
ao movimento do corpo.
São campainhas de ouro cantando glórias
ao Deus do Amor!

A vida de Krishna é cheia de lutas com seres estranhos enviados pelo rei Kansa, que ele consegue eliminar em sucessivos combates até chegar ao combate final com o tirano. Vence-o numa batalha das mais dramáticas restabelecendo, assim, na sua função de Avatar, a lei ameaçada na Terra. Sente que tinha cumprido a sua missão, e que a conjuntura cósmica indicava o início do *Kali Yuga* (a Idade Negra). Parte, então, para uma floresta próxima à cidade de Hastinapura (a Déli atual). E, lá, à margem do rio, inicia uma profunda meditação, quando é morto pela flecha de um caçador que o atinge no calcanhar. Seu corpo é suspenso ao galho de uma árvore, numa espécie de crucificação. O caçador, Augada, foi condenado, como o judeu errante da tradição, a uma vida de eterna peregrinação. Perambula pelas margens dos rios, disputando carcaças com os abutres e chacais. E, ainda hoje, reza a tradição, pode ser entrevisto nas noites de lua entregue a sua trágica missão.

O Sentido Profundo da Vida de Krishna

Para certos comentaristas, as narrativas que envolvem a vida de Krishna são simbólicas. Os personagens representam estados de consciência. O rei Kansa, por exemplo, é o eu inferior que se afirma tiranicamente no homem comum, e que tudo faz para impedir o aparecimento da Realidade Suprema. Esse princípio terá que ser eliminado para que Krishna possa surgir no coração humano. Devaki, sua mãe, é a natureza interna, pura e *virgem*, para que possa ser o veículo do qual, como uma flor, venha a nascer Krishna. É, portanto, o vaso imaculado, a urna, o receptáculo do Avatar. O papel de Kansa é o da proteção do ego inferior como uma entidade à parte. É a barreira que impede a abertura de novos planos da consciência. Mas, quando chega o momento e a voz de Nārada (o *karma*) é "ouvida" por Kansa, começa a flor interna a desabrochar. Kansa luta desesperadamente para evitar que isso aconteça, pois sabe que o seu fim se aproxima. Aniquila sucessivamente os sete princípios (filhos) até que surge o oitavo, Krishna, que o aniquilará. Krishna é o Eu supremo, *Ātman*, a individualidade existente dentro de cada ser humano. Segundo A. Barth, em *Religions of India:*

"... os amores de Krishna, os pastores, tornaram-se, entre os *Vishnvitas*, a expressão alegórica das relações da alma com Deus."

Do mesmo modo, em São João da Cruz vamos encontrar, na forma simbólica do amor, a exaltação do encontro com Deus. Sintam essa ânsia no *Cântico Espiritual*:

"Onde te escondeste amado,
e me deixaste com um gemido?
Como um cervo fugiste
tendo-me ferido.
Saí atrás de ti clamando,
mas já tinhas ido".

9

A Filosofia dos *Upanishads*

A palavra *Upanishad* deriva da raiz sânscrita *sad* e do prefixo *ni*, que significam sentar. Portanto, a conclusão a que chegou o grande orientalista Max Muller[28], conclusão ratificada por Deussen[29], é de que *Upanishad* significa, em princípio, o ato de sentar em plano inferior junto a um mestre, a fim de ouvir os seus ensinamentos. Outra interpretação sobre a significação desta palavra é dada pelo grande Instrutor Śankaracharya, que escreveu uma série de comentários sobre os *Upanishads*. Para ele, o vocábulo deriva da raiz sânscrita *sad* (destruir). Assim, *Upanishad* é o conhecimento que proporciona aos homens a destruição da ignorância. É aquela instrução que permite atingir o conhecimento perfeito. Em suma, é a libertação da ignorância.

Muitos estudiosos consideram os *Upanishads* um conjunto de instruções secretas transmitidas pelo mestre aos discípulos qualificados, após terem estes servido durante um período de sete anos sob a sua direção. Este é o ponto de vista de Deussen, Blavatsky, Bhagavan Das, Aurobindo, Das Gupta. A leitura dos textos, em muitos pontos, vem corroborar tal afirmativa.

A transmissão desses ensinamentos secretos era feita oralmente. Competia aos discípulos a memorização de todos os *Upanishads*.

Vejamos agora a maneira pela qual os *Upanishads* foram introduzidos na Europa. Conta-se que Dara Shiko, filho mais velho do imperador Shah Jahan,

---

[28] Friedrich Max Müller (1823 - 1900). Filólogo e orientalista alemão, estudioso de sânscrito e da cultura da Índia. Traduziu o *Rig-Veda*, do sânscrito para o inglês. (Nota Ed. Bras.)

[29] Paul Jakob Deussen (1845 - 1919). Indólogo alemão e professor de Filosofia na Universidade de Kiel. (Nota Ed. Bras.)

ouviu pela primeira vez os *Upanishads* quando, no ano de 1640, encontrava-se em Kashmir. Entusiasmado pelo estudo das religiões, convidou vários *pandits* (sábios) de Benares e de outras cidades a traduzirem esses textos para o persa. Cumpre notar que os textos traduzidos perdem, naturalmente, muito do seu valor. Os *pandits* não eram iniciados na doutrina secreta e, se o fossem, não iriam divulgar aquilo que não podia ser mencionado oralmente. Não obstante, o trabalho de tradução do sânscrito fez-se primeiro para o persa, que era a língua do príncipe Dara Shiko. Em 1775, o orientalista Anquetil Duperron[30] começou, então, a fazer a tradução de uma tradução, desta vez, do persa para o latim. Esse trabalho foi publicado em 1801. Somente nessa ocasião, há pouco mais de 150 anos, foi que o mundo teve conhecimento dessa verdadeira joia da filosofia que são os *Upanishads.* O texto, como diz Das Gupta, era quase ininteligível, devido às consecutivas traduções; entretanto, tal é a força do original que, apesar das deformações acumuladas, o resultado foi o bastante para estarrecer o mundo com a beleza da sua mensagem. Schopenhauer impressionou-se profundamente com a leitura dessa edição latina e, para muitos, foi por seu intermédio que se estabeleceu a primeira ponte entre o Oriente e o Ocidente. Tal foi sua atração pela grandeza da Filosofia Hindu que, no prefácio de uma de suas obras, tece um verdadeiro hino de exaltação às culminâncias atingidas pelo pensamento indiano, ao afirmar:

> "Para mim, a maior vantagem de que gozarão os que têm a ventura de viver no início deste novo século é a de participarem dos benefícios oferecidos pelos *Vedas*, cujo acesso nos foi aberto através dos *Upanishads.* Acredito que a influência da literatura sânscrita far-se-á sentir tão profundamente na mente humana quanto o reflorescimento da literatura grega também se fez sentir no século XV."

Cada vez mais entusiasmado em sua glorificação aos *Upanishads*, Schopenhauer acrescenta de modo patético:

> "Cada linha mostra a sua firmeza! Definida e completamente harmoniosa em seu sentido! Transcendem de cada sentença pensamentos profundos, originais,

[30] Abraham Hyacinthe Anquetil-Duperron (1731 - 1805). Primeiro estudioso francês da cultura indiana. Inspirou a fundação da École Française d'Extrême-Orient, um século após sua morte e, mais tarde, a fundação do Institut Français de Pondichéry. (Nota Ed. Bras.)

sublimes. Do conjunto, emana um elevado, santo e ardente espírito! Em todo o mundo não há um estudo, exceto o que se fizer nos originais, tão benéfico e elevado como o dos *Upanishads*. Têm sido o consolo de minha vida, e serão o consolo de minha morte!"

Daí por diante, cresceu o interesse geral pelos *Upanishads*. Novas traduções se fizeram diretamente do sânscrito, entre as quais avulta a do Prof. Radhakrishman, ex-vice-presidente da Índia, a de Ram Mohan Roy, com as suas versões para o bengali, o hindi e o inglês; a de Annie Besant e a de Bhagavan Das, com textos bilíngues (sânscrito-inglês). Hoje, admite-se que existem cerca de 112 *Upanishads*, mas isto não quer dizer que não sejam em maior número. A tradição esotérica hindu, tibetana e nepalesa afirma que os *Upanishads*, como tantos outros inúmeros textos, foram destruídos, e alguns deles, levados para o Tibete por ocasião das invasões muçulmanas.

Desses 112 *Upanishads*, dez são considerados os principais, ou maiores.

São os seguintes: 1) *ĪSHA*, 2) *KENA*, 3) *KATHA*, 4) *PRASHNA* 5) *MUNDAKA*, 6) *MĀNDŪKYA*, 7) *TAITTIRĪYA*, 8) *AITAREYA*, 9) *CHĀNDOGYA* e 10) *BRIHADARANYAKA*. Outros são chamados menores, por serem de data mais recente.

Diz Das Gupta, na sua *História da Filosofia Hindu*, que a passagem do pensamento bramânico para os *Upanishads* é, provavelmente, o mais notável evento da história da Filosofia. Registrou-se um deslocamento do objetivo para o subjetivo: dos sacrifícios preconizados pelos *Vedas*, nos *Brahmanas*, para a meditação dos *Upanishads*. A mudança do pensamento *Brahmana* para os *Upanishads* significa a transferência dos valores dos sacrifícios reais para suas representações simbólicas e meditações, como, por exemplo, o chamado sacrifício do cavalo Asvamedha, descrito no *Brihadaranyaka Upanishad* como a personificação do universo visível. Vejamos a primeira estrofe:

> "Assim, na verdade, a madrugada é a cabeça do cavalo a ser sacrificado, o sol, o olho, o vento é o seu hálito, o ano é o corpo, o céu as costas, a atmosfera o ventre, os quartos os lados, as estrelas os ossos, as nuvens a carne e os rios são as suas veias."

Em certa época do simbolismo do cavalo como imagem dos universos visíveis, que em sua manifestação sacrificavam-se constantemente, passou-se a representar, ao pé da letra, o sacrifício do animal. E conta-se que o cavalo escolhido para o sacrifício era deixado solto, porém, acompanhado a distância por uma tropa de trezentos homens. Esses soldados evitavam que, sob qualquer motivo, se impedisse a livre e desembaraçada marcha do animal que não podia, em nenhuma hipótese, ser perturbada. Ao terminar sua gloriosa excursão e regressar à cidade de origem, era sacrificado pelas mãos do próprio Rajá. A ideia do sacrifício como essencial à criação cósmica, que é um sacrifício constante pela autolimitação do Absoluto, remonta ao *Rig-Veda*, em cuja seção *Purusha Sukta* descreve-se o Universo primitivo como um *Purusha* personificado, e cada uma das partes que o constituem como membros do seu corpo. Nos *Upanishads* passamos, entretanto, do conceito de sacrifício concreto para os distintos valores e significações místicas contidas na ideia de sacrifício. Vemos em um deles esta ideia claramente expressa nas seguintes palavras:

> "Que bem nos trará o sacrifício do cavalo, que tranquilo pasta no campo? Este universo é o cavalo que tem um significado maior para a mente. E a meditação sobre isso é mais adequada, e substitui o sacrifício do cavalo, um simples animal."

Pouco a pouco, o sentido da unidade, que já impregnava e transparecia nos primeiros livros dos *Rig-Veda*, ia ganhando corpo

No *Brihadaranyaka Upanishad*, a criação do mundo é assim descrita:

> "No princípio nada havia. Tudo isto era envolvido pela morte ou pela fome, pois a fome é a morte. Ele criou a morte, pensando: Eu quero ter um ser (a mente). Então, moveu-se, cultuando-a. Desse culto nasceu a água. Verdadeiramente, pensou, enquanto Eu estava meditando apareceu a água, portanto, a água é chamada *Arka* (o fogo). A água certamente virá a quem souber a razão pela qual ela se chama fogo."

Todo esse "não ser" aberto pela mente chama-se *Hiranyagarbha*. É o Ser Supremo, com seu corpo de trevas, a fome. A vontade de manifestar-se, a sensação do vazio e a necessidade de alimentar-se e pensar. Com o Universo, acontece o mesmo. Na criação da mente está a primeira limitação de *Hiranyagarbha*. O seu primeiro *Upādhi,* ou manto com que se veste. Vemos a densificação progressiva, surgindo, primeiramente, a água. Não a água comum que todos conhecemos, mas, a água primordial sobre a qual boiavam as sementes da manifestação. Nas *Estâncias de Dzyan*, mencionadas em *A Doutrina Secreta,* de Blavatsky, lê-se:

> "A luz é chama fria, a chama é o fogo, o fogo produz calor, e o calor gera a água. A água da vida na grande mãe (o Caos)."

De *Hiranyagarbha* (o Ser Supremo) procede *Prajapati*, o Senhor das criaturas. Das trevas, surge a luz (o manifestado).

Nesse ponto, já está muito próximo o conceito de *Brahman* (o Absoluto) e *Ishvara* (o manifestado). *Brahman* é considerado a causa antecedente ao tempo, e o Universo, o efeito procedente dessa causa. A dependência interna do Universo de *Brahman* era simbolizada na criação desse Universo procedente de *Brahman.*

Declara o *Mundaka Upanishad:*

> "Assim como uma aranha produz e recolhe a sua teia
> Assim como procedem os cabelos da cabeça e do corpo de um homem vivo
> Do imperecível proveio tudo que aqui está.
> Assim como de uma fogueira procedem as fagulhas
> de natureza semelhante, apesar de serem em número incontável,
> Da mesma forma, ó meu caro, do imperecível procedem
> as várias espécies de seres, que novamente a ele voltarão."

Surge, nos *Upanishads*, a ideia da Realidade Última, que é subjacente ao mundo exterior, que é imutável, e na qual a essência humana tem o seu ser.

> "Os rios do leste e do oeste originam-se no oceano e a ele retornam, embora não saibam que assim procedem. Da mesma forma, são todas essas pessoas que provêm do Ser, embora não saibam que do Ser provêm."

> "Aquilo que constitui a essência sutil, aquilo que em tudo o que existe tem a sua própria essência, é o Verdadeiro Ser, é o Ser. E tu és esse Ser."

No *Tat Tvan Asi* – Tú és aquilo – está resumido todo o ensinamento dos *Upanishads.* São verdadeiras equações matemáticas que podem definir essa obra segundo a fórmula abaixo:

Ātman = Brahman

Tat Tvan Asi

A Incognoscibilidade de *Brahman* e o método negativo

Qual a natureza da base de *Brahman*? Esta tem sido uma das molas do pensamento hindu. As conclusões são acordes. Qualquer explicação verbal da natureza de *Brahman* é errada, pois *Brahman* transcende as concepções verbais. As palavras que definem *Brahman* não podem defini-lo. Para os profetas dos *Upanishads,* a razão humana, seu raciocínio, ocupavam um lugar secundário. Sua única finalidade era encontrar, quando judiciosamente aplicados, o significado real das opiniões aparentemente antagônicas dos *Vedas.* Daí, os numerosos comentários sobre os *Vedas* e os *Upanishads,* que eram uma espécie de fórmula resumida, telegráfica, de finalidade mnemônica. Convém não esquecer que toda essa literatura era primeiramente transmitida de boca a ouvido. Considera-se o mais alto conhecimento da Realidade Última e da Verdade contido nos *Upanishads* como um preceito imutável. Constata-se a diferença com o pensamento atual, que julga descobrir diariamente novas verdades.

Daí a fórmula tradicional indicada por Yajnavalkia: "Ele não é isto (*Neti, neti*), Ele é inconcebível. Não pode ser mudado. Não pode sofrer golpes de espada ou injúrias", como diz o *Brihadaranyaka Upanishad.*

Conta-se que Vaskali perguntou certo dia ao seu Guru, Bahava, qual a natureza de *Brahman,* tendo recebido como resposta o silêncio. É esta a única definição de *Brahman*: "Ele é o silêncio."

Podemos sentir a sublime mensagem dos *Upanishads* no chamado *Īsha Upanishad,* que a seguir transcrevemos:

Īsha Upanishad

Aum! Salve o *Brahman*, que é Tudo!
O Canto da Paz.
O Todo é Aquilo, o Todo é isto.
Tudo provém do Todo.
Retire-se tudo do Todo, e, entretanto, ainda restará o Todo.
Aum! Paz, Paz, Paz! Harih, Aum!

1. A fim de salvares tua alma, não cobices as riquezas de outrem. Renuncia às coisas terrenas e compreenderás que tudo que existe no mundo emana de Deus.

2. Executando a sua obra, um homem deve passar na Terra cerca de cem anos; portanto, não há outro caminho para ti: Agir! A ação não macula o homem.

3. Para mundos envoltos em trevas densíssimas vão todos aqueles que neste mundo assassinaram suas almas.

4. Os sentidos nunca alcançarão aquilo que, mesmo imóvel, é mais rápido do que a mente. Aquilo que apesar de inerte a todos ultrapassa, por mais que eles corram. Aquilo que a respiração da mãe (espaço) ordena em ondas de vida.

5. Aquilo que, movendo-se na realidade, está imóvel, que está ao mesmo tempo longe e perto, dentro de tudo e fora de tudo.

6. Sim, para aquele que vê todas as coisas impregnadas no Ser, e o Ser em todas as coisas, para ele, Aquilo jamais se esconderá.

7. Para aquele que olha a unidade de todas as coisas e sabe que todas as coisas são o Ser, que dores e desilusões ainda poderão existir?

8. Ele, o que tudo vê, o Senhor da mente, o que tudo abrange, que tem existência própria, puro, imaculado, radiante, simples, dispôs adequadamente os objetos para idades infindáveis.

9. Em trevas que cegam mergulham aqueles que se curvam à ignorância, e em trevas ainda maiores imergem aqueles que encontram grande prazer na sabedoria.

10. Os sábios que nos instruíram diziam que os efeitos da ignorância eram diferentes dos da sabedoria.

11. Quem conhece conjuntamente a sabedoria e a ignorância vencerá a morte pela ignorância e gozará a imortalidade através da sabedoria.

12. Em trevas que cegam mergulham aqueles que ocultam aquilo, que não existe (natureza imanifestada), e em trevas ainda maiores imergem aqueles que são devotos do que existe (natureza manifestada).

13. Uma coisa é o ser; outra é o não ser, dizem os sábios que nos ensinam.

14. Quem conhece conjuntamente o ser (natureza manifestada) e o não ser (natureza imanifestada) vencerá a morte pelo não ser e gozará a imortalidade através do ser.

15. Ó, tu que nutres o mundo, cuja face (a verdade) é escondida por um disco de ouro, retira o véu a fim de que eu, que guardo a lei da verdade, possa contemplar tua radiosa beleza!

16. Ó, Sol, que a todos sustentas, és o único que tudo vê e ordena! Filho do Senhor da criação, disciplina os teus raios a fim de que eu contemple tua forma mais bela!

17, Deixa que a minha centelha vital alcance o ar imortal, deixa que este corpo seja consumido em cinzas. Assim, ó mente, lembra as tuas ações! Ó, mente, lembra as tuas ações!

18. Guia-nos pela estrada da bem-aventurança ao Deus que conhece todas as nossas ações. Destrói nossos pecados, para que possamos oferecer-te nossas melhores saudações.

10

Análise dos Principais *Upanishads*

É difícil determinar a data de origem dos *Upanishads*. Alguns são anteriores ao aparecimento do Budismo, devendo ter sido escritos por volta do século VIII a.C. Pertencem à classe de ensinamentos *Sruti*, isto é, são o resultado da intuição criadora dos seus autores. Podemos encontrar como pontos característicos uma série de ensinamentos:

1. O real que existe no coração do Universo está contido nas profundezas do ser humano.

2. *Brahman* é idêntico ao *Ātman*. Portanto, o Absoluto é igual ao relativo.

3. *Tat Tvan Asi* (Tu és Aquilo) é a equação fundamental da identidade acima mencionada.

4. O Supremo não pode ser definido em categorias lógicas, nem pela linguagem.

5. A Verdade mora dentro de nós.

6. Há um grande abismo entre o ignorante egoísta, mergulhado numa vida superficial, e o sábio.

7. A ascensão interna depende da purificação, da limpeza.

8. A ascensão interna depende de uma preparação moral.

Um dos *Upanishads* diz:

> "O Ser não é atingido por alguém sem firmeza, nem através da devassidão, nem sem disciplina. Para ver o Ser, temos de nos tornar calmos, controlados, pacientes e contentes."

9. A meta suprema é a libertação do *Samsāra,* e a identidade com o Supremo.

10. Todo o cerimonialismo e deveres de casta devem ser postos de lado quando se busca o bem supremo, que é a autorrealização.

1. Īsha Upanishad

Esse texto, apresentado anteriormente na íntegra, é o menor de todos. Seu mais importante ensinamento é que nem o conhecimento natural nem o sobrenatural são suficientes para atingir a verdadeira sabedoria.

2. Kena Upanishad

O nome desse *Upanishad* contém uma pergunta: "Por quem?" Qual o poder real que está atrás das funções do Universo, tanto externas como internas? Vejamos alguns trechos: Pergunta: "Quem é o agente real do indivíduo?"

1. Quem projeta e impele a mente?
   Quem impulsiona a primeira respiração?
   Quem motiva a linguagem que as pessoas usam?

Resposta: "O todo condicionante, o agente impenetrável, *Brahman*."

2. Aquilo que é a audição do ouvido, o pensamento da mente.

   A voz da palavra, o sopro da respiração.
   A visão do olho.
   Ao partir deste mundo, o sábio torna-se imortal.

3. Lá, os olhos não alcançam
   A palavra não chega.
   Nós não compreendemos
   Como podemos então ensiná-lo?
   Muito além do conhecido e do desconhecido é Aquilo.
   Assim ouvimos dos antigos, que nos explicaram.

3. *Katha Upanishad*

Este é talvez o mais filosófico dos textos. Nele, trava-se um diálogo entre Nachiketas e Yama (o deus da morte) sobre a imortalidade e o destino dos que morrem.

Nachiketas era um ardente pesquisador da realidade. Certo dia, quando seu pai se dedicava a um complicado ritual, ele perguntou:

> "Meu pai, a quem me darás?" Não obtendo resposta, faz a pergunta mais duas vezes. Por fim, o pai responde:
>
> "À Morte eu te darei!"

A Morte (Yama) surge subitamente e concede ao jovem o direito de fazer três perguntas. Na primeira, Nachiketas expressa o desejo de retornar para junto do seu pai. Na segunda, quer saber a razão da cerimônia do fogo. A terceira é a seguinte:

> Nachiketas: A dúvida que tenho é a respeito do que acontece ao homem quando morre. Ele existe, dizem alguns. Ele não existe, dizem outros! Por favor, ó Senhor da Morte, desvenda-me o mistério.
>
> A Morte:
> Até os deuses têm dúvidas sobre isso desde tempos imemoriais!
> Pois este é um assunto verdadeiramente difícil de compreender.
> Sutil é a questão
> Por favor, Nachiketas, escolhe outra pergunta!
> Não me pressiones mais neste ponto!
>
> Nachiketas:
> Dizes que até os deuses têm essa dúvida
> dizes que a resposta não é facilmente compreendida.
> Portanto, eis a pergunta que espero que respondas!
>
> A Morte:
> Escolhe filhos, netos centenários,
> Gado, elefantes, ouro e cavalos.

Escolhe um palácio maravilhoso na Terra
Vive quantos outonos quiseres!
Pede fortuna e vida longa
Podes ser o maior deste mundo...
Mas, por favor, não me perguntes sobre a morte!

Nachiketas:
Tudo são coisas efêmeras. Tudo que é mortal chega ao fim.
Até o vigor e todos os poderes se desgastam.
Não será com riquezas que um homem se satisfará.
Continuo, portanto, interessado em obter a
resposta a esta pergunta, pois ela penetra
no que está oculto!

A Morte:

Uma coisa é melhor, outra é agradável,
Ambas são diferentes e escravizantes.
O sábio escolhe o melhor.
O estúpido, o agradável.
Amplamente antagônicos são os dois.
Os que moram em meio à ignorância
pensando que são sábios e cheios de conhecimento,
correndo daqui para acolá,
são como um cego conduzindo cegos.
O sábio (o *Ātman*) não nasce, nem morre.
Não é morto quando o corpo é assassinado
mas, menor que a menor coisa é, entretanto,
maior que o maior.
É o Ser que mora no coração das criaturas.
Sabe que o ser (*Ātman*) está dirigindo a carruagem.
O corpo é a carruagem.
Sabe que o intelecto é o cocheiro,
e a mente, as rédeas.
Os sentidos, dizem, são os cavalos;
os objetos dos sentidos, os campos por onde correm.

O desatento e impuro
nunca atingirá a meta.
O *plenamente atento* e sempre puro.
atinge a meta
e não mais nascerá.
Acima dos sentidos estão os objetos dos sentidos.
Acima dos objetos dos sentidos está a mente.
Mais alto que a mente está o intelecto.
Além do intelecto está o Grande Ser (*Ātman*).
Além do Grande Ser está o Imanifestado.
Mais alto que o Imanifestado está a Pessoa.
Além dela nada mais existe.
Este é o caminho! Esta é a meta suprema!
Ela está oculta em todos os seres.
Por essa razão não brilha!
Mas é vista pelos grandes Videntes.
LEVANTA-TE! DESPERTA!
Recebe a resposta do que me perguntaste e compreende.
A senda é estreita como o fio da navalha.
É uma senda difícil, declaram os poetas.
Aquilo é sem som, sem tato, sem forma, imperecível,
Sem gosto, sem odor,
Sem princípio nem fim, maior que o infinitamente grande,
estável.
Discernindo Aquilo, o indivíduo liberta-se da boca da morte.
O mundo é uma árvore com as raízes para cima,
imersa no que é puro.
Em *Brahman*. No imortal. Nele repousa todo o mundo,
e ninguém está fora dele.

4. *Prashna Upanishad*

Novamente temos aqui seis perguntas feitas pelos filósofos a um sábio e as respostas, que foram dadas de forma poética:

"O sol verdadeiramente é vida. A matéria, na verdade, é a lua. A matéria, na verdade, é tudo que nos cerca, o que tem forma e o informe..."

"Assim como os pássaros buscam uma árvore para repousar, é no Ser que todas as coisas se refugiam."

5. *Mundaka Upanishad*

Este é, sem dúvida, o mais poético. Nele encontramos a distinção entre o conhecimento mais alto (*Para*) e o inferior (*Apara*)

Assim como a aranha lança e recolhe sua teia,
Assim como as ervas crescem da terra,
Assim como nascem os cabelos de uma pessoa viva,
Brota o Imperecível de tudo o mais.
Esta é a Verdade!
Assim como da fogueira saltam milhares de centelhas,
Do Imperecível emanam todas as coisas.

6. *Māndukīya Upanishad*

Neste texto, encontramos a apresentação dos quatro estados da consciência: o de vigília, o de sonho, o de sono e o real, explicados em sua relação com o mantra AUM (OM).

"OM! Esta sílaba é todo o Universo. O passado, o presente e o futuro, tudo está no OM!
O estado de vigília, comum a todos os homens, é a letra A.
O estado de sono com sonhos, o brilhante, é a letra U.
O estado de sono profundo é a letra M.
O quarto estado é sem elemento, é a cessação do desenvolvimento, benigno, incomparável. É, na verdade, o OM, o Ser, o *Ātman*.
Aquele que o conhece une-se ao Ser. Sim, feliz é aquele que o conhece!"

7. *Taittirīya Upanishad*

Aqui temos a ética, apresentada sob a forma de conselhos dados pelo instrutor a seu discípulo.

Tendo estudado os *Vedas,* o Mestre instrui o discípulo:

Fala a verdade! Pratica a virtude! Não negligencies o estudo dos *Vedas!*

OM! Aquele que conhece *Brahman* atinge o mais alto!

... Aquele que conhece *Brahman* como o real, como conhecimento, como infinito.

Senta-se num lugar secreto (o coração), e no mais alto dos céus.

Realiza todos os seus anseios junto com o onisciente *Brahman.*

Mais adiante, o *Upanishad* explica a identificação progressiva da pessoa, a sua origem:

"Do Ser (*Ātman*) nasce o espaço, do espaço o vento, do vento o fogo, do fogo a água, da água a terra, da terra as ervas, das ervas o alimento, do alimento o sêmen, do sêmen a pessoa. A pessoa é, realmente, a essência do alimento..."

Em outro trecho, vemos a gradação da felicidade. Felicidade é um termo vago, que expressa a cessação dos desejos. Há, entretanto, uma verdadeira escala de valores. Uma escala que permite ao homem entrever a bem-aventurança que o espera quando tiver resolvido o problema da ignorância em que está mergulhado.

Vamos considerar um jovem saudável, forte, firme, belo, instruído, a quem pertence a terra com todas as suas riquezas. Este é o padrão correspondente à bem-aventurança humana.

Cem bem-aventuranças humanas são idênticas a uma bem-aventurança de um *Gandarva* humano (um ser mais elevado na hierarquia evolutiva), bem como a de um homem que compreende o sentido profundo das escrituras e que não foi picado pelo desejo.

Cem bem-aventuranças de um *Gandarva* humano correspondem à de um *Gandarva* divino, e, também, à de um homem que compreende o sentido profundo das Escrituras e que não foi picado pelo desejo.

Cem bem-aventuranças...

E assim por diante, na seguinte sucessão: *Gandarva* divino, Pais, Deuses, *Īndra*, *Brihaspati*, *Brahmā*.

Aquele que sabe verdadeiramente não é atormentado pelos pensamentos: Por que não agi bem? Por que agi mal? Aquele que isto conhece liberta-se desses dois pensamentos! Esta é a doutrina mística!

8. *Aitareya Upanishad*

Neste texto, vemos, com todo o vigor, exposta a ideia do *Ātman*.

No princípio, só havia o Ser (*Ātman*) sob a forma de uma pessoa. Nada mais existia além dele. E ele disse: isto sou Eu. Mas não sentia prazeres, pois não sente prazer aquele que é só. Então pensou: deixa-me criar os mundos. E criou os mundos; a água, a luz, a morte... Depois, disse a si mesmo: Eis aqui os mundos, que eu crie seus guardiães. Das águas, modelou então uma pessoa. Quem é essa pessoa?

– Nós a cultuamos como o Ser.
– Quem é o Ser?
– Aquele que vê, ouve, cheira, fala, que possui mente e coração, consciência, percepção, discernimento, inteligência, sabedoria, firmeza, pensamento, impulso, memória, concepção, finalidade, vida, desejo e vontade...

9. *Chāndogya Upanishad*

Para muitos, este é a joia suprema, em virtude dos importantes conceitos nele contidos. O ponto central é a doutrina do *Tat Tvan Asi* (Tu és Aquilo), já anteriormente mencionada. Principia com uma profunda consideração a respeito da sílaba sagrada OM.

"OM! Devemos meditar nesta sílaba quando a enunciamos no início do canto. A essência das coisas é a terra. A da terra é a água. A da água são as plantas. A das plantas é a pessoa. A da pessoa é a palavra. A da palavra é o hino. A do hino é a forma com que se canta (entonação). A essência da entonação é o canto. O hino é a palavra, o seu canto é a respiração, o cantor claramente é a sílaba OM.

... Assim como as folhas estão presas ao ramo, a palavra é sustentada pelo OM. Na verdade, OM é todo o Universo. O OM é o Universo!

... Existem três ramos do dever. Os sacrifícios, o estudo dos *Vedas* e a caridade constituem o primeiro; a austeridade, na verdade, o segundo. Um estudante da doutrina sagrada que mora na casa do seu mestre para servi-lo é o terceiro...

... No princípio, este mundo era simplesmente o não ser. Já existia. Desenvolveu-se e transformou-se num ovo. Assim permaneceu durante um ano, até que se partiu em dois. Uma das partes tornou-se ouro, a outra, prata. A que era prata formou a terra; o ouro, o céu; a membrana externa, as montanhas; a interna, as nuvens e o nevoeiro; as veias são os rios, e o que é fluido, o oceano."

No *Chāndogya Upanishad* encontra-se uma das mais belas e simbólicas histórias do mundo. Conta-nos o encontro do jovem Svetaketu com seu pai.

Quando Svetaketu tinha doze anos, foi encaminhado a um instrutor com quem estudou até os vinte e quatro anos. Após aprender todos os *Vedas*, retorna ao seu velho pai cheio de presunção. O pai observa o fato e resolve testar o conhecimento do filho. E pergunta:

– Svetaketu, já que pareces dominar todo o saber humano, gostaria que me dissesses se possuis o conhecimento que permite ouvir o inaudível, perceber o imperceptível e conhecer o incognoscível.

– Afinal, que conhecimento é esse, meu pai?

– Meu filho, assim como quando se conhece o barro, se reconhece também todos os objetos das mais diferentes formas que dele são feitos, este conhecimento, uma vez conhecido, faz que a tudo conheçamos.

– Não fui instruído nesse ponto. Decerto, meus instrutores também não o conheciam. Poderia o senhor transmitir-me tal conhecimento?

– Certamente, meu filho. Vai buscar-me um fruto da árvore de *nyagrodha.*

– Aqui está, senhor.

– Quebra-o.

– Está quebrado, senhor.

– Que vês?

– Algumas sementes extraordinariamente minúsculas.

– Quebra uma delas.

– Está quebrada, senhor.

– Que vês?

– Nada, em absoluto.

– Meu filho, nessa sutil essência que não percebes está o Ser da enorme árvore. Todas as coisas têm o seu ser nessa essência sutil. Esta é a verdade, e tu, meu filho, também és esse Ser.

– Por favor, diga-me mais, meu pai.

– Certamente. Põe este punhado de sal num jarro com água e volta a mim amanhã.

Na manhã seguinte, o pai chama o jovem e ordena:

–Traze-me o sal que puseste na água!

– Não posso, pai. Ele está dissolvido.

– Prova a água da superfície. Que gosto tem?

– É salgada.

– Prova a do meio. Que gosto tem?

– É salgada também.

– E a do fundo?

– Também é salgada!

– Joga fora a água e volta a mim.

O filho assim fez e voltou para ouvir o resto.

– No teu corpo, de forma análoga, não percebes o Verdadeiro, mas, de fato, ele lá está sempre. Aquilo que constitui a essência sutil, Aquilo em que tudo que existe tem a sua própria essência, é o Verdadeiro. Aquilo é o Ser, e tu és Aquilo, meu filho.

10. Brihadaranyaka Upanishad

Este é o texto mais longo, conhecido como "o grande hino da floresta". Nele encontramos a famosa definição do Absoluto: *Neti, neti* (Não é isso, não é isso).

Principia o diálogo travado entre Yajnavalkya e Maitreyi a respeito do Ser. Os principais pontos abordados são:

1. A maneira prática de conhecer o Ser é através do ascetismo.

O trecho seguinte é esclarecedor:

Aquele que passa além da fome e da sede, além do sofrimento e da ilusão, além da velhice e da morte.

Aquele que conhece o Ser, vence o desejo de ter filhos, riquezas, glórias mundanas, e vive a vida dos mendicantes...

2. O retorno a *Brahman*, que é a base final de tudo.
3. O Ser imortal universal é o Controlador Interno.
4. O retorno de numerosos deuses a *Brahman*.
5. O Ser é a luz do homem em seus vários estados.
6. O ser do indivíduo que atingiu a libertação e o do que não a atingiu, após a morte.
7. O Ser Universal,

A esse respeito afirma o texto:

"O Ser (*Ātman*) não é isso, não é isso (*Neti, neti*). Não pode ser capturado, destruído, não treme, não é injuriado..."

As três virtudes cardeais.

"...A voz divina repete a mesma coisa, como um trovão: DA! DA! DA! Isto é: controla-te a ti mesmo, dá e sê compassivo. Todos devem praticar este preceito tríplice: Autocontrole, caridade e compaixão."

Todo o pensamento hindu está impregnado da essência dos *Upanishads*. Essência que, uma vez descoberta, pode modificar para sempre os seres humanos, permitindo a cada um, qualquer que seja sua religião, encontrar aquela camada profunda da consciência onde mora o Senhor de todas as criaturas.

11

O Protesto no Século VI a.C.

Todas as coisas estão sujeitas a um processo de crescimento, apogeu e decadência. Assim aconteceu com o pensamento tradicional dos *Vedas.* Na Índia, o ritualismo e as cerimônias purificadoras prescritas nos antigos livros foram perdendo sua significação original para transformar-se numa simples repetição de fórmulas vãs. A casta dos brâmanes, a sacerdotal, assumiu aos poucos o controle das coisas sagradas, transformando os ritos numa fonte de renda e prestígio. A reação era inevitável. O século VI a.C. foi uma época extraordinariamente frutífera para a humanidade. Na Índia, foi um período de extensa efervescência intelectual e disputas entre os diversos instrutores, suscitando nas feiras e praças públicas acesos debates entre os adversários mais radicais. Nessa época, como símbolo do protesto renovador das velhas crenças cristalizadas, surgem as três grandes escolas: Carvaka (materialista), Jainista e Budista.

O Materialismo Carvaka

É indiscutível a importância da Escola Carvaka, singularmente cética, ateísta e profundamente "moderna", nos termos atuais. Talvez nela se encontre o prenúncio das escolas do materialismo histórico de Marx, Engels, Lênine e do pensamento científico que floresceu no século XIX. É, sem dúvida, um sistema de reação aos altos voos metafísicos e às especulações típicas da alma hindu. Muitos atribuem sua origem à mesma época do *Rig Veda,* pois é citada em inúmeros textos hinduístas e budistas. Sua obra básica é o *Brhaspati-Sūtra,* escrito no ano 600 a. C., e perdido nos anos seguintes. A doutrina fundamental da Escola Carvaka é a *Lokayata,* que defende o ponto de vista de que este mundo (*Loka*) é o único que existe, e nada há além dele. A vida futura é apenas um mito pregado por ignorantes que se aferram à letra morta de doutrinas ultrapassadas (*os Vedas*). Só existe o que se pode perceber. Os princípios elementais são a terra, a água, o fogo e o ar. Tudo mais que existe resulta de suas diferentes combinações. A própria consciência é somente um subproduto de determinada combinação desses elementos. A alma não tem nenhuma existência fora do corpo. A vida além da morte é uma ilusão alimentada pelos ignorantes. A Natureza não é boa nem má. É o que é. Os tolos atribuem-lhe qualidades que ela não possui. Os fatos capitais da vida são o prazer e a dor. O resto é pura ilusão. Vejamos, agora, os pontos principais dessa doutrina através da transcrição de alguns dos seus textos:

Sarvadarshanasamgraha

A vida é tua. Vive alegremente!
Ninguém pode escapar da morte, e seu olho interroga
Ao queimar no fim de tudo essa nossa carcaça
Afasta toda a possibilidade de retorno.

"A única finalidade do homem na terra é o gozo dos prazeres sensoriais. Não podes dizer, como muitos, que o prazer vem sempre misturado à dor. A sabedoria da vida está em fruir o prazer e evitar o sofrimento, que o segue sempre. Como o homem, que ao comer só a carne do peixe deixa de lado as espinhas e escamas, ou quando, querendo comer arroz, retira a casca e come o grão, assim o sábio busca o prazer e abandona a dor."

"O homem não deixa de plantar arroz porque existe animais selvagens para devorá-lo, nem deixa de cozinhar porque existem ladrões que poderão roubar a sua comida. Os tímidos esquecem o prazer visual e são ignorantes como bestas selvagens..."

O ataque aos *Vedas* e ao seu sistema torna-se extraordinariamente violento, como se vê no seguinte trecho:

"O culto do fogo, os três *Vedas*, as cinzas com que se esfregam os ascetas, são meios de vida para os insensatos e os que não são homens... São meios de vida para os que não têm energia, nem inteligência."

Pouco depois, encontramos o espírito do materialismo histórico atual, com sua preocupação pela organização social e pelo condicionamento humano:

> "O sábio deve gozar os prazeres do mundo através de todos os meios visíveis adequados..."

Nisso está exposto sinteticamente, num grão de noz, o mito do desenvolvimento, do Superestado, da Era da Galinha dos Ovos de Ouro, tão do agrado dos tecnocratas da atualidade, com o seu eterno culto ao mito do desenvolvimento medido em termos de KWH, de toneladas de aço, monturos de concreto e asfalto cobrindo a face da terra, poluindo as suas reservas e alterando o *Dharma* (lei natural) do Universo... Continuemos com a citação ainda atual de um texto com 2.600 anos de idade.

> "... Através dos meios visíveis adequados da agricultura, do comércio, da administração política, etc."

Só o visível importa ao carvaka. Só a lei estabelecida na ideia do castigo deve vigorar, porquanto:

> "Não há outro mundo além deste. Não há Céu nem Inferno. O reino de *Shiva* e outras religiões foram inventadas por estúpidos impostores de outras escolas de pensamento.
>
> Gozar o Céu é comer iguarias deliciosas, andar na companhia de belas mulheres, usar roupas finas, perfumes, joias, guirlandas etc.
>
> A castidade e outras regras semelhantes foram inventadas pelos fracos..."

Temos, finalmente, um exemplo dessa filosofia hedonista numa peça teatral chamada:

Figura 7 – Os amantes: Konarak

Essa peça é extraordinariamente atual em seus conceitos. Os personagens moram conosco e, pelo menos, têm a coragem de dizer publicamente o que a maioria pensa, mas não se atreve a afirmar. Seu nome poético significa: "O nascer da lua do intelecto", e seus personagens são a paixão, o materialista e o discípulo. Vejamos um dos trechos:

> A Paixão (sorrindo) – Os tolos e ignorantes não são civilizados, e imaginam que o espírito é diferente do corpo e colhe a recompensa no futuro. Da mesma forma seria impossível colher os frutos de uma árvore com as raízes no ar. Mas, baseados na sua imaginação, enganaram o povo afirmando falsamente o que não existe. Suas frequentes disputas visam a semear dúvida nos *Naskitas* (materialistas), que proclamam as verdadeiras palavras. Quem já viu a alma existir depois da morte? Considerem isto atentamente! Assim, vão-se enganando a si mesmos e ao mundo. Por que razão afirmam que esta mulher pertence à determinada pessoa, e esta coisa, à outra? Essas são distinções que eu não conheço. Aqueles que se martirizam perguntando se matar animais, se a indulgência com os prazeres de ternas paixões, ou se a usurpação do que pertence a outrem é legal ou ilegal, não agem de acordo com a finalidade principal da vida.

A única doutrina válida foi escrita por Brhaspati. É uma verdade óbvia para todos, pois se baseia na evidência dos sentidos. Admite somente como reais os elementos terra, água, fogo e ar. Afirma que a matéria é dotada de inteligência, e nega a existência dos espíritos, afirmando que a morte é uma bênção.

Nesse trecho, pode-se notar toda uma filosofia comunista que nega a propriedade de qualquer objeto ou ser humano. Para os materialistas carvakas de 2.600 anos atrás, como para os de hoje, o "ninguém é de ninguém" é a única realidade válida. A plena liberdade sexual é, para eles, uma necessidade e uma fonte de prazer que só os tolos não utilizam. Em certa parte da peça há uma sequência de diálogos extraordinariamente significativos:

O Discípulo – Venerável mestre, se a satisfação dos sentidos é a principal finalidade da vida, por que esses homens renunciam à vida, aos seus prazeres sensuais, e submetem-se à dor, resultante da mais severa das mortificações?

O Mestre (sorrindo) – Esses tolos são iludidos pelos falsos textos e alimentados pelo brilho enganador da esperança. Mas poderão o jejum, as esmolas, as penitências, a exposição do corpo ao sol serem comparados à ternura do abraço apertado de uma mulher de olhos grandes e seios volumosos?

O Discípulo – Porventura, esses homens se mortificam para eliminar a felicidade que se mistura à miserável existência?

O Mestre – És um ignorante, rapaz. Essas ideias que expõe são tolices de homens não iluminados. Eles pensam que se deve abandonar os prazeres da vida por se acharem misturados com a dor. Mas que homens prudentes jogariam fora o arroz integral só porque ele está coberto com uma casca que pode ser removida para que se aproveite o grão?

A Paixão – As opiniões que venham a ser comprovadas no futuro somente agradam aos ouvidos. Materialista, és o meu amigo amado!

O Mestre – Eu me prostro aos pés supremos do Vício!

A Paixão – A felicidade do Vício é sem par.

O Mestre – Pelos seus dons, todos somos felizes. Tendo feito aquilo que desejo fazer, quero agora tocar humildemente os seus pés. Abençoado é aquele que, destruindo os inimigos do Senhor, contempla a sua graciosa face com alegria suprema e se prosterna aos seus pés de lótus.

O Vício, portanto, tem, ontem como hoje, os seus seguidores. É um deus para os que seguem a sua natureza e a ela se entregam. Veja-se o profundo sentido místico da "prosternação aos seus pés de lótus".

A Paixão – Que façanhas foram executadas pelo Vício?

O Mestre – O Vício faz com que os mais virtuosos esqueçam a estrada indicada pelos *Vedas*, e sigam suas próprias inclinações. Esta conquista não pertence nem a mim nem ao Vício, pois foi Vossa Majestade que nos inspirou com sua coragem!

O Jainismo – O Caminho da Pureza

Esta é outra escola materialista em seus princípios gerais, mas de um materialismo transcendente que muito se assemelha ao pensamento científico de hoje. Também não aceita a autoridade dos *Vedas* e afirma que o Universo é baseado na lógica e na experiência.

O Jainismo possui hoje[31] um milhão e meio de adeptos, na sua maioria comerciantes. A principal exigência dessa religião é a não violência, que proíbe todo e qualquer sacrifício de vida. Não é uma religião hinduísta, nem uma reforma do Hinduísmo. O Jainismo, na opinião de Zimmer, é a mais antiga religião da Índia, e suas raízes se perdem no solo dravídico primitivo. As tradições jainistas mostram uma origem antiquíssima. As descobertas arqueológicas de Mohenjo Dharo trouxeram à luz uma série de estatuetas, cujas estranhas inscrições poderão elucidar as bases do Jainismo.

Os primeiros historiadores enfrentaram sérias dificuldades, tal suas correlações com o Budismo. Muitos deles julgaram ser o Jainismo uma seita originada do

[31] Década de 1970, século XX. Estima-se que haja cerca de quatro milhões de adeptos do Jainismo na atualidade (2021). (Nota Ed. Bras.)

Budismo. Hoje em dia, todas as dúvidas foram esclarecidas, pois Budismo e Jainismo são religiões distintas. Os budistas seguem o Buda (o Desperto), enquanto os jainistas seguem a *Mahavira*, ou *Jina* (o Vitorioso), que é um dos títulos dados ao seu último profeta, Vardhamana.

Vardhamana era filho de um chefe guerreiro de Magadha (a moderna Bihar). Segundo a tradição, nasceu no ano 519 a. C. Afasta-se de casa com a idade de vinte e oito anos, com a permissão do irmão, que então era o rei, a fim de se dedicar à vida espiritual. Pratica as maiores austeridades e mortificações durante doze anos, vivendo entre tribos e territórios selvagens. Atinge, por fim, a onisciência - *Revala* - desligando-se do mundo em seus planos de criação, preservação e destruição, passando a viver no eterno, que é a esfera da ação dos *Vedas*. Daí por diante, Vardhamana transforma-se em Mahavira (o Grande Herói). Os últimos trinta anos de sua vida foram dedicados ao ensino e à organização de uma ordem religiosa. Morreu em 427 a.C., após uma vida inteiramente dedicada à exposição das verdades eternas.

A tradição jainista estabelece uma sequência de 24 *Tirtankaras*. O 23º Parovanatha que, segundo a mesma tradição, alcançou a libertação 246 anos antes de Mahavira. Assim, Parsva deve ter falecido no ano 872 a.C. Sua história é das mais interessantes. Nasceu nos arredores da florescente cidade de Vaisali, filho de Siddharta e Trisaia, que já eram devotos jainistas. Parsva casou-se com a jovem Yasoda e teve uma filha. Com a morte de seus pais, abandona o lar e, como acontecera com Mahavira, atingiu a iluminação.

O 22º *Tirtankara* é um personagem semimitológico que viveu 84 mil anos antes. Chamava-se Aristanemi e era, de acordo com outra lenda, tio de Krishna. Seu irmão, de nome Vasudeva, foi o pai do Avatar de *Vishnu*, o Bem-Aventurado Senhor Krishna, personagem central da *Bhagavad-Gitā*, já analisado antes.

Rabha, o primeiro *Tirtankara*, cognominado "o Senhor do Touro", viveu num longínquo passado de cem bilhões de *sagaras* de anos. Uma *sagara* é igual a cem bilhões de *palyas*, sendo uma *palya* o tempo necessário para esvaziar um poço de 1.600 metros de profundidade e 2 metros de diâmetro que estivesse cheio até a borda de cabelos humanos, e do qual se retirasse um cabelo em cada cem anos humanos. Segundo a tradição, esse ser lendário viveu 8.400.000 anos humanos.

A longa série de *Tirtankaras*, que iluminaram o mundo com seu exemplo, dá uma visão do conceito da eternidade da religião jainista. Mas Mahavira não fechou o ciclo e, segundo a tradição, outros o seguirão para auxiliar os homens e a Natureza com sua mensagem libertadora.

As Seitas

Originalmente, os jainistas andavam completamente despidos, como símbolo de sua total pureza e renúncia às coisas do mundo. Foram eles, sem dúvida, os precursores dos nudistas de hoje. Chamavam-se então de *Digambaras*, o que quer dizer "vestidos com o espaço". A nudez representava também uma luta aberta, um protesto contra as seitas e castas que se identificavam através de roupas e marcas no corpo. Na época de Mahavira, ocorreu uma cisão que resultou uma nova seita, a dos *Sventabaras*, na qual os monges se envolviam num pano branco.

A Doutrina

Segundo os jainistas, o homem comum é um escravo da ignorância, que na sua luta diária vive armazenando *karma*. Para eles, o *karma* é material. É como a poeira, que pouco se acumula. Em termos atuais, o *karma* é concentração de energia. Assim, durante a vida, o homem é uma fonte de constante atividade nos campos físico e suprafísico. Viver significa agir, e agir subentende reagir. O processo é, portanto, infindável, resultando no renascimento do ser. Viver é consumir matéria *kármica*, queimando-a como se fosse combustível. O processo vital é eminentemente destrutivo, conforme podemos constatar, por exemplo, no processo de transformação em gás carbônico do oxigênio respirado. Quando o *karma* se extingue para sempre, o indivíduo atinge o *Nirvāna*. A palavra *nirva* significa soprar. Portanto, *Nirvāna* é a extinção do fogo do desejo. Para os jainistas, existe um "centro" no ser que é eterno. É a Mônada, *Ātman* ou *Jīva*, centro congregador da matéria *kármica*. Há, assim, um duplo processo em constante evolução. Extinção do *karma* do passado e criação de um novo *karma*. Para se ter uma ideia a esse respeito, imaginemos um vaso cheio de orifícios que constantemente receba e perca água por esses orifícios. Os jainistas têm uma imagem particularmente feliz para caracterizar este constante influxo (*Asrava*) de matéria sutil. Pode-se imaginar também uma massa líquida, no seio da qual se encontra um belo diamante incolor. Suponhamos que ali se adicione corante, que se vai dissolvendo e dando cor ao líquido. A coloração do líquido impede que o diamante se revele. Apesar disso, o diamante lá está perdido com seu valor imenso no seio da escuridão. É possível, entretanto, mediante certos processos, clarificar e filtrar o líquido. É indiscutível que os maus pensamentos mancham os corpos sutis.

A não violência (*Ahimsā*) é a pedra fundamental da religião jainista. Para um crente, a pior ofensa é o sacrifício de uma vida. Há uma crença baseada na percepção direta dos *Tirtankaras* que pode ser adotada por qualquer um. Todas as criaturas são dignas de respeito, pois a Vida Universal a tudo impregna, e a morte, mesmo acidental, produzida em qualquer criatura, vai maculando o cristal da mônada de cores sombrias. Esta é a razão pela qual, segundo eles, os animais ferozes ou aqueles que os sacrificam ou se alimentam de matéria animal não refletem em sua mônada qualquer raio de luz. A "cor" da mônada mostra o Universo a que o indivíduo pertence, e seu estado de evolução. Segundo essa ideia, cada ser "flutua" ou "vive" em determinado plano do Universo. Uns são leves como cortiça, puros e flutuam; outros são pesados, densos como chumbo. O homem tem sob seu controle o lastro que lhe permite, como um verdadeiro submarino, emergir ou afundar. Quando se purifica, está alijando carga, tornando-se mais leve e, com isso, subindo.

Os jainistas consideram o progresso do indivíduo rumo à perfeição e libertação final como o resultado de verdadeira limpeza da matéria que o compõe. A libertação (*Kaivalya*) restaura as faculdades temporariamente eclipsadas, já que a matéria *kármica*, como já vimos, vai se colorindo de diversos matizes (*Lesya*). São seis os tipos de mônadas em evolução no tocante às três qualidades da matéria:

TAMAS	1. Negro (*Krsna*) 2. Azul-escuro (*nila*)
RAJAS	3. Cinza (*kapota*) 4. Vermelho flamejante (*tejas*)
SATTVA	5. Amarelo ou rosa (*padma*) 6. Branca (*sukla*)

O Universo compõe-se dos seguintes elementos: 1. *Jīva* (Mônada); 2. *Ajīva* (espaço); 3. *Dharma* – o meio através do qual é possível o movimento comparável à água, que permite ao peixe deslocar-se em seu seio; 4. *Adharma* – o meio que produz repouso e imobilidade, podendo ser comparado à terra, onde todas as pessoas se movimentam ou repousam; 5. *Kala* – é o tempo passível de todas as mudanças; 6. *Pudgala* é a matéria composta de minúsculos átomos (*Paramanu*).

A matéria existe também em seis estados de densidade a saber: 1. denso-denso (o físico); 2. denso; 3. denso-sutil; 4. sutil-denso; 5. sutil; e 6. sutil-sutil.

Existem ainda sete *Tattvas* ou princípios: 1. *Jīva*; 2. *Ajīva*; 3. *Asrava* (influxo de matéria *kármica* através de 42 "furos" ou canais, que são os cinco sentidos, as quatro paixões etc.); 4. *Bandha* (escravização da mônada pela matéria *kármica*); 5. *Samvara* (a paralisação do influxo); 6. *Nirjara* (a eliminação da matéria *kármica* por meio de austeridades purificadoras, queimando-a pelo calor das práticas ascéticas); e 7. *Moksha*, libertação.

Os jainistas admitem cinco espécies de conhecimento, a saber: 1. *Mati*, ou conhecimento comum, que inclui a memória, o reconhecimento e a indução; 2. *Sruti*, ou conhecimento derivado de sinais, símbolos ou palavras; 3. *Avadhi*, ou o conhecimento direto das coisas a distância (clarividência); 4. *Manahparyaya*, ou o conhecimento direto do pensamento dos outros; 5. *Kevala*, ou o conhecimento perfeito.

Uma das mais interessantes doutrinas jainistas ainda hoje extraordinariamente válida é a *Syadvada*, que significa a doutrina do relativismo. As coisas não são aquilo que parecem ser. São "de certa forma", "em certo sentido". Daí resultam sete pontos de vista possíveis:

1. De certa forma uma coisa é
2. De certa forma uma coisa não é
3. De certa forma uma coisa é e não é
4. De certa forma uma coisa é indiscutível
5. De certa forma uma coisa é e é indiscutível
6. De certa forma uma coisa não é e é indiscutível
7. De certa forma uma coisa é, não é, e é indiscutível.

Este é um resumo da doutrina jainista, segundo a qual todos os seres são capazes de atingir a perfeição pelo esforço próprio. Todos os seres são deuses em potencial e se destinam à onisciência, à onipotência e à libertação final.

12

O Budismo: O Caminho da Sabedoria

Assim como a natureza do solo e os fatores climáticos têm ação preponderante sobre o crescimento de uma planta, todo ambiente, do físico ao espiritual, é de importância fundamental para o florescimento dessas flores da humanidade, que são os seres que alcançaram o máximo da perfeição humana.

Cada sistema filosófico ou religioso reflete as condições do espaço e do tempo em que floresce. É a cristalização da efervescência mental de uma época. Por essa razão, seria incoerente querer situar um sistema fora do ambiente que o produziu, sob o risco de termos de tratar com uma forma sem vida, eivada de crostas, abandonando-se o que é vivo e real e que só pode ser sentido em função do meio que o gerou. Para obtermos um conhecimento real do espírito de um sistema filosófico ou religioso, temos que fazer um retrospecto no tempo e no espaço, adotando os mesmos pontos de vista vigentes na época. Isso nos levará, no caso do Budismo, ao século VI a. C. Em todo o mundo, esse foi um período caracterizado por intensa especulação intelectual que assinalou o aparecimento daquela plêiade magnífica de filósofos da Grécia, englobados genericamente sob o título de pré-socráticos, de Lao Tsé na China, Mahavira e Buda, na Índia. Sente-se que o ambiente intelectual do mundo atravessava, naquela época, um momento crucial. Mas voltemos à Índia. Como diz o Prof. Battacharya, até então a obediência cega às Escrituras usurpava o lugar da adoração direta a Deus. Nos sacrifícios, que simbolizavam o Universo como um cavalo, chegava-se até à imolação do animal. Exigiam-se cerimônias cada vez mais requintadas que se baseavam sobretudo numa repetição mecânica de fórmulas verbais. Aos poucos, o brâmane ia ocupando, na sociedade da época, o lugar de intermediário entre o Homem e o Real. Um exemplo da rebelião contra esse estado de coisas encontra-se na primeira parte, seção 12, do *Chāndogya Upanishad.*

É um protesto mordaz, satírico, às vezes contundente contra o aspecto externo do culto dos sacrifícios em detrimento do que é verdadeiramente interno e espiritual, contra a mecanização dos mantras e a repetição do AUM pelos brâmanes ignorantes do seu significado.

Infelizmente, só podemos reconstituir o ambiente da Índia pré-budista através de vagas tradições orais, que somente muito mais tarde se transformaram em escrituras. Além disso, com uma enorme massa de fatos entrelaçados, não raro permeados de mitos, superstições e interpolações extemporâneas. Pode-se facilmente imaginar a dificuldade da pesquisa nesse caso. À semelhança do ouro encontrado no meio de grande quantidade de escórias, o que há de verdadeiro está também sepultado sob camadas de impurezas mais ou menos solidificadas. A fim de alcançar o Real, é preciso submeter os fatos em bruto ao crivo da razão – filtrando, lavando, removendo impurezas, usando peneiras de crivos cada vez mais apertados, até que, na última peneira, reste apenas uma diminuta porção de ouro. Assim, com um pouco de ouro daqui, um punhadinho dali, vai-se, paulatinamente, formando o tesouro, que é a reconstituição da vida daquele que, através de sua mensagem, até hoje vem iluminando a existência de milhões de seres humanos. Felizmente para o mundo, o processo de memorização dos hindus permitiu-nos chegar até os repositórios de cultura que são os *Vedas*, os *Upanishads*, as Leis de *Manu* e outras obras. Esses textos representam, segundo a tradição, a própria Sabedoria Divina revelada aos homens graças à aguçada percepção desses homens-deuses que foram os *Rishis*. Segundo a tradição, os *Vedas*, cuja raiz, *vid*, significa saber, foram transmitidos oralmente de boca a ouvido. Do mestre ao discípulo. Esses discípulos eram os brâmanes, que até que conseguissem memorizar os longos textos eram obrigados a exercícios mentais que lhes permitiam o desenvolvimento da memória: *Yoga*. E é justamente devido à memória privilegiada dos antigos hindus que podemos ter hoje em dia conhecimento de fatos que, de outra forma, estariam no esquecimento.

Naquela época, a Índia não era um país unificado, mas constituído de centenas de pequenos reinos formados pela associação de tribos e clãs, numa situação mais ou menos semelhante à da Itália antes da unificação. Para agravar ainda mais essa disparidade, não havia uma língua comum e sim, uma centena de dialetos. O clima habitual no país era de tensão e atrito. O sânscrito já surgia como um prenúncio de unificação ao ser admitido como língua sagrada, e atribuía-se aos *Vedas* uma origem sobrenatural. As seis tradicionais escolas filosóficas ainda não existiam separadamente. Nota-se, entretanto, no ambiente intelectual, que as ideias fundamentais dessas escolas já começavam a diluir-se. O processo de decantação, porém, ainda não se iniciara, se bem que os germes das ideias que mais tarde seriam consideradas fundamentais em todas as escolas filosóficas já se anunciassem. O clima intelectual era de efervescência, em virtude, talvez, da própria natureza especulativa do povo. Discutia-se abertamente a imortalidade da alma, a realidade ou irrealidade do Universo, o destino e o livre-arbítrio. A teoria védica da ordem cósmica, esboçada como o conceito de *rta*[32], ia se consubstanciando na ideia mais ampla e geral da Lei do *Karma*. As teorias metafísicas, elaboradamente articuladas, anulavam-se umas às outras. Havia os *Nigathas* (os libertos dos grilhões), os *Samanas* (ascetas), os *Samniasis* (aqueles que buscam a paz na renúncia às coisas mundanas), os penitentes ou mortificadores do corpo, os que tentavam a paralisação do ato de pensar, os dialéticos, os carvakas (materialistas e ateus), os céticos, os adeptos dos prazeres sensoriais etc. Era uma época de caos especulativo, ambiente propício a uma nova filosofia. O Budismo está intimamente ligado ao meio intelectual da Índia do século VI a. C.

Diz o filósofo hindu P. Raju: "A filosofia de uma época não se resume a um só nome. A unidade de pensamento característica dos filósofos que se empenham em analisar e classificar o mesmo pensamento oculta-se nas primeiras observações". É necessária uma pesquisa mais profunda, mais detida, para atingir as raízes comuns, acrescida da serenidade mental, para não nos deixarmos seduzir ou sermos levados pela simpatia e pelo amor que dedicamos a este ou àquele filósofo, a esta ou àquela religião, e que muitas vezes nos deformam a visão e nos fazem menosprezar o meio que os produziu, considerando-os isoladamente. Platão não existiria sem o trabalho preparatório dos pré-socráticos. Descartes tem suas raízes em Spinoza; Hegel, em Leibnitz. Tudo está interligado, assim como o Budismo ao Hinduísmo. Como diz Annie Besant em um ensaio:

"O Budismo é, sem dúvida, filho do Hinduísmo, e dele nasceu em tempos relativamente recentes. Se lermos atentamente suas Escrituras, veremos que são

[32] *Rta*, no Hinduísmo, é o conceito de uma ordem que torna a vida e o Universo possíveis. (Nota Ed. Bras.)

ecos das escrituras hindus, já que estão impregnadas do mesmo espírito, como aliás, seria de esperar, levando-se em conta quem as inspirou."

Tudo, portanto, está inter-relacionado e interdependente. Faz parte de um grande Todo – a Causa sem causa de todas as causas – que abrange em seu seio uno homens, animais, coisas, sistemas filosóficos, religiões e tudo o que existe no Universo...

A data do nascimento do Buda é controvertida. Adotamos o ano de 657 a.C., indicado por S. Radhakrishnan em sua obra *Indian Philosophy*. Há, entretanto, menção de outras datas, mas ainda não se conseguiu chegar a um acordo a respeito. Todavia, o fato tem pouca importância, pois está, hoje em dia, perfeitamente aceita a existência de Buda como um ser humano. Houve uma época, no início do nosso século, em que floresceu uma escola que considerava Cristo, Buda e Krishna como mitos solares oriundos da ignorância humana. Senart foi um dos que se filiaram a essa escola. É verdade que na vida de todos esses Instrutores existe alguma coisa de místico, de lendário. Mas sob o manto dessa tradição alegórica encontra-se a personalidade marcante e característica de um homem, e não a sombra de um mito solar, como supunham esses estudiosos.

Figura 8 – Buda em meditação: Polonaruva – Ceilão

A cronologia hindu afirma que o nascimento de Buda ocorreu em uma terça-feira do mês de maio do ano 2.478 de *Kali Yuga* – o que corresponde ao ano de 623 a. C. O acontecimento é festejado em todo o mundo budista na noite da lua cheia de maio (*Wesak*).

Nasceu ele no pequeno reino dos sakyas, situado na fronteira da Índia com o Nepal. O ponto exato foi o jardim de Lumbini, localizado na capital, Kapilavastu, cerca de 160 km a nordeste da cidade de Benares e a 60 km dos majestosos Himalaias. Segundo a tradição, a região onde se encontrava o pequeno reino dos sakyas era próspera e populosa. Sua riqueza provinha principalmente da cultura do arroz, que era fornecido pelas regiões alagadiças dos rios Rapti e Gandak, e da criação de gado. No local do nascimento, ocorrido no jardim de Lumbini, foi erigido pelo grande propagador do Budismo, o rei Asoka, um pilar comemorativo que até hoje, malgrado o tempo decorrido, ainda se encontra firme e cercado pelas ruínas da outrora florescente Kapilavastu.

Figura 9 – Pilar de Asoka

Siddharta Gautama era filho de Sudhodana, que pertencia ao clã de guerreiros sakyas. A exata função do pai é controvertida. Em alguns textos primitivos é mencionado como rei, com o título de Rajá. Em outros, consta como um simples cidadão. Há uma hipótese perfeitamente viável, segundo a qual o reino dos sakyas teria sido uma república aristocrática dirigida temporariamente por elementos eleitos pela maioria. Daí, em alguns textos, ser Suddhodana mencionado como rei, e em outros como simples cidadão. Sua mãe, a suave Māyā, morreu sete dias após o nascimento de Buda. O *Digha Nikaya*[33], que foi traduzido por Rhys Davis, descreve-nos como se processou o nascimento. É interessante relembrar alguns trechos, procurando sempre ver, por detrás da linguagem alegórica, a veracidade dos acontecimentos. Há uma regra que diz que quando o *Bodhisattva* desce ao seio de sua mãe os quatro filhos dos deuses se postam nas quatro regiões do espaço para o proteger, e ordenam "que nenhum ser, humano ou não, faça mal ao *Bodhisattva* ou à sua mãe!"

Outra regra afirma que ao sétimo dia após o nascimento do *Bodhisattva*, sua mãe morrerá e nascerá no Céu das delícias.

O *Digha Nikaya* continua indicando as condições que sempre se manifestam nesses casos: a criança nasce limpa, o parto faz-se sem dor, do céu descem duas torrentes d'água, uma quente e outra fria, para o primeiro banho da criança, a Natureza rejubila-se. Há alegria em todos os mundos. Abrem-se as flores, e os pássaros cantam. Símbolos surgem nos céus.

Logo após o nascimento, o Rajá Suddhodana mandou chamar os brâmanes para examinar a criança. Entre eles vinha um ancião chamado Asita. O papel desempenhado por Asita, em relação ao Buda, é semelhante ao de Simeão em relação ao Cristo. É o profeta que indica o caráter marcante que teria a vida do recém-nascido. Essa profecia é narrada em um poema chamado "Nalakasuta", que faz parte do *Sutta Pitaka*. Conta-se que Asita, antes do nascimento do Bem-aventurado Senhor, observara, em seus momentos de contemplação, que o reino dos *Devas* estava em festa. Informaram-no, então, os *Devas*, que a alegria e a música celestial eram devidas ao próximo nascimento do *Bodhisattva*, do Ser que alcançara o limiar da libertação e iria nascer pela última vez, e que o nascimento ocorreria no reino dos sakyas. Dirige-se, então, a Kapilavastu, onde é recebido pelo Rei Suddhodana, que o leva incontinenti à presença do infante. Quando Asita o vê, brilhante como ouro fundido, inconfundível na sua glória e dotado de beleza incomparável, prosterna-se e chora. À vista dessas lágrimas, todos os sakyas inquietam-se, pensando que o velho profeta antevia alguma desgraça para a criança. Para acalmá-los, o ermitão explica:

---

[33] *Digha Nikaya* ou Coleção de Discursos Longos (*digha* = longo, em páli) é a primeira divisão do *Sutta Pitaka* e consiste de 34 *suttas* agrupados em três *vaggas* ou divisões: *Silakkhandha-vagga; Maha-vagga* e *Patika-vagga.* (Nota Ed. Bras.)

– Nada vejo de funesto para a criança, nem há qualquer perigo, pois não se trata de um ser inferior. Portanto, não tenham receio. Este príncipe atingirá o mais alto grau da iluminação perfeita, e fará girar a roda da Lei. Dotado de uma visão puríssima, cheia de compaixão e interesse pelo bem-estar de todos, terá uma vida santa. Mas, infelizmente, estou velho, meu fim se aproxima, e a morte me impedirá de ouvir a Lei que ele vai pregar, e esta é a razão por que estou triste e profundamente infeliz.

A criança recebeu o nome de Siddharta, sendo Gautama o sobrenome de família, sobrenome que ainda hoje é usado na Índia. O título mais comum aplicado a Siddharta é o de *Buddha*, que quer dizer o desperto, o iluminado, aquele que atingiu o *Bodhi* (a iluminação suprema). Da mesma forma, Cristo é também um nome genérico que significa o "ungido". Em alguns textos encontram-se mencionadas as denominações de *Bhagavan* ou Senhor, em outros o próprio Siddharta intitula-se o *Tathagata* (aquele que alcançou seu objetivo).

Logo após o falecimento de sua mãe, Māyā, é ele criado pela segunda esposa do rei, a princesa Mahayapati. Essa princesa iria ter, futuramente, participação direta no caso da admissão das mulheres na ordem religiosa (*Sangha*).

Quanto a sua instrução e ao período da mocidade passaremos ligeiramente sobre ambos. Diz a tradição que os instrutores nada puderam ensinar-lhe, pois a criança nascera dotada de conhecimento total. Existem deliciosos trechos relatando cenas da sua educação. Aos dezesseis anos, casou com a linda Yasodhara, filha do rei Suprabuddha, após vencer um torneio em que derrotou vários adversários em diversas competições.

Entrava Siddharta na segunda fase de sua vida (*Ashrama*), a do dono da casa, em que todo homem tem de cumprir o seu dever. Nasce dessa união um filho, Rahula, que mais tarde seria também seu discípulo.

Vivia Siddharta rodeado de todo luxo e conforto. Conta-se que tinha três palácios: um para a estação quente, outro para o inverno e outro para a época das chuvas. O velho Rei Suddhodana tentava, por todos os meios, evitar que se cumprisse a previsão do velho vidente, Asita, e tudo fazia para que o jovem Siddharta pudesse, um dia, ser um guerreiro como os de seu clã, e através de conquistas levasse a glória dos sakyas além das suas fronteiras. Desse modo, procurava o Rei impedir que o coração sensível de Siddharta fosse atingido pelas tristes realidades do mundo. Há várias histórias a respeito do ilimitado amor que o príncipe Siddharta nutria por todos os seres. Entre elas, a da pomba trespassada pela flecha de seu primo Devadata.

(Figura 10 – Dançarinos de Chidambaram)

Era virtualmente um prisioneiro dentro de seus suntuosos palácios e parques, e vivia cercado de fontes, relvados, flores, música constante e belas dançarinas. Somente os jovens dele se aproximavam, a fim de que o príncipe continuasse iludido sobre a realidade da vida. Quando demonstrava vontade de ir a Kapilavastu, o Rajá Suddhodana mandava pintar todas as casas das ruas que o séquito do príncipe iria atravessar. Engalanava as casas, ordenava ao povo que vestisse roupas novas e afastava os velhos e doentes. Certa vez, iludindo a vigilância paterna, Siddharta sai disfarçado em mercados com o seu fiel escudeiro Channa, para ir até à cidade. É clássica no Budismo a descrição desse passeio e do choque que lhe produziu a realidade. No seu trajeto, encontra um velho alquebrado, um doente cheio de pústulas e coberto de moscas, um cadáver e um *Saniasin* com seu hábito amarelo. Esta é a forma poética em que é apresentada a *Vairāgya* do príncipe. Seu desalento, diante da vida fútil e sem sentido que era obrigado a levar, é descrito em vários livros sobre o Budismo, especialmente no poema *A Luz da Ásia*[34], de Edwin Arnold. Hoje, porém, passados os anos, mais pesquisas têm sido feitas. Traduções de antigos textos parecem provar, de forma incontestável,

[34] EDWIN Arnold, *A Luz da Ásia*, Brasília: Editora Teosófica, 2011. (Nota Ed. Bras.)

que essa lenda das quatro impressões refere-se a um Buda anterior ao príncipe Siddharta, sendo uma tradição corrente na época em que este último nasceu. Por esses textos, vemos que Siddharta resolveu conscientemente abandonar a casa, a família e as riquezas, como era comum naquela época e ainda o é hoje em dia, se bem que raramente. Assim, devotou-se ao terceiro estágio do ascetismo, no qual, de cabelos raspados, hábito amarelo e com os bens pessoais reduzidos ao mínimo, teria de mendigar o próprio alimento. A literatura que se teceu em torno de Buda apresenta sua grande renúncia de uma bela forma poética. Ela nos descreve como, com o coração trespassado de aflição e dúvidas sobre a existência humana, que sabia ser apenas dor, sofrimento e velhice, e desgostoso com a sua vida inútil, acorda, certa noite, e contempla seu palácio e os jardins adormecidos banhados pelo luar. Vencidas pelo sono, com as bocas semiabertas, algumas babando, as bailarinas, com as vestes em desalinho, pareciam corpos sem vida. Em torno de si, só vê o transitório, o inútil. Chama o fiel escudeiro Channa, e manda arrear o seu belo cavalo, Kantacha. Aproxima-se da esposa adormecida, que tem nos braços o filho, Rahula, e contempla-os pela última vez. Sente desejo de os afagar, mas receia acordá-los. Então, resolve partir.

Conta a lenda como os *Devas* impediram que os sentinelas, profundamente adormecidos, acordassem ao som dos cascos do cavalo. Desprendendo-se de todos os seus bens, Siddharta parte para sempre, à procura de alguma coisa que ainda não conhecia. Tinha então 29 anos.

É difícil descobrir a realidade em meio à literatura que seus admiradores criaram sobre a figura de Buda. Mas, infelizmente, esta é uma regra humana até certo ponto admissível. Temos o hábito de adorar, exaltar, exagerar aquilo que nos agrada, e encarar com prevenção, reduzindo e amesquinhando, o que nos desagrada. Não só no Budismo como em todas as religiões, a mensagem do grande Ser em torno do qual se formou um conjunto de preceitos doutrinários é gradativamente alterada, na tentativa de exaltar cada vez mais o homem, esquecendo a doutrina, de modo que, com o decurso do tempo, essa mensagem vai perdendo seu verdadeiro significado. O mesmo fato ocorreria se, após fotografarmos um objeto qualquer, resolvêssemos melhorá-lo continuamente, acentuando contrastes e diluindo formas. Dentro em pouco, o original ficaria deformado e o trabalho de reconstituição seria cada vez maior.

O corte dos cabelos é um dos episódios mais representados na arte budista. Encontra-se esculpida na rocha em vários locais, inclusive em uma magnífica escultura existente em Sanchi. Após as despedidas ao seu fiel escudeiro Channa e ao seu cavalo Kantacha, o Príncipe Siddharta dirige-se para Rajagaha, capital de Magadha, hoje Rajgir, ao sul de Patna. Nessa época, ali reinava o Rei Bimbisara que, ao saber da sua presença, vem-lhe ao encontro com toda a sua corte. Esse encontro é relatado em vários livros, segundo os quais em vão o Rei Bibisara tentou convencer Siddharta a permanecer em Magadha. Gautama, então, prossegue sua jornada em direção a Uruvela, localidade próxima a Bodhi-Gaya. Nas florestas dessa região, viviam dois ermitões – Alara Kalama e Udaka – de quem se faz discípulo. Insatisfeito, porém, pouco depois embrenha-se ainda mais na floresta, e ali, em companhia de cinco outros, inicia uma série de mortificações e jejuns, a tal ponto que mais tarde chegou a confessar que "quando tocava o ventre sentia a espinha, e quando esfregava as pernas caíam-lhe os pelos". Sua fraqueza era tanta que, certo dia, ao banhar-se no rio Nairanja, desmaiou, só se salvando por interferência de uma camponesa chamada Sujata, que passava pelas proximidades e que o alimentou com algumas gotas de leite. Reanimado, chega à conclusão da inutilidade do rigoroso método de mortificação física a que se submetera durante seis longos anos. Um poema nos fala a esse respeito:

> A verdade está dentro de nós. Não surge das coisas externas, mesmo que assim o acredites.
>
> Há um centro interno onde a verdade habita em sua plenitude. Mas as espessas camadas da carne grosseira impedem o seu esplendor.
>
> A pervertida rede carnal frustra, emaranha e faz tudo parecer errôneo. Para alcançar a sabedoria, o indivíduo tem de abrir, de dentro para fora, um caminho.
>
> Por onde o aprisionado esplendor possa escapar,
> ao invés de tentar absorver a luz, supondo que ela se encontre além de si mesmo.

Despede-se dos companheiros, que o julgam um fraco, e parte para Bodhigayha. Lá, sentado à sombra da árvore *Bo* (*fícus religiosa*), voltado para o leste, com o firme propósito de só se levantar dali após alcançar a autoiluminação, a sabedoria suprema e absoluta, permanece durante sete semanas à mercê das tentações de *Mara* (o gênio do mal), que lhe oferece toda sorte de riquezas. Mantém-

-se, entretanto, imperturbável. O *Sūtra* 36, do *Digha Nikaya*, relata os pensamentos que se apresentaram ao espírito desse grande ser: "Em verdade, este mundo se resume numa grande miséria. O ser humano nasce, envelhece, morre e torna a renascer. Ninguém conhece o meio para fugir a isso." A seguir, outro pensamento ocorreu à mente do *Boddhisattva*: "Qual a causa que dá origem à dor?" E assim, de etapa em etapa, aprofundando-se cada vez mais, chega finalmente a sintonizar-se com aquele foco interno que, um dia, dar-nos-á a onisciência. O acontecimento, segundo a tradição, ocorreu no ano 2.515 de *Kali Yuga*, no plenilúnio do mês de maio. Tinha Siddharta Gautama 35 anos quando se transformou no Iluminado, no Buda.

O Príncipe Siddharta alcançara seu objetivo, ao transcender, no momento da iluminação, a existência transitória. Os budistas da Escola Zen comparam esse momento a um terremoto – é o *Satori*, a abertura do terceiro olho. Daí por diante, todas as concepções verbais e intelectuais em que normalmente baseamos nossas vidas são postas de lado. É impossível descrever o fenômeno da Iluminação, que foge por completo a uma representação verbal, pois pertence a certos planos a que normalmente somos insensíveis. Quando o *Boddhisattva* atinge o Budado, transcende o *Samsāra*, a roda dos nascimentos e das mortes. Mas, apesar de ainda existir no Plano Físico, o Buda vive e se move conscientemente nas regiões eternas. Se aqui permanece, é unicamente para auxiliar os homens a conquistar a posição em que ele agora se encontra.

Após atingir o *Nirvāna*, o Buda hesita em difundir sua experiência entre os homens. Poderiam eles compreender a Lei do *Karma*? A lei da concatenação, de causa e efeito no mundo moral? Poderiam libertar-se da ideia animista de uma alma, e atingir a verdadeira natureza do ser? Poderiam prescindir do auxílio de sacerdotes e rituais para, por fim, atingirem a salvação acreditando apenas em si mesmos? Seriam capazes de chegar à realização interna confiando mais no esforço próprio do que no auxílio externo? Perceberiam o verdadeiro significado do *Nirvāna*?

Conta a tradição que o próprio deus *Brahmā* colaborou para que o Buda se decidisse a pregar sua mensagem entre os homens.

Diz um antigo *Sūtra* em língua páli:

Irei entre as nações
E abrirei a porta que conduz à imortalidade,
Deixai que ouça todo aquele que tem ouvidos,
Para que conquiste a nobre senda da salvação.

Firme na sua resolução, dirige-se então o Buda à cidade de Benares, onde reencontra os cinco ascetas que foram seus antigos companheiros nas florestas de Uruvela. No Parque das Gazelas, faz o seu primeiro e clássico sermão. Nele, formula as quatro Nobres Verdades e aponta a Senda Óctupla, que conduz à libertação final, e é aceita por todas as escolas do Budismo.

As Quatro Nobres Verdades são:

1. *Duka* - A Dor

"A nobre verdade da dor é, ó monges, a seguinte: o nascimento é dor, a velhice é dor, a morte é dor, as tristezas, os lamentos, o abatimento e o desespero são dores, não conseguir o que se deseja é dor. Em suma, os cinco agregados que provêm dos sentidos são dolorosos."

2. *Samudaya* - Origem da Dor

"A nobre verdade sobre a origem da dor, ó monges, é o desejo, que vos faz tomar as aparências como realidade e vos conduz ao renascimento. É ele que acende a chispa ardente das paixões, fazendo com que vos afeiçoeis desatinadamente às sombras e vos iludais com sonhos."

3. *Nirodha* - Cessação da Dor

"Eis agora, ó monges, a nobre verdade sobre a cessação da dor: é a completa destruição do desejo; o abandono, a libertação dessa ânsia."

4. *Mārga - O Caminho*

"A nobre verdade, ó monges, que conduz à cessação da dor é a nobre Senda Óctupla. Esta senda é constituída de:

1 - Compreensão correta; 2 - Pensamento correto; 3 - Palavra correta; 4 - Ação correta; 5 - Modo de vida correto; 6 - Esforço correto; 7 - Atenção correta; e 8 - Concentração correta.

Ao terminar sua primeira prédica, Buda recebe os cinco ascetas como Adeptos da nova doutrina, os quais irão formar o núcleo da futura Ordem (*Sangha*). À medida que, em suas peregrinações, Buda vai divulgando sua mensagem, cresce o número de discípulos, deixando, alguns deles, seus nomes indelevelmente ligados ao movimento. Upali, que mais tarde recitaria de memória, no concílio realizado em Raja Grha, o *Vinaya Pitaka*, que constitui o conjunto de leis e regras disciplinares da *Sangha*, ocupa um lugar proeminente na divulgação do Budismo. Ananda, primo e dedicado amigo de Buda, recitou o *Sutta Pitaka*, onde estão reunidas as parábolas e os discursos do Bem-Aventurado em suas peregrinações. Kasyapa pregou a doutrina metafísica contida no *Abhidhammapitaka*. No curso de suas peregrinações, chega Buda finalmente ao reino dos sakyas, sua terra natal. Lá converte a todos - seu pai, sua mulher, tia e filho.

Durante mais quarenta e cinco anos percorre a Índia, levando sua palavra ao povo. Na sua última peregrinação, chega à cidade de Pava. E ali, na casa do ferreiro Chunda, adoece após a refeição. Sentindo-se mal, e sabendo que o fim da sua última vida estava próximo, dirige-se a Kusinagara, região onde hoje se encontra o Nepal, e lá, antes de expirar, ainda converte o monge Subhadra. Tinha, então, 80 anos. Corria o ano de 2.558 de *Kali Yuga*, que corresponde ao ano de 543 a.C., do nosso calendário. Era uma noite de lua cheia. Repousando à sombra das árvores, o Senhor Bem-Aventurado dirige pela última vez a palavra aos seus discípulos, dizendo-lhes:

> "E agora, irmãos, eu vos deixo. Todos os elementos que constituem o ser são transitórios. Trabalhai com afinco para alcançar a salvação."

O vento da impermanência apagou a lâmpada da Sabedoria, mas a mensagem que brotou desse Ser privilegiado é eterna.

13

Princípios Fundamentais do Budismo

O CÂNONE BUDISTA é imenso, e pode-se mesmo afirmar ser impossível a um indivíduo dominá-lo apenas numa vida. Seus princípios fundamentais estão contidos no chamado *Tripitaka* (as três cestas), que se divide em Vinaya (regras de conduta), doutrina (*Sūtra*) e doutrinas suplementares (*Abhidharma*).

Além das quatro Nobres Verdades e da Senda Óctupla já citadas no capítulo anterior, inclui a doutrina básica os seguintes pontos:

1. As três joias
2. Os três sinais
3. Os cinco agregados
4. As quatro virtudes cardeais
5. Os três influxos maléficos
6. As doze *nidānas* (grilhões)

1. As Três Joias: *Buda, Dharma e Sangha*

Buda não é apenas o Príncipe Siddharta, que atingiu a iluminação em determinado período histórico, mas, igualmente, outros seres que antes e depois dele alcançaram ou poderão alcançar o mesmo estágio. (Note-se, aqui, a semelhança com a doutrina jainista dos *Tirtankaras*, e a dos Avatares de *Vishnu*). Pode-se, também, considerar o Budado como um estado potencial existente em cada criatura que será atingido quando se cumprirem todas as condições preliminares indicadas nas Quatro Nobres Verdades e na Senda Óctupla.

O *Dharma*, assim como o *rta* védico, é o *Dharma* dos *Upanishads*, a Lei Suprema. Todas as outras leis são seus corolários. O *Dharma* vigora em todos os Planos da existência, desde o Físico ao Hiperfísico.

Sangha é a comunidade. Pode ser considerada a ordem dos *bhikkus* (monges), que se formou em redor do mestre, como também no sentido absoluto da comunidade que realmente existe entre todos os seres.

2. Os Três Sinais: *Dukka (a insatisfação); Anicca (a impermanência); e Anãtman (o não Eu)*

Dukkha é a dor, o sofrimento, a insatisfação diante das coisas que se apresentam em constante fluxo de transformação.

Anicca é a impermanência a que estão sujeitas todas as coisas. Não adianta buscar segurança porque, no fim, tudo será destruído pelo rio do tempo. A Sabedoria consiste em viver na "crista da onda", sem apegos e desejos.

As últimas palavras do Buda são perfeitamente claras a esse respeito: "Todos os elementos que constituem o ser são transitórios. Trabalhai com afinco para alcançar a salvação."

Anãtman é o não eu. Segundo o Budismo, não existe uma entidade separada chamada "eu". É esclarecedora a leitura de um trecho das "Perguntas do Rei Milinda", onde se relata o diálogo travado entre o rei grego Milinda e um monge chamado Nagasena.

" – Venerável Nagasena: ao nascer, o homem permanece o mesmo ou se torna outro?

– Ele não se torna outro, nem permanece o mesmo...

– Dê-me um exemplo!

– Majestade, foste outrora uma criancinha frágil, deitada de costas. Essa criança ainda existe agora, neste instante?

– Não, Venerável, a criança era uma, e eu sou outro.

– Se assim fosse, Majestade, não terias mãe nem pai, nem mestres... Será o jovem que entra na escola diferente do que sai após terminar a sua educação?

– Naturalmente que não...

– Eis aqui um exemplo: Suponhamos uma lâmpada de óleo acesa durante toda a noite. Será a chama do início da noite a mesma do fim?

– Não, Venerável!

– Existirão, entretanto, lâmpadas diferentes ao longo da noite, ou será a mesma lâmpada que arde?

– Não. É a mesma lâmpada que permanece acesa durante todo o tempo.

– Da mesma forma, Majestade, é mantida a continuidade dos fenômenos. Uma pessoa vem à existência, outra passa, e a sequência continua sem interrupção, sem que haja uma autoconsciência separada, e elas não são nem a mesma pessoa, nem a outra."

3. Os Cinco Agregados

Todas as coisas são compostas dos chamados cinco agregados:

a. *Rūpa* – (matéria e forma). Nada existe que não se componha de determinada espécie de matéria (energia), e que não possua uma forma; um simples relance através dos pantas dos sentidos dá-nos essa convicção.

b. *Vedanā* – (sensação). A sensação é produzida pelo contato de duas formas distintas.

c. *Sañjñā* – (percepção). A percepção segue-se à sensação. É a consciência da qualidade da sensação.

d. *Sanskāra* – (disposições psíquicas). É o rudimento do pensamento. São as propensões, as faculdades do indivíduo.

e. *Vijñāna* – (pensamento consciente).

4. As Quatro Virtudes Cardeais

I. *Compaixão.* Nasce à medida que o indivíduo tende para a iluminação e passa a ter consciência da unidade de todas as coisas. É uma simpatia indizível que se manifesta em três planos: no da Natureza, no dos outros seres e no subjetivo. É o amor absoluto, no qual não existe separação entre quem ama e o objeto amado.

II. *Alegria.* A queda das barreiras da separatividade produz intensa alegria.

III. *Paz.* De tudo resulta uma Paz total, que brota do coração dos seres e permanece em potencial por longo tempo.

IV. *Equanimidade.* É o perfeito equilíbrio e a serenidade perfeita.

5. Os Três Influxos Maléficos

Para o budista, os três "pecados" capitais são a paixão, o ódio e a preguiça.

6. A Doutrina da Origem Dependente *(As Doze Nidānas)*

A lei é a tônica fundamental do Budismo. É o reconhecimento de que tudo na Natureza está encadeado e é função de uma causa anterior que produz um efeito perdurável. Tudo é transitório (*Anicca*), porém, de uma transitoriedade eterna. Há um encadeamento de dependências: *Patika Samuppada*. *Patika*, na língua páli, quer dizer "por causa de", "dependendo de"; *Samuppada* significa "surgir", "originar". Logo, *Patika Samuppada* pode ser traduzido por "um processo de origem dependente".

Narada Thero, monge budista da Escola Hinayana, disse a esse respeito: "*Patika Samuppada* é somente um processo cíclico de vida e morte; não é a teoria de que a evolução do mundo procede da matéria primordial. Trata das causas do nascimento e da morte, e não cogita, em absoluto, em mostrar qual a origem da vida."

Nidānas são os elos da cadeia que se fecha em círculo. Não há critério fixo em relação ao seu número e ordem. Tradicionalmente, considera-se que a cadeia de nascimentos e mortes é constituída por doze elos. De acordo com essa lei, qualquer partícula progride no sentido da iluminação. A libertação significa o máximo de expansão individual atingível quando se dá a integração no Todo, do qual a Parte se manteve ilusoriamente separada durante longo tempo. O homem está preso às garras de *Samsāra* – o renascimento periódico –, e esse constante renascimento ou vir a ser é simbolizado no Budismo por uma roda: *Chakra* ou *Bhavachara* (a roda da existência), que possui doze raios (*Nidānas*). Assim como uma roda gira, há um constante girar do homem no oceano de *Samsāra*.

Afirma Das Gupta: "Todas as escolas de Filosofia Indiana, exceto a materialista (dos *carvakas*), acreditam no renascimento. No entanto, se atentarmos para as poucas obras que nos restam da filosofia dessa escola, verificaremos que talvez ela própria também tenha aceitado o renascimento."

Em face das dificuldades de tradução, os primeiros orientalistas tiveram, de início, uma falsa impressão sobre o Budismo. O maior de todos os antigos pesquisadores, Rhys Davis, modificou o seu ponto de vista inicial. Hoje em dia, nomes como Radhakrishnan, Suzuki, Raju e outros afirmam que o Budismo aceitava a reencarnação.

Voltemos, porém, à análise dos raios da roda de nascimentos e mortes. É constituída por três elementos:

a. Os do passado
b. Os do presente
c. Os do futuro

Analisemos, uma a uma, as chamadas doze *Nidānas*.

1. Causas – Dependentes de Vidas Passadas

a. *Avidyā:* É a ignorância cósmica que produz a manifestação e o fluxo constante do ser e do vir a ser. Não é possível saber como começou *Avidyā*, nem tampouco dizer como a ignorância ou o desejo de existir vieram a manifestar-se. *Avidyā* gera o senso de separatividade e faz com que se tome o ilusório, o sensorial, como real. É o manto que envolve, que oculta ao homem a visão da suprema consciência universal. *Avidyā* baseia-se principalmente no falso saber, nos conhecimentos intelectuais cristalizados e inibidores do fluxo interno indispensável à realização individual. Não é somente a ignorância humana, mas a ignorância cósmica, a força que propulsiona a manifestação e que produz a densificação progressiva do Eterno. A única coisa que podemos dizer a seu respeito é que ela nasce quando surgem as quatro *asavas*. Rhys Davis traduziu *asavas* por intoxicantes. É aquilo que perturba a nossa percepção mais elevada. Essas *asavas* classificam-se em quatro tipos: 1) Desejo; 2) Apego às coisas; 3) Sede de qualidades sensoriais; 4) Prazer. Na linguagem sânscrita, *asava* significa também vinho velho, que se conserva por longo tempo ativo. Uma das *asavas* é aquela pela qual o indivíduo considera este mundo como eterno ou não eterno, ou admite que o mundo teve início ou não, ou considera a alma e o corpo como unidas ou separadas.

b. *Sanskāra:* É muito difícil dizer exatamente o que significa esta palavra. O próprio Das Gupta o reconhece. A mesma palavra assume, no Budismo, tonalidades diferentes. Talvez as melhores traduções sejam: conformação, tendências, predisposições. No sentido mais amplo, *Sanskāra* significa força de vontade ou de espírito, que determinará uma nova existência. É uma espécie de forma básica ou individualidade que vem do passado. São as formações mentais fixas, as impressões de velhos hábitos ou experiências acumuladas em zonas subconscientes que ainda não se dissolveram e, portanto, têm de continuar sendo tratadas pelo processo triturador de *Samsāra* até serem extintas. É a mola do relógio que ainda não foi desenrolada por completo, com suficiente energia acumulada para movimentar os ponteiros durante horas e horas a fio.

2. Causas Dependentes da Vida Presente

a. *Vijñāna*: Consciência de ser e existir como uma individualidade distinta. Na morte, enquanto os outros elementos desaparecem, integrados novamente nos planos de que provieram, *Vijñāna* representa o núcleo, o foco, que permanece como um elo entre o que, no domínio do tempo, entretínhamos com o passado e o futuro; é o germe do novo ser, quando o antigo se desintegrar.

b. *Nāma-rūpa*: Corpo e mente, ou nome e forma. Se a consciência não encontrar o necessário material, não pode iniciar seu desenvolvimento. Uma fagulha sem combustível não pode dar origem a uma fogueira. O próprio Buda, no *MahapariNirvāna-Sūtra*, declara:

"Ananda, se a consciência não encontrar um nome e uma forma (um receptáculo) para repousar, não poderá surgir sucessivamente o nascimento, a velhice, a morte e a dor."

A fim de que haja a cristalização de uma substância que está em suspensão num líquido em agitação permanente, é preciso derramar um pouco desse líquido num receptáculo e aguardar que se inicie o processo de cristalização em fases graduais perfeitamente caracterizadas.

c. *Badayatana*: Os seis órgãos dos sentidos. São os Seis Campos de Operação. Em tradução literal, são os sistemas de referência peculiares a cada um dos seres, as escalas de valores sensoriais em função das quais vivemos e que representam as portas através das quais a consciência trabalha em seu contato com o mundo exterior.

d. *Sparsa*: É o contato, a ligação indispensável entre o observador e o objeto observado. O *nexo* é o terceiro termo. É através desse contato que o observador reconhece o objeto, e tal reconhecimento se processa mediante o *Vedanā*, que é o próximo elo da cadeia.

e. *Vedanā*: Sensação. Emoção produzida no observador pelo contato com o objeto observado. Marca resultante do contato através do elo de *Sparsa*.

f. *Tanhā*: O anseio, a sede de posses materiais ou espirituais. O desejo. É a mola propulsora.

g. *Upādāna*: O apego às posses materiais ou espirituais.

3. Causas que Dependem das Vidas Futuras

a. *Bhava:* É o vir a ser, a tendência a uma nova manifestação no Plano Físico, que iniciará uma outra encarnação.

b. *Jāti:* Renascer, surgir novamente no Plano Físico, submeter-se a experiências de toda sorte: amar, sofrer e morrer.

c. *Jarāmarana:* É o processo encadeado resultante do renascimento: doenças, velhice, morte, dor. Tudo, afinal, é dor: *Dukka.* E no reconhecimento: 1) Da dor, 2) Da causa da dor, 3) Da extinção da dor, e 4) Do caminho que leva à extinção da dor, resume-se toda a Filosofia Budista.

Em uma parábola em que dialoga com Mogalanma, o próprio Buda declara que nem todos podem atingir o *Nirvāna* nesta vida. A função do Buda é mostrar o caminho. Depende de cada um realizar, trilhar a antiga senda ariana. Enquanto o homem não atingir a maturidade interna, continuará sujeito aos elos, às *Nidānas* que constituem o *Patika Samuppada.* No momento oportuno, dar-se-á a libertação – o *Nirvāna.* Então, o indivíduo alcança o estado de *Arhat*, de homem perfeito, colocando-se acima das contingências do universo fenomênico, pois, ao libertar-se da ignorância, obtém aquela visão total que, uma vez atingida, permanecerá para sempre, embora continue vivendo no Plano Físico até a hora de sua morte. A parábola do ramo cheio de frutos arrancado de uma árvore explica claramente a situação.

> "O corpo de Tathagata, ó irmãos, permanece o mesmo, após ter sido cortado o cordão que o une à Existência. Enquanto o seu corpo perdurar, os *Devas* e os homens o contemplam. Mas, após a dissolução desse corpo, ao terminar sua vida, nem os *Devas* nem os homens o verão mais. Da mesma maneira, ó irmãos, que, ao cortarmos o galho de uma árvore, os frutos desse galho continuam a existir, assim também o corpo do Tathagata permanece quando for cortado o cordão que o une a esta existência. Enquanto existir esse corpo, os *Devas* e os homens o contemplarão. Porém, após a sua dissolução, nem os *Devas* nem os homens verão jamais o Tathagata."

Vejamos agora como se expõe no Cânone Páli a Lei da Causalidade. O trecho abaixo encontra-se no texto páli denominado *SAMYUTTA NIKAYA.*

"Assim nós ouvimos:

"O Ser Excelso estava morando no bosque de Jeta, próximo a Savathi, no interior do Parque Anathapindika. Lá se travou o seguinte diálogo entre o Senhor Buda e os irmãos da Ordem.

" – Irmãos – disse Buda.

" – Estamos atentos, Senhor – replicaram os monges.

" – Ouçam com atenção o que vou dizer. Vou ensinar-lhes a Lei da Causalidade.

" – Estamos prontos, Senhor – responderam os monges.

" – A Lei da Causalidade é a seguinte, ó irmãos:

"A ignorância gera as tendências. As tendências geram a consciência. A consciência cria o nome e a forma; o nome e a forma, os sentidos; os sentidos geram o contato; o contato produz a sensação; a sensação, o desejo; o desejo determina o apego; o apego produz o vir a ser; o vir a ser, o renascimento; o renascimento gera o crescimento, a morte, a dor, o sofrimento, a lamentação e o desespero.

"Irmãos, a extinção da ignorância traz a extinção das tendências; com a extinção das tendências aniquila-se a consciência; a aniquilação da consciência extermina o nome e a forma; ao exterminar-se o nome e a forma eliminam-se os sentidos; da eliminação dos sentidos provém o fim do contato; do fim do contato decorre o desaparecimento da sensação; com o desaparecimento da sensação cessa o apego; cessando o apego termina o renascimento; ao terminar o renascimento extingue-se o nascimento. Com a extinção do nascimento terminam todas as dores.

O Ser Excelso continuou então:

" – O que é, irmãos, a velhice e a morte?

" – É a decadência, o envelhecimento, o alquebramento, o encanecer dos cabelos, o enrugamento da pele, o encurtamento da vida, a diminuição dos sentidos, isto é, a velhice.

"O desaparecimento, o esvanecimento, o fim, a dispersão dos fatores, a rejeição do corpo, chama-se morte. Portanto, ó irmãos, essa decadência progressiva, essa morte lenta é o que caracteriza a dualidade velhice-morte.

" – O que é, irmãos, o nascimento?

"É a gênese, a origem, a descida, a reprodução da manifestação de fatores, a captura pelo campo dos sentidos; isto se chama nascimento.

" – E o que é, ó irmãos, o renascimento?

"É um processo que se divide em três espécies: o renascimento nos mundos dos desejos, nos mundos das formas visíveis e nos mundos invisíveis.

" – O que é, irmãos, o apego?

"É a atração dos desejos, da vista, dos ritos e das cerimônias em relação ao ser individual. Isto é chamado apego.

" – E o que é, irmãos, o desejo?

"Há sete tipos de desejos: o desejo por formas, o desejo por sons, o desejo por aromas, o desejo por essências, o desejo por sabores, o desejo por coisas tangíveis e o desejo por ideias. Tudo isto é chamado desejo.

" – E o que é, ó irmãos, a sensação?

"Há seis grupos de sensações: as sensações nascidas do contato visual, as sensações nascidas do contato auditivo, as sensações nascidas do contato olfativo, as sensações nascidas do contato com o corpo, as sensações nascidas do contato com a mente. Isto, irmãos, é chamado sensação.

" – E o que é o contato, ó irmãos?

"Há seis tipos de contatos: o contato dos olhos, do nariz, da boca, dos ouvidos, do corpo e da mente. Isto é contato.

" – E o que são, irmãos, os sentidos?

"Os sentidos da visão, do olfato, do paladar, da audição, do corpo e da mente. Estes são os seis sentidos.

" – E o que são o nome e a forma, ó irmãos?

"O nome é: sensação, percepção, contato, vontade, pensamento. A forma é o resultado dos quatro elementos, isto é, aquilo que se denomina nome e forma.

" – E o que é a consciência, ó irmãos?

"Há seis tipos de consciência: a consciência do olho, do nariz, da boca, dos ouvidos, do corpo e da mente. Isto é chamado consciência.

" – E o que são as ações?

"São três as ações: corpo, palavra e mente.

"– E o que é a ignorância?

"O não conhecimento da dor, da origem da dor, da cessação da dor. Isto é chamado ignorância.

"Portanto, irmãos, da ignorância provêm todos os estágios que nos conduzem à dor, e só através da extinção da ignorância é que se pode verdadeiramente eliminar a dor."

Outra parábola extremamente esclarecedora é a chamada "Parábola do Tronco", que a seguir transcrevemos do *SAMYUTA-NIKAYA*, 179-81:

"Certa vez, quando o Grande Ser encontrava-se em Kosambi, às margens do rio Ganges, avistou um grande tronco que era arrastado ao sabor da correnteza. Ao presenciar tal cena, reuniu os monges e dirigiu-se a eles com as seguintes palavras:

" – Irmãos, vedes acolá aquele grande tronco que vai sendo arrastado rio abaixo?

" – Sim, Senhor – responderam os monges agrupados à sua volta.

" – Irmãos, se aquele tronco não for parar nesta ou na outra margem, se não afundar no meio do rio, se não encalhar num banco de areia, se não cair em mãos humanas ou em poder de seres não humanos, se não for arrebatado por um redemoinho, se não apodrecer inteiramente, aquele tronco que vedes lá ao longe flutuando, ao sabor das águas, irá ter ao oceano, deslizará em direção do oceano, rumará sempre para o oceano. E por quê? Porque a correnteza do rio Ganges flui, desliza, segue em direção ao oceano.

" – De modo semelhante, ó irmãos, se não encalhardes nesta ou na outra margem, se não afundardes no meio da torrente, se não ficardes presos em bancos de areia ou envoltos em torvelinhos, se não apodrecerdes internamente em mãos humanas ou não humanas, flutuareis até o *Nirvāna*, deslizareis e vos encaminhareis para o *Nirvāna*.

"Ouvindo estas palavras, certo irmão perguntou ao Ser Excelso:

" – Qual é, ó Senhor, esta margem, qual é a outra margem, o que quer dizer afundar no meio do rio? O que é encalhar num banco de areia? O que é ser capturado por seres humanos ou não humanos? O que é ser capturado em um redemoinho? O que é apodrecer internamente?

“ – Esta margem é o nome dos seis campos pessoais sob a ação dos sentidos. A outra margem, ó irmãos, é o nome das seis esferas externas de ação sensorial. Afundar no meio do rio é o nome da atração sofrida pela memória. Encalhar em um banco de areia é o nome dado ao conceito de termos uma personalidade permanente.

“ – E o que significa, ó irmãos, “ser capturado por seres humanos”?

“É a vida em sociedade. É regozijar-se com aqueles que estão alegres, sofrer com os que sofrem, ter prazer com os que têm prazer, estar ligado a tudo o que acontece.

“ – E o que significa, ó irmãos, “ser capturado por seres não humanos?

“Neste caso, é o que acontece a certos irmãos que vivem uma vida santa, movidos pelo desejo de renascer em companhia de determinada classe de *Devas* e que permanentemente abrigam o seguinte pensamento: “Possa eu, pela virtude, pela prática, por meio de austeridades ou pela vida santa, tornar-me um *Deva* ou um dos *Devas*. Isto é “ser capturado por seres não humanos”.

“Ser prisioneiro de um redemoinho é um símbolo dos prazeres decorrentes da utilização dos cinco sentidos.

“– E o que será esse apodrecimento interno?

“Aquele que for imoral, malfeitor, impuro, dissimulado, ardiloso e que tomar os votos sem viver uma vida santa, apesar de tê-lo prometido, é um filho da imundície, um ser internamente podre.

“Nessa ocasião, encontrava-se próximo ao Senhor Buda um pastor chamado Nanda.

“Nanda pergunta então ao Bem-Aventurado:

“ – Eu sou, ó Senhor, um dos que ainda está enraizado nesta margem, não estou ainda amarrado à margem oposta, não tenciono afundar no meio do rio, não pretendo encalhar em um banco de areia, nem apodrecer internamente. Portanto, Senhor, como poderei aspirar a receber a ordenação das vossas mãos?

“Respondeu, então, o Senhor Buda:

“ – Nanda, restitui as ovelhas ao seu proprietário.

" – Senhor, eu conduzirei de volta o rebanho. Eles estão ansiando pelos seus filhotes.

"Tendo Nanda entregue o rebanho ao seu dono, voltou novamente à presença do Ser Bem-Aventurado, dizendo:

"Já cumpri a vossa determinação. Posso agora receber a ordenação plena?

"O Senhor Buda concedeu então ao pastor Nanda a ordenação, e este, após uma vida de esforço contínuo, atingiu a meta, tornando-se, desse modo, o venerável Nanda, um dos mais nobres *Arhats.*"

14

O *Dhammapada*: O Caminho da Lei

Esta é uma obra básica do Budismo. Seu nome compõe-se de duas palavras: *dhamma*, que significa lei, doutrina, disciplina, religião, e *Pada*, caminho. Segundo vários orientalistas, apareceu por volta do século VII da nossa era. Diz Mário Lobo Leal, que o traduziu para o nosso idioma: "Podemos mesmo considerá-lo, *servantis servandis*[35], como correspondente, para o Budismo, ao que, para o Cristianismo latino, é a famosa e nunca assaz louvada *Imitação de Cristo*, para o bizantino a célebre *Philokalia*, e para o Cristianismo reformado a *Viagem do peregrino*, de John Bunyan.

O texto compõe-se de 423 estrofes dispostas em 25 capítulos, e pode ser considerado como uma introdução obrigatória aos que desejam sentir o Budismo na sua essência. Trata-se, realmente, de uma obra em que podemos analisar a ética budista. Eis um resumo (92 estrofes) dos principais capítulos:

Capítulo 1: Os Versos Gêmeos

1. A natureza mental é o resultado do que pensamos, é dirigida pelos nossos pensamentos, feita pelos nossos pensamentos. Se um homem fala ou age movido por um mau pensamento, o sofrimento o seguirá como uma consequência, como uma roda segue o passo do boi que puxa a carroça.

2. A natureza mental é o resultado do que pensamos, é dirigida pelos nossos pensamentos, feita pelos nossos pensamentos. Se um homem fala ou age movi-

[35] *Servantis servandis*: Expressão latina que significa "conservando-se o que deve ser conservado". (Nota Ed. Bras.)

do por um pensamento puro, a felicidade o segue como uma sombra e nunca o abandona.

3. Ele abusou de mim, ele me bateu, ele me venceu, ele me roubou. Naqueles que abrigam estes pensamentos, o ódio nunca cessará.

7. Assim como o vento arranca uma árvore de pouca resistência, *Mara* (o tentador) abate aquele que se devota aos prazeres, que não tem o controle dos sentidos, é imoderado na alimentação, indolente e inativo.

9. É indigno de usar o manto amarelo quem não se limpou de suas impurezas e não alcançou o domínio de si mesmo.

19. Quando o indivíduo recita um grande número de textos, mas, por ser preguiçoso, não age corretamente, é como um pastor contando as ovelhas alheias. Não participa da vida religiosa.

20. Quando o indivíduo recita apenas um pequeno número de textos, mas age corretamente, de acordo com a Lei, tendo dominado a paixão, o ódio e a ignorância; se possui verdadeiro conhecimento e serenidade mental, estando livre dos desejos neste mundo e no outro, este, sim, é um verdadeiro homem religioso.

Capítulo 2: Vigilância

1. A vigilância é o caminho da vida eterna. A irreflexão é a marca da morte. Aqueles que estão atentos não morrem. Mortos já estão os negligentes.

4. Se uma pessoa é atenta, se suas ações são puras, se age com consideração, se possui autocontrole e vive de acordo com a Lei, a sua glória crescerá.

5. O sábio está sempre atento e controlado, tornando-se, assim, como uma ilha, que a enchente jamais poderá destruir.

Capítulo 3: Pensamento

1. Como o armeiro faz a sua seta, assim transforma o sábio o pensamento tortuoso e instável, difícil de permanecer reto e controlado.

2. Da mesma forma que um peixe retirado da água se debate incessantemente, nosso pensamento treme e deseja abandonar o reino da ilusão.

6. Se o pensamento do homem é instável, se ele não conhece a verdadeira Lei, se a serenidade da sua mente é perturbada, a Sabedoria não chega em sua plenitude.

10. O inimigo fere o inimigo. Quem odeia, fere o que odeia. Pior é o mal causado pelo pensamento mal aplicado.

Capítulo 4: As Flores

3. Aquele que sabe que este corpo é efêmero como a espuma e ilusório como uma miragem, desviará a flecha florida de *Mara* e não verá o rei da morte.

4. O homem que se dedica a colher prazeres como flores é arrebatado pela morte, que o puxará como a inundação arrasta a aldeia adormecida.

5. A morte surpreende aquele que colhe avidamente as flores do prazer antes mesmo de ter-se saciado.

8. Semelhantes a belas flores coloridas, mas inodoras, são as palavras eloquentes de quem fala, mas não age.

11. O odor das flores, do sândalo, do incenso e do jasmim não domina o vento; mas o perfume da Sabedoria sobrepuja o furacão. O homem santo espalha por toda parte o olor da Santidade.

12. Acima dos aromas do sândalo, do jasmim ou do incenso, reina, supremo, o aroma da Sabedoria.

Capítulo 5: O Insensato

1. Longa é a noite para quem está acordado. Longo é o caminho para quem está cansado; longa é a cadeia das existências para quem não conhece a verdadeira Lei.

3. "Esses filhos são meus, essas riquezas são minhas." Tais são os pensamentos que atormentam o tolo. Ele não é senhor de si mesmo, muito menos lhe pertencem filhos e riquezas.

5. Ainda que conviva com um sábio durante toda a vida, o tolo ignora tanto a verdade como a colher, o gosto da sopa.

6. Unindo-se ao sábio, mesmo que seja por um minuto, o homem inteligente conhecerá de pronto a verdade, como a língua sente o sabor dos alimentos.

Capítulo 6: O Sábio

3. Não tenhas por amigos os agentes do mal ou os de alma vil. Junta-te aos bons, busca a amizade entre os melhores dos homens.

4. Aquele que bebe na fonte da Lei, vive feliz com a mente serena. O homem sábio rejubila-se com a lei revelada pelo Eleito.

5. Os aguadeiros conduzem a água para onde for necessária, os carpinteiros trabalham a madeira. Os sábios vencem a si mesmos.

7. Assim como um lago profundo é claro e calmo, o sábio fica tranquilo após ouvir a Lei.

10. Poucos são os que atingem a outra margem. A maioria vai e vem sem ousar atravessar.

Capítulo 7: O Santo

1. Não há mais sofrimento para o que terminou sua jornada, libertou-se dos apegos e rompeu todos os grilhões.

2. Até os deuses invejam o homem cujos sentidos foram domados como os cavalos pelo cocheiro, e que está livre do orgulho e das máculas.

7. Tranquilos são os pensamentos, as palavras e obras do que se libertou e chegou à calma pela perfeição da Sabedoria.

8. O homem livre da credulidade, aquele que renunciou a todos os desejos, conheceu o incriado, pôs fim a todas as ações (boas ou más) é, na verdade, o mais excelente de todos.

Capítulo 8: Os Milhares

1. Melhor do que milhares de palavras sem sentido é uma palavra razoável, capaz de levar a paz a quem a ouve.

2. O maior dos conquistadores não é o que, na batalha, vence milhares de homens, mas, sim, o vencedor de si mesmo.

10. Mais vale um dia vivido na Sabedoria e na meditação do que cem anos mergulhados no vício e na sensualidade.

Capítulo 9: O Mal

1. O homem deve apressar-se em relação ao bem, deve dominar seus pensamentos maléficos. Fazer o bem sem entusiasmo é ter uma mente que se compraz no mal.

6. Não trates levianamente o mal, pensando que dele estarás isento. Assim como um jarro se enche gota a gota, o tolo torna-se, pouco a pouco, impregnado de maldade.

9. A mão sã e não ferida pode tocar impunemente a peçonha. Nenhum mal atinge o homem de bem.

10. Ofender uma pessoa inocente, pura e indefesa, é expor-se ao retorno da injúria como quem lança poeira contra o vento.

13. Nem nos céus, nem nas profundezas do oceano, nem nos antros das montanhas, há um lugar onde o homem possa descobrir proteção contra a morte.

Capítulo 10: A Punição

1. Todos temem diante da punição; todos temem a morte. Ao julgares os outros por ti mesmo, não mates e não sejas causa de crimes.

5. Não dirijas a ninguém palavras pesadas, pois elas voltar-se-ão contra ti. As palavras coléricas são cheias de sofrimento; quem as pronuncia sofrerá o choque do retorno.

13. O hábito de andar nu, ter os cabelos entrançados, espalhar poeira no corpo, jejuar, dormir no chão, cobrir-se de cinza, as prosternações, nada disso purifica o mortal que não se tiver libertado do desejo e da dúvida.

14. Embora vestido com apuro, se o homem cultiva a tranquilidade, é manso, resignado, casto, e a ninguém faz mal, esse homem é um asceta, um brâmane, um monge.

Capítulo 11: A Velhice

5. Nesta fortaleza constituída de ossos revestidos de carne e sangue mora a arrogância, a simulação, a decrepitude e a morte.

6. As esplêndidas carruagens dos reis desgastam-se; o corpo também chega à velhice, mas a virtude do bem nunca envelhece. A Sabedoria passa de um sábio a outro e jamais será destruída.

Capítulo 12: O Eu

2. Em primeiro lugar, devemos colocar-nos no caminho correto, e só depois ensinar os outros. Que o homem sábio não dê nenhum motivo a censuras.

5. O malfeito por si mesmo, gerado em si, oriundo de si, esmaga o tolo como o diamante pulveriza as outras pedras preciosas.

9. Por si mesmo, na verdade, é o mal produzido; por si mesmo, o indivíduo se fere; por si mesmo é purificado. A pureza e a impureza pertencem ao indivíduo. Ninguém purifica os outros.

Capítulo 13: O Mundo

3. Não sigas a lei do mundo; segue sempre a virtude. Quem pratica a virtude vive feliz neste mundo e no outro.

4. Olha o mundo como uma bolha de sabão. Olha-o como uma miragem. Aquele que assim vê o mundo não é atingido pelo rei da morte.

Capítulo 14: O Buda

4. Difícil é nascer como ser humano; difícil é a vida dos mortais; difícil é ouvir a verdadeira lei, difícil é atingir a iluminação.

12. Aquele que se refugia no Buda, na Lei e na Ordem percebe, na sua clara sabedoria, as Quatro Nobres Verdades, que são as seguintes:

13. O sofrimento, a origem do sofrimento, a cessação do sofrimento e a Senda Óctupla que conduz à cessação do sofrimento.

Capítulo 15: A Felicidade

1. Vivamos felizes no meio de homens que odeiam.

2. Entre os que sofrem, sejamos livres do sofrimento.

3. Entre os que desejam, sejamos livres dos desejos.

6. Não há fogo tão ardente como a paixão, nem maior pecado que o ódio; não há felicidade maior que a tranquilidade.

Capítulo 16: O Prazer

1. Aquele que se entrega às distrações do mundo e não pratica a meditação sacrifica os verdadeiros valores à cata de prazeres e terá inveja dos que escolheram o caminho correto.

2. Deve-se evitar amar o que quer que seja, pois o mal acompanha sempre a perda do objeto amado. Não há grilhões para os que nem amam, nem tampouco odeiam.

10. O homem que aspira ao Inefável, cuja mente é firme e cujo pensamento está livre de desejos, chama-se "vogador da correnteza".

Capítulo 17: A Cólera

1. Abandona a cólera, renuncia ao orgulho, quebra todos os grilhões. Nenhum sofrimento atinge aquele que não se apega ao nome e à forma da existência fenomenal, e que nada considera como seu.

6. Aquele que está sempre plenamente atento, que estuda noite e dia, e luta para atingir o *Nirvāna*, um dia se livrará do laço da paixão e da ilusão.

11. Evita a insubmissão do corpo, da palavra e da mente. Abandonando as maneiras errôneas de agir, pensar e falar, segue o caminho das ações justas, dos pensamentos justos e das palavras justas.

Capítulo 18: A Impureza

1. Torna-te uma ilha (um refúgio). Apressa-te, sê prudente. Lavado e purificado, entrarás na celeste mansão dos eleitos.

9. A maior de todas as impurezas é a ignorância. Livra-te dessa impureza e estarás livre de todas as outras.

18. Fácil é ver as faltas alheias, mas difícil é discernir as nossas. Peneiramos as faltas alheias como a palha do trigo; ocultamos as nossas como o jogador que trapaceia.

Capítulo 19: O Correto

3. O sábio não é o que mais fala. É o homem tranquilo, livre de ódio e temor que se chama sábio.

5. Um homem não é ancião só por ter cabelos brancos. "Ser velho só pelos anos que conta – diz o provérbio – é ter envelhecido em vão".

11. Não é somente a mendicância que faz do homem um monge. Não basta pronunciar os votos para ser monge. É preciso viver a Doutrina.

Capítulo 20: A Senda

1. De todas as sendas, a Óctupla é a melhor; das verdades, as melhores são as Quatro Nobres Verdades; a libertação do apego é a melhor das virtudes; aquele que vê e compreende é o melhor dos homens.

9. Com a moderação da palavra e o controle da mente, o homem abstém-se de maus atos. Mantém abertas essas três vias da ação e atingirás a senda ensinada pelos sábios.

15. Assim como a inundação arrasta subitamente a aldeia adormecida, a morte arrebata o homem obcecado com a ideia da posse de rebanhos, e cuja mente se deixa levar pelo desejo das coisas mundanas.

Capítulo 21: Os Versos Mesclados

2. Aquele que deseja a felicidade para si, mas inflige sofrimento aos outros, está preso aos laços do ódio, e deles não se liberta.

15. Os homens bons são vistos ao longe, como os picos nevados do Himalaia, ao passo que os perversos são como setas arremessadas na noite escura.

16. Que se deleite com a vida solitária o homem que come só, caminha só, constante e incansável no autodomínio.

Capítulo 22: O Caminho de Descida (o Inferno)

1. Aquele que mente vai para o Inferno, assim como o que, ao praticar uma ação diz: "Eu não fiz isso". Após a morte, ambos participam da mesma sorte, transformando-se em homens de más tendências na próxima existência.

4. Quatro castigos aguardam o homem inescrupuloso, que cobiça a mulher do próximo: demérito, intranquilidade, vergonha e o Inferno.

6. Assim como uma folha de capim corta a mão inábil que a pega, o ascetismo mal praticado leva ao desespero.

Capítulo 23: O Elefante

2. O elefante domado é conduzido à batalha; monta-o o rei. O melhor homem é o homem manso que suporta as injúrias em silêncio.

11. É preferível viver só, do que na companhia de um néscio. O homem que caminha sozinho, como um elefante solitário na floresta, está isento do mal.

12. É bom ter, às vezes, um amigo certo. É bom ficar satisfeito com tudo que acontece. Na hora da morte, o mérito é agradável. É agradável libertar-se de todo o sofrimento.

Capítulo 24: A Sede

1. O anseio de um homem insensato cresce como uma trepadeira. Tal um macaco desejando os frutos da floresta, ele salta de lá para cá, de uma vida para outra.

5. Como a árvore que, embora cortada, torna a brotar se sua raiz permanece firme e intacta, assim também volta o sofrimento, enquanto em nós não extirparmos o desejo.

16. O homem agitado pela dúvida, subjugado pelas paixões, atento somente ao prazer, forja para si pesadas cadeias.

Capítulo 25: O Mendicante

1. O controle da vista é bom; bom é o controle do ouvido; é bom vigiar o olfato; é bom refrear a língua.

2. É bom controlar a ação; bom é reprimir a palavra; é bom controlar o pensamento. Em todos os casos, é bom estar vigilante. Um mendicante que controla todas as coisas, libertar-se-á para sempre do sofrimento.

8. É, na verdade, mendicante aquele que não se preocupa com nomes e formas e que não se lamenta por nada possuir.

Capítulo 26: O Brâmane

11. Não é o cabelo, nem a família, nem a casta que tornam um homem brâmane. Brâmane é aquele que possui a verdade e a correção. Ele é abençoado!

21. Eu chamo brâmane ao homem de profunda sabedoria, conhecedor do bom e do mau caminho, e que atingiu o objetivo supremo.

41. Eu chamo brâmane àquele que conhece as suas vidas passadas, que percebe o céu e a terra, que encerrou o ciclo dos nascimentos, que é um sábio de conhecimento perfeito e alcançou tudo que deve ser alcançado.

15

Principais Escolas do Budismo

Tal como o oceano, o Budismo contém em si enorme variedade de seres e paisagens, levando-nos desde as praias mais tranquilas até os abismos insondáveis.

Não existe uma doutrina fundamental aceita pelas diversas escolas, mas, sim, pontos básicos que servem de sistema de referência comum a todas elas. A primeira tentativa de cisão na *Sangha* (Ordem) formada em torno do Buda ocorreu ainda durante a vida do fundador, tendo como protagonista seu primo Devadatta que, assim, assume o papel a ser mais tarde desempenhado por Judas, no Cristianismo. A inveja foi o móvel que impeliu Devadatta, com o auxílio de Ajatasattu, filho do Rei Bimbisara de Magadha, a desafiar o Buda. Vários foram os acontecimentos dessa tentativa de cisma no Budismo primitivo que chegaram até nós através das esculturas existentes em diversas cidades da Índia. Uma delas mostra-nos o elefante furioso submisso aos pés do Buda. Outra, é a enorme rocha que Devadatta deslocou da montanha e que deveria esmagar o Buda e seus discípulos e que, no momento exato, partiu-se sem causar qualquer dano.

Noutra ocasião, Devadatta recorre a uma cortesã de extraordinária beleza para que, publicamente, denuncie o Buda como sendo o pai de seu filho que iria nascer. Diante da serenidade com que o Buda se mantinha diante da acusação, ela se arrepende e revela toda a manobra de Devadatta. Na sua obstinação em derrotar o Buda, Devadatta consegue reunir em torno de si certo número de monges ambiciosos e oportunistas. O Buda, então, envia ao encontro dos revoltosos dois dos seus discípulos diletos, Mogalana e Sariputra, para que mostrasse o erro de Devadatta. À medida que as palavras iam mostrando o descabimento da revolta, os monges rebeldes deixavam-se persuadir e pediam seu reingresso na Ordem. O próprio Devadatta arrepende-se e retorna à *Sangha*, onde é recebido pelo Buda.

Segundo o *Itivutaka*, essas dissensões eram bastante prejudiciais, pois, como afirma o Buda:

"Há uma coisa no mundo, ó monges, que, uma vez surgida, trará desvantagens e infelicidades para muitas pessoas, tanto deuses como homens. E qual é essa coisa? – perguntaram os monges. É a dissensão na Ordem – respondeu o Buda. Numa Ordem dividida, surgem disputas e abusos recíprocos, deserções e diversidade de opiniões, mesmo entre os que estão satisfeitos."

Em inúmeras ocasiões, o Buda reprovou os que se julgavam no direito de expulsar alguém da Comunidade.

"Não penseis que podeis expulsar um monge dizendo simplesmente: Devemos expulsar este monge!"

Enquanto viveu, manteve absoluto controle sobre a Ordem. Mas, no momento em que "o vento da impermanência apagou a lâmpada da Sabedoria", em 483 a.C., nas proximidades da cidade de Kusinagara, surgiram as primeiras divergências. Um monge chamado Subhada incita os companheiros com as seguintes palavras: "Não fiquem tristes! Não se lamentem! Felizmente, ficamos livres do Grande Asceta que vivia a aborrecer-nos com suas constantes advertências: 'Isto os macula! Isto não os macula!' Agora, podemos fazer o que quisermos". Ouvindo estas palavras de indisciplina, o fiel Kassiapa resolveu convocar o Primeiro Concílio, a fim de registrar os ensinamentos do Grande Ser. Eram decorridos, então, apenas três meses após a morte do Buda. Este Concílio reuniu-se em Rajagaha, sob a presidência do Venerável Kassiapa. Upali, o mais velho dos discípulos, leu as regras da Ordem (*Vinaya Pitaka*); Ananda, primo amado, o companheiro e colaborador do Buda, proferiu os Sermões (*Sutta Pitaka*) e, finalmente, Kassiapa recitou o *Abhidhamma Pitaka*, que se refere à Psicologia e à Metafísica. Essas três obras são chamadas *Os Três Pitakas*, ou *Tripitaka*. Seu texto é onze vezes maior do que a Bíblia. Ao terminar o Concílio, o Venerável Purana fez uma declaração, negando-se a prestar obediência. Declarou então:

"As ovelhas aqui reunidas expuseram bem a Doutrina e suas regras. Porém, eu, as ouvi diretamente. Por isso, prefiro seguir a minha memória." Com tal atitude, repudiava as conclusões do Primeiro Concílio.

Cem anos depois, um Segundo Concílio é convocado na cidade de Vesali, em 377 a.C. Nesta ocasião, uma parte considerável da *Sangha* (Ordem) considera as regras muito duras e exige certa moderação. É a primeira cisão declarada no Budismo. Os Mahasanghikas, ou reformistas, subdividem-se em oito seitas. Os Theravadas (os velhos), ou Sthaviras, constituem a ortodoxia vinculada ao *Tripitaka*. Os Theravadas vão aos poucos se fragmentando no século II a.C. As principais causas da cisão entre Theravadas e Mahasanghikas giram em torno das seguintes questões:

1. Os Theravadas sustentavam que o estado de Buda (Budado) é uma qualidade unicamente adquirida através de regras monásticas.

2. Os Mahasanghikas afirmavam que em cada ser há uma qualidade, uma semente, um embrião, que pode atingir o pleno florescimento mediante o desenvolvimento adequado.

Vemos, nesta separação, a raiz da futura Escola do Grande Veículo (Mahayana).

No ano 270 a.C., assume o poder o Príncipe Asoka, um dos maiores reis da Índia, que muito contribuiu para a consolidação e difusão do Budismo, podendo ser comparado a Constantino, no Cristianismo. No início de seu reinado, expandiu seus domínios pela força das armas até que, tocado pela visão de tanta dor, abandona as guerras e abraça com fervor o Budismo. Torna-se, então, um ardente missionário. Ainda hoje, na Índia, existem pilares talhados na rocha contendo seus famosos editos. Em um deles, há a seguinte inscrição: "Em vez do som dos tambores de guerra, o que se ouve agora é o som do Tambor da Doutrina."

A fim de acalmar as disputas, Asoka convoca o Terceiro Concílio, que se reúne em 247 a.C. na cidade de Pataliputra. Um monge chamado Atissa dirigiu o encontro.

Após o desaparecimento de Asoka, seu sucessor, Brahadratha, foi assassinado, tendo ascendido ao trono um rei não budista. Era o começo do declínio do Budismo na Índia, e da infiltração, na Doutrina, de aspectos bramânicos. A tolerância do Budismo, causa de sua grandeza, foi também a causa da sua decadência, na Índia. Mahendra, filho de Asoka, leva o Budismo para o Ceilão, onde consegue, livre de qualquer influência, conservar sua pureza primitiva. No ano 80 a.C., aparecem os primeiros textos em páli.

Com a influência hindu, acentua-se nitidamente a separação de duas escolas: a Hinayana (Pequeno Veículo), no Sul, e a Mahayana (Grande Veículo), ao Norte.

O Veículo é o bote necessário para cruzar o rio de *Samsāra* (ciclo das vidas e mortes). Uma das margens é a do senso comum, onde impera a ignorância espiritual (*Avydiā*), o desejo (*Kama*), e a dor (*Dukka*). Na outra margem distante, está a libertação: *Moksha*, ou *Nirvāna*.

Os termos Mahayana e Hinayana foram, evidentemente, criados pelos Mahayanas. A Escola Mahayana é um grande veículo que permite conduzir à libertação todos os seres, ao passo que a Hinayana se restringe a uns poucos. Alguns autores consideram o Mahayana como o Budismo esotérico: a doutrina do "coração". O Hinayana seria, então, o exotérico, ou seja, a doutrina da "cabeça". Outros consideram as duas escolas como asas que suportam o coração e a cabeça da iluminação *búddhica*.

D. Suzuki[36] tem razão em afirmar que é a primeira impressão que deixa a marca mais profunda nas pessoas. O mundo ocidental tomou conhecimento do Budismo através da divulgação feita pelo Budismo do Sul em fins do século XIX; daí a consideração especial em relação a essa escola.

Christmas Humphreys[37], em sua obra *Budismo*, editada em português pela Coleção Pelicano, afirma:

"O símbolo mais perfeito para representar as duas escolas é o de dois círculos concêntricos. O Theravada forma um compacto e bem definido círculo interno,

[36] Daisetsu Teitaro Suzuki (1870 - 1966). Autor japonês de livros sobre Budismo, Zen e Jodo Shinshu; responsável em grande parte pela introdução do Budismo no Ocidente.

[37] Travers Christmas Humphreys (1901 - 1983). Na sua época, foi o mais conhecido britânico convertido ao Budismo. Escreveu uma série de obras sobre o Budismo Mahayana. Em 1924, fundou o que se tornou a London Buddhist Society, que teria grande influência no crescimento da tradição budista na Grã-Bretanha. Em 1945, redigiu os Doze Princípios do Budismo, obtendo aprovação de todas as seitas budistas no Japão. Mais tarde, coletou trabalhos inéditos de George S. Arundale, um de seus mentores, deixando alguns desses trabalhos para a Sociedade Teosófica. (Nota Ed. Bras.)

e o Mahayana um círculo mais nebuloso em torno dele. Este último não é uma escola, mas um conjunto de escolas, todas altamente especulativas."

O ideal do Hinayana é a obtenção, por parte do discípulo, do grau de *Arhat*, ou "homem perfeito". O *Arhat* é aquele que, graças ao seu próprio esforço no cumprimento da Doutrina, atingiu a libertação. Neste sentido, assim se expressa um antigo texto:

"Ter realizado as Verdades e atravessado a Senda; ter quebrado os laços e rompido os grilhões e terminado com as Intoxicações e se libertado das Ilusões e dominado a ânsia de especulação metafísica, é ter atingido o Ideal – o fruto supremo."

Pouco a pouco, essa busca da Perfeição adquire novas feições. Nas novas seitas Mahayanas, o ideal é corporificado na figura do *Bodhisattva* – o Salvador do Mundo. O *Bodhisattva* é um ser que galgou o limiar da Perfeição e está, portanto, a um passo do Budado. Um dos grandes *Bodhisattvas* é Avalokitesvara. Diz a tradição que, após uma série de encarnações, Avalokitesvara chegou às portas do *Nirvāna* e, nesse momento, de todos os mundos (dos homens, animais e plantas) ressoou um surdo clamor.

Todos os seres lamentavam a iminente partida de Avalokitesvara do mundo manifestado para o imanifestado. Por essa razão, tocado de infinita compaixão por todos os seres, o *Bodhisattva* jura renunciar ao estado supremo enquanto ainda restar, enredado nas malhas da existência, um único ser. É o pastor que aguardará a passagem da última ovelha antes de fechar a porta do redil. O mesmo conceito de *Bodhisattva* aparece no Budismo Hinayana com outra conotação. Enquanto no Hinayana o *Bodhisattva* está no limiar do Budado, no Mahayana é um Ser que se imola para a salvação do mundo.

No *Jatakas*, livro onde se descrevem todas as vidas do Príncipe Siddharta, conta-se a história do rei Vessantara, reencarnação anterior do atual Buda. Era um rei extraordinariamente bondoso que, certa vez, jurou não recusar nada a ninguém. Diz ele:

"Darei tudo que me pedirem: meu coração, meus olhos, minha carne, meu sangue, meu corpo inteiro". Era tal seu desprendimento, que acabou sendo exilado para uma floresta com sua leal rainha e seus dois filhos. Lá, subitamente, aparece um salteador que exige a mulher e as crianças. Apesar de nutrir por elas um amor enorme e ser um homem valente, Vessantara entrega-as sem a menor reação. Nesse instante, o salteador se transforma no deus Indra, que se havia disfarçado para poder experimentar o piedoso rei.

Outros contos dos Jātakas relatam os sucessivos sacrifícios do Buda até o momento do teste supremo, quando, sentado sob a árvore *banyan*, alcança a máxima plenitude possível a um ser humano. Sua atitude é de plena atenção. Qualquer reação, por menor que seja, mesmo diante de um sacrifício aparentemente sem sentido, serviria apenas para endurecer o núcleo da personalidade que precisa ser destruída. O *Bodhisattva* transcendeu o sentido de um ser separado dos outros. Aquele que atingiu a Iluminação perde a noção da separatividade.

De acordo com o Budismo, todos os chamados agregados da experiência são efêmeros, apesar de serem reais. Há, entretanto, uma espécie de resíduo metafísico dos objetos. Para os Mahayanas, o Universo assemelha-se a um relâmpago ou às ondas do mar - é uma espécie de aparição mágica. O mar simboliza a própria realidade, é o substrato que está além e dentro das ondas, e não pode ser medido simplesmente em termos de simples ondas. Nesse caso, todos os objetos do mundo constituem-se da mesma substância primordial e são, em última análise, unos. Mas essa realidade, essa unidade subjacente em todas as coisas, escapa a qualquer descrição fenomenológica. Como a raiz última de tudo (Deus), chama-se *Bhuta-Tathata - a essência da existência*. Em sua relação com o conhecimento humano, denomina-se *Bodhi* (Sabedoria) e *Nirvāna*.

Outro ponto fundamental dessas escolas é que, enquanto os Hinayanas nunca se preocuparam com a natureza dessa *essência da existência*, os Mahayanas voltam a atenção para esses problemas. Para eles, essa *essência* tem três aspectos: 1. Quintessência; 2. Atributos; 3. Atividade. Por exemplo: um jarro de barro, em sua essência última, é feito de determinada espécie de terra; possui os atributos da fragilidade ou resistência, da beleza ou fealdade etc., e a atividade de receber líquidos diversos.

Os chamados atributos e atividades estão sujeitos a mudanças, enquanto a quintessência é imutável. As ondas do mar podem ser altas ou baixas, mas a qualidade da água é sempre a mesma. O Universo e todo o mundo de nomes e formas têm, assim, o aspecto de fenômeno e de númenos. De acordo com a tese básica dessa filosofia, cada *Dharma* (agregado) depende dos outros, a eles está vinculado. Muito antes de Lavoisier, o Budismo afirmava que, na totalidade, nada se perde, nada se cria, tudo se transforma. A Verdade Final é, portanto, um vácuo, uma realidade inefável, que se opõe à miragem sempre mutável. Somente esse vácuo (*Sunyatā*) perdura através do espaço e do tempo como a verdadeira essência de todas as coisas. As coisas, em sua essência, não podem ser nomeadas nem explicadas. Não podem ser discutidas, pois estão além do alcance da percepção. Possuem uma identidade absoluta sem formas distintas, e não estão sujeitas nem a transformações nem a distinções. O reino da sua essência é o da verdade absoluta (*Paramārthika*), e não o da verdade relativa.

Além desses aspectos principais que distinguem a chamada Escola do Sul (Pequeno Veículo) da do Norte (Grande Veículo), podemos acrescentar que, enquanto o Budismo Hinayana é sem ritual e simples, o do Norte é cheio de rituais, orações, rosários, sinos.

Apesar dessas eventuais diferenças na forma externa de apresentação, produto do meio em que floresceu a semente do Budismo, podemos considerar os seguintes quatorze pontos como fundamentais e aceitos por todas as escolas.

1. Os budistas devem mostrar indistintamente a mesma tolerância para todos os homens, bem como uma constante bondade com os seres do reino animal.

2. O Universo evolui e não foi criado. Funciona de acordo com os ditames da Lei.

3. As verdades em que se baseia o Budismo são naturais. Foram ensinadas, em sucessivos *kalpas*, ou períodos mundiais, por seres iluminados chamados Budas. O nome Buda é genérico, e significa o Iluminado.

4. O quarto Instrutor do atual *kalpa* foi Sakya Muni, ou Siddharta Gautama, que nasceu de uma família real da Índia, há 2.500 anos.

5. Sakya Muni ensinou que a ignorância gera o desejo, o desejo insatisfeito é a causa do renascimento, e o renascimento produz a dor. Para escapar à dor é

necessária a libertação do desejo. Para atingir a destruição do desejo é necessário extirpar a ignorância.

6. A ignorância produz a crença de que o renascimento é necessário. Quando a ignorância é destruída, percebe-se que o renascimento em si mesmo a nada conduz.

7. A ignorância pode ser dissolvida pela prática de um total altruísmo na conduta, pelo desenvolvimento da inteligência, pela sabedoria no pensar e pela destruição do desejo.

8. O desejo de viver é a causa do renascimento; ao terminar o desejo cessa o renascimento, e os indivíduos perfeitos atingem aquele estado supremo chamado *Nirvāna*.

9. Sakya Muni ensinou que a ignorância pode ser destruída pelo conhecimento das Quatro Nobres Verdades:

   I. A existência do sofrimento.

   II. A causa do sofrimento, que é o desejo sempre renovado.

   III. A cessação do sofrimento.

   IV. Os meios que conduzem à cessação do sofrimento.

Esses meios constituem a chamada Senda Óctupla, a saber: compreensão correta, pensamento correto, palavra correta, ação correta, meio de vida correto, plena atenção correta e concentração correta.

1. A meditação conduz à iluminação espiritual ou à faculdade idêntica ao Buda, que está latente em cada homem.

2. A essência do Budismo pode resumir-se na seguinte estrofe:

   Cessar de praticar o mal.
   Fazer o bem.
   Purificar a própria mente.

12. O Universo está sujeito à lei de causa e efeito conhecida por *karma*.

13. Os obstáculos do *karma* podem ser removidos pela observação dos seguintes preceitos: 1. Não matar. 2. Não roubar. 3. Não praticar atos sexuais anormais. 4. Não mentir. 5. Abster-se da embriaguez.

14. O Budismo desaprova a credulidade supersticiosa. Gautama ensinou que é dever dos pais educar os filhos. Advertiu que não devemos acreditar no que é dito pelo Buda ou por qualquer sábio, escrito em qualquer livro ou afirmado pela tradição, a não ser que esteja de acordo com a nossa própria razão.

16

A Epopeia de Rama: O *Ramayana*

O *Ramayana* é um texto de natureza épica que descreve a epopeia de um personagem, Rama. Juntamente com o *Mahabaratha*, constitui a chamada filosofia épica. São dois monumentos do pensamento hindu cujo estudo poderá revelar muito da estrutura psicológica de um povo. Sua influência é enorme até hoje nos padrões de vida, pois sua ética é considerada um modelo. Seus inúmeros personagens são símbolos de comportamento social, exemplos vivos a serem aplicados ou evitados. A vida interior que impregna o poema é de tal ordem que conseguiu atravessar os séculos e se manter, atualmente, tão viva como há milênios, quando foi composto por Valmiky. Muitos comparam o *Ramayana* à *Ilíada* de Homero, convindo notar que a epopeia hindu é anterior à grega. Vejamos as semelhanças. No clássico de Homero, é o rapto de Helena por Páris que causa a guerra entre gregos e troianos e que irá gerar todos os acontecimentos. No poema de Valmiki, o motivo é o mesmo. O rapto de Sita por Ravana será o estopim da luta entre Rakshasas e Raguidas. Há inúmeros outros pontos de contato, tal a semelhança entre os principais personagens. O astuto Ulisses grego é o Hanuman hindu, cheio de recursos para envolver o inimigo. Nestor, a voz da prudência com seus conselhos conciliadores, aparece no *Ramayana* como o equilibrado Djambarat. A fidelidade extrema de Patroclo a Aquiles é a mesma que une Lakshmam a Rama.

O Autor e a Época

O autor do *Ramayana* é uma figura legendária chamada Valmiki. A sombra que nos chega desse personagem, decorridos milhares de anos, revela um homem extraordinário. Era um brâmane de nascença que durante a mocidade desmandou-se em inúmeras aventuras pouco recomendáveis. Brigão, salteador, irrequieto, sempre envolvido em conflitos, chegou a ponto de atacar sete *Rishis* imersos em profunda contemplação. Os *Rishis* são homens que atingiram o Absoluto, que vivem em comunhão com Ele, e cuja função, na Terra, é atuar do campo hiperfísico enviando a sua influência, como uma poderosa estação de rádio, a milhões de criaturas. Quando o *Rishi* recobra a consciência de vigília dá aos seus discípulos terrenos sua mensagem sob a forma de palavras. Valmiki, entretanto, não se sensibiliza com a visão dos sete santos mergulhados no Absoluto, e parte para eles rindo a fim de perturbá-los. Subitamente despertados, não revelam qualquer emoção negativa, pois o ódio não encontra abrigo no coração dos que moram no Eterno. Resolvem, entretanto, "tocar" aquele personagem fora do comum na sua natureza ardente a fim de canalizá-la na direção correta. Instruem o jovem, e ensinam-lhe o poderoso mantra de Rama. O jovem sente-se tocado com a grandeza cósmica do ensinamento, e permanece imóvel em meditação durante mil anos. Quando os *Rishis* voltam, encontram-no coberto de ninhos de formigas bravas chamadas Valmika. Daí, o seu nome.

A localização do personagem no tempo é difícil, como na maioria dos casos, porque na Índia não há preocupação com o tempo nem com a personalidade. Alguns autores situam Valmiki como tendo vivido ao redor do ano de 1.500 a.C.

O Argumento

O poema *Ramayana* celebra a vida, as andanças e o amor de Rama, que é uma encarnação da Divindade (*Vishnu*). No *Ramayana*, está simbolicamente descrito um drama da evolução da alma. Vemos, com detalhes, o caminho da descida, da involução, quando se dá uma densificação progressiva de "veículos", e a "alma" (*Jīvātman*) vai sendo recoberta (velada) pela matéria. O poema representa também o caminho da volta, da libertação, quando o processo é o de desprendimento gradual, de sutilização. Monier Williams[38] expressa a seguinte opinião no livro *Indian Wisdom*:

[38] Monier-Williams (1819 - 1899). Estudioso britânico a ocupar o segundo Professor Boden de sânscrito na Universidade de Oxford, Inglaterra. Estudou, documentou e ensinou línguas asiáticas, especialmente sânscrito, persa e hindustani. (Nota Ed. Bras.)

"Ninguém pode ler o *Ramayana* ou o *Mahabaratha* sem sentir sua elevação em relação aos poemas de Homero, pois uma profunda significação religiosa impregna toda a narrativa. Todas as alegorias mais arrebatadas parecem ter como propósito encobrir uma sublime moral, simbolizando o conflito entre o bem e o mal, ensinando a inutilidade de uma vitória em tão terrível luta sem a pureza da alma, a autoabnegação e o domínio das paixões."

Convém notar que o *Ramayana*, como outros textos, comporta uma interpretação mística que é a única que poderá nos levar ao espírito da obra. Dar sentido, fazer luz. Sem o que, o *Ramayana* será somente uma série de relatos de lutas, mortes e heroísmos ocorridos no plano temporal. Uma simples história, nada mais.

A tradição afirma que Rama teria que se encarnar para destruir a Ravana, que simboliza o mal. Essa mesma ideia se encontra manifestada na Bíblia, em São João III-8 (1ª epístola), quando é apresentada a razão do aparecimento entre os homens (encarnação) do filho de Deus:

"... para isto se manifestou o Filho de Deus, para destruir as obras do Diabo". Ravana é o Demônio. O Mal a ser dominado. É o símbolo da natureza inferior da alma: a mente-desejo cheia de ilusão e orgulho que precisamos dominar. Segundo o mesmo Monier Williams, já citado:

"Ravana tem a forma de uma enorme nuvem – (o véu de *Māyā*) –, ou montanha – (símbolo de algo a conquistar) –, ou do deus da morte – (porque morto está aquele que não é capaz de ver a vida como ela é) – com a sua enorme boca escancarada – (para nos engolir no reino do 'faz de conta', da ilusão em que vivemos). Tem todas as marcas de realeza – (este é o problema por que o homem comum iludido considera essas 'marcas' de realeza como sendo as de um rei). Mas Ravana possui em seu corpo as marcas de todos os ferimentos infligidos pelos braços divinos."

Vamos à história: No reino de Ayodhia (que corresponde à moderna Oude) reinava, há muitos séculos, um rei da raça solar, chamado Dasaratha. Era filho de Asa, e descendente de Ikshwaku que, por sua vez, era filho do Manu Vausvavata, o descendente direto do Sol. Ayodhia é uma das sete cidades sagradas, desconhecendo-se até hoje sua exata localização. O rei Dasaratha possuía três esposas; vendo se aproximar a velhice e não tendo filhos, resolve fazer o sacrifício do cavalo[39] (Aswa-Medha). Como resultado, suas esposas dão à luz a quatro filhos. Rama, um deles, é um Avatar de *Vishnu*. É a sétima encarnação da Divindade. É o Verbo transformado em carne, mais uma vez, para a redenção dos homens e o estabelecimento da justiça (*Dharma*) alterada. O rei Dasaratha não sabia, porém, que seus filhos tinham sido enviados graças ao pedido dos próprios deuses feito ao Supremo *Vishnu*. As hostes celestiais sentiam-se ameaçadas com o enorme poder acumulado por Ravana, o Rei de Lanka, graças aos sacrifícios e à sua dedicação a *Brahmā*. É interessante notar que Ravana, assim como Lúcifer, é também uma manifestação divina, um anjo de sua corte.

O *Ramayana* descreve, no primeiro capítulo, a vida feliz dos irmãos na floresta de Ayodhia. Ali morava um sábio chamado Visvamitra, famoso pela sua santidade. Mesmo assim, era constantemente assolado pelos ataques de seres demoníacos: os Rakshasas. Esses seres simbolizam as hostes que estão a serviço do Mal. São as forças da reação, do atrito, da inércia, das sombras, indispensáveis para que o processo cósmico se estabeleça. O perigo está quando tentam assumir o controle e põem em risco a própria manifestação. Visvamitra pede que o rei coloque Rama sob a sua orientação. Dasaratha concorda e envia, junto com Rama, seu fiel irmão, Lakshamanan. Quando chega à casa do Guru, Rama é obrigado, depois de grande persuasão, a matar um ser demoníaco feminino chamado Taraka, que chefiava os que tentavam impedir o trabalho de Visvamitra. Durante anos, os irmãos permanecem junto a Visvamitra, que os ensina a manejar as mais potentes armas celestiais: os poderes latentes (*Siddhis*), que estão dentro do homem, a seu alcance, mas que não são utilizados. Aquele que se prepara, que se submete e resiste às provas, que se entrega à vontade do Supremo, recebe como prêmio essas "armas" invencíveis. Certo dia, Visvamitra leva os irmãos à corte do rei Janaka, no país de Videha. O rei tinha uma filha lindíssima, dotada de excepcionais qualidades morais, Sita, que durante séculos iria simbolizar as virtudes da mulher na Índia. Se-

[39] *Asvamedha*, em sânscrito. Era um ritual de sacrifício de cavalo seguido pela tradição Srauta da religião védica. Usado por antigos reis para demonstrar supremacia. Um cavalo acompanhado por guerreiros do rei era solto a vagar por um ano. Qualquer rival poderia contestar a autoridade do rei desafiando os guerreiros que o acompanhavam. Depois de um ano, se nenhum inimigo tivesse conseguido matar ou capturar o cavalo, o animal era levado de volta à capital e sacrificado, e o rei era declarado soberano. (Nota Ed. Bras.)

gundo alguns intérpretes, é o símbolo da natureza intencional (*búddhica*) que está para sempre unida ao Ser encarnado (*Jīvātman*). Essa união (casamento) é eterna. Nada poderá quebrá-la. Sita engloba no seu ideal de mulher a meiguice, a pureza, a fidelidade. Sita, cujo nome significa Sulco, segundo a tradição, nasceu da terra. O rei Janaka encontrava-se trabalhando no campo quando do sulco produzido pelo arado nasceu Sita. Era a própria deusa Laksmi em forma humana. Convém recordar que Laksmi é a *Shakti* (contraparte feminina) de *Vishnu*. Assim como Rama é o Avatar de *Vishnu*, Sita, sua companheira, é a corporificação de Laksmi. Para conquistar a mão de Sita, Rama teve que se submeter a uma prova em que vence diversos pretendentes ao conseguir dobrar o arco de *Shiva*. Logo a seguir, os demais irmãos de Rama casam-se com a irmã e as primas de Sita. Mas a felicidade não estava assegurada. No coração de Kaikeyi, a segunda rainha, a tempestade de paixões está em pleno desenvolvimento. Ela sonha em ver seu filho Baratha no trono de Dsaratha, no lugar de Rama. Consegue fazer com que o rei, na véspera da coroação de Rama como seu sucessor ao trono, o expulse do reino por quatorze anos. O velho rei, com o coração cheio de dor, profere a sentença:

> "... Se o real mandato de teu pai continuas a cumprir,
> Quatorze anos na floresta deves viver.
> Sete longos anos e mais sete deves lá permanecer.
> As cascas das árvores serão teu manto
> e a caverna do eremita o teu palácio..."

Sita, sua esposa, e o fiel Laksman não abandonam a Rama, e se embrenham cruzando rios no coração da floresta. São os anos de provação. O capítulo terceiro nos descreve sua vida de eremita. No terceiro dia de sua viagem de exílio, cruzam o Ganges; no quarto dia, atingem a confluência do Ganges e Jumna; no quinto, atravessam a densa floresta, até que, no sexto dia, atingem o monte Chitrakuta, onde morava Valmiki, o autor do poema. É um ponto, até hoje, venerado pelos hindus como uma terra santa. Milhões de pessoas visitam em peregrinação o local, onde um dia os pés de Rama e Sita pisaram a poeira dos caminhos. O rei Dasaratha não suporta a dor, e morre.

No capítulo quarto, o príncipe Baratha, ao retornar de uma viagem, recebe a notícia da morte do pai e recusa o trono que lhe é destinado. Procura Rama na floresta e implora para que ele volte e assuma o trono. Mas a palavra estava dada, e Rama com sábias palavras recusa a oferta, dizendo:

"Deves assumir o trono, ó Baratha, e
Defender e manter bem nosso querido povo.
Vestido de cascas de árvore e pelos de animais,
na floresta morarei.
Pois assim falou o rei Dasaratha
na sala do trono de Ayodhia,
e a ordem correta de um pai, um filho
nunca poderá esquecer!"

Neste capítulo, há também o diálogo de Rama com Jambali, um curioso poeta que em nada acredita. Para Jambali, dever, bem, mal, vida futura, nada representam.

Diz Jambali:

"Por que, Rama, enches a cabeça com tolas máximas que,
como nuvens, tiram a visão da realidade?
Não devemos a ninguém nem amor nem amizade.
Entramos nesta terra sem amigos
e dela partimos solitários...
Não existe um Além, ó Rama!
Vãs são a esperança e a crença dos homens...
Busca os prazeres do momento e deixa de lado as ilusões!"
Rama responde com palavras cheias de sabedoria:
"Mais mortal que o veneno de uma cobra
é o veneno de uma mentira.
Mais dos falsos do que de uma cobra
devem os homens fugir.
Mais necessário que o alimento aos mortais
é a Verdade que nutre e sustenta a criação.
Vãos são as oferendas, os sacrifícios, as penas rígidas
Sem valor os santos *Vedas* sem a Verdade que os sustenta."

Mas voltemos ao encontro dos irmãos, Rama e Baratha. Vendo que não consegue demover o irmão do propósito de permanecer na floresta, Baratha faz-lhe um último pedido desta forma:

"Um humilde pedido faço
quero um símbolo do amor, da bondade, do comando supremo vindo de tua mão.
Arremessa dos teus pés essas sandálias
Para que elas decorem meu trono."

Rama dá as sandálias ao irmão, que parte vestido como um eremita e regressa ao palácio onde assume o trono. No suntuoso salão de festas, as frutas selvagens eram seu único alimento à espera de que o destino do irmão terminasse.

"Durante quatorze anos, esperarei e se, no fim deles, Rama não voltar, Baratha no meio da pira terminará seus dias!"

O capítulo quinto descreve a moradia de Rama, Sita e seu irmão na floresta. É um trecho repleto de beleza pictórica. A vida vegetal e a vida animal são descritas com enorme força poética. Podemos sentir, apesar de todas as distorções das sucessivas traduções, a paz das manhãs, quando, durante as abluções matinais no rio Godavari, os irmãos sentem saudade da sua cidade distante. Aqui estão relances desse momento de emoção:

"... Dos rios envolvidos na neblina chegam-nos os ruídos dos animais selvagens.
Rolam os riachos cobertos de bruma de encontro às margens encharcadas de orvalho.
E os lírios no meio da névoa curvam as cabeças sob o peso das gotículas de água
E choram o frescor das tenras pétalas perdidas...
Meus pensamentos também correm para a cidade distante
Onde meu irmão Baratha, vestido de peles e cascas de árvore, cinge uma coroa..."

O livro número seis é o prelúdio da tempestade. Os acontecimentos vão se precipitar, e diante dos olhos do leitor uma verdadeira cavalgada de emoções e paixões irá desfilar. O príncipe Rama era um padrão de beleza, e desperta, apesar de sua experiência de eremita, o amor de uma princesa da hoste dos Rakshasas. Mas ele a repele, pois no seu coração reina suprema a doce Sita. A princesa não se conforma e pede auxílio ao seu irmão, o poderoso Ravana. Um demônio é enviado sob a forma de uma gazela para tirar Rama e seu irmão Laksman de sua casa e, assim, raptar Sita. Rama corre atrás do animal, mas deixa seu fiel irmão guardando a esposa. O amor de Sita faz a sua perdição. Julga ter ouvido a distância um grito de Rama, e pede a Laksman que parta em auxílio do irmão. Este reluta porque sabe ser Rama imbatível, e que a sua posição junto a Sita era uma ordem que deveria cumprir. Sita não se convence, enche-se de ódio, e ordena que Laksman parta. É este o único momento em que a meiga Sita deixa-se possuir, sob a influência de Ravana, pela emoção do ódio. No poema, sua cólera é assim descrita:

> "Cintilava seu olhar em cólera, a emoção marcava sua linguagem e suas palavras.
>
> Os sentidos femininos estavam tomados pelo pavor dos perigos que estaria passando seu esposo."

Laksman abandona Sita com o coração carregado de temor, e disso se aproveita Ravana para raptar Sita. Disfarça-se de eremita e aproxima-se da pobre casa onde ela morava. Captura-a e parte com ela no seu carro celestial rumo ao Sul.

No capítulo sete, Rama peregrina mergulhado na sua dor pelas montanhas Nilgiri, lá onde morava a raça primitiva dos Vanars. Vanars são qualidades mentais com as quais Rama estabelece uma aliança na busca desesperada por sua amada Sita. Sugriva, o rei dos Vanars, era um macaco que se aliou a Rama na luta contra Ravana. Segundo alguns autores, os macacos eram os povos de raça negroide que habitavam a Índia e que foram, aos poucos, se mesclando com a raça branca ariana, vinda do Norte. Hanuman era o lugar-tenente de Sugriva, o general do seu exército. Ele, como seus companheiros, era de origem divina e dotado de poderes sobrenaturais. Segundo a história, Hanuman pulou da Índia ao Ceilão (Lanka), onde morava Ravana, de um salto. As aventuras de Ranuman constituem um tema favorito das crianças e dos homens da Índia. As façanhas desse "Super-homem" são representadas nas rochas, no teatro, e cantadas em prosa e verso.

No capítulo oito, Ranuman, depois de muito procurar, consegue descobrir Sita prisioneira de Ravana num jardim e guardada por terríveis entidades. O poema nos diz:

"Cruzadas as imensas águas do oceano, o bravo Hanuman atingiu num salto a ilha de esmeralda rodeada pelas ondas de safira."

Hanuman aproxima-se cautelosamente da prisão de Sita, e conta-lhe toda a história de sua desdita, mostrando conhecer em detalhes todas as passagens que a levaram ao triste exílio. "Este não é o enganoso murmúrio de um sonho", disse Hanuman. E o poema continua:

"De Rama eu sou um mensageiro e um vassalo.
Olha este anel que tem inscrito em sua pedra o nome querido do teu rei".

Sita reconhece o anel e dá a Hanuman, para que leve a Rama como prova de que está viva, uma pedra preciosa que tinha recebido de presente de Rama por ocasião de seu casamento. Hanuman cruzou novamente o oceano e procurou Rama, a quem entregou a pedra que tinha dado a Sita, contando-lhe toda a triste história de seu cativeiro. Rama sente-se renascer, e pede a Sugriva que reúna suas forças para que possam cruzar o oceano nas asas da vingança e abater para sempre o impiedoso Senhor de Lanka.

No livro nove, vamos encontrar Ravana amedrontado com as façanhas invencíveis de Hanuman, que penetrara com facilidade em sua ilha, que acreditava inexpugnável, e alcançara sem dificuldade a bem guardada prisão de Sita. Além disso, ó supremo insulto, Hanuman tinha queimado grande parte da cidade antes de voltar à Índia. Ravana busca, então, o conselho de seus pais. Reúne-se na sala do trono, e expõe com palavras candentes a profanação de Hanuman.

"Queimou a torre principal, o templo e destruiu grande parte da cidade pelo fogo!
"Falai! Ravana deseja ouvir vossos conselhos".

Vários príncipes falam pela ordem. Fala Bibisman, o irmão mais novo de Ravana. E reprova-o. Aconselha-o a devolver Sita e restabelecer a paz com Rama. Assim, a ação iníqua de Ravana poderia ser sabiamente compensada. Sua voz foi, porém, abafada pelos gritos dos conselheiros irredutíveis que afirmavam que só a guerra contra Rama e seu extermínio poderiam lavar a honra ultrajada de Lanka. O outro irmão de Ravana, Kumbha Karna, fala por sua vez. É contrário também à guerra, mas, apesar disso, sendo fiel ao seu irmão, por ele lutaria até à morte. Ravana, cheio de ódio, exclama:

> "Melhor morar com nossos mais temíveis inimigos ou numa casa cheia de cobras venenosas do que permanecer ao lado de amigos sem fé!"

No capítulo dez, dá-se o choque inevitável entre o Bem e o Mal que já vinha tomando corpo desde o princípio. Como uma torrente de água que do céu despenca de encontro ao solo, no meio de raios e trovões e ventos em fúria, assim rugem as paixões como feras no cio, da primeira à última linha deste trecho. Vejamos a força da poesia:

> "As trevas chegaram, mas os combatentes continuavam lutando sem cessar, com um ódio ainda maior na escuridão da noite!
>
> "As hostes de Ravana em vagas vinham se chocar contra as forças de Sugriva.
>
> "Esmagadas as tropas dos Vanars, estes bebiam o sangue negro do inimigo. Lutavam bravamente, apesar de derrotados, lançando mão de todas as armas com que pudessem contar.
>
> "Então, chegaram por fim Rama e seu fiel Laksman, e dispersaram como uma chama o exército de Ravana".

A poeira se levantava como nuvens do verão de cada carro que passava. Jorros de sangue quente, borbulhante, nasciam de incontáveis ferimentos e inundavam o negro campo de batalha como as inundações após a chuva de verão.

As batalhas se sucedem noite e dia. Aos poucos, Ravana vai sendo derrotado e ficando só. Na terceira batalha, dá-se o encontro de Rama e Ravana. O poema nos conta:

> "Os deuses e mortais observavam a luta e os heróis da guerra,
> Ravana acelerando a sua carruagem de encontro a Rama no seu carro celestial."

Golpes e contragolpes são trocados. Rama não é atingido pelas armas de Ravana. A batalha foi longa e duvidosa. O oceano, as montanhas, as armas, as rochas com ela vibravam. Até que Rama resolve usar a sua mais poderosa arma, o dardo de *Brahmā*, flamejante como o fogo dos céus. E com ele atinge o coração de Ravana, matando-o instantaneamente. Vamos à descrição:

"Um grito de dor e de terror surgiu das hostes dos Rakshasas
Enquanto dos Vanars nascia um cântico de alegria!
Uma chuva de flores descia dos céus, cobrindo a planície ensanguentada!
Das harpas e címbalos invisíveis, brotava uma melodia celestial.
E o oceano parecia envolto em alegria brilhando ao encontro do céu.
Ventos suaves e frescos perpassavam as florestas em murmúrios
Doces fragrâncias e perfumes rescendiam das árvores celestiais!"

No final deste capítulo, temos a descrição da bondade suprema de Rama ao permitir que o funeral de seu inimigo, Ravana, fosse cercado de toda pompa. Assim está descrito:

"Eles empilharam a madeira, e na pira colocaram o corpo de Ravana vestido nas suas melhores roupas.

As rainhas-viúvas choravam, choravam seus súditos mais diletos.

Enquanto isso, os brâmanes recitavam os mantras e empilhavam madeiras secas e odoríferas.

No altar, colocaram óleo, cordas, oferendas sagradas...

... Reverentemente, a pira de Ravana foi acesa e os ventos suavemente transformaram a pequena chama numa fogueira.

Lenta e tristemente, depois das abluções de estilo, todos foram deixando o local da cremação.

Rama, então, solta as suas armas e as põe de lado!"

O capítulo onze é o grande final. O final feliz do poema. A consagração de Rama na sua volta ao lar. Apesar de toda a alegria, uma nuvem de suspeita paira na mente dos homens e, por fim, atinge o próprio Rama. Teria Sita durante todos esses longos anos de cativeiro permanecido fiel ao seu esposo? Sita percebe a suspeita, e resolve submeter-se ao sacrifício do fogo. Todo o povo se reúne na praça principal, e uma grande fogueira é acesa. Nela deve entrar Sita, permanecer algum tempo, e sair viva e sem queimaduras se estiver inocente. Assim foi feito. O poema assim descreve os fatos:

Figura 11 – Sita na fogueira

"Lentamente, as rubras chamas crepitaram; era o próprio Deus do Fogo que se encarnava para conter no seu seio a dama imaculada.

Nem uma trança, nem um botão em sua coroa, nem uma fímbria de seu manto foi crestado!"

E Rama volta feliz com sua esposa Sita para o seu trono, onde irá reinar por muitos anos.

O final do poema é uma joia de alegria, de esperança. É um relato do que aconteceu no reinado de Rama. Ouçamos o canto do bardo que ontem, como hoje, ainda repete a história maravilhosa a milhões de seres:

"Isto nos foi contado pelos sábios da antiguidade. Durante o feliz reinado de Rama, as doenças não atingiram os seus súditos.

As viúvas não choravam pela morte inesperada de seus maridos.

Nem as mães explodiam a sua angústia ao ver seus filhos arrebatados por Yama.

Os ladrões, os malfeitores, não molestavam os outros com seus crimes.

O vizinho amava o vizinho, e o povo, o seu senhor."

Termina, assim, dessa forma apoteótica, o *Ramayana*. Tudo é alegria! Tudo é felicidade!

Há, entretanto, um outro final; um final triste, amargo e sem esperança. Torna-se obsessiva a suspeita da honra de Sita ter sido maculada por Ravana. Rama manda a esposa para a floresta onde sob a proteção de Valmiki, ela dá nascimento aos gêmeos Lava e Kusa. Os anos passaram, céleres. Lava e Kusa crescem e tornam-se mestres exímios e aprendem de cor os 500 cantos e os 24.000 versos que compõem o *Ramayana*. Certo dia, cantam a história diante de Rama que, arrependido, manda buscar a sua Sita. Implora que o poeta Valmiki interceda a seu favor. Sita retorna com o coração partido pela suspeita do marido e invoca a sua Mãe, a Terra, para que a leve de volta ao seu reino. A terra atende, abre-se num sulco, e devora Sita em seu seio. E o poema, nessa versão trágica, assim termina:

"Deuses e homens proclamam sua virtude!
Mas Sita não mais existe!
Solitário e sem amor está o peito de Rama
Seus dias de felicidade já findaram!"

17

Os Seis Sistemas: *Darshanas*

A Verdade é una como a luz branca. Se for decomposta num prisma, adquire as sete cores que compõem o espectro solar. Os hindus têm a mesma concepção da Filosofia. Todas as escolas são apenas raios de luz que procedem da fonte una. Ou melhor, são pontos de vista (*Darshanas*) através dos quais contemplamos a realidade. Os seis sistemas surgiram no século VI a.C., quando as filosofias de protestos ganharam novo impulso em virtude da decadência em que caíra o Hinduísmo tradicional nas mãos de uma casta sacerdotal que se avocava o direito de ser a mediadora entre os homens e o Absoluto. Contra uma tal deturpação, os budistas, jainistas e carvakas levantaram-se com fervor verdadeiramente iconoclasta apropriando-se de suas mais elevadas concepções que não pertencem a ninguém, já que são eternas. Não era possível que toda a Sabedoria das idades revelada aos homens pelos *Rishis* e místicos dos *Vedas* e dos *Upanishads* fosse subitamente eclipsada e posta de lado como coisa imprestável. Os sistemas nasceram do trabalho de mentes privilegiadas que os edificaram como andaimes para que o homem pudesse atingir o pleno conhecimento de si mesmo.

Os seis sistemas que aceitam a autoridade védica são os seguintes:

Escola	**Autor**
1 – NYĀYA	Gautama
2 – VAISHESHIKA	Kanada
3 – SANKHYA	Kapila
4 – YOGA	Patañjali
5 – MĪMĀNSĀ	Jaimini
6 - VEDANTA	Badarayana

A característica comum a todas essas escolas é a aceitação dos *Vedas*. Todas consideram a Filosofia como o despertar de uma autoconsciência que, entretanto, não é a categoria última do Universo, pois há algo que ultrapassa a consciência do Ser e que tem sido chamado pelos nomes mais diversos. Intuição, revelação, consciência cósmica, visão de Deus são apenas alguns rótulos que identificam esse algo que está além das palavras. A razão é válida para o conhecimento relativo, mas totalmente impotente para atingir a plena compreensão da Vida. Não adianta tentar descrevê-la, pois só uma superconsciência poderia atingi-la. Há um golfo enorme separando o animal do homem e este do super-homem. Há uma lei suprema que domina todas as leis particulares. O homem pode, por meio de uma ampliação gradual da consciência, atingir os portais da libertação e, então, perceber num relance que sua escravização não passava de mero produto de sua ignorância.

A Escola Nyāya: O Caminho da Lógica

Apesar da natureza especulativa, e metafísica, do pensamento hindu, as escolas Nyāya e Vaisheshika são analíticas. Aplicam-se ao senso comum e favorecem o desenvolvimento da ciência. O Nyāya defende o ponto de vista de que é possível pelo argumento lógico atingir o Absoluto. Muitos a consideram como a ciência dos debates. O próprio Buda adota, em muitos *Sūtras*, a técnica preconizada pelo Nyāya, como é o caso da magnífica concisão expressa nas Quatro Nobres Verdades. Um expositor dessa escola, Vatsyayana, apresenta essas quatro verdades da seguinte forma:

"O maior bem só é atingido quando compreendemos a natureza real:

1. Daquilo que deve ser posto de lado (o sofrimento, as causas e seus efeitos);
2. Daquilo que põe fim ao sofrimento (*Jñāna*, conhecimento);
3. Dos meios de destruição desse sofrimento: os tratados filosóficos;
4. Da meta a ser atingida: O bem supremo!

A Escola Nyāya é uma verdadeira Ciência da demonstração. O conhecimento correto, sua meta. Para que exista tal conhecimento, são exigidas quatro condições básicas:

1. Um sujeito, um conhecedor no qual as cognições devem surgir como as ondas da água;
2. Um objeto que recebe o processo de cognição;
3. O resultado dessa cognição (*Pramiti*);
4. Os meios do conhecimento (*Pramāna*).

Segundo a Escola Nyāya, todo conhecimento é apenas um revelador parcial da realidade. O que percebemos é o resto filtrado pelos nossos sentidos, pela mente, e modificado pelo condicionamento. Entretanto, podemos mesmo assim perceber os diversos objetos, notar as diferenças existentes entre eles e tirar conclusões.

Os meios pelos quais adquirimos o conhecimento são o testemunho verbal de alguém que nos conta alguma coisa que não vimos, mas que passamos a aceitar, aquela dedução do tipo "vejo fumaça, logo, há fogo", ou a intuição. Esta última é considerada a mais importante porque não está contaminada pela memória, pelo passado. Na intuição, o conhecimento é direto e imediato.

O ato da percepção depende dos cinco sentidos e da mente, ao passo que, na intuição, o conhecimento é imediato, direto, sem ter sido contaminado pelo passado. Nela temos quatro fatores a considerar: os sentidos, os objetos, o contato estabelecido entre sentidos e objeto, e a cognição desse contato.

A cognição, porém, é obtida através de *Manas*, a mente, que é a mediadora entre o Ser e os sentidos. Se *Manas* estiver em contato com uma impressão sensível não pode perceber a outra (*Vipassana*).

Os ensinamentos da Escola Nyāya objetivam estabelecer a necessária distinção entre o "verdadeiro" e o "falso". De seu criador, Gautama, pouco se sabe. O texto Nyāya *Sūtra*, de sua autoria, deve ter sido escrito no século VII a.C., sendo, portanto, sua origem pré-budista. Na história do Budismo, encontramos inúmeras referências a filósofos que professavam as ideias da Nyāya. Vejamos alguns trechos da obra de Gautama:

Sūtra 1

"É o conhecimento da essência real (do caráter verdadeiro, 'a coisa em si'), das 16 categorias que se seguem, que permitem atingir o Bem Supremo: 1) Os meios do Conhecimento Correto; 2) Objetos do conhecimento correto; 3) Dúvida; 4) Motivo (finalidade); 5) Exemplo (familiar); 6) Teoria; 7) Fatores de deduções; 8) Cogitação; 9) Verdade (demonstração); 10) Discussão; 11) Disputa (controvérsia); 12) Debate; 13) Sofismas; 14) Equivocação; 15) Futilidade; 16) Desacordo nos princípios."

Os nove primeiros princípios tratam mais com a lógica, enquanto os sete últimos têm a função de evitar e destruir o erro. Vamos à análise:

1. Meios do conhecimento correto (*Pramānas*)

Sūtra 2

"Ocorre a cessação de cada um dos membros da série seguinte: dor, nascimento, atividade, defeito ou noção errada. A aniquilação daquele que se segue leva à aniquilação do que procede: e isto teve, por fim, ao Supremo Bem."

Sūtra 3

"Os meios de conhecimento correto (*pramānas*) são: percepção, dedução, analogia e palavra."

Percepção – é a "operação" (processo) de cada órgão sensível sobre o objeto particular. A operação pode ser sob a forma de contato ou cognição. Sob a forma de contato, teremos a "cognição", ou conhecimento correto. Se tivermos a cognição, o resultado será uma ideia.

Dedução – consiste numa cognição consequente do objeto.

Analogia – cognição por aproximação.

Palavra – é aquilo pelo qual os objetos são conhecidos.

Sūtra 4

"A percepção sensorial é a cognição que: a) é produzida pelo contato do objeto com o órgão do sentido; b) não é expressa pelas palavras; c) não é errada; d) é bem definida."

Sūtra 5

"Após a percepção, vem a cognição inferida, a Dedução. Ela é produto da percepção. É de três tipos: *Purvavat, Sesavat* e *Samanyatosta*".

Purvavat: vejo as nuvens carregadas, concluo que a chuva virá.

Śesavat: quando a causa é concluída pelo efeito. As águas do rio estão cheias de detritos, barrentas, rápidas, logo, deve ter chovido.

Samanyatosta: a dedução é baseada na observação geral. Observamos que sempre que uma coisa se move ela ocupa uma determinada posição no espaço; logo, tudo aquilo que estiver fora da primeira posição conhecida se moveu.

Sūtra 6

"Analogia é aquilo que resulta da semelhança do objeto conhecido."

Sūtra 7

"A afirmativa de uma pessoa de confiança é a palavra."

A pessoa é de confiança quando possui o conhecimento direto das coisas. Fala como o resultado de uma vivência. É plenamente capaz de "trocar" os que o ouvem pela sua palavra. Essa pessoa é chamada Apta.

Sūtra 8

A palavra é de duas espécies. Aquela em que a coisa falada é percebida, e aquela na qual a coisa falada não é percebida.

Sūtra 9

Os objetos de cognição (*Prameyas*) são: alma, corpo, sentidos, coisas, apreensão, mente, atividade, defeito, renascimento, punição, dor e o Bem Supremo.

Sūtra 10

"Desejo, aversão, esforço, prazer, dor e cognição são os indicativos da Alma."

Sūtra 11

O receptáculo da experiência da alma é "o Corpo. Ele é o veículo das ações, sentidos, órgãos e objetos".

Sūtra 12

Os instrumentos que produzem a experiência do prazer e dor são:

"Os órgãos olfativo, visual, cutâneo, auditivo, paladar, que procedem das substâncias materiais."

Sūtra 13

Quais são as causas de onde procedem os órgãos dos sentidos? "As substâncias materiais são: Terra, Água, Fogo, Ar e Éter."

Sūtra 14

"Odor, gosto, cor, tato e som são qualidades da terra, água, fogo, ar e éter. São os objetos dos órgãos dos sentidos."

Sūtra 15

"Intelecto, apreensão e cognição são termos sinônimos".

Sūtra 16

"A não aparição de cognições simultâneas é indicativa da existência da Morte."

O aspecto seletivo demonstra que existe algo responsável por essa seleção.

Sūtra 17

"A atividade consiste na operação da Palavra, Mente e Corpo".

Sūtra 18

"Os defeitos pressionam e incitam em virtude de sua característica que os distingue."

Sūtra 19

"Renascer significa tomar corpo novamente."

Sūtra 20

"Punição é uma coisa produzida por uma atividade e defeito."

Sūtra 21

"Quando unida com o sofrimento é a Dor".

Sūtra 22

"A liberdade absoluta é a libertação final".

Nota do Autor – *Os Sūtras transcritos anteriormente foram retirados da obra de Gautama Nyāya Sūtra, traduzida para o inglês por Gan Ganatha Jha e publicada na Índia pela Oriental Book Agency - 1939 - Poona.* A época exata em que foi escrita é de difícil determinação. Alguns estudiosos acreditam que seu autor, Gautama – que nada tem a ver com o Príncipe Siddharta Gautama, que se tornou o *Buda – viveu no século VI a.C. Outros situam o autor no século II de nossa era. O que importa, entretanto, é que o sistema Nyāya é a base firme em que repousa todo o pensamento científico da Índia, e que deu à especulação filosófica uma dimensão antes desconhecida.*

18

A Escola Vaisheshika

Vemos, a distância, um vulto envolto no lusco-fusco da noite. O que será? Um ladrão ou um poste? A única de suas propriedades que conseguimos distinguir é a altura; o resto está diluído na indefinição da penumbra. Segundo a Escola Vaisheshika, é exatamente isso o que ocorre com relação aos objetos que percebemos que, de certa forma, estão perdidos na imprecisão sensorial, o que nos causa a repulsão ou atração que sentimos em relação a eles. Quando se encontram totalmente "iluminados" pelos sentidos, isto é, captados com toda plenitude, eles se tornam naquilo que realmente são. Todas as coisas possuem nove realidades eternas que se combinam em proporções diferentes. São elas: terra, água, fogo, ar, éter, tempo, espaço, alma e mente.

Uma análise da etimologia do nome da escola, Vaisheshika, mostra sua origem de uma palavra sânscrita: *Visena*, que significa as diferenças que distinguem uma coisa da outra. Seu fundador, Kanada, viveu no século III a.C., e teve o mérito de utilizar de forma ordenada diversos conceitos que já existiam de forma difusa. O texto básico dessa escola é o *Vaisheshika-Sūtra*, cuja origem está ligada a um grupo de homens que se afastaram da vida em sociedade, como era então comum, e saíram à procura de uma resposta sobre a origem do sofrimento humano. Nessa busca, consultaram todas as tradições, leram todos os textos, decoraram os *Vedas*, os *Purānas* e outros. No entanto, verificaram que todo esse processo era somente um agregado de ensinamentos, e que existe um verdadeiro abismo entre o conhecimento e a compreensão. O grupo procura, então, o auxílio de Kanada que, para instruí-lo, escreve o *Vaisheshika-Sūtra*. A dor e o sofrimento existem em virtude da energia acumulada em séculos e séculos de ignorância. Para extingui-los, arrancando todas as suas raízes, é necessária a prática do *Yoga*. Kanada estabelece, então, os três estágios indispensáveis para que o homem consiga atingir a libertação do sofrimento:

1 - a visão intelectual da realidade;

2 - a reflexão sobre ela; e

3 - a prática.

O Universo que percebemos é uma mistura cambiante de formas, sons, cores, tato, olfato, gosto, pensamentos, numa aparente desordem. Entretanto, é possível alcançar a ordem nesse caos através da razão. Segundo T. Bernard[40], na obra *Hindu Philosophy*: "O critério da verdade é obtido na correspondência existente entre o mundo subjetivo do pensamento e o mundo objetivo da forma. A realidade está impregnada na existência. Ser real é existir; e existir é ser conhecido. Desse modo, quando existe uma perfeita harmonia entre o mundo exterior e o interior, brilha a luz da realidade".

O grande problema está em que o homem comum perdeu a consciência dessa correspondência entre os dois mundos, e vive em meio a um conflito permanente sem atingir a harmonia preexistente. A Escola Vaisheshika não se interessa em explicar a origem do Universo, já que sabe que qualquer explicação seria imperfeita e não iria resolver o problema humano fundamental: o sofrimento. Busca mostrar a beleza e a simplicidade existentes nas coisas aparentemente confusas; a ordem e a lei que vigoram no Universo e que não percebemos por culpa da nossa cegueira. O Vaisheshika-*Sūtra* fala-nos da possibilidade de se atingir o Bem Supremo:

"O Bem Supremo resulta do conhecimento produzido por um *dharma* particular, da essência dos predicados, da substância, dos atributos, da espécie e combinação de suas semelhanças e diferenças. O Bem Supremo é a Paz que resulta da compreensão do que é. Qualquer coisa é a resultante instantânea de uma série de componentes em constante alteração. A impressão em mim causada é deformada pelo condicionamento, pela deformação dos meus sentidos, que, consequentemente, produzem uma imagem falsa do fato puro. Quando, através de uma lei (*Dharma*), o homem conseguir compreender essa configuração instantânea de

[40] Theos Casimir Hamati Bernard (1908 - 1947). Pesquisador e autor norte-americano, conhecido por seu trabalho em *Yoga* e pelos estudos religiosos, particularmente, do Budismo tibetano.

causas e efeitos, o Bem Supremo foi por ele atingido. Finalmente, vi o Sol brilhando por trás das nuvens, e nunca mais esquecerei a sua face."

Alguns versículos do texto *Saptapadārtha*, de Sivaditya, cuja vida deve se situar ao redor do ano 984 d.C., mostram bem o Espírito da Escola.

1 – "As Categorias são objetos do conhecimento correto."

Comentário: Padārtha é aquilo a que se pode dar um nome ou ser conhecido. *Pramiti* é o conhecimento, ou seja, o conhecimento de uma coisa tal como é. A experiência da coisa em si.

2 – "As categorias são sete: Substância, Qualidade, Ação, Generalidade, Particularidade, Inerência e Não Existência."

Comentário: Essas são as categorias segundo a Vaisheshika. A base de tudo é a Substância. É o substrato que impregna todas as coisas.

3 – "Cada uma das categorias é composta de nove subdivisões: Terra, Água, Fogo, Ar, Éter, Tempo, Espaço, Alma e Morte."

4 – "As vinte e quatro qualidades são: 1) Cor; 2) Gosto; 3) Odor; 4) Tato; 5) Som; 6) Número; 7) Dimensão; 8) Distinção; 9) Conjunção; 10) Separação; 11) Distanciamento; 12) Proximidade; 13) Compreensão; 14) Prazer; 15) Dor; 16) Desejo; 17) Aversão; 18) Esforço; 19) Gravidade; 20) Fluidez; 21) Viscosidade; 22) Tendência; 23) Mérito; e 24) Demérito."

5 – "A ação (ou Movimento) é de cinco espécies: Movimento para cima, para trás, contração, expansão e movimento em geral."

6 – "As particularidades, em virtude de misturas em todas as substâncias, são infinitas."

7 – "A união íntima é somente uma."

8 – "A não existência é de quatro espécies: não existência antecedente, consequente, absoluta não existência e não existência recíproca."

9 – "A terra é eterna e não eterna. Eterna na forma de seus átomos e não eterna nos seus produtos. Estes, por sua vez, são tríplices: corpo, órgão sensorial e objeto."

Escola Sankhya: (O Dualismo)

Esta é a mais antiga escola filosófica da Índia, tendo muitos autores considerado como uma tentativa de harmonizar os *Vedas* com a razão. O Universo, segundo ela, resulta da evolução de vinte e cinco categorias que nasceram do dualismo fundamental constituído por *Purusha* (Espírito) e *Prakriti* (Natureza, Matéria).

A origem do termo Sankhya está ligada à palavra "número". Seu fundador foi Kapila, um sábio que viveu aproximadamente no século VI a.C. e de cuja vida quase nada se sabe.

O que o Sankhya propõe, como inúmeras escolas, é encontrar a causa do sofrimento, da insatisfação e da dor e, uma vez descoberta essa causa, permitir a libertação do espírito. Apresenta, então, uma significativa trilogia das causas do sofrimento:

1. Intrínseca, isto é, proveniente do corpo e da mente.
2. Extrínseca, originada de causas externas.
3. Supernatural, nascida das entidades que povoam o Universo.

Kapila afirma:

"Quando a verdadeira natureza da alma é compreendida, a escravização desaparece".

Essa prisão, verdadeira escravidão, é ilusória, e decorre da deformação produzida pelo conhecimento errado que o homem tem da realidade.

O Sankhya constantemente enfatiza o fato de que é a Razão que preside o Universo. Há uma lei por trás da aparente desordem. Com isso, o Universo torna-se um processo de revelação ordenado e gradual. A causa original não é definida. Pouco importa perder tempo com ela, pois está além do tempo, do espaço e da mente. A única coisa que podemos dizer é que ela É. E basta.

O processo causal pode ser captado pelo Conhecimento Correto em: percepção, dedução e testemunho. Através dele podemos atingir o fato puro. Segundo o Sankhya, do encontro dos dois polos irredutíveis, *Purusha* e *Prakriti* (Espírito e Matéria), em graus diversos de aproximação, resultam as vinte e cinco categorias mencionadas que podem, por sua vez, ser agrupadas em quatro tipos:

Aquilo que não é produzido, nem produz - *Purusha.*

Aquilo que não é produzido, mas produz - *Prakriti.*

Aquilo que é produzido e produz - Envolvente.

Aquilo que é produzido, mas não produz - Evoluto.

Purusha é o princípio inicial, a causa sem causa, que inúmeras vezes é identificado com *Brahmā, Vishnu, Shiva.* É um Espírito Universal que impregna todas as coisas, inativo e imutável. É o conhecedor dos objetos, o utilizador dos produtos de *Prakriti,* o controlador. Segundo o texto:

"Desde que todas as escrituras nos prometem a libertação, deve haver alguma coisa que transcende a *Prakriti* (Substância Cósmica), da qual todas as coisas procedem".

Prakriti é o segundo princípio que corresponde à matéria-prima da Alquimia. Há uma série de argumentos provando a necessidade de sua existência. Aqui estão dois:

O efeito tem que existir na causa, porque aquilo que não existe nunca poderá nascer.

O efeito tem que existir na causa porque o efeito nunca é diferente dela. Podemos resumir dizendo: causa e efeito são somente aspectos diferentes de uma mesma coisa.

Os graus ou "qualidades" da matéria (*Prakriti*) são em número de três (*Sattva, Raja, Tamas*), conforme já foi visto, sendo todas as coisas compostas de maior ou menor "dose" dessas "qualidades".

Purusha, Prakriti e seus três *gunas* são, portanto, a alma e a substância do Universo. Há uma polaridade original que aparece como consciência e inconsciência, sujeito e objeto, conhecedor e conhecido.

O terceiro princípio, *Mahat*, é também chamado de Grande Princípio, a Inteligência Cósmica. É a primeira aparição da Ordem que preside a toda manifestação. É como o oceano antes do aparecimento das ondas que já começam a se formar pelas tensões existentes no seio da massa líquida. *Mahat* é como a tensão que rompe o repouso.

Ahamkāra é o quarto princípio. Na palavra *Ahamkāra* está presente o pronome "eu": *aham*, a raiz do egoísmo. É o princípio da individualização de onde procedem os seguintes.

Manas é o quinto princípio: a Mente Universal. *Mahat*, *Ahamkāra* e *Manas* aparecem simultaneamente neste caso. *Manas* é a Mente Cósmica.

Indriya [Órgão] significa: Força, Poder, Capacidade. São os órgãos, que se dividem em dois grupos:

a. Cinco órgãos dos sentidos: *Jñānendriyas*: Audição, Tato, Visão, Paladar e Reprodução.

b. Cinco órgãos da ação: *Karmendriyas*: Fonação, Manipulação [Mãos], Andar [Pés], Evacuação e Reprodução.

Ainda temos a considerar neste subgrupo os elementos sutis ou elementares. São os cinco *Tanmatras*. A palavra é composta do pronome *Tad* "aquilo" e da raiz *Ma* "medir". Os *Tanmatras* são elementos sutis, ou elementares, que compõem os *Indriyas*. Eles são:

O elemento do som, do tato, da luz, do paladar e do odor. Os elementos grosseiros possuem qualidades de acordo com sua natureza. São eles: Éter, Ar, Fogo, Água e Terra.

O Prof. Hiriyana[41], em *The Essentials of Indian Philosophy*, mostra que os vinte e seis estágios acima são encontrados na Evolução. As coisas comuns deste mundo, árvores, objetos, seres, resultam de transformações secundárias dos elementos grosseiros. Diz ele:

"Um outro argumento para provar a existência de *Purusha* é a presença de um instinto espiritual do homem. Um instinto que o leva à busca, lutando sempre por uma autoperfeição. Mas a imperfeição é inevitável enquanto estiver associado

[41] Mysore Hiriyanna (1871–1950). Filósofo indiano, estudioso do sânscrito e autoridade em estética indiana. Foi professor de sânscrito na Universidade de Mysore e contemporâneo de Sarvepalli Radhakrishnan. Seus ditados em sala de aula, publicados pela Allen & Unwin, em forma de livro como "Outlines of Indian Philosophy", lhe deram reconhecimento internacional. Entre as principais obras estão: *Concepção Indiana de Valores, Esboços da Filosofia Indiana, Busca pela Perfeição e Experiência Artística.*(Nota Ed. Bras.)

a *Prakriti*. Esse impulso para escapar, como é denominado, seria inexplicável se não houvesse alguém para se libertar de *Prakriti*."

Em outro trecho, o mesmo autor acrescenta:

"Seja num longo ou curto período, todos temos que passar pelos julgamentos e enganos da vida comum antes que nossa mente se volte para a Meta Final. A verdade aqui implícita é que o homem não pensa seriamente na liberdade espiritual até que aprenda por sua própria experiência a futilidade dos valores seculares, ou se sinta saciado com a sua conquista. É somente aí que ele pode revalorizar os valores da vida."

Escola Mīmānsā (A Escola do Ser)

Existem duas escolas sob essa denominação: a chamada Pūrva-Mīmānsā e a Utara-Mīmānsā, também conhecida comumente por Vedanta.

O nome Mīmānsā indica a necessidade de uma constante meditação como fator indispensável para o homem se libertar da ignorância. A Escola alcança, em sua origem, o período *Brahmana*. Seu interesse maior é o ritual, a forma pela qual podemos atingir a realidade Suprema. Para isso, dá grande ênfase aos sacrifícios, pois os considera indispensáveis como o alvorecer da Sabedoria. Mas, para se poder executar com perfeição o ritual, é preciso interpretar corretamente os *Vedas*, textos que foram escritos há milênios e que, por isso, estão envolvidos em camadas superpostas de palavras que perderam completamente a significação para o homem. O aparecimento do Budismo produziu nos seguidores dos *Vedas* a motivação para uma pesquisa no sentido da interpretação dos textos. A *Pūrva*-Mīmānsā visa examinar em profundidade a natureza do *Dharma*. Aceita a existência de uma alma e indica a necessidade de libertá-la de camadas crescentes da matéria escravizadora. A libertação pode ser obtida por meio do ritual numa espécie de hiperquímica que propicia as condições necessárias. Segundo Radhakrishnan[42], a Mīmānsā "é francamente politeísta", sendo enorme sua importância

[42] Sarvepalli Radhakrishnan (1888 - 1975). Filósofo e político indiano. Foi o primeiro vice-presidente da Índia e o segundo presidente. Um dos mais distintos acadêmicos do século XX em estudos comparativos de religião e filosofia, foi o primeiro indiano a ser nomeado professor na Universidade de Oxford. (Nota Ed. Bras.)

na vida diária, pois os hindus são guiados por uma série de rituais que se iniciam no momento da concepção e os acompanham até a morte.

Jaimini foi o compilador e classificador da Escola e, segundo alguns autores, deve ter vivido no século IV a.C. Ele aceita os três Pramanas (meios de conhecimento), classificando-os como: 1) Percepção; 2) Dedução; 3) Testemunho.

Percepção é a apreensão direta produzida pelo contato sensorial. Nela temos a considerar: o contato com o objeto e o órgão dos sentidos e as qualidades distintas do objeto.

Dedução é quando sabemos que existe certa relação física entre duas coisas, ou quando percebemos uma delas no objeto e podemos calcular que a outra existe.

O Testemunho serve para provar a existência do *Dharma*, que não pode ser apreendido pelos olhos, nem por qualquer sentido. Todos os meios de Conhecimento são inúteis. O cerne dos *Vedas* são as afirmações que conduzem os homens a certas formas de ação que levam a resultados benéficos. Jaimini considera que os rituais são a parte mais importante dos *Vedas*, e que tudo mais que a eles não se refira não tem qualquer valor.

Jaimini define o *Dharma* como sendo uma ordem, um comando, uma Lei. Para obter a Salvação, temos que observar certas regras. Se não o fizermos, incorreremos em pecado (*Pratyavāya*). Para atingir determinados resultados, temos que executar certas práticas. Para isso, é necessário possuir uma Vontade, que se manifesta nos seguintes estágios:

1. Consciência de alguma coisa a fazer.
2. O sentimento de um dever a cumprir.
3. O desejo de o cumprir.
4. O impulso.
5. A reação motora.
6. O ato.

A Mīmānsā não se preocupa com o problema da libertação final. Aponta um caminho para o Céu, mas a libertação de *Sansāra* (Vir a ser). Convém lembrar que a finalidade da Escola é a pesquisa da Natureza de Ação Correta. A ação é a própria essência de Existência Humana. Sem ação, o conhecimento é infrutífero.

Sem ação, a felicidade é inatingível. A ação correta (*Dharma*) é um pré-requisito espiritual da vida. Todas as ações têm efeitos externos e internos. A Mīmānsā é, portanto, uma Escola de Engenharia do Abstrato, na qual o espírito é posto de lado. A reação contra ela seria inevitável. O Prof. Radhakrishnan observa:

"Os protestos contra a doutrina do cerimonialismo mecânico surgidos na escola Vedanta possuem o mesmo espírito que impulsionou a Jesus nos seus protestos contra os fariseus, e a Lutero contra a doutrina da justificação através da atividade. Um ritual feito mecanicamente não pode ter qualquer valia para a salvação. Podemos executar inúmeros sacrifícios sem que ocorra qualquer mudança em nosso espírito. O que é necessário não é o sacrifício cerimonial, mas o sacrifício do altruísmo,"

19

Escola Vedanta: (Utara-Mīmānsā) – A Escola do Absoluto

Vedanta significa o final dos *Vedas*. Refere-se, portanto, não só aos *Upanishads*, *Bhagavad-Gitā*, mas, também, ao *Vishnu Purāna*. A doutrina engloba todos os resultados das Escolas tradicionais e pode ser considerada uma das mais perfeitas sínteses do Pensamento hindu. O texto básico é o chamado *Brahmā-Sūtra* ou Vedanta-*Sūtra*. Seu autor é Bada Rayana, um personagem que deve ter vivido no 2º século a.C. O livro é dividido em quatro capítulos que, por sua vez, são subdivididos em quatro partes. Cada parte tem cinco fatores respectivamente: o assunto tratado; dúvida ou incerteza; objeção; conclusão ou verdade final; e conexão entre as várias seções.

Podemos, de maneira geral, classificar a Escola Vedanta em duas grandes divisões: Absolutista e Teísta. A primeira considera *Brahman* como um Princípio Impessoal. A segunda vê nele um Deus pessoal. Cada uma delas se divide em Advaita, Vishista-Advaita e Dvaita, estando associadas aos nomes de Śankara, Ramajuna e Madhva.

Śankara é sem dúvida o maior deles, tendo construído uma visão espiritual da vida baseada em fundamentos racionais. Afirma que aquele que adota um ponto de vista sem uma profunda pesquisa não atingirá nunca a beatitude, e incorre, com isso, numa perda irreparável. A sua palavra é um hino contra o superficialismo e a mecanização da vida.

Os *Upanishads* só podem ser corretamente interpretados na base do não dualismo, pois uma mera compreensão intelectual não é o bastante. A finalidade de todo o Conhecimento é atingir a realização espiritual.

A causa, o sustento e a dissolução do mundo é *Brahmā*. O mundo é tão ordenado que não poderia ter vindo de uma causa não inteligente.

Quando olhamos o mundo criado, estamos vendo o próprio *Īshvara*, que resulta da associação de *Brahmā* com *Māyā*. *Māyā* é o Poder de Criação. Não há diferença entre causa e efeito. O barro é a causa. As panelas e moringas são os efeitos. Na experiência espiritual, sentimos bem a identidade do sujeito com o objeto. Quando a realização é conhecida, desaparecem as diferenças que separam a verdadeira natureza.

O poeta Jean Cocteau, numa conferência feita na Universidade de Oxford, declarou:

"A constante pressa da nossa época contribui para o crime da desatenção, um crime contra o espírito e, na verdade, contra a alma."

Vamos agora transcrever um trecho da Introdução de Radhakrishnan ao *Brahmā-Sūtra*. Nestes trechos, poderemos sentir com toda profundidade o que é o Vedanta. Vejamos:

"*A experiência espiritual*"

O homem não é salvo pela metafísica. A vida espiritual envolve uma mudança de consciência. É um processo vital que é mais uma expressão da vontade do que uma atividade intelectual. A Sabedoria, *Gnosis*, é diferente do Conhecimento. Não é a elaboração de conceitos que nos atingiram por meio dos sentidos. É a capacidade para reconhecer os valores absolutos através do nosso espírito, sem a medição da percepção sensorial ou análise lógica. A realização do Supremo é a meta da existência humana. O que objetivamos é ver, e não pensar. É uma mudança no ser. Um renascimento. A esfera do pensamento lógico é ultrapassada pela possível experiência mental da realidade. *Anubhava*: consciência interior. É uma experiência que é uma mistura de maravilha, êxtase e encanto, grande demais para ser captada pelo intelecto. Não é nada conhecido, está além de tudo, e possui uma qualidade estranha.

"O Ser Transcendente nunca é um objeto. É sentido diretamente ao fracassar a razão discursiva na sua captura. Torna-se transparente na iluminação. No

Cristianismo primitivo, o intelecto é colocado acima da razão. O conhecimento instintivo está além da razão. São Tomás de Aquino, na *Summa Theologica* diz: "A Bem-aventurança final e perfeita consiste na visão do Ser Divino."

Nicholas de Cusa[43] escreve:

"É a razão (que é muito inferior ao intelecto) que dá nome às coisas a fim de distinguir uma das outras. Essa reconciliação dos contrários está além da razão". Através do poder do intelecto, o homem pode captar as coisas que estão muito acima do alcance da razão. O *desenvolvimento* do intelecto dá-se através da iniciação. A. N. Whitehead[44], na obra *Modes of Thought*, declara: "A autoevidência é o fato básico no qual toda a grandeza se sustenta. A 'prova' é uma das rotas através da qual a autoevidência é estabelecida."

A Fé não é crença. Ela surge do conflito entre a dúvida e a crença. É uma expressão daquilo que não pode ser conhecido pela razão. Ela não luta pela certeza lógica, mas adora o mistério revelado pelo pesquisador quando ele entra no *santuário íntimo*, onde a inquietação da mente é acalmada, e a verdade brilha por sua própria luz. Mas ninguém poderá permanecer lá todo o tempo e, quando o deixa, verifica que sua luz serena se reflete no inquieto mundo de pensamentos e sentidos. Temos que revelar nossa fé e usar das palavras para comunicar nossos pensamentos aos outros. Principiamos a argumentar e a expor a seu respeito, e temos que voltar a ela constantemente para refrigério e lenitivo renovador.

A finalidade primária da Filosofia Hindu não é uma doutrina de mudança da Natureza, mas uma total conversão. Isso tem algo em comum com filósofos do Ocidente, como Pitágoras, Empédocles, Platão, os Estoicos, Epicuro, Plotino, Agostinho, Boehme e Schopenhauer. Para todos eles, a verdade é reconhecida, nunca criada pela atividade intelectual, embora esta última possa preparar a men-

---

[43] Nicholas de Cusa (1401–1464). Também conhecido como Nicolau de Kues e Nicolau Cusanus, foi um filósofo alemão, teólogo, clérigo católico, jurista, matemático e astrônomo. Um dos primeiros proponentes alemães do humanismo renascentista, ele defendeu a liberdade de culto e atuou como interlocutor entre a igreja romana e a igreja oriental. Sua obra mais conhecida é A Douta Ignorância, composta por três livros em que ele aborda Deus, o Universo e Jesus.

[44] Alfred North Whitehead (1861–1947). Filósofo, lógico e matemático britânico. Fundador da escola filosófica conhecida como a Filosofia do processo, atualmente aplicada em vários campos da ciência, como na ecologia, teologia, pedagogia, física, biologia, economia e psicologia. (Nota Ed. Bras.)

te para a intuição. Platão nos diz: "Subitamente, uma luz como se tivesse saltado de uma chama surgirá na alma". Em Atos XXII-6, está dito: "Subitamente, brilhou no céu uma grande luz". Plutarco escreve: "O princípio do conhecimento é conceitual, puro e simples; é como um relâmpago que nasce na alma e oferece-se *num instante* (aqui e agora) a visão e apreensão". Sabemos, através de Phedro que, em certo momento da vida, Sócrates abandonou o estudo da ciência física, a fim de buscar uma comunhão com o poder espiritual que impregna e governa o Universo.

A alma religiosa não se preocupa com argumentos quanto à existência de Deus: ela vive a presença de Deus em cada manifestação de vida, em cada impulso implantado pela graça na profundeza do coração. Sem o auxílio do divino, todo o Universo se resume a nada. A Sabedoria afirma que há Deus, e o Conhecimento busca os seus caminhos, suas manifestações, seus atos, no grande drama do mundo que se move através da vida e da morte até o reino final do Amor e da Verdade. Os santos não provam a existência de Deus, pois eles apreenderam o divino. Eles buscam nos auxiliar e a nos erguer até a nossa verdade espiritual através das formas de culto e serviço aos seres vivos, através dos quais Deus trabalha.

O Sistema Advaita de Śankara caracteriza-se pela enorme ousadia especulativa e sutileza lógica. Segundo ele, o estudante de filosofia necessita como um "Atleta da alma" das seguintes qualificações:

1. Discernimento entre as coisas eternas e não eternas;
2. Renúncia a toda ideia de obter recompensa aqui ou num outro mundo;
3. Uma verdadeira e cuidadosa preparação moral;
4. A força motriz de uma ânsia constante pela libertação.

Para Śankara, a filosofia é a verdade eterna que paira muito acima dos insignificantes acontecimentos que marcam a vida.

A Vida de Śankara

É desconhecida a data de seu nascimento. 680, 788 e 920 d.C. são algumas datas que mostram a imprecisão das tentativas em determinar o fato. Há uma tradição de que ele nasceu em Kaladi. Muito jovem ainda, foi entregue ao treinamento de Govinda, que foi um discípulo de Gaudapada. Com avidez, absorve todos os *Vedas* e os princípios básicos do Vedanta Advaita. Todos o consideravam um prodígio. Desde cedo, revelou-se ardente pesquisador da Verdade. Começou a pesquisar todos os campos, estabelecendo debates com os líderes de diversas escolas. Por fim, sente a sua mensagem e, para difundi-la, criou quatro mosteiros, sendo o principal o de Sringeri, em Mysore. Os outros estão situados em Puri (leste), Dukara (oeste) e Badirinath (ao norte dos Himalaias). Morreu na localidade de Kedarnath, aos 32 anos. Nesta curta vida, Śankara revelou-se um gênio em vários campos de atividade. Foi um filósofo que sobrepassa Kant, poeta, sábio, santo, místico e reformador religioso. Mas, acima de tudo, foi um homem universal. Um exemplo para os homens de todas as épocas.

No período histórico em que nasceu, o Hinduísmo encontrava-se subdividido em seitas e subseitas e enfraquecia diante do Budismo e do Jainismo triunfantes. Religiões que ignoravam os *Vedas* no seu sentido externo. A época era propícia ao aparecimento de um gênio religioso que sintetizasse, que mostrasse o valor imenso das tradições do passado. Śankara foi o músico que conseguiu recaptar a melodia inexpressada, mas, viva, em milhões de corações que, assim, encontravam no Sistema Advaita uma base segura para a unidade religiosa. Nada proclama de novo. Em várias ocasiões, afirma que nada fez a não ser pregar o que está contido nos *Vedas* imemoriais. Seu pensamento foi sintetizado admiravelmente pelo Prof. S. Radhakrishnan, na sua obra *Indian Philosophy*, nos seguintes pontos:

1. Nossos sentidos podem nos iludir.
2. Nossa memória é uma ilusão, porque é o registro parcial de experiências do passado.
3. As formas do mundo são pura fantasia.
4. Os objetos do conhecimento podem ser abertos à dúvida, mas quem duvida não pode ser duvidado.
5. O ego é autoestabelecido e diferente de tudo mais, seja físico ou mental.
6. O ego (*Ātman*) é existência (*Chit*), consciência (*Sat*) e bem-aventurança (*Ānanda*). É universal e infinito.
7. O mundo objetivo é dependente. É um processo de constante mutação. Percebemos objetos. Não inventamos as ideias correspondentes.

8. O mundo não é inexistente, nem um vazio. O mundo não é a realidade última.
9. Nossa ignorância nasce da confusão entre o sujeito transcendental (*Ātman*) e a existência empírica (*Anātman*).
10. Quando analisamos o mundo do ponto de vista cósmico, vemos que o mundo é preso pelas categorias de espaço, tempo e causa.
11. Além disso, como base e raiz de toda a experiência, temos *Brahman*, que é diferente do mundo espaço-tempo-causa. Nada é semelhante a ele, nada é diferente. E não empírico, não objetivo, completamente outro, mas não é não ser. É o Ser mais alto. O mundo depende de *Brahman*, mas *Brahman* de nada depende.
12. A ignorância afeta todo o nosso ser. É um outro nome para finitude.
13. Remover a ignorância é realizar a Verdade. Quando o erro é removido, brilha a Sabedoria.
14. A verdade absoluta é *Brahman*. Nirguna *Brahman* é sem qualidades. Saguna *Brahman* e *Ishvara* (*Deus*), o Criador e Governador do Universo empírico. Nele temos todos os seres e o mundo.
15. O ser individual é o agente da atividade.
16. Pela prática das virtudes éticas e pela devoção e conhecimento, podemos atingir a meta de autorrealização (*Moksha*).
17. *Moksha*, autolibertação ou liberdade, é a direta realização da verdade que existe desde a eternidade.
18. Ao conquistarmos a libertação, nada acontece ao mundo. Somente nossos pontos de vista mudam.
19. *Moksha* não é a dissolução do mundo, mas a troca de uma visão errada pela certa (*Vydiā*).

Śankara escreveu várias obras. Consideramos *Viveka Chudamani – A Joia Suprema da Sabedoria*[45], uma das mais significativas. Ela servirá como exemplo da

[45] Editora Teosófica: Brasília, 3ª ed., 2020. (Nota Ed. Bras.)

sua filosofia. Em primeiro lugar, vamos analisar o conceito do *Ātman*. *Ātman*, o Ser Real, está oculto sob cinco mantos superpostos. São cinco camadas da matéria de densidade crescente. Vejamos no quadro abaixo as correspondências:

PLANO	CORPO	ATIVIDADE	CONSCIÊNCIA	ESTADO
1º Físico	*AnnaMaya Kosha*	Comida	*Jāgrat*	Desperto
2º Astro- -etérico	*PrānaMaya Kosha*	Vida		
3º Mental concreto	*ManoMaya Kosha*	Mente	*Svapna*	Sonho
4º Mental abstrato	*VijñānaMaya Kosha*	Compreensão		
5º Intuição	*ĀnandaMaya Kosha*	Intuição	*Sushupti*	Sonho Profundo

Os planos, no seu conjunto, são como um manto negro, espesso, de profunda ignorância (*Avydiā*). Somente quando este manto for rasgado poderá ser conhecido o *Ātman* (o novo Ser Real). O homem atinge, então, o autoconhecimento. O silêncio além da sílaba AUM. Vamos começar, então, pelo versículo onde esse encontro é apresentado:

"Envolto em cinco mantos produzidos por sua própria Vontade, o Ser não consegue brilhar da mesma forma que um tanque coberto de vegetação. Quando a vegetação é removida, a água torna-se visível até ao fundo. Nasce, então, o desejo de bebê-la, e ela dá aos que a bebem a maior felicidade."

"Eu me prostro diante do verdadeiro Instrutor. Diante daquele a que foram reveladas todas as conclusões e todos os Sistemas de Filosofia Vedanta, mas que é ele mesmo desconhecido, Govinda, a suprema bem-aventurança."

Comentário: O mestre de Śankara foi Govinda, um famoso instrutor da Filosofia Advaita. É mito difícil encontrar o Guru, mas quando o discípulo está pronto, física e espiritualmente, o Mestre surge, da mesma forma que o fogo brota de dentro de um pedaço de madeira quando seco. Nesse instante, salta a centelha e o discípulo queima com o fogo do Mestre. O prosternar é o reconhecimento dessa ascendência; é a atitude receptiva. O coração puro, aberto. Govinda, o Guru, é identificado com a suprema bem-aventurança. Até aquele momento do encontro, ele era desconhecido.

"Dentre as criaturas sensíveis, o nascimento como homem é difícil de conquistar. Entre os seres humanos, atingir a humanização. Entre os homens, ser um *Brâmane*. Entre os *Brâmanes*, querer seguir a senda do *Dharma* Védico e, entre esses, o aprendizado. Mas o conhecimento espiritual que discrimina entre o espírito e o não espírito, a realização prática do mergulho e fusão do indivíduo em *Brahmātman* e a emancipação final dos liames da matéria são inatingíveis exceto através do bom *karma* resultante de milhões de encarnações."

Comentário: Neste versículo, *Śankara* nos mostra a dificuldade do processo de seleção, a necessidade de vários nascimentos. A humanização do homem é o portal. O primeiro estágio. Equivale ao processo de individualização, de Jung, que diz na sua obra *The development of personality*, o seguinte:

"O desenvolvimento da personalidade do seu estado germinal até a plena consciência é, simultaneamente, uma maldição e uma bênção. O primeiro resultado é a separação, inevitável e consciente, entre o ser singelo e o rebanho indistinto e inconsciente. Isso significa isolamento, e não existem mais para ele palavras confortadoras. Nem a família nem a sociedade nem a posição podem salvá-lo. Nem uma melhor adaptação ao ambiente, nem uma maneira de nos adaptarmos a ele sem atrito. O desenvolvimento da personalidade é um acontecimento que custa caro."

"Aquele que tendo atingido com dificuldade uma encarnação humana, e nessa, a individualização e o conhecimento das Escrituras, e que, devido à *ilusão,* não trabalha pela sua emancipação, é como um suicida autodestruindo-se ao tentar conquistar objetos ilusórios."

Comentário: A ilusão (*Māyā*) é a escravização, o comodismo, a mediocridade de vidas vividas num adormecimento total. A grande maioria vive uma vida de consumo acelerado; por isso, é imensa a quantidade de produtos expelidos, semidigeridos, que vão apodrecer empestando o meio, da mesma forma que o lixo não recolhido. E a autofagia. A autodestruição suicida e consciente.

"O homem pode estudar as Escrituras, propiciar os deuses pelos sacrifícios, executar cerimônias religiosas ou oferecer devoção aos deuses; todavia, não alcançará a libertação mesmo ao longo de bilhões de anos, exceto quando nasça nele o conhecimento da união com o espírito."

Comentário: O ritual mecânico é a mecanização do sagrado. É o corpo sem alma. É a prece dos lábios ou o gosto sem sentido. Para que possamos dar ao pensamento, à palavra e ação o efeito determinado, devemos estar enlevados pelo *Samādhi* nascido da união do ser, separado que sou do Espírito Universal que me impregna e sustém. Há, entretanto, uma união do homem com o meio em que vive. Quando essa união, essa ponte, janela, porta ou o nome que quiserem usar para significar uma passagem livre, for encontrada, as cerimônias, os rituais e sacrifícios vão agir. Vejamos como Jung pressentiu essa "ligação". Na sua obra, *On psyquical energy*, vol. 7, Col. Works, menciona:

"O homem não é uma máquina no sentido de que possa manter constantemente o rendimento de trabalho. Ele somente pode fazer face às necessidades externas de uma forma ideal se tiver se adaptado no seu mundo interno. Se estiver em *harmonia consigo mesmo.* Analogamente, ele somente pode adaptar-se ao seu mundo interno, e alcançar a unidade consigo mesmo, quando se adaptar às condições do meio."

"A percepção do fato de que o objeto visto é uma corda, removerá o medo e o sofrimento que resultam da ideia ilusória de que ele é uma serpente."

Comentário: Aqui está o mais usado dos exemplos para demonstrar a natureza da ignorância (*Avydiā*). É, também, uma advertência sobre a necessidade de uma plena atenção para o julgamento.

"O conhecimento do objeto é obtido somente pela percepção, investigação ou instrução e nunca pelos rituais purificadores, por dar esmolas ou pela retenção da respiração."

Comentário: Vemos aqui enunciados os *Pramānas* (formas de conhecimento), e uma advertência aos que pensam utilizar recursos puramente físicos para obtê-lo.

"A conquista do objeto depende principalmente da qualificação daquele que o deseja alcançar. Todos os artifícios e contingências que surgem das circunstâncias do tempo e do espaço são meramente acessórios."

Comentário: Conquista é integração, posse, fusão de duas naturezas. O essencial é a qualificação. Vamos ao exemplo dos Himalaias. Não são todos que tentam conquistá-los. Dentre aqueles que têm a consciência da possibilidade dessa conquista, só muito poucos estarão qualificados para isso. Nessa qualificação, se incluem: 1) experiência anterior em conquistas menores. O alpinista não pode começar de saída com os Himalaias; 2) preparo físico; 3) preparo espiritual; 4) determinação.

"Para essa finalidade, existem quatro espécies de treinamento preliminar, assim dizem os sábios. Com eles, teremos sucesso; sem eles, o fracasso."

Comentário: Agora vejamos as regras do preparo do atleta espiritual; os exercícios.

"A primeira é o discernimento entre o eterno e o transitório. A segunda é a renúncia ao desejo de gozar os frutos da ação, aqui e no além. Em terceiro lugar, as seis posses principiando por *Sama* e, por fim, a quarta, que é a aspiração pela libertação."

Comentário: Viveka é o discernimento, a distinção do certo e do errado. O reencontro com o *dharma*. É uma qualidade rara, pois o homem comum, nas suas escolhas e rejeições, é impulsionado pelo condicionamento, hábitos, rotina, memória, e não possui a verdadeira discriminação. A pressa, o superficialismo, a sensação, o brilho são aspectos que marcam a sua ação.

Jung sentiu bem o problema quando, na sua obra, *Holy men of India* (Col. Works nº 11), assim o define:

"O homem que é somente sábio e só possui interesses santos interessa-me tanto como o esqueleto de um animal raro. É raro, eu sei, mas não me leva às lágrimas. Do outro lado, a contradição absurda de ser retirado das garras de *Māyā*, mergulhar no Ser Cósmico, voltar novamente por uma fraqueza que deita raízes na negra terra, e repetir para toda a eternidade este fiar e desfiar do véu da eterna melodia hindu - esta contradição me toca. Como podemos ver a luz sem sombra, ou sentir a paz sem ruído, ou atingir a Sabedoria sem a ignorância?"

Viveka é, portanto, a consciência desse caminho do meio, da reconciliação dos opostos.

A *renúncia* não é um estado de violação da Natureza. Quem renuncia não o faz forçado pela vontade ou pelas circunstâncias, nem pela possibilidade de obter recompensas. Renunciar é dar sem nada pedir em troca. É abrir-se como o botão ao sol da manhã. Correr como fonte nascida na encosta da montanha. Essa renúncia pode se apresentar sob vários aspectos, e um deles é o da criação artística.

Mestre Jung, que será nosso constante companheiro nesses comentários que servem para demonstrar a absoluta adequacidade da Filosofia Vedanta aos problemas da alma humana, nos diz no capítulo "On relation of analytical psycology to poetic art" ("Sobre a relação da psicologia analítica com a arte poética"), vol. 15, o seguinte:

"O trabalho incriado na alma do artista é uma força da Natureza que procura se exprimir seja pela tirania da força ou pelas sutis influências com que a Natureza procura atingir sua finalidade. Não se preocupa com a felicidade ou infelicidade do homem, que é o seu instrumento. A energia criadora vive e nutre-se do homem, assim como uma árvore vive da terra, de onde tira o seu sustento. O processo criativo pode ser considerado como uma coisa viva, implantada nas obras humanas."

A renúncia é um sinal do desabrochar. A grande diferença entre o artesão e o artista é que o primeiro produz como resultado de um condicionamento. Sua obra é o resultado de uma correia de montagem. Serve para o consumo, mas não toca àqueles que a veem com a marca da autenticidade. O verdadeiro artista é um homem possuído pelo processo criativo. Consome-se no processo da criação porque renunciou a si mesmo. É puro Amor!

As seis *posses* que devem ser reunidas são:

1. *Sama* – Concentração imperturbável da mente sobre o objeto da percepção.
2. *Dama* – Confinamento à esfera adequada dos órgãos de ação e percepção sensoriais, após ter desprezado o objeto da percepção.
3. *Uparati* – Condição que não depende nem está relatada ao mundo externo.
4. *Titikchā* – Suportar a dor e o sofrimento sem abatimento ou lamentação.
5. *Sraddhā* – Fé nos ensinamentos do Guru.

6. *Samādhāna* – Constante fixação da mente no puro espírito.

Finalmente, a renúncia Suprema: a renúncia à própria salvação. *Mumuksutva* é o desejo da libertação.

"O Mestre disse: Não temas, ó homem sábio! Não há perigo para ti! Existe um meio para cruzar o oceano dos nascimentos e renascimentos, cruzar o oceano da vida mutável; tu atingirás a bênção da Bem-aventurança Eterna!"

Comentário: O Mestre, o Guru, a chama viva que nos acende e nos queima e que nos torna uno com seu calor, nos dá Esperança. Há um caminho, uma senda antiga aberta diante de nós, uma trilha que nos levará aqui e agora à Paz fundamental. Notem o símile do oceano que surge inúmeras vezes nos textos hindus, e que é um símbolo de enorme poder comunicativo em vários planos da consciência. O símbolo é um germe que irá se desenvolver quando encontrar em nós as condições propícias, assim como a semente aparentemente morta encontrada depois de milênios nos sarcófagos do Egito conseguiu germinar. Novamente, Jung nos vale com a citação abaixo que bem caracteriza a "força do símbolo":

"Tudo que existe age, pois de outra forma não seria ativo. É ativo somente graças à sua energia intrínseca. O Ser é um campo de força."

"Há um *meio* efetivo para a destruição do nascimento e do renascimento por intermédio do qual, cruzando o oceano mutável da vida, atingirás a Suprema Bem-aventurança!"

Comentário: Aqui, Śankara nos revela a existência de um *meio* para terminar o processo do sofrimento. Esse meio é um processo de "cura". Jung, na sua obra *The state of psychoterapy today*, focaliza muito bem esse caminho para Deus que terminará com o sofrimento:

"O espírito da humanidade tem se preocupado com o sofrimento da alma durante milhares de anos, talvez mesmo antes de se preocupar com o sofrimento do corpo. A "salvação da alma", "a propiciação dos deuses", os "perigos da alma" não são problemas recentes. As religiões são sistemas de psicoterapia no sentido moderno da palavra e na sua ampla medida. Elas expressam a natureza dos problemas humanos em poderosas imagens... Nenhuma alma está na base universal; somente uma consciência individual que perdeu a conexão com a alma total é capturada na ilusão de que a alma é uma região pequenina, circunscrita, e um campo adequado para a aplicação de uma teoria científica. A perda dessa conexão ampla é o mal fundamental da neurose..."

"Pela adequada compreensão da finalidade do Vedanta, o homem obtém um excelente conhecimento. Com isso, termina a grande miséria do nascimento e renascimento."

"O que é a escravidão? Qual sua origem? Como é mantida? Como é removida? O que é o não espírito? O que é o Supremo Espírito? Como podemos discriminá-los?"

"Os filhos e os outros [não] são capazes de saldar o delito dos pais. Ninguém, a não ser nós mesmos, pode remover a sua escravização."

"O homem doente é visto recuperar-se através do auxílio da medicina e de uma dieta adequada. Nunca, pelos atos executados por outros."

"Se a Verdade Suprema permanece desconhecida, o estudo das Escrituras é infrutífero. Se a Verdade Suprema é conhecida, o estudo das Escrituras é inútil. (O estudo da letra é inútil; o espírito deve ser buscado pela intuição)."

"Um tesouro oculto não surge aos olhos pela simples enunciação da palavra *fora*. Deve haver uma informação de confiança quanto ao seu lugar, cavar e remover pedras. De maneira similar, a pura verdade que transcende a operação de *Māyā* (*Māyā*, aqui, significa a força de evolução) – não é obtida sem a instrução dos conhecedores do Supremo, juntamente com a reflexão, meditação etc., e não por deduções ilógicas."

Comentários: Em primeiro lugar, é necessário um esforço para encontrar quem possua o mapa do tesouro; do contrário, a busca será um constante desperdício de forças. Depois, o trabalho. Existe, pois, um trabalho interno muito semelhante ao físico. As imagens das pedras, das camadas superpostas que impedem o acesso ao tesouro são válidas. Vemos que Śankara identifica a instrução dos conhecedores do Supremo, a informação de confiança, ao mapa. Reflexão e meditação equivalem a cavar e remover pedras.

"Os iludidos, que estão unidos aos objetos mundanos pelos laços dos fortes desejos, difíceis de serem quebrados, são forçosamente carregados pelo mensageiro do seu próprio *karma* ao céu (*Svarga*) ou ao inferno (*Naraka*)."

"Presos pelas qualidades dos cinco sentidos, as cinco criaturas encontram a morte. O que dizer, então, do homem que está preso pelos cinco sentidos?"

Comentário: Os cinco animais são: a gazela, o elefante, a mariposa, o peixe e a mosca. Segundo a tradição, a gazela é atraída pela música, fato conhecido pelos antigos caçadores. O elefante é morto pelo tato. Deixa-se dominar por quem lhe coce as costas. A mariposa é atraída pela luz que a consome, o peixe, pelo gosto, a mosca, pelo cheiro. E o homem, então?

"Do ponto de vista da violência, os objetos dos sentidos podem ser tão fatais como o veneno da cobra negra (Naga). O veneno só mata àquele no qual foi inoculado, ao passo que os objetos sensuais podem matar (espiritualmente) mesmo pela sua aparência externa."

"Somente aquele que matar o tubarão do desejo com a espada do supremo desapaixonamento poderá atingir livremente o outro lado da existência condicionada."

"Aquele que atende somente à alimentação do corpo, não fazendo o bem aos outros, evitando constantemente seu próprio *Dharma* e não buscando a liberação causada pela ignorância, mata-se a si mesmo."

"Os produtos do corpo denso são nascimento, velhice e morte. Seus estágios são a infância, mocidade e o resto. Ao corpo sujeito a doenças pertencem inúmeras regulamentações referentes à casta, condição, honra, desgraça, adulação e o resto."

"Um algo eterno sobre o qual repousa a convicção referente ao Ego, existe em si mesmo e é diferente dos cinco corpos."

"Esta consciência espiritual não manifestada principia a manifestar-se como uma aurora no coração puro e, brilhando como o sol do meio-dia na "caverna da sabedoria", ilumina todo o Universo."

Comentário: Neste último versículo está indicada a vitalização do *Chakra* do coração.

"O que é eterno não nasce, não morre, não cresce, decai ou se modifica. Não é dissolvido pela dissolução do corpo, assim como o espaço não é dissolvido pela dissolução de um jarro."

"Assim como as nuvens produzidas (tornadas visíveis) pelos raios do sol manifestam-se escondendo o Sol que as criou, o egoísmo surgindo através da conexão com o *Ātman* (ou Ego) manifesta-se a si mesmo, ocultando o caráter real de *Ātman*."

"A servidão do não ego, enraizada na ignorância, produz uma torrente de todos os nascimentos, morte, doença, velhice e outros males..."

"As nuvens são reunidas pelo vento, e por ele dispersadas. A servidão é criada por *Manas*, e a emancipação também é por ela produzida."

"O *Ātman* é em si mesmo a essência que testemunha, que por si mesmo é percebida. O *Ātman* é em si mesmo o testemunho."

"O tolo, tendo visto a imagem do sol na água do jarro, pensa que é o sol. Da mesma forma, o ignorante, vendo a reflexão do *Logos* em qualquer dos veículos, pensa que é o ser real."

"Compreende que tu és Aquilo-*Brahman* no qual repousa o Universo, criado através da ignorância; Ele, (*Brahman*), é autossustentado, é diferente da verdade (relativa) e da mentira, indivisível, além das representações mentais."

20

Pelos Caminhos do *Yoga*

Introdução

Alguns estudiosos estão começando a acreditar que o cérebro não é elemento indispensável às atividades conscientes, quebrando, assim, um tabu que correlacionava o pensamento e todas as outras funções mentais somente com aquele órgão. O conceito de que assim como o fígado produz a bílis, o cérebro produz o pensamento já foi ultrapassado, e serve agora apenas como marco de uma etapa no desenvolvimento científico humano, etapa essa em que todos os valores humanos eram considerados puramente em termos de matéria. Parapsicólogos como Rhine[46], Soal, Shakleton, Vasileiev e outros encarregam-se de revelar ao mundo, que só acredita em mensagens quando transmitidas através do "oráculo" da Ciência, que a mente humana tem outras faculdades além dos cinco órgãos dos sentidos. Esse conhecimento já era do domínio dos sábios da antiga Índia, quando afirmavam que o homem podia "ver" e "conhecer" sem o auxílio dos órgãos comuns dos sentidos. Afirmavam a existência de um amplo mundo em torno e dentro de nós que normalmente transcende nossa capacidade perceptiva.

Quando nossos olhos se "abrem" para essa realidade, somos impregnados da mesma sensação de um cego que recobrasse a visão. Há leis que governam a eclosão desses sentidos. Essas leis eram estudadas e tabuladas na Índia Antiga.

---

[46] Joseph Banks Rhine (1895–1980). Botânico norte-americano, fundador da investigação científica na parapsicologia como um ramo da psicologia. Fundou o laboratório de parapsicologia da Universidade de Duke, o Jornal de Parapsicologia da Foundation for Research on the Nature of Man, atualmente chamado Rhine Research Center e da Parapsychology Foundation. (Nota Ed. Bras.)

Controlando a mente e aumentando seu poder de concentração por um processo similar ao da focalização de um sistema ótico, pode-se chegar a perceber esse "novo" mundo. Os exercícios mentais são semelhantes aos exercícios físicos para o atleta. Têm a finalidade de mantê-lo em forma para tentar novas marcas. Existe uma disciplina que encerra em um Todo o conjunto: Corpo, Mente, Espírito. Essa disciplina, que pode admitir várias escolas, é o *Yoga*.

Yoga. Há certas palavras que trazem consigo um halo de exotismo e mistério. *Yoga* é uma delas. Lembramo-nos, por associações inconscientes a terras longínquas, de seres emaciados pelos jejuns, autoflagelados e mergulhados em profunda meditação.

Yoga não é, entretanto, qualquer coisa exótica e sobrenatural desligada da realidade, apesar do seu aspecto externo comportar algumas das ideias citadas. É uma disciplina que tem como nota a união do homem consigo mesmo. Ou, se quisermos, com Deus. Ou melhor falando: o autoconhecimento preconizado a Sócrates pelo oráculo de Delphos. Em todas as épocas, encontra-se manifestado esse anseio da humanidade. Julgo que desde o primeiro momento em que a consciência humana desabrochou e o homem viu-se só diante de uma Natureza agressiva. Desse medo, nasceu a ideia da procura de um abrigo que pudesse defendê-lo das intempéries físicas. No mundo espiritual, o mesmo fenômeno manifesta-se.

Nascemos isolados. Somos como inúmeras ilhas ou galáxias de que nos fala a Astronomia. Temos uma inata atração pelo todo, atraímos e somos atraídos pelo que nos cerca. O anseio de transcender barreiras e buscar a "salvação", como dizem os cristãos, ou a "libertação", como falam os orientais. Platão, no seu diálogo *Fedro*, dá-nos uma bela imagem do duplo aspecto da natureza humana ao compará-la a uma carruagem guiada por uma parelha, sendo um dos cavalos fogoso, desordenado, e o outro, calmo, tranquilo e de passo firme. O controle dessa parelha heterogênea nos levará à "outra margem". Aqueles que conseguem harmonizar a própria natureza tornam-se um *Arhat* (um homem perfeito) no dizer dos budistas, ou um santo, na denominação católico-cristã.

O homem busca um abrigo para si, e uma complementação para seu ser atormentado de dúvidas e angústias.

Esse anseio é a tendência da centelha de voltar à fogueira da qual proveio, como nos fala um *Upanishad.* É a sede pelas águas do espírito, ou a tendência que têm as águas de voltar ao nível de onde desceram. São inúmeras as imagens em todas as tradições. A legenda do filho pródigo é uma delas.

O símbolo da serpente engolindo a causa (Ouroboros) completa o círculo com o encontro dos extremos. Nesse encontro dos extremos, está simbolizada a união do indivíduo com o Universal, que constitui o objetivo do *Yoga*. No momento em que a União é conseguida, atinge o homem o estágio que tem sido intitulado: *Moksha*, *Mukti*, *Nirvāna*, *Najat*, *Fana-F-Ilah*, *Kaivalya*, Salvação, Libertação. Nesse estágio, é aniquilado o senso da separatividade e floresce a bem-aventurança da unificação com o Ser Universal. Todas as religiões, quaisquer que sejam seus rótulos, aspiram por atingir essa meta; os caminhos, entretanto, diferem de nome.

Yoga, portanto, é unir. Etimologicamente, a palavra deriva da raiz sânscrita, *Yug*, que é a canga usada para unir-se os bois em parelhas.

No idioma inglês, essa raiz arcaica é francamente notada no verbo *To yoke*, que quer dizer unir. Aquele que pratica a disciplina do *Yoga* é chamado iogue. O *Yoga* é uma das seis escolas filosóficas tradicionais da Índia, e ali ensinada como disciplina de currículo escolar, entre outras, na famosa Universidade Budista de Nalanda, que desempenhou na Índia o mesmo papel representado por Atenas, Alexandria e Oxford em outros países e em outras épocas.

Convém aqui, de início, uma palavra de advertência. São inúmeros os textos ocidentais e mesmo orientais destinados à divulgação da doutrina. Cada um alerta contra os entraves e as promessas de poderes miraculosos que muitos apregoam. A senda é afiada como o fio da navalha, e só é revelada no momento em que o indivíduo está maduro. É imensa a enxurrada de pseudoinstrutores e escolas, o que constitui um símbolo da busca que hoje, como nunca, leva o homem a bater em todas as portas.

Os sintomas precursores dessa natureza interna são englobados pelos hindus na palavra sânscrita *Vairāgya*. É uma dessas palavras de difícil tradução, tendo em vista o mundo sutil de gradações que simboliza. Pode-se traduzir *Vairāgya* como revolta, insatisfação, vontade de se identificar com algo mais elevado, desgosto com o próprio egoísmo, vontade de transcender a vida comum, anseio pela luz espiritual. O estudo de *Vairāgya* simboliza as dores que precedem o segundo nascimento. Deus, conforme nos diz a Bíblia, está mais próximo dos simples de coração, dos inocentes, dos puros, dos "pobres de espírito" ou das "criancinhas". As parábolas bíblicas das criancinhas, de Cristo, e do fundo da agulha, devem ser interpretadas, não literalmente, mas, sim, no seu sentido mais amplo. A pobreza de espírito, como condição essencial para alcançar o reino dos céus. O homem comum está cheio de convenções, hábitos de raciocínio de um vasto cabedal de conhecimentos adquiridos que lhe dificultam a percepção da verdadeira realidade. Está cheio de "espírito", como nos diz a Bíblia. A fim de que o "reino dos céus" lhe abra as portas, é preciso que o homem se despoje desse peso morto de conhecimentos e superstições que o impedem de alçar voo. A imagem de um balão estratosférico e do lastro deitado fora, a fim de que possa subir, é perfeitamente ajustada nesse caso. O "reino dos céus" representa a abertura, a consciência de zonas que permaneciam completamente desconhecidas ao homem, apesar deste se mover no seio delas. O mesmo fato ocorre com um cego de nascença que consegue, pelo tratamento ou por uma operação, recuperar a visão, e "vê" pela primeira vez um mundo inundado de luz no seio do qual ele vivia inconsciente até então, essa é a razão pela qual podemos afirmar que o reino dos céus existe e que nele nos movemos, pois esse reino está também dentro de nós.

Os hindus sabem que nem todos os homens estão maduros.

Assim como na natureza temos a qualquer momento frutos surgindo, amadurecendo, plenamente maduros, ou aparecendo, com a humanidade ocorre o mesmo. Existem caminhos ou vias, sendas evolutivas. Para o hindu, a evolução comporta duas fases, ou arcos: *Pravritti-mārga* e *Nivritti-mārga*. *Pravritti-mārga* é o caminho da ida, da busca de experiências, das perseguições aos objetos sensoriais e do gozo dos bens terrenos. A luta é a sua característica, e a separatividade, a tônica dominante. O homem luta e se isola cada vez mais a fim de autoafirmar-se nessa etapa, dá-se a cristalização progressiva da personalidade e a autoemulação. Essa etapa termina no momento que o arco se aproxima do ponto de reversão em que se dará a mudança de sentido. Inicia-se aí o *Nivritti-mārga*. O caminho da volta. O caminho da subida. Nesse estágio, a união é a tônica, a destruição da personalidade, a meta. A renúncia aos bens terrenos, uma característica. Na estrutura da sociedade hindu preconizada pelas antiquíssimas leis de *Manu*, a vida do homem divide-se, como já mencionamos, em quatro estágios, a saber: a) estudante, b) dono de casa, c) asceta, d) homem santo. As duas primeiras etapas estão enquadradas no caminho da ida (*Pravritti-mārga*) e as duas últimas, no caminho de volta (*Nivritti-mārga*). Normalmente, o homem tem que viver a sua vida de sociedade, cumprir sua obrigação para com seus antepassados (*Pitris*), para com os animais (*Butas*), para com os outros homens e para com os Deuses (*devas*), antes de poder voluntariamente se retirar das suas ocupações. Na primeira etapa, são os caminhos exteriores que o homem trilha em busca dos valores sensoriais. Na segunda, os caminhos são internos, puramente introspectivos.

Vejamos, agora, a definição clássica de *Yoga* formulada por Patañjali, que é considerado o codifidor da disciplina hoje conhecida por esse nome.

Diz-nos Patañjali em seu texto *Yoga-Sūtra:*

"*Yoga* é a inibição das modificações da mente que nos leva até a morada em que o espírito habita em sua real pureza."

Analisemos a definição:

Inibição: não é sinônimo de destruição ou negação. Inibição é cessação de atividades, a fim de obter Paz, Controle, Repouso. Várias imagens podem ser utilizadas para concretizar o conceito. Entre elas, a de um lago cujas águas estão turvas pelo movimento das ondas, e que pouco a pouco vão se clareando à medida que as ondas diminuem de intensidade, até o momento em que a superfície das águas se torna serena como um espelho, e as partículas sólidas em suspensão são depositadas, permitindo a qualquer um a visão das belezas do seu leito.

Uma outra imagem também altamente significativa pelo seu simbolismo é a do Silêncio e sua Voz. A Voz do Silêncio que só pode ser ouvida pelo "ouvido interno". A obra *A Voz do Silêncio*[47], traduzida por H. P. Blavatsky, é uma coletânea de grande número de variações sobre o tema do silêncio interno. Há uma versão portuguesa[48], de Fernando Pessoa, recém-publicada. Um dos seus versículos é o seguinte:

---

[47] O autor referiu-se à edição de 1973, da Editora Civilização Brasileira. A Editora Teosófica publicou a quarta edição de bolso de *A Voz do Silêncio* em 2020, na tradução de Fernando Pessoa sobre a tradução de H. P. Blavatsky para o inglês, e em 2021 uma edição de luxo.

[48] Patañjali (sânsc). Fundador da Filosofia do *Yoga*. Os orientalistas situam-no em 200 a.C.; os

"Antes de pousares os pés sobre os degraus superiores da escada dos sons místicos, deverás compreender de sete maneiras a voz do teu Deus interno."

"As águas puras da vida eterna, claras e cristalinas, não se podem misturar com as torrentes lamacentas das tempestades de verão."

Explica um Guru: "A inibição, ou controle da mente, só é possível quando esta é de tal modo inibida que permite ao Espírito Supremo libertar-se dos seus grilhões e refulgir em sua natureza pura". A inibição parcial não conduz à libertação, nem põe fim às impressões (*Sanskāras*) produzidas pelas modificações mentais.

As modificações mentais a serem inibidas são o produto dos nossos processos mentais. São cinco:

1. Conhecimento correto (percepção, influência, conhecimento verbal), 2) Conhecimento errôneo, 3) Fantasia, 4) Conhecimento durante o sono, 5) Recordação.

E qual o meio para inibir as modificações mentais? Os comentários aos *Yoga-Sūtras* de Patañjali explicam, no versículo 12, que essa inibição provém da prática e do desapaixonamento. "A mente é como um rio que pudesse fluir em duas direções. Ela flui tanto para o bem, como para o mal. Quando flui em direção às paragens do isolamento e através do vale da discriminação, diz-se que corre para o Mal; quando se desloca através do vale da não discriminação na direção das paragens da unificação, diz-se que tende para o Bem."

O desapaixonamento serve como freio, retardando o movimento em direção aos objetos mundanos. A inibição das funções da mente depende conjuntamente da Prática e do Desapaixonamento. Prática é sinônimo de exercício constante. Desapaixonamento é sinônimo de desapego aos valores mundanos, às ilusões dos sentidos, que geram a noção da separatividade. No poema *Bhagavad-Gitā*, encontra-se ressaltada em vários "*Slokas*" (Versículos) a noção de que a ação desinteressada é a melhor solução para os problemas que nos assaltam. A *Bhagavad-Gitā* descreve simbolicamente uma batalha prestes a ser travada no campo chamado Kurukshetra.

---

ocultistas, mais próximo de 700 do que 600 a.C. (Nota Ed. Bras.)

Esse campo é aquele em que se desenrola a luta da nossa vida cotidiana. Luta cheia de alegria e tristezas, esperanças e desenganos. No campo de Kurukshetra, a *Gitā* descreve um diálogo travado entre Arjuna e Krishna. Arjuna é o "eu inferior" (a personalidade), *Kama-Manas*; enquanto Krishna é o nosso "eu superior", a individualidade (*Ātma-Buddhi*). No limiar da batalha, Arjuna cai em desespero e nega-se a combater seus amigos e parentes que se encontravam no campo oposto. Esses "amigos e parentes" são simbolicamente considerados como os vícios, os hábitos e as superstições que não podem continuar acompanhando o indivíduo que deseja atingir a perfeição e que, em certa etapa da vida, têm que ser impiedosamente alijados, a fim de que uma nova vida espiritual possa nascer. Daí a luta, a dor, a recusa ao combate, o medo de abandonar os padrões preestabelecidos. Nesse instante em que o "eu inferior" se recusa à autoimolação dos seus "parentes", o "Eu supremo", Khrisna, o Deus interno, numa argumentação de excelsa espiritualidade, aconselha o desapaixonamento e o desinteresse como únicas atitudes no caso.

A classificação geral da disciplina do *Yoga* pode ser resumida na seguinte chave:

1. Concreta ou consciente:
   - b. vacilante;
   - c. deliberativa;
   - d. bem-aventurança;
   - e. consciência própria.
2. Abstrata ou inconsciente:
   - *c. upayapratyaya;*
   - *d. bhavapratyaya.*

Passemos a examinar cada grupo de *per si.*

A. *Yoga* concreta ou consciente – é aquela em que o objeto da meditação é claramente percebido, isto é, diretamente conhecido.

Nesse tipo de *Yoga*, todas as modificações mentais são paralisadas, menos uma: aquela que se relaciona diretamente com o objeto da meditação.

Pela sua própria natureza, a mente é capaz de abranger a todos os objetos. A superalma, de Emerson, o "nous", de Platão, são denominações diferentes de um mesmo conceito caracterizador. Somos a cristalização da Mente Divina. A mente humana não está apta a apreender a essência das coisas devido ao véu de trevas (*Tamas*) que envolve todos os objetos. Da mesma forma que o nevoeiro separa os objetos, impedindo o observador de ter uma visão nítida dos contornos, a mente concreta condicionada principalmente pelo mundo dos sentidos tem tendência para o isolamento. O homem comum sente-se só devido à não percepção do caráter uno do mundo.

A meditação é o método de "ginástica" mental indispensável à inibição das modificações mentais, destruindo os "amplificadores da inércia" e permitindo ao iogue uma clara percepção do objeto sobre o qual medita. Os amplificadores de inércia são os objetos e as situações que atraem a atenção do homem, produzindo o desvio da meta almejada. As quatro espécies de comunhão concreta são: Vacilante - Deliberativa - Bem-aventurança - Consciência própria, que são os quatro estágios na marcha em direção à União (Comunhão). São necessárias ao homem e representam degraus na escada que conduz à perfeição. Muitas vezes, o aspirante alcança de início um degrau mais alto. Não há necessidade, porém, do voltar ao primeiro degrau, pela razão muito simples exposta num *Sūtra* que diz: "As finalidades deste último já foram preenchidas no primeiro."

Uma pequena reflexão sobre a curiosa ocorrência do número quatro em várias tradições hindus: As castas, as quatro situações na vida (*Asramas*) e as quatro obrigações do homem.

Uma regra de ouro é a que indica ao aspirante um método que parte da observação de um aspecto mais grosseiro do objeto, ou de um aspecto mais facilmente perceptível, para os aspectos mais sutis, ou imperceptíveis. Dessa forma, o objeto vai gradativamente sendo desvendado em todos os seus aspectos. Qualquer objeto pode servir para meditação, pois a Base (Deus) está presente em tudo, de maneira mais ou menos revelada. É somente uma questão de sintonização, ou prospecção.

Voltemos aos quatro degraus:

1. Vacilante
2. Deliberativo

3. Bem-aventurado
4. Autoconsciente

Analisemo-los um a um.

1. Vacilante - Nesse estágio, é possível ao praticante iogue apreender o passado, o presente e o futuro da "espécie comumente perceptível" no objeto da sua devoção.
2. Deliberativo - Nessa etapa, o discípulo discerne aspectos "ordinariamente imperceptíveis" do objeto, como, por exemplo, a Mente Cósmica, o Princípio do Eu ou os Elementos Rudimentares.
3. Bem-aventurado - Ao atingir esse ponto, o iogue alcança uma sensação de felicidade, de delícia. A bem-aventurança, enfim, que não pode ser descrita pelas palavras.
4. Autoconsciente - Nesse degrau, o aspirante sente e vê que é uno, íntegro, solidário, impregnado do objeto da sua devoção.

Um exemplo de iogue desse tipo é o grande místico hindu Ramakrishna, que na sua devoção pela Mãe Universal sentia-se transformado nela.

Analisemos os principais tipos de iogues concretos. São quatro, a saber:

1. *Prathamakalpika* (inicial).
2. *Madhubhumika* (intermediário).
3. *Prājñajyotis* (êxtase)
4. *Atikrantabhavania* (além do êxtase).

Vejamos o que são esses estágios.

1. *Prathamakalpika* - "Aquele que atingiu o limiar da libertação". É o estágio da prática vacilante da meditação, na qual o discípulo olha as coisas do mundo sob as condições ordinárias. Após esse estágio, surge o segundo, que é:
2. *Madhubhumika* - "Aquele que está no doce estágio". Aí, o aspirante já verificou por experiência própria que o caráter que é comumente atribuído aos seres e às coisas não é absoluto e real, mas, sim, imposto pelo uso. Ele "olha"

para a "verdadeira essência das coisas" livre de todas as imposições, e sente-se extremamente feliz. Começa aí a terceira etapa, que é:

3. *Prājñajyotis* – "A visão radiante". Nesse ponto, estão aqueles que conseguiram o controle, o domínio sobre os sentidos, da matéria primordial para baixo.

Por fim, o último estágio:

1. *Atikrantabhavania* – "Aqueles que passaram além de tudo que tem sido experimentado". Naquele que atingiu essas alturas surge uma segunda transformação.

Todos os desejos para a obtenção de poderes foram renunciados, daí surgindo de imediato o discernimento do espírito da matéria e, com ele, o desaparecimento de todas as ilusões e males. Há um sentimento de saciedade, de "basta" a respeito das coisas externas, quer sejam "grosseiras" ou "sutis". Tudo é cíclico, não há satisfação permanente. Nessa *Vairāgya* (desapego) de ordem elevada, há uma indizível bem-aventurança quando comparada aos padrões comuns da humanidade. É esse passo que conduz à mais alta comunhão com o Ser. Ao atingir esse estágio, o aspirante torna-se um *Jivan-Mukti*: um ser liberto, um Adepto em vida.

Passemos agora ao exame da segunda grande divisão do *Yoga*, que é:

***B. Yoga* abstrata ou Inconsciente:**

É aquela em que o objeto da meditação não é claramente percebido. Nela, desaparecem todas as modificações mentais. São inibidas; neste tipo de *Yoga*, o iogue é perfeitamente cônscio de que o Ser Supremo, Só, Uno e Imutável é o seu Ser, bem como o Ser dos outros seres aparentemente distintos entre si. *Ātman-Brahman.*

A base é uma só: o *Logos.*

Existem duas espécies desse *Yoga*:

1) *Upāyapratyaya* – que é aquela obtida pela prática na vida presente, dos vários modos prescritos nas Escrituras (*Shāstras*). Tais "modos" são:

1) Fervor (ardência); 2) Zelo; 3) Reflexão; 4) Serenidade; 5) Compreensão; 6) Meditação; 7) Discernimento. A prática desses "modos" conduz à Comunhão abstrata através de um desapaixonamento absoluto.

2) *Bhavapratyaya* – É conseguida na vida atual como resultado lógico do *karma*. Isto é, da potencialidade das vidas precedentes que se manifestam na atual. Seguem esse tipo de disciplina as seguintes entidades:

a. Seres incorpóreos – isto é, aqueles que não necessitam de corpos grosseiros, sendo as suas funções expressas através dos seus veículos sutis.

b. Aqueles que foram absorvidos pela Natureza, transformando-se em *devas* (anjos) após terem vencido um caminho ascendente desde a matéria primordial de que tudo provém até atingirem a Base (Deus), vencendo incalculáveis obstáculos ao seu progresso.

Vijnana Bikshu[49] define *Bhavapratyaya* como sendo natural (devido ao nascimento), e *Upayapratyaya* como sendo artificial. Considera a primeira como possuindo um mérito superior em relação à segunda. Na primeira, o próprio indivíduo constrói o seu destino, interferindo nele por meio da aceleração do seu *karma*.

Passemos agora à análise da finalidade do *Yoga*.

Como já dissemos inicialmente, e nunca é demais repetir, *Yoga* = União, libertação da roda de nascimentos e mortes e dos véus de *Māyā*. O iogue alcança esse objetivo quer siga o método concreto, quer o abstrato. Várias perguntas ocorrem nesse estágio.

O que ocorre ao homem quando a comunhão é atingida? Qual será seu *karma passado? É varrido totalmente?*

Relembremos rapidamente alguns conceitos sobre o *karma*. Em primeiro lugar, uma definição:

Karma é o potencial energético individual que se transforma produzindo trabalho. É a transformação de energia potencial em energia cinética.

Há três espécies de *karma:*

1. Operativo (*Prārabdha* [Maduro])
2. Acumulado (*Sañchita*)

[49] Vijnana Bhikshu (século XVI). Filósofo indiano, mais conhecido por seus comentários sobre várias escolas de Filosofia Hindu e iogue, particularmente sobre os *Yoga-Sūtras* de Patañjali. Seus estudos tiveram por base o *Yoga*, o Vedanta e o Sankhya. Ele estabeleceu conexões significativas entre essas três escolas, integrando-as em uma plataforma não dualista.(Nota Ed. Bras.)

3. Em realização (*Kryamāna*[em formação])

Quando a comunhão completa é alcançada, acelera-se a ação do *karma* operativo, que equivale a uma purgação acelerada dos "pecados". Pecado é a transgressão às leis, e toda transgressão traz em si as consequências. O conceito cristão de pecado continha inicialmente perfeitamente clara essa ideia, conforme pode ser constatado pelos textos do Cristianismo primitivo, especialmente os da Escola Gnóstica.

Quando o indivíduo resolve manter seu rumo em direção da completa libertação, toda espécie de infortúnios se antepõe à marcha progressiva daqueles que aspiram à liberdade. É o mesmo que acontece quando um alpinista resolve tentar uma escalada a um pico, a senda direta. Aquela em que a distância é a mais curta e que, por isso mesmo, constitui um incentivo à tentativa. Quando todos os infortúnios desabam sobre o indivíduo, este muitas vezes revolta-se contra o destino. Todos os Mestres nos falam da "noite negra da alma", em que o homem se vê só, absolutamente só, sofrendo no mais íntimo do seu ser todas as dores do mundo. Está aparentemente isolado, esquecido. A libertação só vem após o indivíduo ter conseguido vencer essa prova. A história de todos os místicos e profetas aí está para comprovar essa fase do processo evolutivo.

Quanto ao *karma* acumulado, o iogue pode, pelo seu próprio esforço, torná-lo inoperante. O *karma* pode ser assemelhado a sementes que perdem o poder germinativo quando submetidas ao frio ou ao calor exagerados, ou aos raios x. O ser liberto passa pela vida como os pássaros no céu. Sem deixar marcas. Continua a viver graças ao impulso que o fez renascer. É como uma bola que rola até encontrar o repouso ao ser extinta a energia que a impeliu. O iogue vive até terminar o impulso que o trouxe pela última vez à vida.

Passemos agora a analisar as cinco barreiras (*Kleshas*) a serem galgadas como condição indispensável à libertação.

São elas:

a. Ignorância (*Avydiā*); b) Egoísmo (*Asmitā*); c) Apego às coisas (*Rāga*); d)Aversão (*Dvesha*); e) Anseio pela vida (*Abhinivesha*).

A Ignorância é o véu de *Tamas* (a inércia) que obscurece o céu da consciência, impedindo uma clara percepção do real. Toda a doutrina budista gira em torno do combate à *Avydiā*. É a ignorância que gera todo o sofrimento. As chamadas quatro Nobres Verdades da doutrina budista são: 1) a dor; 2) a origem da dor; 3) a cessação da dor; 4) o caminho que conduz à cessação da dor.

As duas barreiras a serem vencidas são as do egoísmo e a do apego às coisas originadas também pela Ignorância. A Ignorância é produzida pela ilusão (*Māyā*), que decorre de: 1) considerar o não eterno como eterno; 2) o impuro como puro; 3) a dor como prazer; 4) o não ser como ser.

A última barreira é a do anseio pela vida. Esse anseio decorre do fato de que na mente de cada ser existe sempre presente a esperança da continuidade (não cessação). Existe sempre, consciente ou inconsciente, a seguinte ideia: "Possa eu continuar a viver e que nunca deixe de existir".

Esse desejo indica uma experiência de vidas anteriores.

Vejamos os obstáculos que distraem a mente. São, segundo Patañjali:

1. Doença; 2) Languidez; 3) Vacilação [Dúvida]; 4) Falta de cuidado; 5) Preguiça; 6) Apego [Mundanalidade]; 7) Noção errônea; 8) Incapacidade de atingir a comunhão; e 9) Instabilidade.

Os sintomas que acompanham esses obstáculos que distraem a mente são:

a) dor[mental]; b) irritação [desespero]; c) temor [nervosismo]; d) inspirar e expirar [respiração difícil].

O *Sūtra* nº 32 dos *Yoga-Sūtras*, de Patañjali, afirma:

"Para controlar as distrações, deve haver a prática em um princípio único". Vachaspati[50] interpreta esse "princípio único" como sendo Deus. Vijñāna Bikshu entende que esse princípio pode ser qualquer objeto para o qual dirijamos a nossa meditação. A mente tem que ser dirigida. Apontada como um punhal, a fim de que a "união" seja obtida.

---

[50] Vachaspati Mishra (Séc. IX ou X). Filósofo indiano, da tradição Advaita Vedanta, que escreveu sobre várias escolas de Filosofia Hindu. (Nota Ed. Bras.)

Vejamos agora os chamados "embelezamentos" da mente. São, como o próprio nome define, os recursos utilizados para a purificação mental. Embelezar é aqui sinônimo de purificar. A paz mental é obtida quando se entretém a amizade e a compaixão. A mente está em estado de pureza quando se torna livre das impurezas que a recobrem. Para isso, é indispensável a tranquilidade. O repouso é necessário à decantação. As impurezas no seio de um líquido só vão ao fundo quando ele está tranquilo. Com o iogue, acontece o mesmo. Após a tranquilização, surge a percepção clara das coisas como elas realmente são. Durante a comunhão, a consciência do iogue fica livre de todas as fantasias, dos conhecimentos verbais que lhe foram impostos pelo meio, das convenções das leis humanas etc. Há um verdadeiro transcender das fórmulas comuns. Surge, então, o Conhecimento na sua forma real. Nesse momento, dá-se a Percepção.

A disciplina do *Yoga*, como qualquer outra, está, porém, sujeita a condições. Essas são as seguintes:

1) Ascetismo; 2) Instrução; 3) Devoção.

Ascetismo é a atitude de repúdio a posses, quer sejam físicas ou espirituais. O asceta é, antes de tudo, um ser que vive desligado dos objetos e seres.

A instrução é condição essencial. Ninguém aprende coisa alguma a não ser quando é submetido à instrução.

A devoção é o "ardor" indispensável ao êxito da disciplina. É o fogo divino, a mola que impele, a estrela que guia. É a certeza do êxito da missão.

O *Yoga* serve para alcançar a libertação da roda dos nascimentos e das mortes ou, quando os laços *kármicos* são fortes demais para serem cortados numa vida, serve para afrouxar esses laços, a fim de que numa próxima vida o alvo seja atingido.

Quanto aos tipos de iogues, eles são infinitos como infinitos são os tipos humanos. Podem-se, entretanto, agrupar em três categorias gerais, conforme o "ardor" dos temperamentos:

a. brandos;
b. médios;
c. ardentes.

Qualquer um deles, na fase de aspirante à libertação, pode ser classificado, conforme o estágio em que se encontra, como:

a. aspirante à ascensão;
b. aquele que está escalando;
c. aquele que atingiu o cume.

Passamos agora ao estudo da escada que poderá levar os "aspirantes à ascensão" até o almejado cume.

Essa escada possui oito degraus:

1) Controle (*Yāma*); 2) Obrigação (*Niyāma*); 3) Postura (*Āsana*); 4) Respiração (*Prānāyāma*); 5) Abstração (*Pratyāhāra*); 6) Concentração (*Dhāranā*);7) Meditação (*Dhyāna*); 8) Contemplação ou União (*Samādhi*). Esses oito degraus são também cognominados em alguns textos como os oito membros (*Angas*).

Analisemos cada um deles. Os dois primeiros são degraus morais.

1. ***Controle*** - O controle das próprias ações encerra as seguintes restrições:

a) não fazer o mal; b) não mentir; c) não roubar; d) não cobiçar; e) ser casto em ações, palavras e pensamentos.

2. ***Obrigação [Observância]*** - A obrigação encerra:

a) penitência [austeridade]; b) estudo; c) contentamento; d) limpeza [pureza]; e) adoração a Deus.

Esses dez princípios encerrados nos dois primeiros degraus da escada podem ser considerados como os Dez Mandamentos do Iogue. São eles:

1 - Beneficência [Não violência]
2 - Veracidade
3 - Honestidade
4 - Desprendimento
5 - Castidade
6 - Ascetismo
7 - Estudo
8 - Contentamento
9 - Limpeza [Pureza]

10 – Adoração a Deus

Os três degraus que se seguem são externos; referem-se a atitudes.

3. ***Posição [Postura]*** – Refere-se ao relaxamento muscular e ao equilíbrio indispensável ao indivíduo para que deixe de pensar ou se preocupar com seu próprio corpo. Segundo o livro clássico, *Gheranda Samhita*[51], existem 8.400.000 posições possíveis ao corpo humano. Dessas, 1.600 são reputadas excelentes como exercício. Mas, de fato, somente 32 são recomendáveis a todos.
4. ***Respiração*** – Conseguido o equilíbrio corporal, segue-se a prática respiratória. É a ritmização do sopro indispensável à obtenção da paz.

A respiração é o símbolo vivo do caráter cíclico da manifestação. Morremos e nascemos em cada respiração e expiração. É, por excelência, um processo temporal. A finalidade do *Yoga* é atemporal, é a cessação da respiração que será obtida após uma série de exercícios respiratórios, nos quais a retenção do ar se faz de maneira determinada em prazos cada vez mais prolongados.

As três fases do processo respiratório são: expirar, inspirar e sustentar.

Na época de Patañjali, *Prānāyāma* significava a paralisação da respiração. Abrange, entretanto, uma série de exercícios respiratórios executados a fim de obter-se efeitos físicos, fisiológicos e o desenvolvimento espiritual. Diz Jean Herbert a respeito:

"A maior parte dos exercícios de *Prānāyāma*, em particular aqueles que preveem uma retenção do ar inspirado, age sobre o corpo mental com uma enorme violência. São previstos para os iogues que se alimentam de acordo com um regime alimentar sóbrio e restrito, observando absoluta castidade, sob a direção de Mestres espirituais experimentados. As pessoas que praticam esses exercícios sem preencher todas essas condições, expõem-se aos mais graves acidentes, doenças do coração, tuberculose, loucura etc."

---

[51] O Gheranda Samhita (*Ensinamentos de Gheranda)* é um manual de *Hatha Yoga* do século XVII que consta de 351 estrofes distribuídas em sete capítulos. É uma das três escrituras clássicas do *Hatha Yoga*, e as técnicas que apresenta formam a base de muitas práticas do *Yoga* contemporâneo. O ensinamento apresenta-se em forma de diálogo entre o sábio Gheranda, de quem nada se conhece, e seu discípulo Chanda Kapali. Esta obra *Vaishnavita* toma como modelo o *Hatha Yoga* Pradipika, e alguns versos têm correspondência com os do dito manual. (Nota Ed. Bras.)

As escrituras hindus afirmam que são nove os exercícios de *Prānāyāma*.

5. ***Abstração*** – Após ter percorrido os degraus preliminares da escada anteriormente citados, o aspirante está, por fim, em condições de iniciar a etapa da abstração. Símbolo muito citado dessa etapa é o de uma tartaruga recolhendo a cabeça e os membros para o interior da casca. Nesse degrau, são cortadas as últimas ligações do indivíduo com o mundo exterior, feitas através dos sentidos e da mente. As janelas são fechadas a fim de que os sistemas de referência cotidianos possam ser transcendidos. Ninguém atinge as formas superiores do *Yoga* sem transcender a barreira dos sentidos. Para que possamos ver uma paisagem cuja visão nos é obliterada por um muro, temos que procurar uma posição superior a esse muro.

Até aqui, já abordamos os cinco degraus externos que conduzem ao patamar que dá acesso aos três últimos degraus dessa escada que nos conduzirá à Perfeição.

6. ***Concentração*** – É a fixação da mente em um ponto particular. O *Ishavara-Gitā* nos indica os seguintes: a) Lótus do coração; b) Umbigo; c) Ponta do nariz; d) Topo de uma montanha. O objeto da meditação tem que estar imóvel e não cambiar de cor para que a atenção do aspirante não seja distraída.

7. ***Meditação*** – É a compreensão ou realização do objeto da maneira a mais completa possível. Há, durante a meditação, um fluir constante do objeto para quem medita, uma completa identificação. O iogue contempla a unidade da consciência de todos os objetos.

8. ***Contemplação*** – Quando a meditação se torna livre de todas as diferenças entre o agente e o objeto da meditação, a mente fica completamente impregnada da forma contemplada, produzindo-se, por fim, a conquista da Contemplação. Nesse instante, abrem-se as portas do conhecimento intuitivo, e de muitos poderes inerentes à alma. O ser funde-se ao não ser na delícia da união. O tempo transforma-se em eternidade e, então, ... as palavras cessam...

Os *Yoga-Sūtras* de Patañjali

É um texto fundamental para a compreensão da Escola do *Yoga*. Um livro-guia que serve aos que pretendem trilhar o caminho que os conduzirá ao Absoluto. São diversas as subescolas, cada qual seguindo os princípios básicos dos *Yoga-Sūtras* de Patañjali, mas dando ênfase especial a certos aspectos ligados à criatura humana. Cada pessoa apresenta uma tendência, uma vulnerabilidade maior ou menor para determinados exercícios. O quadro a seguir, longe de ser geral, dá, entretanto, uma ideia da diversidade de técnicas:

Técnica	**Atua na:**	**Controla o (a)**
I - Hatha Yoga	**Respiração**	**Corpo Físico e Vitalidade**
II - Laya Yoga	**Vontade**	**Mente**
1) *Bhakti Yoga*	Amor	Amor Divino
2) *Shakti Yoga*	Energia	Forças da Natureza
3) *Mantra Yoga*	Som	Vibrações Sonoras
4) *Yantra Yoga*	Forma	Formas Geométricas
III - Dhyāna Yoga	**Pensamento**	**Processo Pensamento**
IV - Rāja Yoga	**Método**	**Discernimento**
1) *Jñāna Yoga*	Conhecimento	Intelecto
2) *Karma Yoga*	Atividade	Ação
3) *Kundalinī Yoga*	*Kundalinī*	Energia Psíquica
4) *Samādhi Yoga*	Ser	Êxtase

No momento, a análise de cada uma dessas técnicas foge ao nosso objetivo. O que interessa é conhecer, em resumo, como foi feito com diversos textos anteriormente apresentados, o texto básico de todas as Escolas: os *Yoga-Sūtras*[52] de Patañjali.

[52] Para uma versão completa e comentada, recomenda-se também *A Ciência do Yoga*, do Dr. I. K. Taimni. Brasília: Editora Teosófica, 7ª edição, 2019. (Nota Ed. Bras.)

Capítulo 1

2 – "*Yoga* é a supressão das transformações do princípio pensante."

Comentário – O princípio pensante é composto de quatro partes: 1) Mente (*Manas*); 2) Individualização (*Citta*); 3) Egoísmo (*Ahamkāra*); e 4) Razão [Pura] (*Buddhi*). Esse princípio possui, como tudo mais, as três propriedades da matéria: *Sattva* (harmonia), *Rājas* (movimento) e *Tamas* (inércia). Convém lembrar que, para o hindu, todas as coisas físicas ou sutis são feitas de energia, sendo, portanto, em última análise, materiais[53].

3 – "Então, aquele que vê mora em si mesmo."

Comentário – Como são difíceis as pessoas que "veem"... A maioria condicionada e cristalizada não tem, nem ao menos, vislumbres de si mesmo.

4 – "De outra forma, ele se torna assimilado nas transformações."

Comentário – O que é muito comum. O homem é o que pensa. Sofre em virtude das tempestades que ocorrem no princípio pensante.

5 – "As transformações são de cinco espécies, podendo ser dolorosas ou não."

6 – "Elas são: o conhecimento correto, o conhecimento errado, a fantasia, o sono e a memória."

7 – "O conhecimento correto é o conhecimento direto, a dedução ou o testemunho."

Comentário – Há um abismo entre a coisa em "si", e o julgamento que dela fazemos, que é produto do nosso condicionamento.

25 – "Está em cada um a possibilidade de desenvolver ao máximo a semente da onisciência."

26 – "Não sendo condicionado pelo tempo, ele é o maior entre os maiores."

Comentário – Em cada homem há um potencial infinito de desenvolvimento. Cada homem tem em si a possibilidade de se tornar uma estrela.

---

[53] Na Filosofia do *Yoga e do Sankhya*, tudo que é mutável é do reino de *Prakriti*, ou seja, de natureza material; em contraposição ao *Purusha* que é o Espírito imutável. (Nota Ed. Bras.)

30 - "Os obstáculos são: doença, preguiça, dúvida, falta de cuidado, mundanismo, falsa noção, instabilidade."

31 - "Dor, desespero, nervosismo, inspiração e expiração são os acompanhamentos das distrações."

33 - "A mente torna-se clara com a prática da simpatia, da compaixão, da complacência e da indiferença em relação à felicidade, miséria, virtude e vício."

Os versículos que se seguem tratam das diversas técnicas para fixar a mente. Os homens, sendo diferentes em físico e psíquico, devem procurar o que melhor lhes convenha.

34 - "Ou a expiração e a retenção da respiração."

35 - "Ou prestando atenção às percepções dos sentidos."

36 - "Ou a luz pura que brilha na mente livre da dor e que poderá conduzir ao *Samādhi*."

39 - "Ou a meditação de acordo com a própria meditação."

40 - "Como resultado do exercício, o domínio se estende do átomo ao infinito."

Capítulo 2

1. "A mortificação, o estudo e a resignação a Deus (*Ishvara*) constituem o *Yoga* preliminar."

2. "São praticadas para adquirir um *Samādhi* habitual para atenuar as distrações."

Comentário - Aqui vemos as condições básicas. Sem elas, não há possibilidade desse reencontro que é o *Yoga*. O resultado pode ser o *Samādhi* total ou uma diminuição das distrações a que estamos submetidos e que nos voltam para fora e nos mecanizam.

3. "As distrações são: ignorância, o sentido de ser alguém à parte dos outros, desejo, aversão e apego."

4. "A ignorância é a fonte de todas essas distrações. Pode estar adormecida, atenuada ou expandida."

Comentário - A pior delas é a expandida, típica dos homens envolvidos na vida de hoje e que pouco se preocupam com a profundeza das coisas, pois só a superficialidade os atrai.

11. "As transformações devem ser suprimidas pela meditação."

Capítulo 3

1. "Contemplação é a fixação da mente em alguma coisa."

Comentário - A mente deve ter um ponto, interno ou externo, onde se possa apoiar. No caso interno, pode ser um dos *Chakras* do corpo. Esses *Chakras* (rodas), ou centros de força, estão localizados em determinadas partes do corpo, e constituem os pontos em que a energia cósmica atua no ser humano. São verdadeiros vértices de energia, também chamados de "Lótus". São em número de sete, tendo os seguintes nomes e localização:

Situação	Número de Pétalas	Elemento
1. *Mūladhāra* - Base da espinha	4	Terra
2. *Svādhichthana* - Bexiga [ou baço]	6	Água
3. *Manipūra* - Umbigo	10	Fogo
4. *Anāhata* - Coração	12	Ar
5. *Vishuddha* - Garganta	16	Éter
6. *Ājñā* - Entre os Olhos	2[54]	Mente
7. *Sahasrāra* - Topo da cabeça	1000	

No centro localizado na base da espinha (*Mūladhāra*), repousa a Energia fundamental que dá vida a todo o organismo. É uma espécie de fogo que lá mora, enrolado como uma serpente (*kundalinī*). Essa energia possui uma imensa potencialidade e, quando libertada, pode levar o homem ao cume da realização. O processo para despertar *kundalinī* é descrito pela chamada *Kundalinī Yoga*. Quando ativada essa energia, ela sobe por todo o corpo vitalizando sucessivamente os diversos *Chakras* até atingir, no topo da cabeça, o *Sahasrāra*, que se acende, então, como uma lâmpada ativada por uma corrente elétrica. A auréola que envolve a ca-

[54] Segundo C. W. Leadbeater, as duas pétalas são, na verdade, 96, agrupadas em dois grupos de 48. Brasília: Editora Teosófica, *Os Chakras*, 2020. (Nota Ed. Bras.)

beça dos santos de todas as religiões é uma indicação dessa verdadeira iluminação interna.

No caso externo, podemos ter, para facilitar a concentração, uma série de imagens ou símbolos gráficos dos mais diversos.

2. "A unidade da mente com esse algo, interno ou externo, é a Meditação (*Dhyāna*)."
3. "A meditação, quando só há consciência do objeto da meditação e não de si mesmo (da mente) é *Samādhi*."
4. "As três tomadas em conjunto constituem *Samyama*."

Comentário – As três são: *Dhāranā* (concentração); *Dhyāna* (meditação) e *Samādhi* (contemplação).

5. "Ao conquistar *Samyama*, surge a luz da consciência."
16. "Executando *Samyama* nas três espécies de transformações, surge o conhecimento do passado e do futuro."

Comentário – Todos os versículos, até o fim do capítulo, versam sobre os *Siddhis*, ou seja: os poderes latentes do homem. Todo o aspecto exótico e extraordinário do *Yoga* provém da eclosão desses poderes. É preciso chamar a atenção para o perigo que representam esses poderes aos que não estão preparados para possuí-los, e que se destroem, dizem os textos antigos, como mariposas ao contato com a chama.

17. "O som e o significado atrás dele estão presentes em estado confuso. Ao executar o *Samyama* do som, eles são resolvidos, e surge a compreensão dos sons emitidos por qualquer ser vivo."

Comentário – O iogue passa, então, a compreender o significado do som natural das coisas, ou seja, da vibração que qualquer ser possui. Passa a ouvir "a música das coisas".

18. "Pelas percepções diretas das impressões, nasce o conhecimento dos nascimentos anteriores."

Comentário – Segundo os iogues, a energia que somos neste momento e que se concentra no espaço e no tempo sob a forma de um corpo físico aprofunda-se em corpos sutis. Aquele que dominou a técnica pode "ler" na vida atual episódios de vidas passadas.

19. Pela percepção direta através do *Samyama* da imagem ocupando nossa mente, atingimos o conhecimento da mente dos outros.

21. Executando o *Samyama* (concentração, meditação e contemplação) na forma, e ao suspender o poder receptivo, o contato entre o olho do observador e a luz (do corpo) é rompido e, com isso, o corpo torna-se invisível.

25. Ao executar o *Samyama* na resistência dos animais, teremos a resistência do elefante.

26. "O conhecimento do pequeno e do oculto, ou do distante, é possível dirigindo a luz da faculdade superfísica."

27. "Conhecimento do Sistema Solar ao executar o *Samyama* dirigido ao Sol."

30. "Ao executar o *Samyama* dirigido ao centro de força do umbigo, surge o conhecimento da organização do corpo."

31. "Ao executar o *Samyama* no centro localizado no umbigo, cessam a fome e a sede."

33. "Executando o *Samyama* à luz no topo da cabeça, surge a visão dos Seres Perfeitos."

35. "Executando o *Samyama* no coração, nasce a consciência da natureza da mente."

39. "A mente pode penetrar o corpo de outro quando se dão o relaxamento da causa da escravidão e o conhecimento das passagens."

41. "O domínio sobre *Samyama* permite intensificar o suco gástrico."

42. "A execução do *Samyama* na relação existente entre o ouvido e o *Ākasha* (Éter) produz a audição superfísica."

43. "Ao executar *Samyama* na relação entre o corpo e o Éter e, ao mesmo tempo produzindo a união da mente com a luz, nasce a capacidade de transferir o corpo de um lugar para outro (desdobramento).

Capítulo 4

1. Os *Siddhis* são o resultado do nascimento, das drogas, dos mantras, da austeridade e do *Samādhi.*

Comentário - Segundo I. K. Taimni, no livro *A Ciência do Yoga*[55]*:*

"A prática do *Yoga* não é uma espécie de busca no desconhecido para alcançar um vago ideal espiritual. *Yoga* é uma ciência baseada numa perfeita adaptação de meios bem definidos para um desconhecido fim. De todos os meios, somente o *Samādhi* permite ao iogue atingir a Realidade última do seu próprio ser."

[55] TAIMNI. I. K. *A Ciência do Yoga*. Brasília: Editora Teosófica, 7ª ed., 2019. (Nota Ed. Bras.)

21

Sikhismo: A Religião da Coragem

É uma religião que conta com aproximadamente 5 milhões de adeptos na Índia[56]. Os Sikhs são uma comunidade localizada principalmente no noroeste da Índia e famosa por sua valentia. São ótimos soldados. O próprio Gen. *Sir* John Gordon escreveu: "Ninguém lutou mais tenaz e ferozmente contra nós, ou tão leal e heroicamente por nós, do que os Sikhs". Eram a flor do Exército inglês na Índia. Em 1947, foram enormes os sofrimentos suportados por essa comunidade, durante a separação da Índia do Paquistão. Não é sem razão que todo Sikh adota como sobrenome um nome comum que o identifica com o seu clã, Singh, que significa leão. Sua religião é um misto de uma apaixonada devoção mística a Deus e uma conduta heroica na vida diária. Os símbolos externos desse povo indômito são: o turbante, a vasta cabeleira, a barba cerrada, o punhal e o pente.

A Índia antes do Guru

Dividida em pequenos reinos em constantes lutas, invadida por mongóis e muçulmanos que impunham a conversão pela espada, a Índia sofria. Os imperadores muçulmanos, em Déli, sustentavam que os hindus foram criados para ser escravos. O próprio Guru Nanak, famoso líder Sikh, escreve: "Naquela ocasião, os

[56] O Sikhismo possui em torno de 27 milhões de adeptos no mundo, configurando a quinta maior religião do mundo, com 83% da população sikh concentrada na Índia. Milhões de sikhs migraram para diferentes países, a maioria de língua inglesa, com destaque, na ordem de importância, para Canadá e Reino Unido. As correntes migratórias sikhs também se dirigiram para os Estados Unidos, leste da África (Quênia, Uganda, Tanzânia), Europa e mais recentemente para a Austrália. (Fonte: https://brasilescola.uol.com.br/geografia/o-punjab-na-India-separatismo--sikh.htm). (Nota Ed. Bras.)

vis tinham se tornado carniceiros, verdadeiros cães oficiais que se compraziam em devorar a carne e lamber o sangue do povo sob o seu jugo".

Um abismo que parecia insondável separava os muçulmanos dos hindus, quando surgiu, com Nanak, um movimento que se prolongaria após sua morte por outros nove instrutores para unir os hindus e muçulmanos. Estenderam-se esses dez Gurus de 1469 a 1708. São eles: 1) Nanak; 2) Angad; 3) Amar Das; 4) Ram Das; 5) Arjun; 6) Har Gobind; 7) Harrai; 8) Har Kishan; 9) Tegh Bahadur; e 10) Govinda.

A Vida do Guru Nanak

Nasceu a 15 de abril de 1469 (sábado) na vila de Talwandi, próxima a Lahore. Era filho de um guerreiro chamado Mehta Kalu e de sua esposa, Tripta. A predição do astrólogo indicou que a criança uniria hindus e muçulmanos. Aos cinco anos, começa a falar em Deus. Aos sete, é enviado a um professor para ser instruído. As dificuldades do instrutor são enormes, porque à semelhança de Jesus com os doutores do Templo, e de Buda com seus mestres, a criança já conhecia tudo. Em 1478, seus pais queriam investi-lo com o tradicional cordão que identifica os nascidos na casta elevada. Nanak rejeita a oferta e diz que em vez de um cordão trançado com fibras vegetais preferia usar um que fosse composto com as fibras do contentamento e da piedade. Escandaliza, com esse gesto, o sacerdote brâmane e seus pares, e diz: "Sinto infinitamente não poder satisfazê-los, mas não posso receber o cordão. Preferiria que não désseis tanta importância a formas, e se preocupassem mais com a essência das coisas". Por fim, cede às súplicas de sua mãe e recebe o cordão simbólico. O pai desespera-se com o temperamento solitário e meditativo do filho. Sendo possuidor de grande quantidade de gado, manda Nanak para o campo como pastor. Inúmeras vezes, as reses se tresmalhavam, pois Nanak mantinha-se absorto em seu mundo interno, quando não conversava animadamente com os *Sadhus* (homens santos) que perambulavam, como até hoje, pela Índia. A lenda fala da árvore sob a qual se encontrava Nanak em profunda meditação, cuja sombra permaneceu estacionária durante horas, para que os raios do ardente sol indiano não perturbassem seus devaneios. A mesma legenda é encontrada em Buda. O coração de Nanak ansiava por Deus. Lia com ardor o místico Kabir. Seu pai tenta como último recurso o casamento, esperando que a nova situação pudesse trazer o filho à realidade da vida. O fato ocorreu no dia 1º de abril de 1485. Tudo em vão. Nanak continua ardorosamente em busca de uma solução. Nos seus encontros com iogues e Sadhus a quem fornece alimentos, cumpre Nanak a sua obrigação com a humanidade. Em 1497, nasce-lhe o primeiro filho, que recebe o nome de Srishand, e que mais tarde foi o fundador de uma ordem mendicante chamada Udasi. Três anos após, nasce o segundo filho, que recebeu o nome de Lakhmidas. Já agora, Nanak está completamente possuído pelo ardor da sua busca. Medita muito. Retira-se da vida social. Encontra na composição de versos e hinos a vazão a seu temperamento arrebatado de místico-poeta-músico. Em 1504, o pai arranja-lhe um emprego público de almoxarife. Só trabalha durante algum tempo, correspondendo à expectativa de todos. A honestidade e justiça de Nanak brilham como o Sol. Distribui seus proventos com os pobres. Conhece nessa ocasião um menestrel, um cantor peregrino, Mardana, que se transforma em uma espécie de seu secretário particular. O momento supremo da vida de Nanak ocorreu no dia 20 de agosto de 1507. Após o banho no rio, quando em profunda meditação, "ouviu" a voz de Deus indicando-lhe a tarefa de dedicar a vida à união dos homens e à senda que os conduz até Deus. Renuncia ao cargo público para pasmo de todos. Abandona tudo e inicia a sua pregação. No começo do mês de setembro, falando entre muçulmanos, diz: "Não há nem hindus nem muçulmanos". Comparece a uma mesquita muçulmana e escandaliza os muçulmanos quando não se prostrava ao solo. Perguntam-lhe por que não executou o ritual. Responde com um sorriso, dizendo que ali não sentiu realmente nenhuma prece. Todos os que se encontravam prosternados ao solo tinham as suas mentes trabalhando em casos pessoais. O próprio Qazi, durante todo o tempo, apesar de se encontrar recitando o Alcorão, estava preocupado com um negócio de cavalos que deveria fazer. Parte em peregrinação, chegando a Hardwar durante a festa da lua cheia de Vesak. Encontram-se naquela localidade multidões de crentes banhando-se no rio, e jogando as mãos cheias d'água em direção do poente. Imediatamente entra na água e começa a jogar a água em direção do leste. Escandaliza, desse modo, a comunidade hindu. Perguntam-lhe por que procedia de modo tão em desacordo com a tradição, negando aos seus antepassados e as bênçãos advindas da santa água do rio. Responde que, ao arremessar a água, estava procurando regar os campos secos de suas propriedades localizadas na distante cidade de Talwandi. A população ri, considerando-o um tolo. Este, imperturbável, responde: "É mais fácil atingir com as águas arremessadas com as mãos a longínqua cidade de Talwandi, do que a região em que se encontram os antepassados". Nanak foi um destruidor de preconceitos, um lutador contra a ignorância em sua forma mais insidiosa, que é quando se encontra envolvida sob o manto da crença, ou dogma religioso. Continua sua missão entre hindus e muçulmanos. Quando se encontrava em um lugar solitário chamado Kaljug, é tentado pelo espírito das trevas para que abandone a sua tarefa em troca de riquezas e poderes terrenos. Resiste. Aqui encontramos o paralelo com a tentação de Jesus, no Horto das Oliveiras, a de Zaratrusta, e a de Buda pelas filhas de Māyā. Certa ocasião, um brâmane falava com orgulho dos seus poderes de clarividência. Nanak esconde o jarro d'água do arrogante, que se torna, então, motivo de riso de toda a população, quando procura o jarro sem resultado. Nas suas peregrinações, chega ao Ceilão. Em Déli, traz à vida um elefante, mas, quando o Imperador Sikawdar Lodi lhe solicita que repita o milagre para sua diversão, ele deixa morrer novamente o elefante, dizendo: "É somente Deus quem destrói e cria".

Um outro episódio mostra a forma direta com que combatia a superstição e a adoção de práticas somente pelo uso. O caso ocorreu quando Nanak compareceu à tradicional feira de Kurukshetra e, calmamente, começa a cozinhar um pedaço de carne no meio de uma multidão de vegetarianos. Responde às críticas dizendo: "Geralmente, aqueles que pregam *Ahimsā* (o não derramar sangue animal) são aqueles que bebem o sangue humano com a sua ambição imensa".

Indica os quatro caminhos para a união com Deus: 1) Companhia de um santo; 2) Honestidade; 3) Humildade; e 4) Autocontrole.

Volta à sua vila natal, Talwandi, e seu pai tenta retê-lo por todos os modos. Mas, em vão. Continua as suas peregrinações. Atinge os Himalayas, onde tem experiências místicas entre os seres que habitam aquelas paragens. Certa vez, os muçulmanos reprovam as roupas que ele usava e recebem a resposta: "Deus é tudo que tenho, e Ele está em todas as partes, mesmo nestas roupas". Quando se encontrava a caminho de Tulamrha, foi hóspede de um bandoleiro terrível que só pensava em roubar. Diante da paz de Nanak, converte-se e solicita o seu perdão. "O perdão de Deus é obtido somente após uma confissão franca e o pedido de desculpas àqueles a quem fizeste mal". O bandoleiro confirma todos os seus crimes e roubos, distribui sua fortuna com os pobres, e torna-se, sob o nome de Sajjan, um famoso missionário Sikh.

Nanak vai em peregrinação a Meca e a Medina. Nesta última cidade, o povo estranha as suas atitudes e pergunta a que seita ele pertencia: "Eu rejeito todas as seitas, e somente reconheço o Deus Único que encontramos em todas as partes. Eu apareci nesta ocasião para indicar aos homens o caminho que leva a Ele".

Quando se encontrava em Aimanabad, dá-se a invasão de Bahar a terras do Punjab. Confusão, saque, morte, sofrimento. Nanak e seu fiel Mardana são feitos prisioneiros e submetidos a trabalhos forçados. Dá-se o milagre. Os guardas veem as pedras movimentando-se por si mesmas enquanto Nanak, sentado, entoava um hino em louvor ao Senhor. Chamam o conquistador, o terrível Bahar, para presenciar o fato. Quando este chega, prosterna-se diante do Guru e autoriza-o a fazer um pedido. Este pede, então, a liberdade dos prisioneiros. Com seus conselhos a Bahar, Nanak salvou a Índia nessa ocasião de inúmeros sacrifícios.

Recolhe-se, então, no ano de 1.521, à cidade de Kartarpur, onde vive em paz quase o resto de toda a sua vida. Ele tem, então, 52 anos de idade. Trabalha rigorosamente no cultivo dos campos, e forma o primeiro núcleo de instrução Sikh. Os discípulos afluem. Fala à multidão. Diz a tradição que quando falava irradiava amor e fé e atraía os homens "como a luz atrai as mariposas".

Escolhe como sucessor um discípulo que tinha aderido ao movimento muito jovem ainda. É o futuro Guru Angar.

Morre em êxtase divino no dia 7 de setembro de 1593, aos 72 anos de idade. No dia seguinte, quando os hindus e muçulmanos iniciaram a disputa sobre a posse do corpo do santo, somente encontraram flores sob o manto que o recobria.

O Sikhismo em Linhas Gerais

Os textos sagrados (*Granth Sahib*) são manifestados através da poesia e da música. A influência da música e do verso sobre a emoção é indiscutível. Beleza, alegria e reverência produzem um efeito inspirador sobre a mente.

Os textos procedem, conforme o próprio Nanak o afirma, de uma revelação interna, de uma experiência mística.

"Eu relato à medida que a palavra diversa me atinge."

Os hinos nascem dessa iluminação interna, de uma sintonização com o Infinito.

A filosofia do Guru Nanak está intimamente ligada à religião e à ética. Ouçam uma expressão de Nanak:

"A Verdade está acima de tudo. Entretanto, mais alta ainda que a Verdade está a Reta Conduta."

Deus é a única realidade (Axioma). As escrituras Sikhs começam indicando um número, é o um, pois os Sikhs acham que as palavras podem adquirir significados diversos com o correr dos tempos, mas nunca os números. A ferrugem das palavras é indiscutível, assim como a aura que irradiam.

O Mula-Mantra, ou Oração Básica do Sikhismo

"A realidade nascida da sílaba OM é unitária. Se desejardes dar um nome a essa realidade chamai-a de Verdade Eterna (*Satya*). Ela é o princípio ativo que a tudo impregna sem mal ou malícia. Seu Ser não é afetado pelo Tempo. A Realidade Última é Incriada e Eterna. Pode, porém, ser apreendida através da graça de um Guru."

Por ocasião de sua iniciação, o candidato recita cinco vezes esse mantra.

O Professor Bhai Jodh Sigh, catedrático do colégio Khalsa, de Amritsar, em um magnífico ensaio sobre a Filosofia dos sikhs, nos diz:

"A crença em uma única Realidade, chamai-a de Deus, Allah ou Rama, é uma doutrina fundamental do Sikhismo, e a meta da vida de todo sikh é realizar a Sua existência e sintonizar-se com Deus."

O Deus descrito pelo Guru Nanak e seus sucessores é o único Criador de tudo que é visível e invisível neste mundo.

Um hino no Grant Sahib, que é uma verdadeira explosão mística, assim o relata:

"Tu és a pessoa, o tablete, a escrita. Falai somente do Um, Nanak. Por que mencionar um segundo? Somente tu te impregnas em toda parte! Somente tu, a este mundo modelas-te! Não há ninguém além de Ti! Somente tu conheces a tua medida e finalidade. Somente tu podes avaliar. Tu és o Insondável. O incognoscível. O indiscutível através dos sentidos. Somente pela palavra do Guru podes ser realizado."

22

O Caminho do Raio: O Tibete

Tibete. Palavra que até hoje desperta uma gama de ressonâncias. Para muitos, o Tibete simboliza uma terra proibida, de práticas estranhas e de magia. Sem dúvida alguma, a falta de comunicação com o exterior, sua voluntária reclusão e o afastamento de outros povos, por questões de segurança e a fim de manter o clima propício à vida religiosa, foram aos poucos contribuindo para a formação da lenda. Não podemos deixar de reconhecer, baseados nos relatos verídicos de viajantes qualificados como Giuseppe Tucci[57]e Alexandra David-Néel[58], que muitas das tradições maravilhosas são de fato verdadeiras, e que o tibetano, graças a uma vida de profunda introspecção, conseguiu o domínio de forças realmente insuspeitadas para a maioria dos seres humanos.

O nome dado ao Tibete pelos seus habitantes primitivos é P'o ou Bod, que significa o "país das neves". Tem cerca de 1.255.000 quilômetros quadrados, onde vivem 3 milhões de habitantes[59] de origens étnicas as mais diversas. Chineses, turcos, mongóis misturam-se com os habitantes *mon,* aborígenes de outras regiões e

---

[57] Vincenzo Giuseppe Tucci (1894–1984). Orientalista, explorador e historiador italiano. Liderou várias expedições arqueológicas no Tibete, Índia, Afeganistão e Irã. Considerado como o maior Tibetólogo do mundo. Autor de cerca de 360 publicações, entre artigos científicos, livros e obras populares. Fundou com Giovanni Gentile, o Instituto Italiano para o Médio e Extremo Oriente de Roma. Também fez parte da maçonaria. (Nota Ed. Bras.)

[58] Alexandra David-Néel, pseudônimo de Louise Eugénie Alexandrine Marie David (1868 – 1969). Escritora espiritualista, budista, anarquista, reformadora religiosa e exploradora francesa. David-Néel viajou durante quatorze anos por todo o Tibete e foi reconhecida como a primeira mulher europeia a ser consagrada lama. (Nota Ed. Bras.)

[59] Em 2019, a população do Tibete alcançou a marca de 3.506 milhões de habitantes.(Nota Ed. Bras.)

os remanescentes da invasão indo-ariana ocorrida na Índia milhares de anos atrás. Voltando à paisagem física, vemos que ela é propícia à paisagem psíquica que se formou e que se expressa na sua cultura, pois esse país está situado no coração da Ásia, terra onde se encontram as mais altas montanhas e grandes descampados. O ar rarefeito, o silêncio quando estiam os ventos, ou o seu uivar monótono nos desfiladeiros nevados, a pureza da atmosfera aproximando a imagem dos objetos mais distantes são condições extraordinariamente favoráveis ao desenvolvimento do espírito religioso. O silêncio exterior favorece a introspecção.

A pequena população entrega-se à agricultura nos vales e à criação de cabras de tipo especial chamadas Dzo, nascidas do cruzamento do iaque com a vaca; de cavalos de várias raças e de um tipo de jumento extraordinariamente resistente, o Kyang, que é o grande veículo de transporte nas estreitas veredas das montanhas que em alguns pontos não têm mais de meio metro de largura e margeiam precipícios com milhares de metros de profundidade.

Até o século VII da nossa era, o Tibete vivia isolado dos seus vizinhos. A única religião era uma espécie de xamanismo, ainda hoje encontrado em várias partes do mundo, especialmente na Ásia Central. O culto dos Bon é uma antiga religião da Natureza, com sacrifícios oferecidos aos deuses que vagamente representam as forças naturais. Reinava no Tibete, nessa época, Sang Tsen-Gampo, que, no decorrer das suas guerras de conquista, acabou se casando com duas princesas: uma nepalesa e a outra chinesa. Ambas eram, entretanto, budistas fervorosas e conseguiram converter o rei à sua religião. Song Tsen-Gampo decide, então, enviar um emissário especial à Índia, a fim de obter livros e objetos sagrados. Esse emissário, que se chamava Sambhota, iria ter um papel preponderante na modificação das condições culturais de seu povo, pois, além dos textos, trouxe consigo a gramática e o alfabeto. Com a morte do rei, encerram-se as relações com o exterior e a religião primitiva dos Bon volta a prevalecer decisivamente, de modo que o Budismo praticamente desaparece. A verdadeira introdução do Budismo ocorre quando, a convite de outro rei, o célebre sábio Padma Sambhava, da Universidade de Nalanda, na Índia, parte para a região transhimalaia. Vivia o Budismo na Índia a sua fase final de decadência com o reaparecimento do Hinduísmo de Śankara e outras escolas filosóficas. No ano de 747 d.C., parte Padma Sambhava com suas duas esposas e um grupo seleto de discípulos. O grande Instrutor, cuja vida extraordinária, em virtude dos seus poderes extrassensoriais é relatada com minúcias nas crônicas da época, é conhecido no Tibete como o Guru Rinpoche. Como não podia deixar de ser, sua presença desencadeia fortíssima reação religiosa por parte dos Bon, reafirmando-se, então, todo o poder mágico de Padma Sambhava, ao subjugar as forças deflagradas pelos feiticeiros. Sendo uma religião de total tolerância, admite o Budismo no seu panteão as mais diversas divindades, daí resultando o verdadeiro movimento de sincretismo religioso que constitui a chamada escola *Vajra-Yana* ou, para muitos, o Lamaísmo. Essa escola caracteriza-se pela mistura de ritos mágicos e cerimônias nas quais o oficiante opera uma verdadeira química oculta, produzindo modificações de ambiente e circunstâncias. Os que se interessarem pelo assunto poderão encontrar no livro de Alexandra David Neel, *Mystics and Magicians in Tibet (Místicos e Magia no Tibete),* uma resposta às suas dúvidas ou incredulidades. A concentração, as longas horas de meditação em profundo silêncio e a imobilidade, muitas vezes em plena neve, produzem, indiscutivelmente, estranhos efeitos físicos e psíquicos. Os tibetanos dão o nome de *lung-gom* a essas práticas. São uma espécie de esporte psíquico, que confere ao indivíduo um poder imenso sobre o ambiente. No livro *The Tibetan Book of the Great Liberation* (*O Livro Tibetano da Grande Libertação*), de W. Y. Evans Wentz, editado pela Universidade de Oxford, há a seguinte referência:

"O falecido Sardar Bahadur Laden La contou que em certa ocasião vira um iogue tibetano movimentando-se de modo estranho. O caso ocorreu no Tibete, em 1931. Eu enviara o iogue com uma mensagem a um grande Lama chamado Phapong-kha, que vivia em Lhasa, e vi quando ele percorreu uma distância de 20 quilômetros em cerca de 20 minutos. Um mestre dessa arte de andar ligeiro, que no Tibete se chama Lung-gom-pa, foi encontrado por Madame Alexandra David Neel nos remotos confins do Tibete Oriental. Aparentemente, era um homem que se encontrava mergulhado num transe meditativo, cujos olhos arregalados pareciam fixar-se em alguma coisa muito distante. Ele não corria, dando antes a impressão de que se elevava do solo e caminhava aos saltos. Era dotado de uma elasticidade de bola de borracha, e saltava tão logo seus pés tocavam o chão. Seus passos tinham a regularidade de um pêndulo. Vestia o usual manto monástico, já um tanto gasto. Sua mão esquerda apertava firmemente o pano do manto e estava parcialmente coberta pela fazenda. A mão direita sustentava um punhal mágico chamado *phurbu* e movia-se ligeiramente, a cada passo, como se o *phurbu*, com a ponta voltada para o solo, nele tivesse tocado e se firmado instantaneamente. Observado a distância, era como se o monge tivesse asas."

A figura de Padma Sambhava é inúmeras vezes encontrada em esculturas e pinturas. A iconografia tibetana é extremamente rígida, dando sempre aos personagens as mesmas posições e cores, o que permite ao estudioso reconhecer a divindade estudada. Padma Sambhava é geralmente representado de pernas cruzadas, sentado num trono em forma de lótus. Na sua mão direita, vê-se um instrumento do ritual que tem tanta importância quanto o *phurbu* nas cerimônias do Lamaísmo. É o *dordge*, que simboliza o raio que a tudo destrói com seu poder. Deve ser tocado com o maior respeito, pois confere aos iniciados, na sua manipulação, poderes incomuns. Em certos aspectos, o *dordge* pode assemelhar-se ao cetro de Júpiter ou de Indra. A posição em que é sustentado, com o dedo indicador esticado, chama-se *mudrā* arrebatador. A mão esquerda, apoiada ao regaço, sustenta uma abóboda craniana cheia de licor da imortalidade (*Amrita*). Nele flutua uma pequenina urna cheia de ambrósia, que confere a imortalidade aos crentes que a absorverem. Padma Sambhava (o nascido do lótus) foi o fundador da antiga escola tântrica, erroneamente chamada por muitos de "Barretes Vermelhos". Visitou inúmeras localidades do país, conferindo iniciações tântricas e expondo sua doutrina às multidões. Incorpora várias divindades bonistas e substitui os sangrentos sacrifícios de animais por sacrifícios simbólicos. No entanto, os mais elevados ensinamentos tântricos foram transmitidos, como é a regra dessa escola, somente a uns poucos discípulos. O grande mosteiro de Samye foi criado pelo Grande Guru. Com seu desaparecimento, o Budismo não decaiu, como acontecera anteriormente. No século XI, um novo emissário é enviado à Universidade de Nalanda, na Índia. Desta vez, é o filósofo Atisha que atende o chamado e vai residir no mosteiro de Tholing, onde procura fazer uma síntese do pensamento budista das três escolas: a Hinayāna, a Mahāyāna e a Vajrayāna. Depois de Atisha, há que ressaltar a impressionante figura de Marpa, "o Tradutor", que foi o mestre do famoso Milarepa, cuja notável vida chegou até nós graças à tradução do Prof. Ewans Wentz. Milarepa nasceu numa família abastada, no ano de 1039. Com a morte de seu pai, a fortuna passou a ser administrada por um tio cujas trapaças deixam a criança sem nada e reduzem sua irmã e sua mãe à escravidão. Estas enviam, então, a criança a uma escola de magia negra, a fim de que pudesse vingar a afronta. Milarepa desenvolve grandes poderes, podendo desencadear tempestades e paralisar as pessoas a distância. Nada disso, entretanto, lhe trazia felicidade. Pelo contrário, sentia profundamente que não era através de vingança que conseguiria a paz fundamental. Entra, então, em contato com o Guru Marpa, que o submete a um rígido treinamento. É obrigado a construir muros, casas, fazer trabalhos mais rudes, para logo a seguir destruir tudo o que fizera e voltar, sempre e sempre, a fazer a mesma coisa. Conduzem-no às cavernas nas geleiras onde, em total solidão, aprende a conversar com as *Dakinis* (fadas), com os seres demoníacos e os animais selvagens. Domina por completo o *tumo*, ou calor psíquico, que permite ao homem viver no meio do gelo vestido apenas com um simples manto de algodão. Seu nome - Milarepa - significa "vestido com um pano de algodão". Atinge, por fim, a Iluminação, e toda a sua mensagem é dada em poemas de rara sensibilidade. É o grande Instrutor-poeta. Suas poesias estão reunidas no livro *As Centenas de Milhares de Canções*. Dele, transcrevemos o poema que se segue, numa tradução de A. Gordon:

> "...Eu canto a essência das coisas.
> O trovão, os raios, as nuvens, esses três,
> Ao emergirem, emergem do próprio céu.
> Ao dissolverem-se, dissolvem-se no próprio céu.
> O arco-íris, a neblina, o nevoeiro, esses três,
> Ao surgirem, surgem do próprio espaço
> Ao desaparecerem, desaparecem no próprio espaço.
> A água, a colheita, o fruto,
> Ao emergirem, emergem da própria terra.
>
> Florestas, flores, verduras, esses três
> Ao brotarem, brotam da própria montanha
> Ao desaparecerem, desaparecem na própria montanha.
> O rio, as correntes, as ondas, esses três,

Ao aparecerem, aparecem no próprio oceano
Ao desaparecerem, desaparecem no próprio oceano.
O pensamento habitual, o amor, a possessividade, os três,

Ao surgirem, surgem na consciência de *Alaya*,
Ao desaparecerem, desaparecem na própria consciência de *Alaya*.

...O iogue vê a clara luz que nunca chega ou parte.
A aparência do mundo externo é uma ilusão.
Observando a natureza das manifestações
Ele compreende a identidade da manifestação e do vazio
E assim compreende que os dois não são diferentes.
A meditação e a não meditação não são duas, e sim uma.
A causa de todos os erros é ver as duas coisas como se fossem diferentes.

Do ponto de vista final não há ponto de vista!
Se comparares a natureza da mente
E a natureza dos céus
A própria natureza do teu ser será penetrada
E então verás que já percebeste a verdadeira significação
Do que está além do pensamento..."

Após Milarepa, surge a figura de Tsongkapa, que eliminara as práticas deturpadoras que, graças à grande tolerância do Budismo, se haviam incorporado ao culto.

Arte Tibetana

A arte é o reflexo fiel do espírito de um povo e de uma época. Por seu intermédio, podemos reconstituir a história de uma religião. A iconografia e o simbolismo representam, nas artes plásticas, o que a estratigrafia e a petrografia representam na reconstituição da história da evolução geológica.

A iconografia permite a interpretação das formas. A arte tibetana espelha com fidelidade a luxuriante atmosfera místico-religiosa que se respira nas quase inacessíveis regiões do Teto do Mundo[60], principalmente a pintura, consubstanciada nas chamadas *tankas* ou estandartes, cujo nome se deve a seu formato característico. Giuseppe Tucci, o grande estudioso do Tibete, diz que as *tankas* são "uma recriação do mundo místico e simbólico através do qual o Lamaísmo encontra sua expressão". Cada pintura é, portanto, uma evocação cujo significado torna-se claro aos que fecham os olhos às coisas da terra e conseguem captar a mensagem esotérica que emana constantemente desse mundo complexo e atordoado, povoado de divindades com formas monstruosas ou seráficas. Os tibetanos não fazem uma cópia servil da Natureza, mas buscam de modo direto uma fórmula nova, uma verdadeira equação que, uma vez resolvida, permitirá ao observador conhecer o significado profundo da mensagem. O artista é, antes de tudo, um místico, conduzido pelo *Yoga* a um estado extásico em que vê os deuses e *devas* com os olhos do espírito inconsciente. É um verdadeiro sacerdote oficiante, que realiza com seus pincéis o ato da criação. Para isso, tem de se tornar uno com os mundos invisíveis que pretende reproduzir. Uma análise da confecção de uma pintura religiosa fala mais do que vários livros dedicados a explicar os aspectos externos dos rituais. A preparação da pintura é um ato litúrgico. O algodão que será utilizado mais tarde para tecer a tela só deverá ser colhido por uma pessoa iniciada nos segredos da religião. A seguir, é ele purificado pela repetição de determinados mantras, sendo abençoado por um monge, de acordo com um rito especial e na presença de uma virgem, a quem competirá a tarefa da fiação. Após a fiação, o fio resultante é entregue a um tecelão experimentado, que tem de possuir uma série de atributos, além da presença de sinais de bom augúrio. Os atributos são: mocidade, saúde, isenção de defeitos físicos e morais. Antes da tarefa, deverá o tecelão submeter-se a uma série de práticas purificadoras, a fim de poder criar o campo onde o artista irá desempenhar a missão suprema de criador. O artista é, portanto, um atualizador dos arquétipos, que dele servem como um canal de manifestação. Ao contrário da pintura ocidental, na pintura tibetana todas as cores, formas, espessura das linhas estão codificadas. Há uma verdadeira ciência a ser obedecida. A iconografia não pode ser violada nas suas relações eternas. As *tankas* têm um plano geral comum

[60] Teto do Mundo ou Telhado do Mundo. O planalto tibetano fica a mais de 3 milhas acima do nível do mar e é cercado por imponentes cadeias de montanhas que abrigam os dois cumes mais altos do mundo, o Monte Everest e o K2. (Nota Ed. Bras.)

representando um espaço no qual a realidade transcendente terá existência. Em geral, as personagens estão dispostas sob a forma de círculo (mandala), em cujo centro está a personagem principal. Algumas *tankas* possuem um pedaço de tecido diferente na parte inferior, chamado "a porta" da *tanka,* que objetiva um ponto onde o crente deverá fixar os olhos durante a meditação para que possa "entrar" no interior da mandala. À medida que a meditação se aprofunda, há uma gradual revelação de significações das figuras representadas, até que se dá a superposição, a união, quando quem medita e a divindade representada unificam-se.

Uma vez terminada pelo artista, deverá a *tanka* receber a consagração por parte de um *lama*, que num ato chamado *Pratistha* infunde a vida à pintura. O ato de consagração é, portanto, um ato de vivificação do objeto com a essência divina. O ritual é altamente complexo, e os tibetanos se encarregaram de ampliar os métodos recebidos dos seus mestres indianos. Para o tibetano, o verdadeiro sacerdote é um ser que consegue fazer brilhar na sua alma a alma universal. Ele é, então, o instrumento de transfusão dessa vida na imagem. Uma prova dessa experiência com a Realidade Suprema é encontrada no poema escrito por um monge chamado Sam Tchan Kham Pa[61]. Nele está retratado com fidelidade o elevadíssimo grau da mística tibetana. Ei-lo:

> "Morra e viva Naquilo!
> Confia!
> Possa a tua alma brilhar com a infinita Luz e a suprema Paz.
> Oh, imortalidade suprema, em ti sempre morei!
> Não mais distinto de ti serei.
> Tua alegria enche aquilo que da minha alma permanece.
> Incendeia aquilo que resta de meu coração.
> E em mim incorpora a felicidade de um relâmpago eterno.

---

[61] Tsong Khapa Losang Dragpa (1357–1419). Nasceu no vale Tsongkha, na província de Amdo, no Tibete oriental. Foi uma das maiores figuras da história do Budismo tibetano. Erudito e filósofo, seu trabalho integra o *sūtra*, o tantra, a lógica analítica e a meditação. Foi um dos reformadores religiosos do Tibete e devotado monge que dedicou sua vida a revitalizar o Budismo tibetano resgatando a essência dos ensinamentos de Buda. Foi o fundador da escola Gelugpa. (Nota Ed. Bras.)

Oh, vida imensa e infinita!
Esplendor eterno e radiante!
Tu és o meu único corpo.
O meu único lar...
Eu sou a divindade das coisas!
Sob este espesso manto de matéria
Sou a chama silenciosa e anônima,
Que de todos é desconhecida,
E que brilha no coração das trevas externas!
No perpétuo ressurgir de minha infinita visão
Não mais existem véus, nem trevas, nem luz.
Oh, inominável infinito! O Eterno que não tem qualquer atributo
É a minha única morada, o meu único Estado Natural.
É nesta unidade que vejo uma infinidade de seres e coisas
Dissolvidos numa essência comum, igual à pura água
Que da pura água surge,
Na plenitude transluminosa de uma infinita realidade
Para sempre estou transfigurado
Assim como a todas as coisas transfiguro
Em virtude do eterno relâmpago que sou.
Eu sou... Para sempre sou...
Aquilo que era... Aquilo que é... Aquilo que será...
Eu sou... Para sempre sou...
A bênção infinita que nos seus eternos ritmos
O Universo acalenta e os corações das coisas acelera.
Eu sou... Para sempre sou...
No meu refúgio último, que é também o refúgio de todas as coisas,
Alegria! Harmonia!
O êxtase do mundo!"

23

O Lótus nasce do lodo: o TANTRA

"Escolha sempre a linha de maior resistência".

O Tantra é, ainda hoje, um dos assuntos mais explosivos e misteriosos. A explosividade decorre das forças que a sua prática (*Sādhana*) desperta no indivíduo, dos poderes latentes (*Siddhis*) adormecidos, que não sendo devidamente controlados poderão queimar os corpos humanos deixando marcas irreparáveis como no caso das perturbações psíquicas permanentes, tão comuns nas chamadas práticas de desenvolvimento psíquico. Temos de tratar o assunto com o cuidado dos que manipulam nitroglicerina, pois, conforme afirmou certo instrutor, o Tantra não é leite para crianças. O aspecto misterioso resulta do seu esoterismo, já que a verdadeira transmissão é secreta e só pode ser dada por um Guru qualificado ao discípulo, que antes é submetido a provas. E os instrutores são muito poucos e cuidadosos. Na grande maioria, as práticas que chegaram ao conhecimento do ocidental são somente aspectos superficiais, rudimentos de algo muito mais profundo. O Tantrismo está difundido principalmente na Índia, no Tibete, na escola Vajrayāna e na seita Shingon do Budismo japonês. Até o início deste século, os autores ocidentais, sem acesso às fontes verdadeiras, viam simplesmente no Tantrismo hindu uma escola de magia negra onde as práticas sexuais se misturavam aos sacrifícios de animais. O grande divulgador do Tantrismo no mundo ocidental foi, sem dúvida, *Sir* John Woodroffe[62], que escrevia sob o pseudônimo de Arthur

[62] *Sir* John George Woodroffe (1865–1936). Também conhecido pelo pseudônimo de Arthur Avalon. Orientalista britânico com várias obras publicadas sobre os Tantras e outras tradições hindus. Sua maior contribuição está na árdua e completa pesquisa da literatura Tântrica e na subsequente publicação de aproximadamente 20 textos após edição criteriosa e cuidadosa. Traduziu alguns importantes textos sobre o Tantra, acrescentando seus próprios e valiosos comentários e prefácios esclarecedores. (Nota Ed. Bras.)

Avalon. Indiscutivelmente, seus livros abriram uma porta para um conhecimento mais profundo. As raízes do Tantra encontram-se num solo arcaico, pré-ariano, revelando-se numa espécie de espiritualidade autóctone com grandes relações com os mundos pelágico e pré-helênico. É flagrante a identidade entre as deusas hindus Durga e Kali e as correspondentes Deméter, Cibele e Melaina. Estão presas, sem dúvida, a um único arquétipo, que é a Grande Mãe. Em Mohenjo-Dharo, no Vale do Rio Indus, as escavações têm dado à luz estatuetas de terracota de uma Grande Deusa, uma espécie de *Magna Mater* inteiramente inversa à tradição ariana, e posteriormente védica, que é eminentemente masculina. A ideia de um poder central feminino, de uma *shakti*, que seja a contraparte do masculino, é fundamental no Tantrismo, que vê o mundo como uma potência decorrente do equilíbrio de princípios opostos. Quando nos aproximamos de qualquer coisa e a observamos em profundidade, encontramos essa potência que o homem dominou graças à desintegração da matéria. A energia nuclear é um aspecto visível dessa realidade intuída há milênios pelos verdadeiros Gurus. De fato, sabemos hoje que toda matéria do chamado mundo físico nada mais é que o resultado de inter-relações dinâmicas de acontecimentos. Em todos os pontos, o movimento constante está por trás da fachada do aparente repouso. As formas estáticas nada mais são que vórtices vertiginosos estabelecidos nessa potência fundamental que é a raiz última das coisas. Portanto, diz um dos axiomas do Tantra: "A medida exata de cada coisa, de cada forma, interna ou externa, é a potência."

Um segundo axioma afirma: "No Um moram os dois". Ou seja, a afirmação de que por baixo da aparente quietude da unidade há sempre uma dualidade latente. Essa dualidade é, simbolicamente, representada pela figura de *Shiva* (o aspecto renovador de Deus) e sua *shakti* Parvati. A união dos dois simbolizada no ato sexual (Maithuna) é a visão gráfica de fusão dos opostos no êxtase do aqui e agora. No Tibete, são comuns as representações de divindades unidas sexualmente na postura conhecida por *Yab-Yum*. O coito é aqui o símbolo físico de um estado vazio, quando o deus e a deusa, unidos, superam o eu pessoal. A separação ilusória do Eu e Tu transcendida no entrelaçamento das forças primitivas, onde ocorre a total expansão que leva o Eu e o Tu separados a uma esfera situada além de sua existência puramente individual. Deve-se ter o cuidado de não ver nas posições aparentemente lascivas de certas estátuas uma conotação puramente erótica, mas, sim, uma indicação de algo que se sobrepõe à forma e visa a obter uma paz, um êxtase que paira bem acima dos relativos sentidos humanos.

O Tantrismo vê, assim, por trás de todas as coisas, de todas as formas e aparências, um imenso poder latente, que se chama *Kundalinī*, ou Fogo Serpentino. Ele dorme na base da coluna espiral, enrolado como uma serpente, à espera do despertar, que talvez não ocorra ainda nesta vida. O despertar é uma ruptura na consciência de vigília, o despontar de uma consciência plena, de uma superconsciência que está infusa na criatura humana, mas que, devido ao seu adormecimento, ela não consegue perceber.

No conceito tântrico, o homem é um ser paralisado que perdeu dessa forma a capacidade de se expressar. O místico cristão, Eckart[63], costumava afirmar que até uma pedra é Deus. A única diferença é que ela não se apercebe disso, em virtude do estado de ignorância (*avydiā*) em que se encontra mergulhada. A matéria é, assim, um símbolo visível, concreto, dessa ignorância. Mas há sempre uma possibilidade de despertar e surgir o reconhecimento da identidade fundamental existente entre o conhecedor e a coisa conhecida. A fusão do observador com o fato observado é sempre uma tônica da experiência reveladora em todas as épocas, em que o homem não é mais um ser isolado, mecânico e paralisado, passando a fluir para o outro numa só unidade de consciência, na qual o sentido do eu separado perde por completo a razão de ser. A verdadeira união do Mestre com o discípulo dá-se nessas condições. O Prof. J. Evola[64], em *La Yoga dela Potenza (O Yoga da Potência)*, analisando a paralisação do homem de hoje, o faz nos seguintes termos:

---

[63] Mestre Eckhart de Hochheim, O. P. (1260–1328). Frade dominicano, nascido em Tambach, perto de Gotha, na Turíngia, região situada hoje no centro-oeste da Alemanha. Reconhecido como um dos mais importantes filósofos místicos medievais. Considerado um dos grandes pensadores do neoplatonismo e do misticismo. Era conhecido por seus sermões eloquentes e improvisados. Teve sua obra ortodoxa questionada, foi julgado pela inquisição, mas morreu antes de saber o veredito. Seu pensamento influenciou místicos como Julian de Norwich, Teresa de Ávila, São João da Cruz, Nicolau de Cusa e Hegel. No século XIX, com a descoberta de seus manuscritos, sua obra é redescoberta e sua imagem se refaz. (Nota Ed. Bras.)

[64] Giulio Cesare Andrea Evola (1898–1974). Filósofo, estudioso das religiões, pintor, poeta e ensaísta italiano, mais conhecido pela forma latinizada de seu nome: Julius Evola. Sua obra reúne temas como história das religiões, sexologia, história do Budismo, política, esoterismo e, também, práticas de ascese. (Nota Ed. Bras.)

"Nossos contemporâneos, com a potência condicionada de suas máquinas, assemelham-se realmente a crustáceos. Se arrancarmos a casca do mecanismo restará apenas, espiritualmente falando, uma substância mole e invertebrada, completamente desligada de qualquer vida interior". Evola defende a tese, perfeitamente válida, de que a doutrina dualista é encontrada em todas as tradições iniciáticas do Oriente e do Ocidente. *Prakriti* - a Natureza - e sua *shakti* - *Kundalinī* - equiparam-se à água e ao "sopro do Senhor", ou ao "corpo ígneo", à "vestimenta de poder" do Espírito Santo das tradições gnósticas. São o caos, a matéria-prima, o "fogo vivo" dos alquimistas, como também Reia, a mãe de todos os deuses da mitologia grega, que simboliza a indefinida possibilidade da instrumental energia cósmica de dar nascimento a todas as outras formas.

O Tantra é, portanto, uma série de exercícios que devem ser feitos sob a direção de um mestre qualificado. Constituem o que se chama, de maneira geral, *Sādhana*: a prática. Não há Tantra sem a prática. Ela é a raiz e a essência de tudo. O Tantra pretende ser a escritura adequada à idade negra que vivemos - *Kali Yuga*. Segundo os textos, para cada época há um ensinamento adequado. Na época atual, em que a grande característica é a miscigenação, a mistura de castas, de ideias, a dissolução da família e das estruturas tradicionais, seus ensinamentos e práticas são bastante úteis.

Qual o tipo de homem que encontramos hoje? O mais comum é o paralisado, o adormecido, o mecânico, o autômato, que, segundo o Tantra, chama-se *Paçu*. É um ser sujeito à vida material e sensória, profundamente voltado à satisfação dos seus próprios desejos e no qual o egocentrismo e a ideia de posse constituem uma característica dominante. A possessividade do homem moderno, a luta sem tréguas para abocanhar um melhor pedaço das oportunidades e o seu falso escalão de valores refletem a falta de sensibilidade com relação à unidade onde existimos e ao processo cósmico em geral no seu eterno vir a ser. O homem ocidental, via de regra, totalmente desligado de uma vida interior, efetiva, imerso no seu pequenino mundo tecnológico e utilitarista, insulado em si mesmo, enfim, mumificado e embrutecido, é um ser atrofiado, quase inteiramente desprovido de qualquer perceptividade mais sutil. Toda a nossa orgulhosa civilização e a nossa educação baseiam-se, em grande parte, na ideia da repressão na qual as forças adversas não são totalmente absorvidas, mas enfurnadas em camadas profundas do inconsciente, e lá continuam apodrecendo e infeccionando a vida psíquica do indivíduo. O processo de extirpação, que constitui uma violação da Natureza, é uma constante na civilização Ocidental, que prefere, em vez de dominar ou destilar as paixões, uma pura e simples extirpação. A mera castração não resolve o problema, ao contrário, agrava-o e modifica as condições em que poderia ser resolvido de forma eficaz, satisfatória. Mas os castrados morais preferem, ao invés do domínio das paixões, a pura e simples extirpação. O que caracteriza o homem autêntico é que ele jamais corta o mal pela raiz, jamais se castra, antes sublima e transforma. Como o lótus, aproveita a lama e a podridão em que está mergulhado para haurir as forças que vencerão a água e lhe permitirão abrir sua corola ao sol da espiritualidade perfeita. O homem autêntico revela também uma determinação suprema que se afirma numa confiança total. "Eu posso!" – é a sua religião. A energia fundamental contida nessa afirmação é chamada pelos hindus de *Vyrīa*. Sem ela, tudo é difícil, ou até impossível.

"Não faças o que te agrada, e, sim, o que te custa". Esta é uma das inúmeras máximas tântricas de notável sabedoria. Geralmente preferimos o caminho fácil, as soluções mais simples, quando o mais difícil é que nos possibilitaria desenvolver o imenso potencial em nós existente. Nietzsche revela-se profundamente tântrico ao afirmar que é preciso ter dentro de si um caos para que possa nascer uma estrela, assim como também quando diz: "Eu só amo aqueles que sabem viver como que se extinguindo, porque são eles os que atravessam de um para o outro lado".

Declara outra máxima tântrica: "Tudo se torna puro pela purificação". É a ideia básica de que o homem comum, imerso nos seus vícios, poderá, graças ao *Sādhana* obter a limpeza necessária para atingir a realização suprema. A ideia que tem causado maiores malefícios à humanidade, mesmo após o extravasamento dos impulsos dos que vinham sendo represados há tantos séculos, é a que decorre de uma visão deformada do sexo. A associação da ideia do pecado, da impureza, da coisa suja aos órgãos sexuais é de origem semítico-levantina e, na verdade, é completamente estranha no verdadeiro espírito ariano, conforme bem se pode observar na Índia, que escapa a essa influência e onde outros valores culturais puderam desenvolver-se livres das ideias de pecado ligadas ao sexo, que é a manifestação humana da força cósmica na sua ânsia de perpetuação. O templo de Khajuraho, na Índia, com suas paredes recobertas de imagens nas mais diversas posições de atos sexuais são incompreensíveis aos olhos puritanos do ocidental, assim como as páginas do *Kāma-Sūtra*, com suas fórmulas para alcançar uma melhor união física. Incompreensível, também, é o *Lingan*, que simboliza o falo de *Shiva* e é cultuado em inúmeros locais, recebendo flores e preces dos crentes. Tudo isso pertence a um mundo estranho para mentes fechadas à realidade da força do sexo, não como um simples canal de satisfação momentânea, mas como um fator de profundo equilíbrio psicofísico do ser humano como comprova a Sexologia.

A fórmula básica do Tantrismo, sua verdadeira regra de ouro, é a possibilidade de libertação correlacionada a uma ação total. Essa ação total dificilmente é obtida pelo homem que tem sua capacidade tolhida pelo condicionamento. O artista, ao atingir o ápice da sua criação, pode ser a própria ação. O músico é a própria música das coisas. O pintor torna-se o que pinta. Para pintar bambus, dizia um pintor japonês, temos de nos transformar em bambus. A libertação tântrica é, portanto, um estado de absoluta autorrealização.

Um dos rituais prescritos pela escola tântrica hindu é o *Panchatattva*, vulgarmente chamado os Cinco M, que identificam cinco palavras sânscritas: *madya, mangsa, matsya, mudrā* e *maithuna*, significando literalmente: licor, carne, peixe, cereal afrodisíaco e união sexual. Certos autores dizem que se tomarmos as palavras no sentido literal teremos a magia negra, ou seja, a *Vama-Cara* – a prática da mão esquerda. Na magia branca, no verdadeiro Tantra, as palavras citadas são puramente simbólicas. Essa é a opinião do Prof. Agehananda Bharati[65], no livro *The Tantric Tradition (A Tradição Tântrica).* Diz ele que, após examinar 25 textos tântricos budistas e hindus, verificou que, entre os principais temas tratados, 60% versam sobre mantras, 10% sobre mandalas, 10% sobre meditação, 5% sobre preparo de ingredientes para o ritual e 3% sobre amuletos. O restante refere-se a indicações astrológicas e diversas práticas.

---

[65] Swami Agehānanda Bhāratī (1923–1991). Nome monástico do austríaco Leopold Fischer, especialista em antropologia cultural, estudos do sul da Ásia e filosofia e religião comparadas. Ensinou na Universidade de Delhi, na Universidade Hindu de Benares e no Instituto Nalanda, na Índia, tendo atuado também em academias da Tailândia e Japão. Foi professor na Universidade de Washington e depois na Universidade de Syracuse onde permaneceu por mais de 30 anos. Deixou mais de 500 escritos, incluindo sua autobiografia. (Nota Ed. Bras.)

Mantras

O mantra é a própria razão de ser de muitas práticas tântricas. A palavra mantra origina-se de uma antiga raiz sânscrita, *man*, que significa pensar, e o sufixo *tra*, que significa instrumento. O mantra é um conjunto de sons ou palavras com efeitos vibratórios, psíquicos e espirituais, quando devidamente pronunciados. Segundo o Tantra, cada coisa, seja qual for sua constituição, nada mais é que uma concentração de energia, uma vibração. Toda vibração de um objeto produz uma modificação, que poderá ou não ser apreendida pelo homem. Cada objeto possui, portanto, um som natural (*Shabda*), que poderia ser captado pelo ouvido cósmico. A modificação produzida em nossa mente por determinada vibração emitida por um objeto é da mesma natureza desse objeto. O princípio fundamental de todas as repetições de mantras é que, com a repetição, a mente se torna idêntica à divindade, porque, por meio do ritmo, com ela se harmoniza, segundo B. Bhattacharya, no prefácio da edição japonesa *Na introduction to Buddhist Esoterism*:

"Os tântricos estão familiarizados com a teoria da telecomunicação, como o rádio e a televisão, e podem transmitir sons e formas através do espaço sem aparelhagem, ouvir sons distantes, ver cenas distantes".

No Tantrismo, há toda uma ciência, ainda fora do controle da Ciência oficial, que nos fala da correspondência fundamental das vibrações. As cores, principalmente, têm um papel importantíssimo, pois cada cor é uma vibração de determinado comprimento de onda com efeitos característicos em função do receptor, do momento e da forma com que é emitido. Segundo Agehananda Bharati: "Um mantra é um quase-morfema, ou uma série de quase-morfemas, arranjados em padrões convencionais, baseados em tradições esotéricas codificadas e transmitidas de preceptor a discípulo no decorrer de um ritual prescrito de iniciação". Um mantra não vive a não ser quando devidamente entonado, não dizendo só a palavra exata, com a impostação de voz exata, mas, acima de tudo, com um estado de mente adequado. Ele não "acende", digamos assim, a não ser que determinadas condições sejam cumpridas.

Mudrās

Os *mudrās* são gestos das mãos com significação simbólica e que servem de instrumento a determinados estados de consciência. São uma espécie de linguagem hermética indiscutivelmente ligada ao inconsciente coletivo e que produzem determinados estados psíquicos. Um dos mais simples é o das mãos postas em prece. Simboliza a união dos opostos, indispensável para se atingir a realização. A fusão da natureza humana com a divina. É um gesto místico que para ser compreendido precisamos falar um pouco sobre o *Yoga* dos Três Segredos, ou a doutrina dos Três Mistérios, segundo a qual o pensamento, a palavra e a ação são expressões diferentes de uma mesma realidade. No ritual Shingon, a repetição do mantra com o *mudrā* correspondente permite unir o indivíduo com o Supremo. O *mudrā*, sendo físico, pode agir sobre o sistema nervoso, produzindo determinados efeitos. No esoterismo do Budismo Japonês, a mão esquerda simboliza a concentração, enquanto a direita é a Sabedoria. Os dedos são os dez estágios (Judo) ou os dez mundos da Essência. Quando fechados, eles se tornam um (o punho da mão); quando estendidos, possuem nomes diversos. Vejamos o simbolismo: o dedinho esquerdo é a caridade; o anular, a disciplina; o médio, a paciência; o indicador, a energia; o polegar da esquerda, a contemplação. Na mão direita, o dedo mínimo simboliza a sabedoria; o anular, os meios; o médio, o voto; o indicador, o poder; e, finalmente, o polegar, o conhecimento. Podem, também, significar: o mínimo, a terra; o médio, o fogo; o indicador, o ar; e o polegar, o vácuo.

Mandalas

Mandalas são círculos nos quais a divindade principal é colocada no centro, e as outras, em camada. É uma superfície consagrada, protetora, contra determinadas invasões. É um mapa do mundo. Segundo G. Tucci, é dividida em cinco partes – os quatro lados e o centro. Psicologicamente, conforme foi tão bem estudado por Carl G. Jung, corresponde aos cinco elementos estruturais que compõem a personalidade humana centrados no indivíduo que ocupa o centro da figura. Segundo o Budismo tântrico tibetano, a consciência original de tudo, em certos aspectos ligados à noção de Deus Absoluto, é o Buda Mahavairocana, que se transmuta em cinco Dhyani Budas, ou os Budas da Meditação, que são: Vairocana, Akshobia,

Amitaba, Ratna Sambhava e Amoga Sidi. Cada um deles ocupa um ponto cardeal e possui uma cor característica.

Os *Yantras* são diagramas, figuras simbólicas que, segundo a tradição, estão em ligação direta com a divindade representada, que, assim, poderá viver no plano físico graças à atividade do praticante.

A Escola Shingon

Não estaria completo um capítulo sobre o Tantra sem uma referência à Escola Shingon que é, indiscutivelmente, uma das mais puras manifestações do Budismo Esotérico. Sua origem prende-se à figura de um dos homens mais extraordinários de todos os tempos – o mestre Kobo Daishi, que viveu no século IX da nossa era e estudou na China junto com o Mestre Keika. Segundo ele, é muito difícil a um homem encontrar e praticar a lei do Buda. Mais difícil ainda é a obtenção do Satori e a volta das alturas infinitas dessa experiência para o mundo material, cotidiano, e procurar minorar, com o coração pleno de amor, o sofrimento de milhões de criaturas. O espírito da Compaixão (*karuna*) é o fundamento da escola Shingon. Kobo Daishi foi um homem completo. Era engenheiro de profissão, mas executava várias atividades nos mais diversos campos de sua época. Vamos encontrá-lo presente na construção de canais, na música, na pintura, na religião. No seu livro "Os dez estágios da Consciência Religiosa", ele nos apresenta uma avaliação sistemática dos principais ensinamentos budistas e das diversas escolas religiosas. Durante toda a sua vida, revela o moderno mestre Eikan Ikeguchi, sua vida se baseia numa série de atividades práticas que muitos tomam como magia praticada em benefício dos outros. Kobo Daishi ensinava a integração do praticante com o Todo Universal nos três níveis: pensamento, palavra e ação. No nível da ação, é possível essa realização por meio dos gestos do ritual, dos *mudrās* etc. No campo da palavra, com a recitação correta dos mantras. No campo do pensamento, por meio da meditação correta. Toda a prática da escola Shingon é baseada nessa *Yoga* dos Três Segredos. A eficiência dos trabalhos é baseada na ação da Adhistana, uma palavra sânscrita que significa ação à distância e que à falta de termo mais adequado é traduzida por Magia. Em japonês, a palavra equivalente é Kaji, que significa interrelação. O Universo, na visão tântrica, na visão esotérica, é um campo onde se movimenta profunda e indefinível energia espiritual da qual se originam todos os fenômenos materiais. Kobo Daishi falava, numa das suas obras, que, assim como as gotas da chuva possuem a mesma natureza da água, todas as coisas possuem a mesma raiz – O Buda Mahavairocana, o Buda Universal – a Essência Búdica do Universo. Pela prática da *Yoga* dos Três Poderes, é possível uma experiência direta com essa Essência Universal, e fazer com que sua vida circule em nossas vidas e se manifeste em nossa carne. O mestre Eikan Ikeguchi, o grande Guru da atual Escola Shingon, afirma com toda a indiscutível autoridade de um homem que possui a apercepção direta da realidade:

"É uma experiência profunda e indefinível a da fusão entre sujeito e objeto, ou melhor, uma experiência anterior a qualquer diferenciação entre sujeito e objeto. O Universo é um Todo, uma Unidade, uma Totalidade. Com a técnica da *Yoga* dos Três Poderes, poderemos obter essa profunda experiência mística."

24

O Estruturalismo Oriental: as mandalas

Mandala é uma palavra sânscrita que significa círculo. Pode ser encontrada em pinturas, esculturas, danças. Vamos encontrá-la nas paredes dos templos pintadas em cores contrastantes, no chão, na entrada de casas humildes, esboçada toscamente numa rocha ou desenhada em grandes proporções na poeira no chão de terra batida. Outras vezes, a mandala aparece nas danças em grupo realizadas no interior dos templos ou em espetáculos públicos. A dança estruturada em círculos concêntricos com um centro atraindo o conjunto é típica do Budismo tibetano e dos Dervishes, dançarinos que atingem o êxtase num rodopio incessante ao som de tambores e flautas primitivas. As mandalas são encontradas em todo o Oriente.

A mandala se apresenta outras vezes sob a forma de *Yantra*s, desenhos geométricos entrelaçados que em sua simetria parecem brotar de um ponto central. Esses desenhos são usados em certas práticas de meditação.

É indiscutível a força integradora que se sente na mandala, o que levou C. G. Jung a estudá-la com detalhes. Ela aparece nos momentos em que o ser humano é submetido a uma tensão desagregadora. Surge nas crianças que veem os pais se separarem, nos adultos quando a neurose se estabelece ou sempre que ocorre uma invasão do subconsciente na alma humana. É uma tentativa de autocura que a natureza espontaneamente adota. Uma barreira à desintegração. Segundo o Prof. Giuseppe Tucci, em sua obra, *Teoria e Pràtica del Mandala – com particolare ricuardo ala Moderna Psicologia del Profondo:*

"As coisas não podem ser de outra forma porque estamos tratando com arquétipos que são inatos na alma humana e que, portanto, reaparecem em diferentes terras e épocas sob um aspecto semelhante."

A religião hindu, ou qualquer sistema por ela influenciado, é um método para alcançar a autoconsciência. Para romper o conformismo, a mecanização, a ilusão criada pelo hábito, e atingir uma consciência insuspeitada, mas presente a todos os instantes, diante do homem. Para isso, a prática (Sãdhana) é indispensável. Sem ela, nada é possível. A perigosa cisão estabelecida entre o intelecto e a psique terá que ser restabelecida. Uma simples análise da história dos povos ocidentais demonstra que essa cisão sempre produz sofrimento. O orgulhoso culto do intelecto, da razão, da lógica, o endeusamento da Ciência tem levado o homem a abismos de desesperança em sua alienação. A palavra "intelectual" com que caracterizamos os pseudo-homens superiores de uma época, demonstra a elevada posição em que é colocado o intelecto nos seus padrões de julgamento. Tucci, na sua obra citada, afirma:

"O intelecto puro desligado da alma é a morte do homem. O intelecto autoconfiante e isolado numa arrogante autocomplacência não o enobrece. Ao contrário, humilha o homem. Mata a participação do amor com a vida das coisas e criaturas, da qual as emoções e intuições são capazes."

É necessário, portanto, neste Ocidente angustiado e confuso, restabelecer essa autoconsciência do Ego isolado com a Consciência Cósmica que tem sido a tônica do pensamento tradicional do Oriente. Para a Vedanta, essa Consciência Cósmica é *Brahman*. A centelha individual, o Ego, é *Ātman*[66]. *Ātman* = *Brahman*. Mas essa identidade não é consciente no homem comum, no homem-máquina. E quanto mais inconsciente ele for dessa realidade, maior é a tensão existencial, a angústia. A prática (Sãdhana) é o método que nos levará ao reencontro dessa consciência.

A Consciência Cósmica recebe vários nomes nas diversas escolas budistas. É a matriz de todos os Budas (Tathagata-Garbha), identidade Absoluta (Tathata), base de todas as coisas (*Dharmadhatu*), "coisidade" (*Dharmata*), depósito da consciência (*Alaya Vijñana*).

É, qualquer que seja seu nome, uma superconsciência da qual o inconsciente coletivo de Jung é apenas um aspecto. Nela, estamos mergulhados, existimos e

[66] Porque a Filosofia Advaita-Vedanta é não dualista, *Ātman* é um dos seus ensinamentos fundamentais "*Ātman* é *Brahman*, ou seja, *Ātman* é uno com *Brahman*, ou seja, tudo é *Brahman*, da mesma forma que o Cristo disse, "Eu e o Pai somos um (João 10:30)". (Nota Ed. Bras.)

temos o ser. A consciência relativa cria as imagens em função da limitação da percepção do Absoluto através dos sentidos. Neste Oceano primordial, nada é perdido. Simbolicamente, ela é comparada à Luz. Uma luz sem cor e ofuscante. Em um dos *Upanishads*, o poeta exclama:

"Do irreal conduz-me ao Real, das trevas à Luz!"

É o Guru, o Mestre, que vai auxiliar a trazer gradualmente à luz o que estava oculto para a nossa consciência. Ele é a mão que nos auxilia, o apoio que encontramos quando escorregamos. Neste processo de clarificação, de iluminação progressiva, o Guru é o sol que nos revela, ao vencer as sombras, a verdadeira aparência das coisas. Mas ninguém, a não ser nós mesmos, poderá ter consciência dessa "aparência". É uma experiência direta como a da água no momento em que a bebemos. O processo de beber água poderá ser descrito em termos de física, química, mecânica, mas a teoria nunca substitui o fato. *Sādhana* é a experiência desse fato que nos conduz a uma Gnosis. A uma vivência. Os textos a que poderíamos recorrer são inúmeros. Todos os dias, novas traduções trazem ao estudioso maiores subsídios. Convém lembrar que o conhecimento do Tantra é baseado no segredo que só se transmite do Mestre ao discípulo qualificado após as provas e a purificação. Portanto, tudo que foi divulgado é apenas um eco distante do verdadeiro ensinamento.

O Livro Tibetano dos Mortos [67] (*Bardo Thodol*) é um texto cuja análise profunda permite revelar centelhas desse ensinamento verdadeiro e que dá uma profunda significação ao processo psicológico humano. É, sem dúvida, uma sondagem na alma humana e um encontro com seus estranhos seres e camadas. Sua leitura esclarece a questão das mandalas. Este livro é recitado pelos monges no quarto do moribundo como uma preparação para a grande passagem. Descreve o que ele

---

[67] *O Livro Tibetano dos Mortos* pertencente à literatura Nyingma, é o texto tibetano mais célebre e difundido internacionalmente. A tradição do Budismo tibetano considera-o como um dos maiores "tesouros da terra" (*gter ma*), cuja compilação, datada do século VIII d.C., se atribui ao grande mestre do Tibete, Padmasambhava. Por ordem sua, o livro foi escondido para que no futuro fosse encontrado. Assim, em meados do século XIV, como almejado, o *tertön* (que em tibetano significa "descobridor de tesouros da prática budista"), *Karma Lingpa* (1326–1386), o encontrou no interior de uma gruta nos arredores do Himalaia. No Ocidente, foi publicado pela primeira vez em 1927, na tradução de W. Y. Evans-Wentz para o inglês. (Nota Ed. Bras.)

irá ver à medida em que for perdendo sua consciência de vigília. Em certo trecho está dito:

"Ó filho de uma nobre família, filho de outros seres, escuta! Agora vai aparecer diante de ti a luz do Puro Absoluto. Tens que reconhecê-la, ó filho de uma nobre família. Neste momento, o teu intelecto é claro e límpido."

"Ó filho de uma nobre família, no momento em que se separam teu corpo e tua mente irás presenciar imagens de um plano ideal, puro, sutil, cintilante e luminoso, embora a sua própria natureza vibre com uma luz que alarma como uma miragem que aparece no deserto."

E assim, numa sucessão, luzes, cores, formas, pensamentos reprimidos, restos do inconsciente desprendem-se do fundo da alma do moribundo e sobem como bolhas à luz da consciência. É a dissociação. É preciso identificar o que ocorre. Ser lúcido e atento no momento da passagem, pois a vida futura é fortemente influenciada por esses instantes, afirma o texto. Camadas superpostas na mandala psíquica vão sendo expostas. O medo, o pavor da cessação desaparecem, e surge a consciência da beatitude que nasce do próprio *Ātman*, do centro de força que congrega toda a mandala psicofísica que constitui o homem. É interessante o comentário de G. Tucci a respeito desse processo liberatório:

"Os hindus não consideram a vida como sendo uma luta entre o bem e o mal, entre a virtude e o pecado, mas, como uma oposição entre aquela consciência luminosa e seu oposto. A psique e o subconsciente que chamam de *Māyā* são os dois polos desse processo que se chama vida". Sendo assim, estamos diante de uma constante intromissão desse *Māyā*. Estamos, mais ou menos, sob o seu controle.

A mandala é um recurso gráfico, externo, para conduzir à reintegração. É como se fosse um mapa do Universo mostrando a sua geografia externa e interna. Quando examinamos o Universo, o Sol, a Terra, ou o ser humano, notamos uma grande semelhança. Existe sempre uma superfície externa, limite, um centro de atração que congrega em verdadeiras camadas as partes componentes. E se assim não fosse as coisas explodiriam e não teriam forma. A forma é a marca externa de uma mandala. Assim como existe a forma para o físico, há um contexto para o psicológico. Uma ideia é uma mandala quando perfeitamente definida. Um sistema de pensamento é uma mandala, pois possui uma estrutura, um conjunto.

O "Estruturalismo" de Strauss é uma mandala no seu objetivo de definir relações estruturais que vigoram numa mandala. O Prof. Mattoso Câmara Jr.[68], no artigo *O estruturalismo linguístico,* define Sistema deste modo:

"É uma estrutura de partes satisfatoriamente distribuídas que se associam e completam. Toda estrutura pressupõe um sistema, pelo menos implícito e realizável, e pode-se afirmar que ela é a condição prévia e necessária para que ele exista."

Essa é uma perfeita definição de mandala. A mandala, mesmo que não a notemos, é implícita e realizável. Suas infinitas possibilidades de realização estão mergulhadas nas profundezas do subconsciente. A mandala é, portanto, um Cosmograma e um Psicograma. Um roteiro para o Absoluto. É o que veremos ao analisar:

A Significação do *Yantra*

Yantras são formas geométricas utilizadas para a prática da reintegração do homem consigo mesmo. Na sua obra *Myths and Symbols,* o Prof. Zimmer analisa com grande detalhe, o simbolismo dessas figuras:

A palavra *Yantra* possui o sufixo sânscrito Tra, que significa ferramenta. Vamos encontrá-lo na palavra Khanitra, que é um instrumento. Vamos encontrar a mesma raiz na palavra mantra. O mantra é, portanto, um instrumento, uma ferramenta para escavar o nosso mundo interior. Neste caso, *Yantra* é uma máquina, uma espécie de mecanismo que se presta para uma atividade. Assim, uma represa, uma alavanca, uma máquina é um *Yantra*. Segundo Zimmer:

"*Yantra* é um termo geral aplicável aos ídolos, imagens, diagramas. O *Yantra* serve para: 1) representação de alguma personificação ou aspecto divino; 2) um modelo oculto da divindade imediatamente dentro do coração, depois que todos os aspectos externos como perfumes, oferendas, fórmulas sonoras, tiverem sido transcendidas pelo iniciado avançado; 3) uma espécie de carta, ou escola para a evolução gradual da visão."

---

[68] Joaquim Mattoso Câmara Jr. (1904–1970). Foi um destacado linguista, pesquisador e professor universitário brasileiro, estudioso de linguística, estruturalismo linguístico, fonologia, morfologia e linguística indígena. (Nota Ed. Bras.)

Sriyantra

O *Yantra* é uma forma prenhe de elementos dinâmicos. É um instrumento, como um microscópio, que serve para concentrar forças psíquicas. Para focalizar. É uma máquina para estimular a visualização. O desenho da mandala do *Srichakra*, ou *Sriyantra* anexo, dá-nos uma visão estática ou dinâmica. Na visão estática, o *Yantra* mostra os limites, as camadas da consciência. O plano, enfim. O *Yantra* trabalha em duas direções. Para fora, como uma força de expansão, de evolução, e para dentro, como uma contração: a involução. Reproduz os estágios da manifestação do Absoluto, partindo de um ponto central, e sua capacidade de retorno à origem. É o processo cósmico da geração e dissolução, estático e dinâmico, capturado em sua unicidade. É tempo. É espaço. É espaço-tempo. É a Eternidade que transcende o espaço e o tempo. A simultaneidade de aspectos aparentemente opostos e irreconciliáveis ocorrida em *Alaya vijñāna* (depósito da consciência).

Vemos, dentro do ponto de vista estático, uma hierarquia que simboliza as várias transformações possíveis do Absoluto no plano fenomênico sob a ação de *Māyā*. O *Yantra* é uma visualização do corpo e da alma do homem e do Universo. No coração das coisas, há um ponto, uma essência que alguns chamam de *Brahman* e outros de maneira diferente e que, apesar disso, existe e está acima das denominações. A essência é o cerne da existência. Todas as meditações, visualizações e vivências nascidas em contato com o *Yantra* são emanações oriundas da psique do devoto e que já existiam nele. O Prof. Zimmer observa:

"Quando utilizados em conexão com a *Yoga*, os conteúdos dos diagramas *Yantra* representam estágios de consciência que conduzem desde o estado da ignorância cotidiana até a Realização do Ser Universal."

Analisemos detalhadamente o *Sriyantra*. Observem a existência de nove triângulos interpenetrados, cinco com vértices para cima e quatro em oposição. O triângulo com o vértice para cima é masculino. Simboliza o *Lingan* (órgão masculino), o fogo, o calor do sol, o fervor do asceta, o esplendor real, a força vital concentrada no esperma. O triângulo invertido é o feminino. Indica o *Yoni* (órgão feminino), o receptivo, a terra, o ventre, a sombra. O número nove indica as diferentes polaridades resultantes da atividade criadora do macho, e da energia procriadora da fêmea. São estágios da evolução criadora. O Absoluto não está representado no diagrama porque não é captado pela forma, tempo ou espaço. Sua presença é marcada no ponto central de atração de todas as formas. É um ponto evanescente, sem dimensão, chamado *Bindu* – "a gota", existente no seio dos triângulos entrelaçados. É o ponto, força, poder, atração-repulsão, centro ilusório do qual tudo se expande. Vemos, então, quatro triângulos unidos a quatro triângulos invertidos. O quinto triângulo é feminino e une-se ao ponto universal. É o símbolo de *Shiva* unido à sua *Shakti*, *Parvati*. O *Sriyantra* simboliza a vida como sendo uma incessante interação de opostos. É assim no indivíduo. É assim no Universo. Os triângulos femininos e masculinos mostram a continuidade da criação. São, segundo a magnifica expressão de Zimmer:

"Uma série não interrompida de centelhamentos (*flashes*) interpenetrando-se reciprocamente e espelhando um eterno momento procriativo – um dinamismo refletido no repouso geométrico de um diagrama estático."

Vemos nele a figura de um arquétipo, o Hierogamos simbólico do casamento místico no qual se dá a fusão dos opostos. G. Jung, em *Os Arquétipos e o Inconsciente Coletivo*[69], esclarece:

"A ideia da *Conjunctio* (união com fusão) do macho e fêmea que se tornou quase um termo técnico na Filosofia Hermética, aparece no Gnosticismo como um *Mysterium Iniquitatis*... Tais coisas eram sugeridas não somente por certos costumes tradicionais como pela citação dos Evangelhos, de acordo com os Egípcios, retirada da segunda epístola de Clemente: 'Quando os dois serão um, o externo e o interno, o macho e a fêmea, nem macho nem fêmea'."

Jung vai além ao conceituar que a imagem do hermafrodita aparece na psicologia moderna. A consciência feminina contém uma personificação masculina (*anima*), ao passo que a consciência masculina tem uma personificação feminina (*animus*).

Arthur Avalon, em *Principios del Tantra* (*Princípios do Tantra*)[70] afirma:

"A dualidade na unidade é o princípio básico do Tantra. Essa dualidade, à falta de melhor palavra, poderá ser chamada de 'polaridade'. Assim como está mencionada na Filosofia Hermética do Egito, o Microcosmos é uma cópia miniaturizada do Macrocosmos. Todo o desenvolvimento concebido pelo homem como sendo uma 'evolução' é uma marcha do sutil para o grosseiro. Vemos na eletricidade e no magnetismo dois polos distintos e opostos que se atraem, ao passo que os 'nomes' iguais se repelem. Observando o mundo dos átomos e das moléculas, nossa força está presente tornando possível a existência material dos objetos. No interior do corpo humano, vemos essa força atuando na sístole e diástole do coração, na inspiração e expiração dos pulmões, na ingestão e excreção do aparelho digestivo. Na Terra, notamos as marés, as estações etc. Quando observamos, por exemplo, uma folha, encontramos essa existência dual. Dual é a mente com a razão e o sentimento. Um dos polos do Absoluto na sua primeira manifestação (*Shabda Brahman*) é *Nāda*, o outro é *Bindu*. *Nāda* é simbolizado pelo triângulo menor invertido. É *Kula-Kundalinī*. *Kula* é a vagina (*Yoni*) cósmica, a Mãe Universal, o local de onde

---

69 São Paulo: Editora Vozes. (Nota Ed. Bras.)

70 Buenos Aires – Argentina: Editora Kier. (Nota Ed. Bras.)

nasce a manifestação. *Bindu* é o Pai Universal. Encontramos na *Bhagavad-Gitā*, XIV, 3, uma precisa descrição desse ventre:

"Meu ventre é o grande Eterno. Nesse local coloco minha semente. Daí nascem todos os seres."

Kula, a mãe universal, é também *Jīva* (a alma), Praviti (matéria).

Kundala é "enrolado". Nesse caso, *Kula-Kundalinī* é o Poder Espiritual (a Mãe Cósmica) que ao criar produz todos os nomes e formas, e que pode ser identificada pelo Som.

A Divisão da Mandala

Uma mandala é quíntupla por excelência. Aos quatro lados que indicam as quatro direções cardeais se contrapõem um quinto, o centro. Ela simboliza o Todo que se reflete no Ego.

Os budistas da Escola Vajrayana dão à Consciência Cósmica diversos nomes. Pode ser: *Mahavairochana*, *Vajradhara*, *Vajrasattva* ou *Akshobia*. Esse Buda Cósmico (Consciência Cósmica) irradia-se em cinco manifestações, conhecidas por um nome e um epíteto qualificador:

Vairochana - O Ser brilhante.
Akshobia - O firme.
Ratna Sambhava - A joia matriz.
Amitabha - A luz infinita.
Amoga Siddhi - A realização infalível.

Essas manifestações estão ligadas a cores, pontos cardeais, elementos e paixões.

Para o hindu, as cores são uma presença do real. Há todo um mundo de significação das cores, sua influência no ser humano, nas emoções, a ser pesquisado. No nosso livro *A reconstrução humana*, há um capítulo dedicado a esse assunto[71]. Os elementos componentes da personalidade (*Skandhas*) são também em número de cinco:

[71] Rio de Janeiro: Civilização Brasileira, 1971. (Nota Ed. Bras.)

1. *Rūpa* – forma, matéria, que delimita uma certa quantidade de energia num sistema fechado, e, assim, o distingue de outro sistema.
2. *Vedana* – sensação. A primeira marca do crescimento da individualidade. Sensações de calor, luz, eletricidade contribuem para acelerar o processo de aparecimento da consciência num sistema fechado.
3. *Samjñā* – a percepção, ou discriminação, é um estágio que nasce do reconhecimento de uma sensação.
4. *Sanskāra* – força atrativa que tende a manter o sistema unido por mais tempo, a fim de colher mais sensações. É a vontade de viver, o instinto.
5. *Vijñāna* – consciência da própria existência como um sistema isolado.

Na mandala, identificamos, também, a vida emotiva, densa e profunda que nasce do interior do ser humano. São as paixões que rugem sem freios apanhando o homem no seu turbilhão. É o súbito romper de uma imagem docemente cultivada. É o pecador surgindo do santo. O Prof. Tucci, na obra citada, caracteriza perfeitamente essa interfusão:

"De fato, luz e sombras, consciência e paixão, bem e mal são irreparavelmente tecidos no homem... Sua tarefa é contrabalançar os dois mundos representados na simbologia da mandala... O Deus e a Deusa estão abraçados no mesmo trono... Se um prevalece sobre o outro, a mandala perde a simetria de suas partes, a vida psíquica do homem será perturbada e a salvação, o Retorno, será impedido... Por essa razão, o Budismo nunca fala de "repressão", mas, sim, de transfiguração dessas paixões, uma vez que são parte integral da nossa psique..."

O quadro abaixo nos dá as correspondências:

BUDA	COR	COMPO-NENTES	PAIXÕES	DIREÇÃO	ELEMEN-TOS	SENTI-DO	ÓRGÃO
Vairocana	Branca	Matéria	Sombra	Centro	Éter	Audição	Ouvido
Ratnasambhava	Amarela	Sensação	Orgulho	Sul	Fogo	Visão	Olho
Amitabha	Vermelha	Percepção	Cobiça	Oeste	Água	Paladar	Boca
Amogavajra	Verde	Atração	Ciúme	Norte	Terra	Olfato	Nariz
Akahobia	Azul	Consciência	Cólera	Leste	Ar	Tato	Pele

Baseado na sutil correspondência indicada no quadro acima e nas ressonâncias reveladas de Mestre e discípulo, o homem está habilitado a seguir o seu caminho de desenvolvimento. A prática deve ser seguida sem interrupção.

A estrutura humana

O homem está mergulhado no Universo que, por sua vez, está enraizado num Imenso Universo (*Mahā-Brahmananda*) que também pertence a um dos inumeráveis Grandes Universos (*Brimat-Brahmananda*). Vemos nesse modelo estrutural a Terra e sua dependência do Sistema Solar que constitui nosso Universo. Por sua vez, esse sistema pertence a um Universo-ilha, a Galáxia da Via Láctea, que também faz parte de um dos inumeráveis Grandes Universos que, por sua vez... O diagrama será:

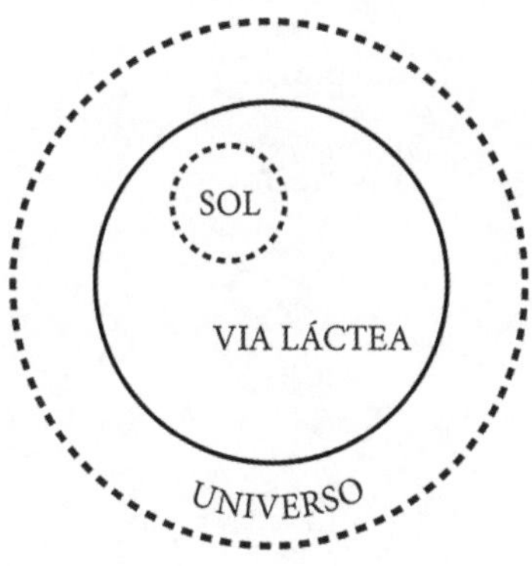

Superuniverso (?)

Essa estrutura tântrica do Universo está sendo comprovada numa anomalia celeste que os astrônomos chamam de "o buraco negro". Os "buracos" são imensos sorvedouros que parecem sugar toda a energia que existe em seu redor. São, talvez, a passagem de um Universo a um Superuniverso. Dos sete planos do Universo, cada planeta, estrela ou homem é em si mesmo um miniuniverso com sete planos e divindades. Um texto chamado *Nirvāna* Tantra diz:

"Ó Deus! Dentro do *Mahā-Brahmananda* está *Brimat-Brahmananda*. Dentro dele estão todas as suas regiões."

O *Brimat-Brahmananda* possui um eixo (*Meru*), ou coluna vertebral, que se estende de alto a baixo. No corpo humano ocorre o mesmo. Na coluna vertebral temos três "*Nādis*". Os *Nādis* são canais por onde flui a força espiritual. O principal é o *Sushumnā*, que principia na região inferior do corpo onde se localizam os órgãos sexuais e termina no topo da cabeça. Entrelaçado com ele, temos *Ida* e *Pingala*. Esses dois *Nādis* se unem num ponto situado entre os olhos e depois se separam. Um deles penetra na narina esquerda e o outro na direita. Todos os *Nādis* são sutis, invisíveis. Dentro do *Sushumnā Nādi*, temos um *Nādi* mais fino chamado *Basra*, que regula o fluir da energia elétrica no interior do corpo.

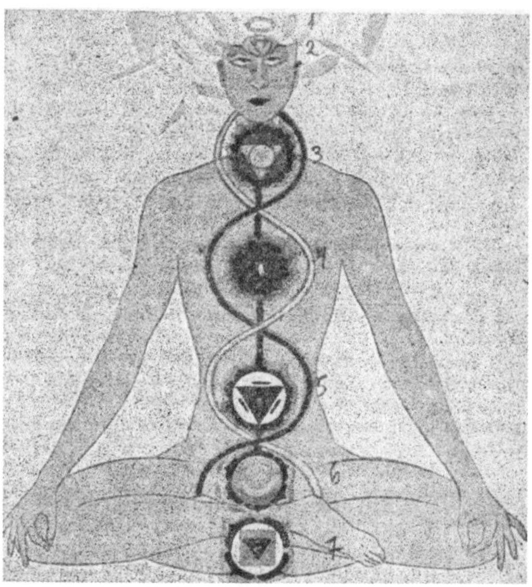

Dentro desse *Basra*, temos *Citrini-Nādi*, que se estende como uma teia de aranha. Apesar disso, no interior de *Citrini*, temos o *Brahmā-Nadi*. Esses "*Nādis*" constituem uma rede sutilíssima que vivifica todo o corpo humano. São um sistema nervoso ultrassutil que serve para conduzir a vida ao conjunto psicofísico.

A captação da energia cósmica, sua seleção e transformação estão a cargo dos chamados centros de força: *Chakras*. São em número de sete e têm a seguinte localização e função:

7 - *Mūlādhāra* - está ligado ao elemento terra. É a sede do desejo. Está localizado no plexo pélvico. Tem a forma de um lótus de quatro pétalas.

6 - *Svādhishthāna* - está ligado ao elemento água. Localiza-se no plexo hipogástrico. Sua forma é a de um lótus de seis pétalas.

5 - *Manipūra* - Elemento fogo. Plexo solar. Lótus de dez pétalas.

4 - *Anāhata* - Elemento ar. Plexo cardíaco. Lótus de doze pétalas.

3 - *Vishudda* - Elemento éter. Plexo faríngeo. Lótus de dezesseis pétalas.

2 - *Ājnā* - Entre os olhos. Duas pétalas.

1 - *Sahasrāra* - Cérebro. O plexo dos nervos. Lótus de mil pétalas.

O desenho na página anterior mostra a localização dos *Chakras* e os sons ligados a cada um deles. Convém recordar que cada *Chakra* é um vórtice de energia, um turbilhão, produzindo na sua atividade um som característico identificado por um *bija-mantra*.

A Estrutura do Temperamento:

O homem, segundo o Tantra, possui três temperamentos. São disposições características que se encontram misturadas em diferentes proporções. O homem pode ser:

Pasu-Bhāva
Vira-Bhāva
Divya-Bhāva

Pasu é o homem-animal, autômato, no qual predomina *Tamas* (a inércia). A palavra deriva da raiz sânscrita, "*Pas*", que significa ligar. O *Pasu* é um homem preso. O homem escravo. Os laços são de diversas naturezas:

Falta de confiança; ignorância; ilusão, medo; vergonha; desgosto; família; costumes; castas. O *Pasu* não toca no *yantra*, não vê qualquer significação no mantra, nem nos rituais. É insensível ao aspecto sutil da realidade. Vive pelos sentidos e emoções, mergulhado na matéria.

Já o *Vira-Bhāva* é um temperamento onde predomina Rajas, o ímpeto renovador. É um angustiado. Um inquieto. Superficial nos julgamentos. Instável. Para esse temperamento, é admirável a aplicação dos exercícios (Sādhana).

O terceiro temperamento é o *Divya*, no qual predomina a harmonia (*Sattva*). É um Ser divino que passa a auxiliar a manifestação cósmica com seu trabalho harmonizador. É o resultado de todo o processo de transformação da estrutura humana tão bem sintetizado na fase com que Giuseppe Tucchi encerra seu livro sobre a mandala:

"Onde havia trevas, agora só existe a Luz."

25

O Poder do Som: mantra

Todas as coisas que consideramos são concentrações de energia. Têm, portanto, uma existência no espaço e no tempo. São sistemas estruturais aparentemente fechados, possuindo um centro de força que congrega o conjunto, uma superfície limite mais ou menos fixa, dependendo do estado de compactação das partes. Toda concentração de energia pressupõe um determinado poder. Toda concentração de energia equivale a uma vibração. Nesse caso, energia, poder e vibração são atributos afins.

O Universo, na visão tântrica, assemelha-se extraordinariamente ao Universo da Ciência moderna no qual conceituamos os sistemas em suas relações diversas em termos de valência, campo elétrico, magnetismo, afinidade, frequências etc. Joule, Erg, Kilowatts, Hertz, Henry são alguns dos nomes que identificam as unidades adotadas pela Ciência em suas medidas. No Tantrismo, muito anterior a cogitações da Ciência, os temas são diferentes, mas descrevem a mesma realidade e atingem profundidades que a Ciência oficial apenas vislumbra. Dentro dessa concepção vibratória, cada sistema aparentemente isolado (Coisa) emite constantemente uma vibração que é o seu "nome natural", exerce influência e é influenciada por outros sistemas. O Universo é, portanto, um sistema de inter-relação dinâmica. O homem, dentro desse Sistema, é um sistema menor atuando e sendo atuado em vários campos. São três esses campos: 1) o meio; 2) os outros seres; 3) o seu mundo interno. Estamos mergulhados nesse conjunto como um pedaço de madeira no oceano. Somos impelidos pelas ondas, chocamo-nos de encontro aos outros, e estamos encharcados de água. A única diferença, a fundamental, a que distingue o homem comum (o *Pasu*) do homem iluminado (*Divya*), é que o primeiro não tem consciência disso, é vivido pelos acontecimentos, choca-se com os outros, não sente que está encharcado pelo Absoluto. Enquanto isso, o segundo não é mais um joguete e aprende por vivência (experiência direta) a integrar-se com o meio, com os outros e consigo mesmo. Para atingir essa tríplice Integração, a consciência do Poder do Som e sua aplicação prática serão de enorme valor.

A análise do pensamento oriental revela que desde a mais remota antiguidade, como se constata nos hinos do *Rig-Veda*, os chamados mantras eram apresentados como instrumentos etéricos para o homem atingir essa integração. Segundo os profetas, os videntes (*Rishis*) que transmitiram à raça humana a Sabedoria Eterna (*Sanãtana Dharma*), esses mantras existem para toda a eternidade impregnando o éter, supremo e imperecível, onde os deuses estão sentados. A linguagem humana, nascida da utilização da voz, é a manifestação, no físico, de uma tensão psicológica gerada num plano mais sutil: o mental. Portanto, falar é uma libertação de tensões. Existem duas maneiras de falar. Uma, a mecânica, à maneira dos seres, na qual a linguagem nada mais é do que o resultado de um processo "digestivo" mental. As palavras nada mais são do que conceitos mal digeridos que irão, por sua vez, ser absorvidos pelos outros para, incorporando-se em suas naturezas nervosas, serem novamente expelidos e permitir a continuação do processo. E com ele todas as "infecções psíquicas" causadas pelas contaminações decorrentes da falta de higiene [mental] dos que são obrigados a viver no meio do "esgoto" para onde fluem os subprodutos da mente humana. A outra forma é a que se encontra na linguagem intencional nascida de uma experiência em primeira mão da realidade. É a palavra concreta, não contaminada, que brota do aqui e agora. Que não contamina, mas cura. Os *Rishis* eram chamados de kavi – poetas, videntes e ouvintes da Verdade. A grande maioria dos seres, entretanto, "vendo, não vê", "ouvindo, não escuta".

O filósofo Aurobindo[72] assim se expressou:

"Existe uma Verdade mais profunda e mais alta do que a contida na existência externa. Uma luz maior e mais alta de que a compreensão humana. Ela nos chega

[72] Aurobindo Akroyd Ghosh (1872–1950). Mais conhecido como Sri Aurobindo. Filósofo indiano, iogue, escritor e nacionalista, tendo participado do movimento revolucionário pela libertação da Índia do domínio britânico. Mais tarde, dedicou-se a estudos filosóficos sobre o progresso humano e a evolução espiritual, tendo desenvolvido um método de prática espiritual chamado *Yoga* Integral. Além de textos sobre os aspectos dessa prática, Aurobindo traduziu e comentou os *Vedas*, os *Upanishads* e a *Bhagavad-Gitã*, entre outros. (Nota Ed. Bras.)

da revelação e inspiração, da imortalidade, em direção à qual a alma terá que se elevar. Temos que achar *nosso caminho* para ela, entrando em contato com essa Verdade e Imortalidade. Nascer na Verdade, crescer nela, ascender no mundo da Verdade e nela viver. Isso corresponde à nossa união com o Divino e *passar da morte à Imortalidade!*"

Analisando a citação anterior, vemos a necessidade de encontrar *nosso* Caminho para essa Verdade. Todo o Caminho subtende uma construção. Remover a terra, aplainar o terreno, evitar os desmoronamentos. Colocar em ação uma Engenharia da alma até conseguir construir *nosso* Caminho. Os seres humanos são infinitamente diferentes; cada um tem uma geologia, uma topografia interna única. A construção do Caminho necessita um projeto diferente em cada caso, sondagens para a determinação da natureza do solo, o desvio de cursos d'água, a construção de pontos, túneis e todas as obras da Engenharia da alma.

A ferramenta, o explosivo, às vezes o trator, são indispensáveis para a remoção do entulho das demolições ou dos materiais escavados. O mantra é um dos mais úteis instrumentos nesse trabalho interno. Na decomposição da palavra, vamos encontrar a sua significação. Ela combina a raiz sânscrita, "man", que indica "pensar", e o sufixo "tra", que é "ferramenta, instrumento".

O Prof. Zimmer assim define o mantra:

"É uma compulsão para formar uma imagem pictórica, compelindo os seres a serem o que realmente são em sua essência íntima."

Para o Lama Anagarika Govinda[73], o mantra é:

[73] Lama Anagarika Govinda (1898–1985). Filósofo alemão, fundador da ordem da Arya Maitreya Mandala e um expositor do Budismo tibetano, *Abhidharma*, e meditação budista. Seu nome é Ernst Lothar Hoffman. Aos 16 anos iniciou os estudos comparados de filosofia e das principais religiões, tornando-se budista aos 18 anos. Estudou filosofia, psicologia e arqueologia na Universidade de Freiburg. Viveu na ilha de Capri (Itália) como pintor e poeta. Ali também iniciou a prática de meditação. Foi no Ceilão que ele estudou com o professor Nyanatiloka, da tradição budista Theravada. Estudou a língua páli e a Filosofia do *Abhidharma* e foi um dos fundadores da União Budista Internacional, que visava promover o Budismo em todo o mundo. (Nota Ed. Bras.)

"Uma palavra-símbolo, o som santo que, transmitido ao iniciado pelo preceptor, faz com que sua personalidade vibre em ressonância e se abra para uma experiência mais elevada."

Bose e Haldar[74] assim o descrevem:

"O mantra é o símbolo concentrado da realização, quando recebido de *alguém* em quem o mantra é uma Energia Consciente, e, quando repetida pelo discípulo, eleva-o à mesma sintonia... Esses mantras são eternos e possuem capacidades maravilhosas..."

Os mantras servem para várias finalidades.

1) Para atingir uma libertação secundária. Para o hindu, a libertação final, Moksha, é obtida quando o homem transcende o processo da reencarnação. Existem, entretanto, libertações secundárias que vão desde os alívios mais primários, como libertar-se de um peso ou de alguma coisa que nos aperta até a cura de uma neurose, quando é atingido aquilo que convencionalmente chamamos "saúde psíquica".

2) Culto ao Deus manifestado. Ou seja, tomar consciência da nossa dependência à Base última de todas as coisas que muitos chamam de Deus e que, entretanto, está acima de todos os rótulos humanos.

3) Culto aos *devas*. Os *devas*, ou anjos, são forças da Natureza, manifestações da Base última. São seres conscientes como os homens, mas que seguem uma linha de evolução diversa. A palavra *deva* deriva da raiz sânscrita "div", que significa "brilho". São encontrados em todas as religiões, e atuam como verdadeiros engenheiros, ajudando a manifestação cósmica. São chamados de "Deuses", "Anjos", "Sephiras", "*devas*", e possuem uma individualidade como o homem.

4) Comunicação com os *devas*. O homem, segundo o Tantra, pode comunicar-se com esses seres desde que utilize a linguagem comum. Eles possuem "sentidos" diferentes dos nomes, mas podem ser atingidos por outros meios. Suas consciências estão em vibração nos chamados planos kamásicos (emoções). Os incensos, perfumes, luzes e acima de tudo os mantras permitem abrir o canal de comunicação.

[74] Expressão mantida da primeira edição desta obra, publicada em 1973. (Nota Ed. Bras.)

5) Aquisição de poderes super-humanos. Os chamados *Siddhis* são poderes latentes no homem-massa e que *normalmente* irão surgindo e entrando em atividade à medida que ele desenvolve. Os *Siddhis* equivalem a uma maior abertura de consciência. Um acréscimo ao mundo da percepção. Os sons estão em íntima ligação com os "centros de força" que compõem a fisiologia oculta do homem.

6) Alimentar os *Pitris* e *Devatas*. Os *Pitris* são seres que estão no umbral, que morreram e esperam a reencarnação numa espécie de purgatório. Precisam de alimentos diferentes do alimento físico. Considerando bem, veremos que o alimento físico que nos sustenta é um "som", pois, nada mais é do que energia (vibração) concentrada sob a forma de matéria física. Sendo energia, é vibração, é som. Por essa razão, os hindus consideram os alimentos como sendo rajásicos, tamásicos e sátvicos. Os primeiros nos levam à agitação física e psíquica; os segundos, à inércia e à indolência, enquanto os sátvicos conduzem-nos à harmonia, à tranquilidade e à paz.

7) Comunicação com fantasmas e seres de menor evolução. Existem seres em todos os graus de desenvolvimento, manifestando diversas formas de vida diferentes da humana. A comunicação com esses seres poderá ser efetuada através de vibrações adequadas.

8) Evitar a má influência. O homem pode, da mesma forma que se protege dos elementos usando roupas adequadas, e se defende da contaminação microbiana pelas luvas e assepsia, vestir uma couraça protetora. Uma barreira contra a contaminação psíquica, de imensa utilidade num orgulhoso mundo dito desenvolvido e civilizado neste fim de século XX, mas que continua desconhecendo as regras básicas da higiene hiperfísica.

9) Exorcizar os demônios. Em primeiro lugar, temos que situar devidamente o que seja demônio no mundo tântrico. São nuvens de força imensa atraídas pelos seres na razão direta das massas e na inversa da polaridade. A neurose, no conceito tântrico, é a posse do paciente por um conteúdo psíquico que o infecta e destrói a sua paz. A remoção da causa, a conscientização dela por meio de várias técnicas é o verdadeiro exorcismo.

10) Curar doenças. A doença é uma quebra de ritmos. Uma dissonância na harmonia natural do funcionamento do sistema psicofísico. Está definitivamente provada a íntima relação entre corpo e espírito, e a forma pela qual muitas doenças físicas aparecem depois de um período de incubação no psíquico. Nesse caso, a cura é a reconstituição dos tecidos psíquicos e poderá ser acelerada pelo uso adequado do som.

11) Preparar água curativa. Segundo o Tantra, podemos impor vibrações às coisas que tocamos desde que nesse toque esteja a força da intenção polarizada. Quando tocamos alguma coisa há, na superfície de contato dos dedos com o objeto, uma interfusão de moléculas, de átomos. Dessa forma, a imagem poética do objeto (a relíquia) que é carinhosamente guardada, porque contém um pouco daquele que nos deu, é uma realidade. Aqueles que sabem "polarizar" devidamente a intenção têm ao seu dispor uma eficaz ferramenta de trabalho.

12) Produzir injúrias a pessoas, plantas e animais. Assim como podemos auxiliar, também podemos fazer o mal. A espada que cura ao retirar um espinho, ou se transforma num bisturi para cortar um abscesso, é a mesma que priva alguém da vida ao se transformar num punhal assassino. Depende da intenção de quem a usa.

13) Influenciar as ações e os pensamentos dos outros. Podemos, segundo o Tantra, mediante a repetição adequada do mantra, auxiliar os outros. Um mantra é um som, uma vibração. Toda vibração tem uma forma, uma estrutura, um ritmo. É um campo vibratório que atua diretamente sobre os que estão em contato direto com ele. A mãe que acalenta o filho está, na sua espontaneidade, emitindo um mantra que produz resultados marcados. Há uma série de fórmulas mântricas usadas com essa interação. Mesmo o Budismo *Hinayana*, tão seco no tocante a acontecimentos que possam pressupor o sobrenatural, tão direto na raiz das coisas, admite o mantra. Os *Parittas* são mantras protetores encontrados em diversos textos em páli e destinados a prevenir perigos de vários tipos. Há, inclusive, um trecho do *Majhima Nikaya* em que o Buda ensina à Angulimala um mantra curativo para socorrer uma mulher que sofria de uma infecção após o parto.

14) Purificação do corpo humano. A ideia da limpeza e da higiene é muito antiga na Índia. Os banhos, o fogo, os incensos, os mantras são recursos para essa

higiene do sutil. Antes de certos rituais, o homem tem que se submeter a um processo de assepsia. Na limpeza absoluta dos instrumentos, do altar e dos templos, está uma visão da limpeza interna. O mantra é uma espécie de detergente interno para a remoção da escória acumulada pelas vidas sucessivas.

O Prof. Agehananda Bharati, no livro *Tantric Tradition* (*Tradição Tântrica*), observa:

"Uma sílaba, ou coleção de sílabas, não é em absoluto um mantra, porque um mantra é algo transmitido pessoalmente do Guru ao discípulo... Daí, OM não ser absolutamente um mantra. Se a sílaba OM é transmitida formalmente, de acordo com certo ritual, então se converterá num mantra..."

Em certo trecho, expede o seguinte conceito:

"... O mantra não é verificável pelo que descreve, mas, sim, pelos seus resultados. Se cria aquele sentimento-tom algo complexo no seu praticante, então, ele funciona..."

A força do mantra está nessa cura emotiva. Sua eficiência não é uma questão de teoria. É um segredo que se revela ao coração do homem e que depende de cada um de nós comprovar. A Ciência do mantra é tão exata como a Matemática. É verificável em laboratório, como a Química, dependendo somente de um Instrutor (Guru) adequado para nos ensinar as proporções e os tipos de matéria exigidos para conseguirmos o resultado desejado. Uma criança sem noções de Química num laboratório superequipado nada poderá fazer a não ser pôr em risco sua própria integridade e a dos outros. É tal o poder que o mantra transmite, que ele é considerado secreto.

O Nome Natural

Todas as coisas são verdadeiros turbilhões de energias desencadeadas no espaço e no tempo. Por essa razão, o mundo é chamado de Jagat: aquilo que se move. Por isso, a vibração das coisas produz um ruído, uma tensão, *Shakti*, que pode ser apreendida pelo Supremo Ouvido. Nosso ouvido, que é relativo, não tem condições para ser sensibilizado por essa vibração, a não ser muito imperfeitamente. Quando falo, por exemplo, minha voz transmite um pouco do meu nome natural.

Do meu tom normal. É por isso que cada pessoa tem uma voz inconfundível que hoje (década de 1970) pode ser identificada por meio dos chamados fonogramas[75], onde a voz é visualizada. Os chamados *Bija-Mantras* são uma aproximação dos nomes naturais. São forças (poder) que nos conduzirão do meio do oceano da vida mundana cheia de ondas, rochedos submersos, rodamoinhos, até a um porto onde encontramos a paz. A mente humana anseia constantemente por essa paz, mesmo inconscientemente.

As letras (*Varnas*) são forças sonoras. No antigo sânscrito, são em número de cinquenta. Essas letras são tons e semitons do Som Cósmico: *Vak*. Um texto nos revela:

"Quatro são as etapas medidas por *Vak*. O sábio brâmane as conhece. Três estão ocultas nas cavernas, e dela não saem. A quarta é falada pelos homens em sua linguagem."

A palavra física é o resultado de uma evolução da energia primordial (Shakti) depois de passar por quatro etapas.

Purna, o Todo, apresenta-se sob três aspectos: *Sat*, *Chit* e *Ānanda*. Existência, Consciência e Bem-aventurança. Ou seja: pura existência, consciência dessa existência e bem-aventurança nascida da consciência única. A Consciência Suprema, *Chit*, é o princípio imutável que impregna toda experiência, é um Poder: *Shakti*. A dualidade de sujeito e objeto, mente e matéria. *Chit* não possui qualquer movimento, nem ação. Não é o sujeito, nem conhece qualquer objeto fora de si. A criação começa com uma primeira vibração, o movimento inicial dentro de *Purna*. O som aproximado desse movimento é OM. OM é a soma de todos os sons. É curioso notar que quando nos encontramos num lugar alto e distante de uma cidade ouvimos o "respirar" longínquo da metrópole, como um ronco surdo que se pode assemelhar ao som fundamental.

A palavra é composta de letras. As letras, em número de cinquenta, no sânscrito (7 x 7 = 49 + 1 = 50) são tons e semitons do Som primordial. A palavra apresenta-se em três níveis a partir da Causa primeira: *Pasyanti* (supremo), *Madhyama* (sutil) e *Vaikhari* (grosseiro). Acima de *Pasyanti* temos *Parāvāk*: a palavra

---

[75] Mais recentemente, tecnologias como a biometria da voz têm como base essa característica única em cada ser humano.(Nota Ed. Bras.)

incriada, original, essência de mais alta qualidade. É idêntica à pura consciência, *Chit*. Contém em seu seio indiferenciado todas as etapas da Palavra, os atos e os objetos que irão formar o Universo. É, assim, o receptáculo, a fonte, a origem de tudo. É a vibração (*Spanda*) da consciência (*Chit*), imperceptível, mas que tudo contém em seu seio.

O Evangelho de São João apresenta, numa forma admiravelmente sintética, essa primeira equação que trata da encarnação do Verbo (*Parāvāk*):

1. "No princípio era o Verbo, e o Verbo estava com Deus, e o Verbo era Deus.
2. "Ele estava no princípio com Deus.
3. "Todas as coisas foram feitas por seu intermédio, e sem ele nada do que foi feito se fez."

O Verbo é *Parāvāk*. Padoux[76], na obra citada, esclarece:

"Pode-se exprimir a presença indiferenciada da manifestação em *Parāvāk*, bem como o fato que ela se produz a partir de si mesma, analisando-se a palavra *Aham* (Eu sou, em sânscrito)."

"*Aham* é composta de três fonemas: (A + HA + M), onde M é a presença concentrada num ponto (*Bindu*) da energia que vai se transformar numa *manifestação*, HA, no *transcendente* A. A vida e a consciência encontradas nos diversos planos que compõem o Universo têm a sua raiz nessa Palavra Suprema (*Parāvāk*, o Verbo), que é uma pura e viva consciência luminosa. Esta Palavra Suprema está encarnada em cada partícula da manifestação. Tudo, pedras, árvores, homens, animais, deuses, demônios etc., nada mais são, segundo Abhinavagupta, do que a Palavra Suprema..."

Descendo dessa Palavra Suprema, temos, então, *Pashyantī*. É a primeira etapa de "densificação". *Pashyantī* significa "vidência". É um desejo de ver, uma primeira visão do que será manifestado a seguir, à medida que o Verbo se encarnar. A ob-

[76] André Padoux (1920–2017). Filho de diplomata francês radicado na China. Estudioso da língua e literatura sânscrita. Na Índia, estudou a obra do filósofo Abhinavagupta, com a ajuda do *pandit* Lakshman Joo. Na França, defendeu a tese Pesquisas sobre o simbolismo e a energia da fala em certos textos tântricos, em 1963. (Nota Ed. Bras.)

jetividade com a nitidez dos contornos das coisas que surgirão ainda não aparece. Mas só uma tendência, como nuvens em formação, do que virá mais tarde. Nessas nuvens já aparecem, entretanto, os primeiros esboços das formações posteriores. Esses esboços do que virá são os arquétipos que se manifestam nascidos no seio de *Parāvāk*. É, no plano verbal, uma consciência, um desejo de diferenciação do Verbo - o Som Contínuo. O som Cósmico - OM em fonemas, frases, palavras. Pasyanti aparece antes do som que será percebido pelo ouvido. É o *Nāda*, a Voz do Silêncio, a primeira ressonância que o iogue pode perceber. No livro *A Voz do Silêncio,*[77], que é um antigo texto místico tibetano, está dito na abertura:

"... Aquele que quiser ouvir a voz do *Nāda*, o Som sem Som e compreendê-la, terá que aprender a natureza do *Dhāranā* (*meditação*)". Alguns autores dividem *Pasyantī* em sutil e supremo. No *Pasyantī* supremo ainda não existe som, só o desejo de produzi-lo. No sutil, esse som (*Nāda*) já pode ser sentido pelo iogue. Segundo Abinavagupta, *Pasyantī* é o primeiro momento da consciência. É um estágio de transição entre o uno e o múltiplo. Apesar de próximo de *Parāvāk* (o Verbo), não deve ser confundido com ele.

Chegamos ao segundo estágio da Palavra: *Madhyamā*. É o intermediário entre a palavra sutil e a grosseira. É com *Madhyamā* que se sai do estágio de indiferenciação. Enquanto em *Pasyantī* havia um desejo de separação do Som em fonemas, palavras e frases, é nesse estágio que isso se dá. Sob o ponto de vista da linguagem interior, *Madhyamā* é, segundo Padoux, uma linguagem interior [murmurada]. Quando pensamos em uma palavra, ou falamos silenciosamente a nós mesmos, é *Madhyamā* que se manifesta. Vemos, assim, que existe uma linguagem interna, nascida na consciência de cada um. Para o *Pasu* (o homem máquina), esta linguagem é um turbilhão de pensamentos que afloram à consciência e desaparecem tragados por outros que surgem impelidos pelas impressões sensoriais e do mundo interno. São pensamentos mortos, restos de um mundo submerso, proveniente dos abismos do subconsciente ou do consciente coletivo. A linguagem interna, quando impulsionada, "tocada" pela atenção, adquire um importante papel.

[77] *A Voz do Silêncio*. Obra de Helena Petrovna Blavatsky, teve tradução de Fernando Pessoa para o português, e foi publicada pela Editora Teosófica com introdução e comentários deste autor em dois formatos: versão de bolso (quatro edições) e edição de luxo (2021).(Nota Ed. Bras.)

No terceiro estágio, temos a palavra grosseira. Encontramo-nos, agora, no reino da objetividade: fonemas, palavras, frases, órgão de fonação etc. É a palavra *Vaikharī*.

Como atua o mantra? O chamado *Japa* hindu é uma repetição de mantras. Toda a repetição produz um gradual reforço na ação. Os cânticos cadenciados, as batidas de tambores, a dança com gesto e ritmo repetido agem com a mesma finalidade.

A repetição do mantra pode ser no plano de *Madhyama* ou no de *Vaikharī*. Com palavras interiores, "pensadas" ou audíveis. A palavra interior, quando tocada pela "intenção" (firme determinação, confiança), pela certeza de uma existência ou pela consciência de sua força, é um importante campo de forças. Num ou noutro caso, a palavra é sempre um campo de força cuja intensidade aumenta na medida em que outras palavras sucessivas vão constituindo frases, e a frase, uma significação que produz uma ressonância em quem as ouve. O campo de energia possui potência, duração, emissão, propagação e qualidade. Imaginemos uma estação de rádio. Ela nada mais é do que um campo vibratório dotado de determinada potência. Seu alcance é limitado por essa potência e pela qualidade do receptor. Aumentar a potência significa aumentar seu raio de ação. No caso de considerarmos um ser humano, ele também é um campo de força com uma reserva de potência da qual não tem a menor noção. O aproveitamento dessa reserva, desse potencial, depende somente de cada um. Começando com a consciência da possibilidade desse aproveitamento.

A duração mede o tempo de emissão. Alguns segundos, um relance, ou a emissão constante dos que despertaram para a realidade, dos homens comuns (*Pasu*) que se tornaram *Dyvias* (despertos). Emissão é a transmissão da potência concentrada. Sua utilização. Para isso, é necessária uma boa antena para emitir a rádio frequência. O homem que sabe se concentrar torna-se uma antena natural capaz de atingir os pontos mais distantes do universo. Uma boa antena aproveita ao máximo uma potência às vezes pequena. A qualidade da transmissão depende muito da boa natureza do transmissor, do seu estado de conservação. Da mesma forma, sem *Shila* (moralidade) e os demais preceitos, e com o ser envolvido pela ilusão, paixão ou cólera, a qualidade do sinal transmitido demonstrará sempre a má qualidade do emissor. A propagação depende do meio que a emissão terá que atravessar. Quanto mais agitado for o meio, maiores as possibilidades de deformação e ruídos. É por essa razão que o local para instalar uma estação de rádio emissora exige uma série de requisitos para fazer frente aos problemas da propagação.

O mantra atua tanto no próprio emissor como nos receptores que tiverem possibilidades de com ele entrar em ressonância. Mesmo aqueles que não ressoam, que não são autoconscientes, são beneficiados, assim como toda a coletividade é beneficiada pela presença de uma árvore, oculta aos olhos de todos, em um vale da montanha.

Numa das suas obras, o Prof. Gustav Jung chama atenção para a influência, através do inconsciente coletivo, de certas vibrações advindas de pessoas desajustadas. No volume nove de um ensaio intitulado *Concerning Rebirth (Sobre o Renascimento)*, afirma: "Grandes aglomerações de pessoas são sempre um campo propício para epidemias psíquicas."

No volume 17, de *The Development of Personality* (*O Desenvolvimento da Personalidade*), Jung relata:

"As doenças psíquicas e nervosas das crianças dependem enormemente das perturbações no mundo psíquico dos pais. Todas as dificuldades dos pais refletem-se, sem falhar, na psique da criança". Pouco mais adiante, chama a atenção sobre a maneira pela qual contaminamos os outros, ao dizer:

"O educador é também um ser humano falível, e a criança que ele educa reflete suas falhas... Aquilo que o homem é, assim será a sua verdade última e, também, seu forte efeito sobre os outros."

Nada melhor do que uma história hindu para mostrar como o mantra funciona no indivíduo, nos outros e até nos demônios.

Era uma vez... Esta história é contada e recontada através dos anos, sendo a sua origem localizada no século V de nossa era, quando o Budismo na Índia e suas tradições já estavam em declínio. Certo dia, um lenhador e seu filho foram para a floresta, como sempre faziam, com o romper do sol. Nesse dia, o trabalho foi excepcionalmente árduo; as árvores pareciam cheias de espinhos e difíceis de serem abatidas. Quando a noite chegou, encontrou os dois ainda a caminho da cidade com a carroça cheia de madeira. A cidade, diga-se de passagem, era cercada de muros, e possuía apenas duas pontes: uma pequena, para pedestres; e outra, maior, para carruagens. Elas fechavam, pontualmente, por ordem do Rajá, às seis horas da tarde. Primeiro, era a vez do portão dos carros, e minutos depois os guardas cerravam a entrada dos pedestres. Em nenhuma hipótese eram abertas até o raiar do dia, porque a floresta era espessa e cheia de estranhos seres. Pai e filho apressaram o mais que podiam o boi que puxava o carro. Mas a noite estava cheia de perfumes, a temperatura suave, e o animal cansado não se apressava. Tudo em vão. Quando chegam diante dos muros, o portão dos carros estava sendo cerrado. O pai suplicou em vão. A ordem era severa, e os guardas, temerosos das represálias. O lenhador deixa o menino no carro e entra pelo portão dos pedestres para implorar ao chefe da guarda que deixasse seu carro entrar. Enquanto pedia, os guardas inflexíveis fechavam o último portão, deixando no frio da noite o menino e sua carroça. Não houve súplica que fizesse os guardiães voltarem atrás. A palavra do Rei é sempre uma ordem e, como tal, tem de ser cumprida. A criança não se perturbou e ajeitou com alguns gravetos e capim um leito onde se deitou e logo adormeceu. A floresta, como dissemos, era espessa e povoada por estranhos seres. Um deles, um tremendo demônio, vendo a carroça fora dos muros, resolveu aproximar-se para matar o filho do lenhador. Pois os demônios, segundo a tradição, só podiam se alimentar de carne morta. Acorda o menino e resolve matá-lo de medo. Assume as mais hediondas formas, cresce, diminui, multiplica-se em braços e cabeças, faz ruídos. Seus olhos lançam chamas que furam a noite. O pequeno lenhador não se deixa vencer pelo medo e começa a repetir em voz alta o potente mantra em que o nome do Buda é mencionado:

Namo Buddhaya

E repetia sem cessar, num *Japa*, o Mantra da Luz. O demônio, a princípio, ficou surpreso e quis fugir diante de tanta paz; mas não conseguia mais se mover. Parecia grudado ao chão. E foi lentamente modificando suas feições, encurtando as garras à medida em que a serenidade do mantra o envolvia. Por fim, completamente tocado e já em forma humana, pede ao menino que o considere seu servo. Ordene o que quiser que ele obedecerá! A criança, que não tinha se alimentado, disse que tinha fome. O demônio parte como um raio, cruza os muros e entra no palácio onde vê, aguardando o Rei, numa antecâmara deserta, um maravilhoso prato de ouro cheio de alimentos saborosos. Segura o prato e, num piscar de olhos, apresenta-o ao seu novo amo, que o come e adormece feliz, com o demônio velando aos seus pés. A noite passa, porque o destino de todas as coisas é transitório, e ao romper da aurora, quando os pássaros abandonam os ninhos, os portões da cidade foram abertos mais uma vez e por eles entraram o menino, seu novo criado e um sonolento boi puxando um carro cheio de lenha. O pai se surpreende e chora, pois, acreditava que nunca mais iria ver seu filho. Era grande, entretanto, o alvoroço na cidade. Os tambores soavam transmitindo a notícia: o precioso prato milenar de ouro com que os reis, há muitos anos, eram alimentados, trazido à terra há milênios pelos próprios deuses, tinha desaparecido misteriosamente. O rei oferecia recompensas, e fazia também ameaças. O menino ouviu e, sorridente, partiu rápido para o palácio acompanhado do pai e do demônio convertido, à procura do Rei para devolver-lhe o prato. Grande foi o júbilo. As trombetas soaram, os tambores vibravam, pois de novo a alegria voltava ao coração do Rei que, tocado com a história, recebe o menino como a um filho, porque aquele que tem fé, por mais humilde que tenha nascido, por mais pobres as roupas que vista, será, sempre, sem dúvida, um Rei.

E a história termina com uma advertência:

"Não acredites naquilo que foi contado, pois nada deves aceitar sem a experiência própria. Repete constantemente, com confiança, a fórmula *Namo Buddhaya* e, então, sim, poderás julgar se o que ouvistes é uma fantasia ou uma realidade."

26

CHINA: *O Livro das Mutações*

"Os axiomas da lei de causa e efeito estão sendo sacudidos nas suas fundações, pois sabemos hoje que a chamada Lei Natural é somente uma verdade estatística que deve, necessariamente, permitir exceções."

G. Jung (Prefácio ao *I Ching*)

O *I Ching* é um dos livros fundamentais da raça humana, representando, na verdade, uma espécie de laço com o inconsciente coletivo da humanidade e o momento atual. Apesar de ser eminentemente um livro divinatório, possui em sua estrutura as marcas de um Conhecimento total do que virá a ser, que não deixa dúvidas quanto à sua autenticidade. É inteiro como uma obra de arte acabada. Possui a chave das relações entre o Céu e a Terra, e, por meio dele, os que tiverem já despertada a visão interior das coisas podem aprender o *Tao* que impregna e sustém o curso dos acontecimentos. Pouco se sabe quanto à origem do *I Ching*. Com toda certeza, procede de uma antiguidade mítica das mais remotas e, segundo o testemunho de Richard Wilhelm[78], podemos encontrar no *I Ching* as raízes do Confucionismo e do Taoísmo. Aproximadamente, tudo que é grande e marcante na história da Cultura da China nos últimos três mil anos tem sua principal inspiração nesse texto. Pode-se mesmo assegurar que a Sabedoria de milhares de anos está corporificada em suas páginas. Certas interpretações situam sua origem ao redor de 1200 a.C. O fato é que o *I Ching* escapou de ser queimado no ano de

---

[78] Richard Wilhelm (1873 - 1930). Teólogo e missionário alemão, estudioso da civilização chinesa. Conhecido principalmente por suas traduções de trabalhos filosóficos do chinês para o alemão, traduzidos mais tarde para o inglês e o português, entre outros idiomas. (Nota Ed. Bras.)

213 a.C., o que demonstra, para alguns, a sua posição acima das contingências humanas.

O Livro das Mutações é um oráculo que deve ser consultado com o devido respeito. O próprio texto adverte: "O abuso do utensílio de culto é uma grande profanação". G. Jung, que escreveu o prefácio à clássica tradução de Richard Wilhelm, dá seu testemunho:

> "Mesmo a estranheza das especulações insanas das primitivas superstições nunca me chocaram. Sempre tentei permanecer sem ser influenciado, mas, apenas, curioso. Por que não me aventurar a um diálogo com um antigo livro que se diz possuir vida? Não pode haver nada de mal nisso, e o leitor poderá assistir a um procedimento psicológico que tem sido mantido através de milênio na Civilização Chinesa e do qual Lao Tsé e Confúcio são expressões supremas da autoridade espiritual."

A ideia básica do *I Ching* é a do *TAO*, ou Grande Princípio Primordial – a Lei imutável. Esse Grande Princípio é chamado *Tai Chi*, e resulta da fusão dos opostos: o *Yang*, que é a luz, o masculino; o *Yin*, que é a sombra, o feminino. Em tudo está presente a combinação de *Yang* e *Yin* em determinadas concentrações. Em algumas coisas, a tônica é *Yang* e, com isso, a masculinidade se apresenta; em outras, é a vez do *Yin*, e nesse caso o feminino prevalece. O curioso é que esse conceito, milênios depois, é desenvolvido na Psicologia Analítica por G. Jung, ao apresentar o conceito de *Anima* e *Animus. Anima* é o elemento feminino no inconsciente masculino, ao passo que *Animus* é a presença masculina dentro da mulher. Essa dualidade é, inúmeras vezes, representada na arte por uma figura hermafrodita que mostra, assim, a "bissexualidade" dos seres humanos. Essa composição dual se encontra em tudo que se observa, vindo, portanto, de um plano superconsciente onde todas as coisas têm sua raiz.

Quando analisamos, com cuidado, o *I Ching*, ficamos maravilhados com o encontro das bases de toda a Filosofia e Ciência posterior. É o caso da noção de "fluxo", que mais tarde seria expresso na Grécia por Parmênides. A visão de que todas as coisas fluem como um rio, sem pausa, dia e noite. Elas são um processo de transformação, o que é a ideia fundamental da moderna Ciência com a visão dinâmica da realidade. O fato de que qualquer objeto "flui" já foi tratado no Capítulo sobre o *karma*. Encontramos no *I Ching* a concepção dos arquétipos, que seria aproveitada por Platão e Jung. Os símbolos de que se compõe o *Livro das Mutações*, os trigramas, nada mais são do que arquétipos. Imagens, não de objetos, mas, de estados em transição. Cada evento no mundo visível será o efeito de uma imagem – uma ideia – no mundo invisível. A profunda significação desse conceito pode ser sentida quando analisamos o processo da ação. Por que agimos? Observando-se qualquer ação, seja em um dos três níveis em que é possível – pensamento, palavra ou físico –, vemos que ela decorre de algo anterior e pode ser sintetizada na palavra ideia. A ideia pode ser consciente ou inconsciente. Pode ser indeterminada, com um impulso que nos leva a agir sem saber por quê. Mas, em todos os casos, a ideia base, o arquétipo, lá está como um sol atrás das nuvens, modificando com sua presença constante o curso dos acontecimentos. Aqueles que purificaram seus veículos, os homens santos, têm o acesso aberto a esse mundo da pré-ação. Podem ver, antes que aconteça, o que irá se passar e, assim, podem modificar o curso dos acontecimentos. No *I Ching*, está presente a ideia da total ligação do homem com o Céu e a Terra, o que lhe permite discernir no nascedouro as coisas que virão a ser. O nascimento é um brotar no mundo visível de causas do mundo invisível. A morte é o retorno à origem. As forças que produzem o brotar e o dissolver são aspectos de uma mesma realidade.

O *I Ching* oferece uma visão da simultaneidade dos acontecimentos que, de certa forma, sacode as bases da lei de causa e efeito linearmente concebida na sucessão imutável de causa e efeito. Na ciência atual, a física nuclear, a mecânica quântica, as matemáticas não aristotélicas estão baseadas no princípio da indeterminação ou da simultaneidade que é básico do pensamento do *I Ching*. Nenhum acontecimento ocorre por uma só causa e, sim, devido a uma configuração de causas e efeitos simultâneos.

O *Livro das Mutações*, sendo um livro oracular, teria que responder perguntas. As respostas dos antigos oráculos eram muitas vezes transmitidas na base do simples "sim" ou "não". Na antiguidade, "sim" era simbolizado por um traço cheio (——) ao passo que o "não" era composto de dois traços pequenos (——), entretanto, a necessidade de uma maior amplitude nas respostas levou à adoção de pares, surgindo, então, as quatro possibilidades de resposta.

Por fim, uma terceira linha foi acrescentada, nascendo daí os oito trigramas (Fo hi) que, combinados entre si, resultam nos sessenta e quatro hexagramas básicos do *I Ching*. O quadro abaixo dá as correspondências entre cada trigrama, seu nome, atributo, imagem e relação familiar.

NOME		ATRIBUTO	IMAGEM	RELAÇÃO
Ch'ien	Criativo	fortaleza	céu	pai
K'un	Receptivo	devotado	terra	mãe
Ch'en	Nascente	movimento	trovão	filho
K'an	Abismo	perigoso	água	segundo filho
K'En	Tranquilo	repousante	montanha	terceiro filho
Sun	Suave	penetrante	vento	primeira filha
Li	Apegado	dá luz	fogo	segunda filha
Tui	Alegre	alegria	lago	terceira filha

Segundo Wilhelm, os filhos representam o movimento em seus diversos estados: o princípio do movimento, o perigo no movimento e o final do movimento (repouso). As filhas simbolizam vários estágios da devoção.

Para se consultar o *I Ching* deve-se, em primeiro lugar, ter toda a reverência para com o livro, pois ele irá falar dando a resposta de uma Sabedoria Arcaica, sagrada, além do espaço e do tempo. Existem dois métodos para consultar o oráculo: o das varetas e o das moedas. No caso das varetas temos cinquenta varinhas, de preferência de bambu. Coloca-se de lado uma varinha e manipula-se as quarenta e nove restantes, dividindo-as ao acaso em dois montinhos. A seguir, tira-se uma varinha do monte da direita e coloca-se entre o dedo anular e o mínimo da mão esquerda, e pega-se todas as varetas do monte da esquerda na mão esquerda. Com a mão direita, vai-se contando de quatro em quatro até restar somente quatro varinhas, ou menos. E, daí em diante, numa série de contagens sucessivas e interpretações, chega-se à determinação do hexagrama. No livro, cada hexagrama é como um Julgamento, a Imagem e a interpretação das linhas. A resposta vem, então, envolta numa série de considerações cheias de insinuações inconscientes. Vejamos, como exemplo, o caso do primeiro hexagrama constituído por seis linhas cheias. Representa Ch'ien, o Criativo, e simboliza o Poder Primordial, forte, ativo, criador da luz. Em relação ao mundo humano indica o homem criador, o sábio ou santo que através de si desperta os poderes latentes e desenvolve sua natureza suprema. O Julgamento do *I Ching* é o seguinte:

"O criativo alcança sucesso sublime

avançando através da perseverança."

Essa resposta indica que o sucesso virá das profundidades primordiais do Universo e que seu caminho está na apreensão e atualização do caminho do Universo (*Tao*). Na Imagem mencionada no texto, a respeito do hexagrama, está dito:

"O movimento do céu é cheio de poder;

dessa forma, o homem superior torna-se forte e incansável."

O texto ainda apresenta comentários conforme a posição de certas linhas no hexagrama, cuja interpretação poderá dar um significado preciso à resposta.

Cada hexagrama é, portanto, uma configuração psicológica de determinado instante. Quem inventou o *I Ching* tinha a convicção de que o hexagrama, trabalhado em determinado momento, coincidia plenamente com esse momento em qualidade e tempo. Gustav Jung comenta, no prefácio citado à obra:

"O *I Ching* não se oferece a si mesmo com provas e resultados, não se elogia, nem é de fácil compreensão. Como que numa parte da Natureza, espera ser descoberto. Não oferece nem fatos, nem poder, mas, para os amantes do autoconhecimento, da sabedoria, parece ser o livro exato. Para certas pessoas, seu espírito aparece tão claro como o dia; para outras, como o cair da tarde; e, para uma terceira, é tão negro como uma noite sem lua. Aquele que não se agradar não deve usá-lo. Aquele que for contra ele não é obrigado a considerá-lo verdadeiro, mas, sim, deixá-lo para o mundo em benefício daqueles que podem discernir seu verdadeiro significado."

27

Tao: O Caminho Perfeito

Tao. Palavra hermética, intraduzível, que alguns, aventurando-se a romper sucessivos véus, apelidam de Lei, Norma, Religião, Dever. *Tao* é tudo isso e muito mais. É o curso dos astros nos céus, o correr dos rios na terra, o cantar dos pássaros, o cair da tarde, o último suspiro. Para mim, é o Caminho Perfeito, a linha de menor resistência entre dois pontos que se vê quando a chuva cai nas montanhas e as gotas de água vão procurando o vale, seguindo um caminho que refletem, sabiamente, o menor esforço. *Tao* é o percurso do raio que salta entre duas nuvens carregadas de eletricidade, que se aproximam até que o equilíbrio é rompido e salta a centelha inevitável em busca do equilíbrio. O raio é tortuoso, inesperado, pois seu curso reflete a sabedoria de uma linha de menor resistência que é função da configuração do momento. A Física relativista de Einstein, com suas comprovações do efeito do campo gravitacional das estrelas nos raios da luz, é uma prova viva do *Tao* formulado em termos de Matemática. A presença do *Tao* se expressa de várias maneiras e de uma maneira perfeitamente natural. Poderíamos dizer que o *Tao* é a linguagem da Natureza. Sob essa visão, todo o problema de doenças está ligado ao fato de o homem violar sua própria natureza e provocar tensões que irão necessariamente resultar em desgaste além do normal.

No Taoísmo, é encontrada uma alquimia na qual o homem consegue por meio de técnicas e preparações de elixires obter a eterna juventude. Nessa alquimia taoísta, temos a ressaltar a presença de uma transformação fundamental de natureza psicológica que equivale à iluminação do Ser ou à transformação simbólica da matéria bruta no ouro dos alquimistas ocidentais. Dela nos chega uma série de receitas provenientes de um conhecimento profundo das raízes, folhas, metais, uma verdadeira farmacopeia arcaica, que produzem, indiscutivelmente, efeitos positivos. Na China atual, as duas medicinas, a arcaica e a moderna, trabalham em perfeita harmonia nos hospitais do Estado.

A respeito do fundador do Taoísmo, o filósofo Lao Tsé, pouco poderá ser dito. Para muitos, trata-se de um personagem mitológico. Em alguns textos está descrita a figura exótica de um homem que não gostava de honrarias, uma verdadeira antítese de Confúcio, e que nunca passou de um obscuro funcionário público que no fim da vida sumiu na fronteira do Oeste em direção à Ásia Central, onde, segundo as tradições, ainda continua vivendo. O *Tao Te Ching*, o livro clássico do Taoísmo, com suas 5 000 palavras, teria sido escrito a pedido de seu amigo Yin Hsi, pouco antes de Lao Tsé abandonar a China. A filosofia de Lao Tsé é plena de conteúdo, conforme a leitura das páginas do livro *Tao* poderá revelar. O texto é escrito num estilo telegráfico, seco, no qual o sentido é dado por uma leitura em profundidade das palavras. É indiscutível a influência do *Livro do Tao* no Budismo Ch'na (Zen), e no pensamento posterior. Pode-se dizer que o espírito da China é o próprio espírito do *Tao*. Vejamos alguns trechos da obra, que pode ser encontrada em edição integral da Editora[79], sob o título *O Livro do Caminho Perfeito.*

Capítulo I

"O caminho que pode ser seguido não é o verdadeiro Caminho
O nome que pode ser dito não é o verdadeiro Nome.
No princípio está o que não tem nome.
O que tem Nome é a Mãe de todas as coisas.
Para que possamos observar seus segredos
devemos permanecer sem desejos.
Mas, se em nós mora o desejo, a única coisa que podemos fazer
é contemplar sua forma externa.
A casca oculta a essência.
Os dois estados existem para sempre inseparáveis.
São os chamados Mistérios.
Mistério, além de todos os mistérios.
O Portal que conduz a tudo que é sutil e maravilhoso
ao Recôndito segredo de todas as Essências."

[79] Rio de Janeiro: Civilização Brasileira (Nota Ed. Bras.)

Comentário: Qual é a distinção entre o caminho e o Caminho? Um pode ser seguido, o outro, não. O que pode ser seguido é o velho, o que está na memória, o produto do condicionamento e de antigos hábitos, o que nos foi imposto pelo conhecimento vindo de terceiros. O caminho que não pode ser seguido é o "novo", o espontâneo, o que de instante a instante se revela. O verdadeiro Caminho é sempre novo, depende das configurações, não é algo que dependa de um velho alfarrábio ou de um mapa. Aqueles que têm "olhos" para ver o "aqui e agora" saberão ver instantaneamente, escancarado, diante de seus pés, o verdadeiro Caminho.

E quanto ao nome? A mesma dúvida permanece. Recordem-se do caráter instantâneo da manifestação. Todas as coisas são concentrações espaço-temporais com determinadas durações. Há, entretanto, um abismo muito grande no nome que damos às coisas e que nada mais são do que rótulos, e a realidade última das coisas. O verdadeiro nome é aquele que poderia ser ouvido por um ouvido cósmico capaz de ouvir a vibração de um objeto com toda nitidez. No Capítulo 16, tratamos do assunto. O sentido profundo dos mantras na Escola Tantra está aqui revelado.

Evidentemente, antes de toda a existência, havia algo que não tinha nome. Era o seio onde todas as coisas estavam contidas e que um dia nasceriam. A Mãe cósmica é aquela que já possui um nome. Lembrem-se do *koan* citado no capítulo sobre o Budismo Zen, que diz: "Qual era a tua face antes dos teus pais nascerem?" A resposta fará luz sobre o pequeno trecho antes comentado.

"Para que possamos observar os seus Segredos temos que permanecer sem desejos". O desejo é sempre uma ânsia de complementação. Um processo compensatório que pode ser acompanhado no simples desejo e que cessa quando o alimento é ingerido. Mas, como podemos observar alguma coisa se estamos sempre nos projetando nela através dos nossos desejos? Se estamos, a todos os momentos, sugando do que observamos algo para completar nosso vazio? Todos os testes projetivos da Psicologia demonstram de que modo, por meio do mecanismo compensatório dos desejos, o homem se projeta na coisa observada. Quando os desejos cessam, então poderemos observar a coisa nua, pura, tal como ela é, na sua virgindade diante de nós. Sem qualquer contaminação. Se, entretanto, "o desejo mora em nós, a única coisa que podemos contemplar é sua forma externa". "A casca que oculta a essência". Para o *Tao Te Ching*, essas duas coisas existem sempre interligadas: a casca e a essência. É um fato. Nunca podemos, ao observar um homem, deixar de lado o interno, o lado oculto, sob pena das relações humanas serem baseadas, como na maioria o são, no aspecto externo. Esse é o Mistério. Aquilo que simbolicamente é chamado o Portal. Cada coisa é, portanto, um portão escancarado diante de nós. Todas nos levarão à Essência primordial, ao *Tao*.

Capítulo 2

"Todos no mundo reconhecem o belo como Belo
e dessa forma sabem o que é o Feio,
Todos no mundo reconhecem o bem como o Bem
e dessa forma sabem o que é o Mal.
Dessa forma, o Ser e o Não Ser geram um ao outro.
O longo e o curto se delimitam.
O alto e o baixo se inclinam.
O tom e o som se harmonizam.
O antes e o depois seguem-se um ao outro.
Dessa forma o sábio executa suas tarefas sem agir
e transmite ensinamentos sem usar palavras.
Todas as coisas agem, e ele não lhes nega auxílio.
Ele produz sem se apropriar de coisa alguma.
Realiza sua tarefa e não pede gratidão.
E é justamente porque ele não se apega
que o mérito nunca o abandona
e suas obras meritórias subsistem."

Comentário: Por que o belo é belo e o feio é feio? Haverá um padrão absoluto de beleza e fealdade? O mesmo acontece com o bem e o mal. Vivemos em função de um dualismo que corta em dois o que é um, damos nomes diversos a esses pedacinhos de uma realidade inteiriça e os classificamos em função de padrões artificiais. Na realidade, no sentido absoluto, não existe nem bem nem mal, nem feio nem belo, pois, como o texto indica, os opostos se delimitam, se inclinam, se harmonizam. "O sábio executa suas tarefas em agir" é uma afirmação, para muitos, paradoxal, pois, na ideia da execução está enraizada a ideia da ação. Novamente lembramos os vários significados das palavras que, quando não compreendidas adequadamente levam ao paradoxo. O conceito de Wu-wei, a inação na ação, é a chave da compreensão do texto neste ponto. A melhor forma de explicarmos é mostrando a significação profunda do Judô, que é uma luta e, portanto, ação baseada, entretanto, no princípio da ação. O lutador espera somente o golpe do adversário. Não é agressivo, não tem o coração cheio da ideia da vitória ou da derrota. Luta, apenas. Todo seu corpo e sua mente estão distendidos, em paz, prontos para agir no momento exato conforme a configuração desse momento.

Segundo o texto, os ensinamentos são transmitidos sem palavras, o que é a forma mais efetiva da comunicação de um ser com outro ser, de centro a centro. A tarefa é feita sem necessidade de recompensa e com o espírito de completo desapego. Nesse caso, o trabalho resultante permanecerá, pois tem como cimento o Amor, que é um sentimento de interação quando o sentido do observador e do fato observado desaparece e resta somente um estado de participação, que pode ser concebido toscamente no êxtase do momento do orgasmo sexual simultâneo, quando o homem e a mulher são uma continuidade.

Capítulo 8

A Virtude suprema é como a água
"A água e a virtude são benfazejas para milhares de criaturas.
Elas ocupam os lugares mais baixos que os homens detestam.
Acomodam-se onde ninguém gosta de estar.
Por esse motivo são comparáveis ao Caminho.
Numa casa, o que importa é a localização.
Num aliado, a benevolência é o mais importante.
Na palavra, a boa fé.
No Governo, a ordem.
Nos negócios, a habilidade.
Na ação, o atemporal.
Mas, o sábio nunca luta.
Por essa razão é inatacável."

Comentário: Neste capítulo, temos vários símbolos que estão sempre sendo manipulados pelo Taoísmo. A Água, a Virtude, o Caminho, a inação na ação. A água aparece sempre como o exemplo da capacidade de adaptação, pois ela se amolda, flui, dá vida, sem se importar com o resultado do seu trabalho. É um exemplo vivo do desapego. A Virtude suprema aqui é uma imagem para substituir o *Tao*. Virtude é equilíbrio, não é forçada, nem externa. É algo que nasce como a fonte, de dentro para fora, e dá-se como a água para beneficiar o mundo. O virtuoso não se preocupa com a virtude, nem é consciente disso. É o que a sua natureza interna, sem bloqueio, permite que seja. Outro conceito, inúmeras vezes enfatizado, é o da ação sem ação. Segundo o texto, o "sábio nunca luta" e, por isso, é inatacável. Na palavra "luta" está subentendida a ação consciente, visando um resultado concreto. Um objetivo a atingir, para o qual tenho que me esforçar, cerrar os punhos, pisar nos outros etc. Quando a ação brota espontaneamente, ela não vem envolvida nas dores do esforço, pois representa um estado atemporal, sendo, portanto, inatacável.

Capítulo 10

"Mantém a alma sensível e o corpo animal numa só unidade
para que não possam se separar.
Controla a força vital para que voltes a ser novamente como uma criança recém-nascida.
Quando ele afastar de si as visões misteriosas
vindas de sua imaginação, poderá, então, permanecer sem mácula.
Se purificar abstendo-se de procurar respostas intelectuais para o Mistério.
Amando o povo e governando o Estado podemos deixar de agir?
Quando os portões do Céu se abrem e fecham, podemos desempenhar o papel do Feminino?
Quando o discernimento penetra nas quatro regiões
pode ser que não conheças Aquilo que lhes dá vida e os sustém.
Aquilo que dá vida e, todavia, não reclama qualquer posse.
Beneficia e não exige em troca qualquer gratidão.
É o comandante, mas não exerce autoridade.
Tal é a chamada qualidade misteriosa."

Comentário: Aqui, como séculos mais tarde em Jesus, nos Evangelhos, está presente a imagem da "criancinha". Para que a criança nasça novamente em nós, para que atinjamos o segundo nascimento tantas vezes mencionado nas várias religiões de mistérios da antiguidade, temos que "manter a alma sensível e o corpo animal numa só unidade", e controlar a força vital, diz o texto. Isso significa claramente uma vida pura, em consonância com a Natureza e com certas técnicas de *Yoga*, a fim de que os laços invisíveis, unindo os vários corpos do homem, possam se manter íntegros. Na "força vital", temos uma evidente referência ao *Prānāyāma* dos hindus, a respiração que desempenha um papel importantíssimo no equilíbrio físico-psíquico. A seguir, encontramos a advertência das "vidas misteriosas vindas da imaginação". Uma simples observação do processo mecânico da nossa mente dá-nos uma justa medida da efervescência em que normalmente se encontra, com os pensamentos brotando descontroladamente impelidos pelo vento da imaginação. Enquanto estivermos sob o controle da imaginação, não poderemos atingir aquele estado sem mácula. Para isso, é indispensável parar de procurar respostas intelectuais para o Mistério. Isso não quer dizer que devemos abandonar a possibilidade de obtermos uma resposta desse Mistério sempre presente diante de nós. A resposta não será, porém, obtida pela Mente, pois essa só nos leva ao reino do conhecido, ao passo que o Mistério é o novo, o incontaminado que brota de instante em instante no "aqui e agora". A "qualidade misteriosa" é o modo pelo qual a percepção do Mistério poderá ser obtida. É uma maneira de ser, a consciência de uma superconsciência além da mente que é "Aquilo que dá vida e, todavia, não reclama qualquer posse".

Capítulo 12

"As cinco cores fazem cegos os olhos humanos.
As cinco notas tornam surdos os ouvidos.
Os cinco gostos injuriam o paladar.
As corridas e caçadas desencadeiam no coração paixões furiosas e selvagens.
Os bens de difícil obtenção deixam-nos feridos de encontro a perigosos obstáculos.
Por esse motivo, o sábio se ocupa do interior e não do exterior dos sentidos.
Rejeita o superficial e prefere mergulhar no profundo."

Comentário: Todos os estímulos provenientes dos sentidos acabam insensibilizando o homem com seus múltiplos apelos. Permanecemos fortemente condicionados a formas, sons, gostos, ao que vem de fora e atinge nossa consciência através das portas da percepção. O sábio prefere mergulhar no profundo, no coração das coisas, onde vive o eterno Mistério.

Capítulo 16

"O estado de Vazio pode ser obtido quando, com fervor, estivermos assentes no repouso.
Todas as coisas entram nos seus processos de atividade, e depois, no repouso, voltam a ser absorvidas.
Quando no mundo vegetal as formas atingem o máximo de plenitude
vemos que vão, aos poucos, retornando às suas origens.
Esse retornar à raiz é chamado o estado da tranquilidade.
Essa tranquilidade é a prova, o sinal de que conseguiram,
por fim, atingir sua finalidade suprema.
O retornar ao próprio destino é uma constante.
Conhecer essa lei é ser inteligente.
Não a conhecer nos leva a maus resultados.
O conhecimento dessa regra imutável nos torna magnânimos,
e aquele que é magnânimo é, na verdade, um Rei.
É semelhante ao Céu.
Seguiu o caminho perfeito e com o *Tao* se uniu.
Ele dura para sempre
e quando chegar o dia do seu corpo desaparecer
Nenhum perigo o espera."

Comentário: A obtenção de "um estado de vazio" é fundamental. Para isso, temos que permanecer firmemente assentes no repouso. Aqui, mais uma vez, está a filosofia do Olho do Furacão. Da possibilidade do encontro, sempre, em qualquer situação, de um ponto de paz no meio do turbilhão. Devemos procurar esse "retorno às origens". Há, sempre, uma possibilidade aberta, escancarada, diante de nós e em qualquer situação. O *Tao Te Ching* nos diz que isso "é ser inteligente", e poderá fazer de nós um Rei.

Capítulo 17

"Dos grandes governantes de antigamente, o povo não conhecia a existência.
Depois, surgiram os que o povo amava e honrava.
A seguir, nasce o medo e, por fim, o desprezo popular
pelos que se intitulavam seus governantes.
Quando a confiança é limitada, não há confiança alguma.
Como apareciam irresolutos os governantes de ontem, ao mostrar na reticência a pouca importância das palavras!
As obras meritórias se multiplicavam e os negócios prosperavam.
As famílias afirmavam em coro: "É graças a nós que as coisas estão assim perfeitas."

Comentário: Para o *Tao Te Ching*, o grande governo é aquele cuja presença não se percebe, quando cada um seguindo o Caminho age sem ser obrigado e, com isso, as coisas vão surgindo. Essa prática da liberdade na criação tem mostrado resultados excepcionais na educação, onde um conceito tradicional aparece como sendo a privação da liberdade. Uma educação na qual a criança era marcada com o ferro em brasa dos conceitos é substituída pela educação-experiência, onde a mesma criança, na espontaneidade da sua atividade, vai colecionando experiências que servirão de base a toda sua vida. A raiz do admirável método de Maria Montessori reside na adoção de tal prática.

Capítulo 18

"Quando o Caminho perfeito foi abandonado
entraram em voga a benevolência e a correção, e a hipocrisia tornou-se geral.
Quando a harmonia deixa de prevalecer, as seis relações surgem
e o amor aos pais e a piedade filial são pseudovirtudes.
Os Estados sofrem com a corrupção e a desordem
e começam a aparecer, aos montes, os funcionários fiéis."

Comentário: Esse é um capítulo extraordinariamente atual. Assenta-se sob medida ao mundo de hoje, onde o Caminho Perfeito raramente é trilhado. Quando os conceitos de Correção e Benevolência entraram na moda, a hipocrisia generalizou-se. Mais do que nunca a corrupção pulula sob uma aparente fachada de pseudo-ordem, de uma estrutura rígida que a favorece com sua rigidez. Então, começam a aparecer aos montes os funcionários fiéis. Os homens-exemplo, os homens-cenário-de-papelão.

Capítulo 19

"Se pudermos renunciar à nossa pseudossabedoria, pôr de lado a virtude feita à nossa moda, isto seria de grande benefício para todos que estão à nossa volta."

"Se pudermos pôr de lado nossa 'benevolência' e 'correção', as pessoas se tornariam novamente amáveis e bondosas."

"Se pudermos pôr de lado nossas artimanhas, e abafar nosso desejo constante pelo lucro, não mais haveria ladrões nem bandidos. Devemos ser simples, sem adornos, permanecer naturais e reduzir os desejos e o egoísmo."

Comentário: A pseudossabedoria, a virtude à nossa moda, tudo que é artificial, que é criado no simples impulso de imitar os outros como macacos. O repetir palavras gastas, o encher a cabeça com o conhecimento livresco, o ficarmos cheios de conceitos de "benevolência" e de "correção" erigidos em árbitros do mundo. Se "pudéssemos pôr de lado" tudo isso que é falso, superimposto, então, "algo" ainda seria possível.

Capítulo 63

"Agir sem agir. Ocupar sem ocupar. Provar o que não tem sabor.
Ver da mesma forma o grande e o pequeno, o muito e o pouco.
Fazer o mesmo com as reprovações e os elogios. Assim faz o sábio.
Ele ataca as complicações nos seus detalhes fáceis.
Aplica-se aos grandes problemas nos seus princípios.
Jamais o sábio faz algo grande e, por isso, faz grandes coisas.
Quem promete muito não pode manter a palavra.
Quem considera as coisas fáceis sempre se embaraça.
O sábio evita, de longe, as dificuldades e, assim, nunca as terá."

Comentário: O grande motivo desse capítulo é a sugestão de que é sempre mais fácil atacar o problema nos seus detalhes, não deixando que ele nos perturbe com o aspecto externo. A esse respeito, lembramos a psicologia do povo brasileiro com a sua concepção do "jeitinho". Da possibilidade de encontrar sempre uma saída onde aparentemente não há nenhuma. O "jeitinho" é encontrar o Verdadeiro Caminho em meio às aparentes complexidades da vida. Hoje, mais do que em qualquer época (e amanhã ainda será pior), viver é encontrar um "jeito" de obter a solução dos impasses. A Sabedoria está em evitar, de longe, as dificuldades que estão surgindo a todos os instantes. Uma simples observação da atual palavra escrita ou falada demonstra a constância com que é usada a palavra "problema". Para toda e qualquer situação, ela lá está, implacável, desafiando os homens. Problemas sociais, políticos, religiosos, morais, científicos. Problemas por todos os lados. Homens-problemas. Problema-problema. Para o *Tao Te Ching*, sábio é aquele que "procura desfazer as complicações das coisas e aplainar as suas arestas". No final das contas, quem cria a imagem do problema somos nós.

E para encerrar este capítulo, uma citação, final e definitiva, que diz tudo não dizendo nada, de parte do Capítulo 56:

> "Aquele que sabe a respeito do *Tao*, não fala.
> Aquele que fala do *Tao*, não o conhece."

28

Confúcio: O Modelo das Virtudes

Um panorama do pensamento do Extremo Oriente não estaria completo se fosse esquecido o nome de uma das suas mais significativas culminâncias. Confúcio, ou melhor, Kung Fu Tzu, ou Chung Ni, é, até hoje, uma presença atuante na China. Para compreender o povo chinês, suas relações e seus ideais, temos que mergulhar no velho Mestre, nascido, aproximadamente, em 541 a.C. Tentar reconstituir sua vida é uma tarefa de arqueologia cultural. Seus *Analectos* são uma das fontes principais de informação. Outras nos vêm por meio de Su-ma Chien, que viveu no século I a.C. Sua família era pobre, mas honrada, sendo seus antepassados aristocratas refugiados de uma revolução ocorrida no estado de Sung Lu. A China da época era composta de uma série de pequenos reinos em constante conflito. Foi num deles, o reino de Lu, situado na província de Shantung, que nasceu o nosso personagem. A tradição diz que a mãe de Confúcio, sentindo-se grávida, vai até à montanha sagrada de Ni e oferece o seu filho, caso fosse homem. Por essa razão, a criança recebeu o nome de Chung Ni. Entretanto, era uma criança diferente. Desde cedo, demonstrava uma seriedade difícil de encontrar na sua idade. Suas maneiras adultas, a compenetração com que brincava, chamavam a atenção de todos. Ainda muito criança perde o pai (551 a.C.), e assume a responsabilidade de cuidar de sua mãe. É empregado pelo Estado de Lu como guardião do celeiro. Apesar de ocupar uma posição modesta que lhe rendia somente o suficiente para não morrer de fome, sua dedicação era profunda, pois, para ele, cada funcionário devia executar o seu dever com o máximo de perfeição dentro da capacidade de cada um. Era um obcecado por essa perfeição. Foi tal atitude que o fez notado no meio de uma corte onde funcionários públicos corruptos eram norma. Confúcio é o símbolo do funcionário público cumpridor dos seus deveres. É, também, como veremos, o patrono de várias classes. Foi promovido, e vamos encontrá-lo com a sua circunspecção de sempre como vigia dos trabalhos da lavoura. Era uma espécie de supervisor, ou capataz, das atividades agrícolas. Sob sua orientação, o trabalho do campo prosperava. Não havia desperdício de sementes, como não havia quem não trabalhasse com empenho. Exercia a função de fiscal sem ser tirano, pois tinha a habilidade de despertar nos subordinados o sentido da importância do trabalho que executavam, e do dever supremo em executá-lo.

Confúcio dedicava seus momentos de folga a aprender com o Mestre Shang a arte de tocar a cítara de cinco cordas. Muitas vezes desencorajado, pois era um perfeccionista, contava com o estímulo do Mestre que dizia que muito mais difícil do que tocar era apreender o espírito da música como Confúcio tinha conseguido.

A maturidade espiritual do século VI a.C. continuava em todo mundo, e na própria China, Lao Tsé era um nome respeitado. Confúcio, acompanhado por alguns dos seus discípulos, visita o velho Mestre. Havia entre ambos uma diferença de 50 anos de idade. Lao Tsé, com quase 80 anos, recebe a Confúcio que beirava os 30. Eram dois espíritos antípodas. Um, todo intuição, meias-tintas[80], indefinido como as nuvens tocadas pelo vento, difícil de ser compreendido. O outro, nítido, claro, buscando a perfeição nos detalhes: obcecado pela ordem. Os relatos dessa entrevista são fragmentários, contaminados pela interpretação dos discípulos de ambos os Mestres. Ficou, entretanto, a frase de Confúcio:

"É fácil seguir as pegadas de um homem, ou os rastros de um animal numa floresta, pois ambos deixam marcas. O difícil é seguir o dragão que se movimenta nas nuvens. Lao Tsé é esse dragão."

O sucesso de Confúcio e sua inteligência fizeram-no notado pelo Imperador de Lu, que o nomeia, aos 51 anos, primeiro-ministro do seu reino. Tenta, então, eliminar o crime e a corrupção reinantes. É severo com os ricos ao taxar com impostos os seus lucros. Faz tudo o que pode para distribuir equitativamente o bem comum, de acordo com a capacidade e a necessidade de cada um. Sua atividade, seu prestígio provocavam ódio e medo a muitos. No vizinho Estado de Chi, o povo temia o sucesso de Confúcio como primeiro-ministro de Lu. Viam que o

[80] Meias-tintas. Tonalidade de cor entre a luz e a sombra; gradação de cores; dissimulação. (Nota Ed. Bras.)

fortalecimento de Lu punha em risco a segurança de Chi. Resolve, então, seu dirigente, num belo exemplo do maquiavelismo chinês, semear a discórdia no reino de Lu. Escolhe, então, as oito mais belas cortesãs do império, mulheres famosas pelas suas artes de conquistar o mais severo dos homens, e manda-as de presente ao Imperador de Lu. Pouco a pouco, a firmeza do Imperador começa a balançar e Confúcio sente que a ordem e a disciplina, o respeito que tentava impor, já não eram obedecidas. E renuncia. Começa, então, um intenso período de viagens aos mais diversos pontos da China. Por toda parte, era recebido com desconfiança. Era grande demais para homens tão pequenos. Alguns, entretanto, o seguiam, e tornaram-se seus discípulos. Temos aqui a faceta de Confúcio como o símbolo dos Mestres, professor itinerante que fez do ensino uma profissão. Para ele, a Cultura, o estudo dos velhos clássicos, era fundamental na vida humana. E afirmava:

"Aquele que trouxe um pedaço de carne seca não sairá sem instrução". Ensinava também aos que nada tinha a dar. Foi, de certa forma, o Sócrates da China. Existem vários pontos de contato entre os dois. Ambos eram homens que não emprestavam nenhum aspecto utilitário à vida, e procuravam a constituição de um estado perfeito onde os homens fossem felizes. Sócrates sentia na presença da sua voz interior - o seu "daemon" - a missão de iluminar os gregos. Confúcio era tocado pelo mesmo sentido de predestinação:

"Os Céus deram a Virtude que está em mim". A paixão pelo estudo e o amor à Sabedoria são a tônica que os irmana.

Confúcio volta-se contra os literatos, contra os cristalizados detentores do conhecimento, contra os pontífices do absurdo que critica acerbamente:

"Os literatos são sofistas que não podem ser tomados como modelos ou norma. Arrogantes, seguem sua própria opinião e só a ela se subordinam. Dão grande importância aos ritos fúnebres com os quais gastam grandes fortunas. São sofistas que andam de um lado para outro, incapazes de dirigir um Estado."

Foi nesse período itinerante que Confúcio escreveu os comentários aos seis clássicos. Quando terminou, executou um ritual. Em cima do altar estava toda a sua obra. Diante dele, Confúcio, devidamente paramentado, executava as velhas fórmulas. Nesse momento, brilha um raio de sol e traça uma espécie de inscrição sobre o altar. Confúcio considerou esse sinal como uma indicação celestial reveladora do caráter perene de sua obra, uma antecipação do que realmente aconteceria.

Os anos foram passando, e o filósofo vivia numa casa humilde que lhe fora oferecida pelo Estado de Lu como recompensa pelos seus méritos. Lá, vai encontrá-lo, certo dia, seu discípulo Tsu Kung. O Mestre, encostado no parapeito, parecia perdido na contemplação da montanha. Subitamente, exclama:

"Por que as grandes montanhas também se arruínam? Por que os grandes sábios têm de morrer?"

Era o prenúncio do que aconteceria sete dias depois, quando a morte o levou aos 73 anos de idade. Confúcio, o homem-montanha, voltava à Montanha de Ni.

Os Seis Clássicos da China

Os chineses expressam numa frase o sentido profundo dos seis livros clássicos:

"O *Shih* descreve os motivos, *Shu,* os eventos, *Li* dirige a conduta, *Yuch* assegura a harmonia, o *I Ching*, os princípios de *Yang* e *Yin*, e o *Chunchiu*, as distinções e os deveres."

Os seis clássicos são:

1 – O Livro dos documentos históricos – *Shu.* É o livro da história. Todos os eventos estão ali minuciosamente registrados. A China primitiva, dos 4000 anos a.C., coberta de florestas, onde nas proximidades dos rios começavam a se formar as primeiras vilas. A China dos ritos de fertilidade, das orgias e dos sacrifícios humanos. Surge, em 2935 a.C., o Imperador Fu Hsi, o primeiro dos cinco imperadores. Eram seres semidivinos que deram à China as artes e os ofícios. Talvez, quem sabe, seres de outro planeta que vieram à Terra para ensinar à humanidade infante o caminho da grandeza. O primeiro rei humano, Yao, (2357-2206 a.C.), foi um modelo de virtude. Guiava como pastor, ensinava como um Mestre, mas nunca puniu os seus filhos. Seguem-se várias dinastias minuciosamente descritas. Hsia-Shang (1766-1123 a.C.). A escrita arcaica surge em 1500 a.C., e o livro da história passa a ser preservado. A dinastia Chou vai de 1122 a 221 a.C.

2 – O Livro dos antigos poemas – *Shih*. É o livro da poesia, que ressalta a harmonia existente entre todas as coisas. O poeta chinês é, antes de tudo, o exemplo vivo da harmonia. Seu toque na manipulação das palavras é suave como a brisa ao perpassar entre os bambus. A poesia chinesa não significa, mas é. A poesia fazia parte da educação, pois sua vivência suavizava as atitudes humanas. Vejamos alguns exemplos de poesia posterior a Confúcio, mas impregnadas do profundo sentido que ele descreve em toques impressionistas:

Cheng Wao – Século X

"Meio dia. Nuvens tênues. Brisa suave.
Passeio nas margens do rio.
Salgueiros e árvores em flor.
Ninguém compreende minha alegria."

Na mesma época, temos o exemplo de Ching Chiai. Seu poema está impregnado de um modo direto de ver as coisas sem a sofisticação das sombras. É vida:

"Assim que o sol levanta começamos a trabalhar.
Assim que o sol se põe começamos a descansar.
Tiramos água do poço e matamos a nossa sede.
Cultivamos a terra e comemos o que ela nos dá.
O que tem a ver conosco o poder imperial?"

De Li Po (701-762), um exemplo de tranquilidade:

"Perguntas por que moro nestas montanhas azuis.
Sorrio e não respondo.
Minha mente está tranquila.
Os pessegueiros florindo, os regatos correndo sem deixar traços.
Como é diferente o mundo mundano!"

Por fim, com Ma Chih Yuan, a poesia brota dos efeitos de pequenas frases soltas:

"O vinhedo seco.
A árvore apodrecida.
O corvo negro.
A ponte pequena.
O riacho correndo.
A estrada maltratada.
O vento do leste.
O cavalo manco.
O sol se pondo.
O homem de coração partido está no fim do mundo."

3 – *O Livro das Mutações – I Ching.* Este é um dos monumentos da raça humana. Mais do que um simples livro divinatório, revela na profundidade dos seus comentários toda a Sabedoria milenar da raça humana. No Grande Comentário de Ta Chuang sobre a Natureza do *I Ching*, indicamos em grifo algumas chaves para a compreensão do texto:

> "1 – O Mestre disse: o *Criativo* e o *Receptivo* são o *Portal* das mudanças. O Criativo é representativo das coisas claras, e o Receptivo, das coisas escuras. A Natureza das trevas está unida à da luz. O firme e o receptivo recebem forma. Assim, a *relação* entre o Céu e a Terra toma forma, e entramos em *relação* com a Natureza e a *Luz dos Deuses.*"

Criativo e receptivo. *Yang* e *Yin*. O masculino-feminino. Claro-escuro. O aspecto complementar que existe em todas as coisas. O Universo, o homem e todas as coisas que fazem parte do Grande Todo são cambiantes. Mutáveis. Todas as formas são o portal por onde entram constantemente impressões e acontecimento. Entretanto, existe uma relação entre o que está em cima (Céu) e o que está embaixo (Terra). Enquanto essa relação não é conscientizada, o homem vive desligado da Natureza da qual é parte integrante, inconsciente da luz dos deuses (a intuição).

4 – O Livro dos Rituais – *Li*. O ritual assume na sociedade primitiva da China, como na da Índia no período védico, uma posição predominante. Constitui uma espécie de química oculta que permite ao homem entrar em harmonia com o Absoluto. Tudo é medido e está previsto nos mínimos detalhes. As roupas, a hora,

os acessórios, o perfume, o fogo, os gestos. É uma verdadeira reação química que se procura estabelecer, a criação de uma psicoatmosfera, onde é possível a comunicação com o mundo hiperfísico.

5 – O Livro da Primavera e Outono – *Chunchiu*. São os anais do Estado de Lu, onde viveu Confúcio, minuciosamente registrados. Nele, estão registrados as distinções e os deveres do cidadão.

6 – O Livro da Música – *Yueh*. A música possui no mundo chinês uma importância enorme. Nela, se encontram as mesmas ideias de Pitágoras e Orfeu a respeito das vibrações e seus efeitos no comportamento humano. A manifestação que se multiplica nas dez mil coisas que cercam o homem são regidas por regras musicais. A Criação é música pura.

Conceitos Principais para Compreender o Pensamento de Confúcio:

TAO – Volta e meia, essa palavra enigmática persegue os intérpretes do pensamento chinês. No capítulo em que tratamos do *Tao Te Ching*, apresentamos uma série de "insinuações" numa tentativa de definir o indefinível *Tao*. *Tao* é Lei, Norma, Virtude, o processo natural.

TEH – Habilidade de seguir a própria natureza, vocação, autenticidade. Confúcio esclarece:

> "Os que estão ansiosos por atividade cedo estarão cansados. Quando seu vigor é exaurido, cedo envelhecem. Tal impaciência é contra a Natureza. O que é contra a Natureza, morre jovem."

YI – A melhor maneira de fazer as coisas a fim de obter o máximo rendimento. É a lei do mínimo esforço que a Natureza coloca em ação a todos os instantes.

JEN – A boa vontade. É a virtude suprema, aquela que transforma o homem de um ser egoísta, fechado, em um ser aberto a todos os outros seres. Que transforma um corpo opaco numa estrela que nunca se extingue quando se dá aos outros. Confúcio dizia:

> "Quando um homem não é virtuoso (Jen), de que valem os seus gestos cerimoniais (Li)? Quando um homem não é virtuoso, de que vale a sua música?"

LI – Ritual, esmero em fazer as coisas, cortesia, reverência, cerimônia. Todos esses conceitos fazem parte da constelação de Li.

CHIH – Sabedoria. A sabedoria que está em nós, mas não se expressa porque impedimos a sua eclosão. A sabedoria que envolve o Universo.

CHUNG – O viver genuíno, completamente diferente da vida dos seres humanos comuns que vivem uma existência de segunda mão, completamente alheados da verdadeira Natureza.

No livro *Chung Yung*, um nome que pode ser traduzido como o "viver genuíno", Confúcio lança as bases da Sociologia ao procurar estabelecer as normas da harmonia social. Distingue claramente entre o que a Natureza prevê e a maneira pela qual o homem vive. Mostra a existência de um caminho de autorrealização chamado *Chiao* (maturação). É por meio dessa maturação que o homem se torna o que realmente é. A Natureza se expressa em cada um sob a forma de *Chung* (a natureza genuína). Nessas condições, quando as coisas atingem a maturidade, a aparência externa expressará a interna. O Caminho da Natureza é ser genuíno; o caminho do homem é tornar-se genuíno. Ser genuíno é agir sem esforço, alcançar sem pensar nisso, realizar automática e espontaneamente sua própria natureza. Somente aquele que é completamente genuíno nos assuntos mundanos pode desenvolver ao máximo a própria natureza.

Para Confúcio, as cinco relações humanas eram as seguintes:

1 – Soberano – súdito

2 – Pai – filho

3 – Marido - mulher

4 – Irmão mais velho – irmão mais moço.

5 – Amigos

Confúcio revela então que quando o homem se torna completamente genuíno (santidade), poderá predizer o curso dos acontecimentos. O Céu e a Terra serão um livro aberto para ele. À medida que essa autenticidade (maturação) se desenvolve na criatura humana, ela promove a autorrealização do indivíduo e dos outros. A flor que desabrocha perfuma o ambiente sem nada pedir em troca. A maneira de ser da Natureza pode ser resumida numa só palavra: Autenticidade.

Confúcio apresentou também o chamado *Ta Hsio, O Livro do Grande Conhecimento*, ou o *Grande Resumo*, cuja tradução para o inglês foi feita por Ezra Pound[81]. No prefácio de Chu Shi, vem mencionado:

> "Meu mestre, o filósofo Cheng, disse: o 'Grande Conhecimento', 'Grande Resumo', a 'Grande Síntese', é o testamento de Confúcio transmitido para o estudo inicial daqueles que atravessaram o portal da virtude. Se hoje podemos ver como estudavam os homens de ontem, isso se dá graças à conservação desses escritos em bambu. *Os Analectos* e o livro de Mencio são posteriores. Aquele que estuda deve começar por esse texto. Moldado nesse modelo, nunca andará à deriva."

Novamente encontramos a menção do "portal" já comentado, e a ênfase sobre a virtude. Sem ela, nada será possível. As provas iniciáticas dos mistérios da Índia, Egito e Grécia são, como na China antiga, o portal de todas as benesses do espírito.

Texto de Confúcio (*Ta Hsio*)

1 – O Grande Conhecimento (estado) do adulto que moe o milho com auxílio do pilão de cabeça para tornar adequado seu uso) ganha raiz e ilumina o caminho. A inteligência cresce através do processo de *olhar diretamente* o próprio coração e agir de acordo. É enraizada à medida que observamos com atenção a maneira com que crescem as pessoas (evolução).

2 – Conhece o ponto de repouso e, então, procede de maneira ordenada. Com esse procedimento ordenado, o homem pode captar o Infinito, isto é, aproximar-se de um claro conceito. Sustentando o claro conceito, o indivíduo pode permanecer em paz interna. Estando calmo, pode manter a cabeça fria no momento do perigo. Aquele que pode manter a cabeça fria na presença de um tigre está habilitado a cumprir sua missão no momento oportuno.

3 – As coisas têm raízes e ramos. Os negócios, escopos e princípio. Saber o que precede e o que se segue é tão bom como ter uma cabeça e dois pés.

---

[81] Ezra Weston Loomis Pound (1885–1972). Poeta, músico, tradutor e crítico literário americano, representante do movimento modernista do início do século XX, em especial do imagismo e do vorticismo. Traduziu poemas chineses reunidos no livro *Cathay*, considerado por alguns críticos como uma reinvenção da poesia chinesa para o século XX. (Nota Ed. Bras.)

4 – Os homens de antigamente desejavam esclarecer e difundir através do Império a luz que vem quando olhamos direto ao coração, e depois agimos. Só assim haverá o governo correto nos Estados. Para que exista ordem no Estado, deve haver ordem na família. Para haver ordem na família, devemos nos tornar autodisciplinados. Desejando a autodisciplina, temos que retificar os corações. Querendo retificar os corações, devemos procurar as definições verbais precisas dos pensamentos inarticulados (os tons são dados pelo coração).

5 – Quando as coisas foram classificadas em categorias orgânicas (Hierarquia), o Conhecimento tendeu em relação a sua Plenitude. Conhecidos os pontos extremos, os pensamentos foram definidos com precisão (a lança do Sol indo atingir o alvo verbal). Tendo atingido esta definição verbal precisa (sinceridade), eles, então, estabilizaram seus corações, disciplinaram-se a si mesmos. Tendo atingido a autodisciplina, colocaram suas casas em ordem. Tendo colocado suas casas em ordem, trouxeram o bom governo aos seus Estados. Quando os Estados são bem governados, o Império está em equilíbrio.

6 – Do Imperador, Filho do Céu, até o homem comum, a autodisciplina é a raiz.

7 – Se houver confusão na raiz, nada será bem governado. O sólido não pode ser varrido como trivial, nem o lixo ser estabelecido como sólido...

29

Japão: O Caminho Direto do Zen-Budismo[82]

A coisa mais ilógica que existe é tentar descrever o Zen. Toda descrição subentende um processo por meio do qual a coisa descrita é apresentada. Quando utilizamos o meio verbal, os instrumentos que temos ao nosso alcance são as palavras grupadas de acordo com certas leis. Entretanto, nunca poderemos alcançar o espírito Zen por meio de meras palavras. Todos os instrutores dessa Escola afirmam, enfaticamente, o mesmo. As palavras são como postes indicativos de direção. São dedos apontando a Lua. Quando delas nos valemos, corremos o risco de tomar o dedo pela Lua para a qual está apontando. Korzybsky[83], em sua *Semântica Geral*, fixa bem o oceano que separa a "coisa em si", do rótulo com que tentamos descrevê-la.

O Zen é ilógico, ou melhor, é alógico. Está além do dualismo lógica-ilógica, acima, portanto, da barreira verbal, cuja validade estende-se à zona puramente intelectual. Daí decorre o aspecto verdadeiramente paradoxal dos Mestres Zen. Conforme bem caracteriza Alan Watts[84] em sua obra *O Significado da Felicidade*[85]:

---

[82] Este Capítulo faz parte da 2ª edição da *Introdução ao Zen Budismo*, de D. Suzuki, traduzido pelo autor e publicado em 1972 pela Editora Civilização Brasileira.

[83] Alfred Habdank Skarbek Korzybski (1879–1950). Engenheiro, cientista, matemático e filósofo polonês, conhecido por desenvolver a teoria da semântica geral. (Nota Ed. Bras.)

[84] Alan Wilson Watts (1915 - 1973). Filósofo britânico que contribuiu para a difusão da Filosofia Oriental no Ocidente. Ainda jovem foi para os Estados Unidos onde começou em 1938 seus estudos de Zen Budismo. (Nota Ed. Bras.)

[85] São Paulo: Editora Pensamento. (Nota Ed. Bras.)

"O Zen nunca explica. Somente oferece sugestões ... Tentar explicar o Zen é como tentar captar o vento numa caixa. No momento em que se fecha a tampa, ele deixa de ser vento e se transforma em ar estagnado."

O próprio Buda afirmou, certa ocasião, alertando os que o procuravam ver através da sua forma, ou palavra, que isso era impossível. E advertia que aqueles que insistissem nesse intento teriam como recompensa a ignorância completa de seus ensinamentos.

A palavra japonesa *Zen* é derivada do chinês *Ch'an*, que, por sua vez, é uma corrupção da palavra sânscrita *Dhyāna*, que pode ser traduzida, aproximadamente, por Meditação.

O Zen não é, como poderíamos apressadamente julgar, uma escola meditativa nas linhas tipicamente hindus. A esse respeito, há uma história que bem caracteriza a diferença. Um estudante ardoroso na busca pela iluminação interior procurou um monge chamado Kwan-Zan a fim de ser instruído. Este pergunta-lhe onde tinha estudado anteriormente, e o que tinha aprendido. O estudante informa que tinha recebido ensinamentos no Mosteiro de Yogen sob a direção de Jako Shitzu a respeito do caminho gradual da meditação. E passando da palavra à ação, a fim de demonstrar a sua técnica de meditação, sentou-se tranquilamente a um canto, de pernas cruzadas. Permaneceu assim durante algum tempo, quando foi sacudido por Kwan-Zan, que, aos gritos, apontava-lhe o caminho da entrada, dizendo: "Fora! Meu mosteiro já tem muitos Budas de pedra! Não necessitamos de mais nenhum! Ponha-se daqui para fora, seu imprestável!"

Vê-se por esse simples episódio que o Zen não é adepto do quietismo. Erro análogo é o dos que pensam que o Zen é uma escola que preconiza a realização do indivíduo através do trabalho. O Zen não é ativista, nem quietista.

A tradição histórica do Zen remonta ao célebre sermão sem palavras, quando Buda ergueu diante da assembleia dos monges reunidos para ouvi-lo uma flor de lótus. Ninguém compreendeu a mensagem silenciosa, a não ser o venerável Maha-Kassiapa, que respondeu ao Buda com um sorriso. Nesse sorriso, nessa centelha que nasce da compreensão profunda de dois olhares, foi transmitido todo o sentido esotérico do Budismo.

O Rev. Edkins[86], na sua obra *Chinese Buddhism*, assim se expressa sobre a origem do Zen:

"O Bodhidharma trouxe de Shambala o selo da Verdade, abrindo dessa forma a fonte de contemplação para os povos do Leste. Apontou diretamente ao coração e à natureza do Buda, varrendo todos os conhecimentos da cultura livresca e estabelecendo o ramo esotérico do sistema que contém a tradição da Doutrina do Coração, de Buda". A introdução do Budismo Esotérico na China é trabalho do monge Bodhidharma, um dos mais notáveis reformadores do Budismo tradicional. Lin Tsoun Hsin, um letrado chinês, escreveu em 1029 os chamados *Anais da difusão da lâmpada*, onde relata o memorável encontro de Bodhidharma com o imperador Wu, da China. O Budismo já existia na China na época da chegada do missionário. O diálogo é curioso, pois reflete duas mentalidades opostas:

"- Eu construí um sem-número de templos e mosteiros, afirma o imperador. Copiei e traduzi enorme quantidade de textos sagrados do Buda. Sustento numerosos monges. Com tudo isso, qual é meu mérito?

– Nenhum mérito, majestade!

– Diga-me, então, qual o primeiro princípio do Budismo?

– Um vasto vazio!

O imperador, chocado com as respostas, pretende desarmar Bodhidharma com a pergunta:

– Se é assim, quem eu tenho diante de mim, então, neste instante?

– Não tenho a menor ideia ... responde Bodhidharma, que volta as costas e deixa tranquilamente o palácio."

O pensamento desse estranho personagem está contido num pequeno verso que define o Zen:

"Uma transmissão especial fora das Escrituras,

[86] Joseph Edkins (1823 - 1905). Missionário protestante britânico, especialista em religiões chinesas, tendo passado 57 anos de sua vida na China, sendo 30 deles em Pequim. Foi também linguista, tradutor e filólogo, autor de inúmeras obras sobre a língua chinesa e sobre as religiões, entre elas, o Budismo. (Nota Ed. Bras.)

sem depender de palavras ou letras.
Dirigindo-se diretamente à essência da mente
a fim de que o indivíduo alcance o estado *Búddhico*
em virtude da visão clara de sua verdadeira natureza."

O Zen procura sempre sobrepassar o dualismo. A vida que vivemos é uma. Nós a retalhamos incessantemente em pedaços com o bisturi do nosso intelecto.

Henry Bergson[87], em *Matéria e Memória*[88], expressa o mesmo conceito ao dizer:

"Aquilo que comumente chamamos um fato não é, na realidade, conforme aparece diante da intuição imediata, mas, sim, uma adaptação às práticas e exigências da vida social. A intuição pura, externa ou interna, é de uma continuidade intrínseca. Nós dividimos essa continuidade em elementos pondo-os lado a lado, o que vem a corresponder, em um caso, a palavras distintas e, no outro, a objetos independentes."

O Zen preconiza a iluminação na vida diária. Para isso, é necessária uma disciplina fora do comum. O nascimento de um novo ser subentende ardor, luta e dor. Os chineses o comparam a um terremoto interno e necessário a fim de que surja a coisa nova. É a luta contra a inércia mental como condição essencial para a percepção da realidade e a volta à inocência infantil. A pobreza de espírito e a virgindade intelectual serão obtidas com o abandono de concepções verbais e fórmulas gastas, e a supressão dos chavões verbais.

D. Suzuki[89] afirma que toda a literatura Zen transborda de afirmações fortuitas, mas aqueles que sabem realmente o que é o Zen atestam que as frases aparentemente inocentes que saem tão naturalmente dos lábios dos instrutores produzem uma dor violenta, a ponto de fazerem as entranhas torcerem-se nove vezes e, às vezes, mais. O choque é, portanto, inevitável para aqueles que estão nascendo pela

---

[87] Henri Bergson (1859 - 1941). Filósofo e diplomata francês, Prêmio Nobel de Literatura de 1927. Conhecido por ensaios sobre os dados imediatos da consciência. Adotou a biologia, a psicologia e a sociologia como fundamentos de seu pensamento filosófico. (Nota Ed. Bras.)

[88] São Paulo-SP, Editora Martins Fontes, 1999. (Nota Ed. Bras.)

[89] Daisetsu Teitaro Suzuki (1870 - 1966). Escritor japonês, autor de livros sobre Budismo, Zen e Jodo Shinshu e um dos responsáveis pela introdução dessas filosofias no Ocidente. Foi também tradutor de literatura chinesa, japonesa e sânscrita. (Nota Ed. Bras.)

segunda vez. O sofrimento é o sinal do nascimento interno. O ardor do arrancamento das crostas graças ao sacrifício (*Tapas*). Então, como um relâmpago, surgirá o Satori, que equivale à abertura do terceiro olho, e o estado do Buda é atingido.

O Zen possui três seitas principais: Soto, Rinzai e Obaku. As diferenças são pequenas. A maior refere-se ao uso do chamado *koan*, adaptado preferencialmente pela escola Rinzai. O *koan* é uma frase ilógica, muitas vezes francamente rizível. Cada discípulo recebe uma de acordo com a sua natureza. O *koan* tem que ser trabalhado constantemente. Existem mais de 1.700. Aqui estão alguns:

"- Quando batemos a mão de encontro à outra ouvimos um som. Qual é, entretanto, o som produzido por uma só mão?"

"– Qual era a tua face antes dos teus pais nascerem?"

"– Se tens um bastão, eu te darei um. Se não tens, eu tirarei o que não possuis."

"– "Há muito tempo, um homem colocou um ganso no interior de uma garrafa. O ganso cresceu até não mais poder sair da garrafa. Como o homem poderá retirá-lo da garrafa sem quebrá-la, nem ferir o animal?"

Alguns *koans* são pura poesia:

"As sombras dos bambus estão varrendo os degraus sem levantar poeira ..."

"O luar entranha-se nas profundezas do lago sem deixar marcas nas águas ..."

"A lua eleva-se acima do rio, o vento brinca suavemente com os pinheiros da margem durante toda a noite. Qual a significação de toda essa serenidade? Deves procurar ver as características da natureza búdica indelevelmente impressas em tudo. O orvalho, o nevoeiro, a cerração, a nuvem, encobrem verdadeiramente o homem real."

O *koan* é um exercício especial cuja finalidade principal é ativar a "circulação" espiritual. É o degelo que permitirá o fluir do processo mental onde, finalmente, as poças estragadas do conhecimento unem-se no Oceano da Sabedoria. Na Escola Soto, o *koan* é a própria vida com seus constantes paradoxos e situações ilógicas.

No Japão, os pioneiros do Zen foram Eisai (1141–1215) e Dogen (1200-1253). Eisai visitou duas vezes a China trazendo na volta à escola Tien-Tung a cultura do chá, profundamente ligada ao Budismo chinês. Dogen teve contato, na China, com a escola Tsau-Tung, que coloca grande ênfase na meditação sentada (*Zazen*) e não dá grande atenção ao *koan*. O ficar sentado de pernas cruzadas e espinha ereta, sem abrigar nenhum pensamento de aquisição ou posse de qualquer coisa, é básico para acelerar a iluminação súbita. A prática do *Zazen* é, entretanto, somente um meio e não o fim. E a escola Soto Zen, de Dogen, objetiva a realização desse despertar no meio das atividades da vida diária.

Um exemplo do pensamento de Eisai pode ser avaliado ao que segue do texto chamado: "Propagação do Zen para a proteção do país" (Kozen Gokoku Ron).

"Grande é a Mente! A altura do Céu é imensurável, mas a Mente vai além dele; as profundezas da terra são também insondáveis, mas a Mente as sobrepassa. A luz da Lua e do Sol não pode ser vencida, mas a Mente é mais veloz que ela. O Macrocosmos é infinito, mas a Mente vai além dele. Como é imenso o Espaço! Como é imensa a Energia Primordial! Apesar disso, a Mente abrange o Espaço e gera a Energia Primária. Por sua causa, o Céu cobre a Terra e a sustenta. Por sua causa, o Sol e a Lua se movem, as quatro estações ocorrem, em sucessão, e todas as coisas são geradas. Grande, na verdade, é a Mente!"

Vamos, agora, através de um pequeno trecho de Dogen, retirado do *Shobo Genzo Zuimonki*, sentir a importância que a escola Soto dá à meditação:

"Para prosseguir no Caminho, a coisa mais importante é o sentar (*Zazen*)... Pensar sobre *koans* ou diálogos com os instrutores podem produzir uma certa percepção, mas, no fim, seremos levados de roldão para longe do Caminho. Deixai passar o tempo ereto, sem qualquer pensamento de aquisição nem de conquista, sem qualquer ideia de atingir a Iluminação – este é o Caminho indicado pelo Buda. É verdade que os nossos antecessores recomendaram o *koan* e a meditação sentada, mas é sobre a importância de sentar que eles chamavam mais atenção. Houve alguns que alcançaram a Iluminação sob o toque do *koan*, mas o mérito, a causa principal, resulta do sentar."

Ambas as escolas adaptam o *Mondo*, que é um diálogo que objetiva exercitar o discípulo. São perguntas cortantes como uma navalha, com um duplo sentido, com que o Mestre testa o aproveitamento do aluno. Servem para ativar o processo mental. São como a corrida na pista, necessária para que os aviões ganhem a velocidade exigida para alçar voo. Vejamos um desses encontros:

Certa vez, um monge dirigiu-se a Li-Cham e com ele travou o seguinte diálogo:

(Monge) – Se todas as coisas se reduzem, em última análise, ao vácuo, este a que se reduzirá?

(Li-Cham) – A minha língua é muito curta para vos explicar.

(Monge) – Por que ela é tão curta?

(Li-Cham) – No interior e no exterior, ela é da mesma natureza...

O Zen sendo, acima de tudo, uma técnica de descondicionamento para vencer a inércia, adota os seguintes recursos:

1. Paradoxo
2. Ultrapassagem dos opostos
3. Contradição
4. Afirmação
5. Repetição.

Em muitos casos, a ação direta é utilizada, o que choca muitos observadores todas as pancadas e empurrões que não percebe, pois está mergulhado no sono profundo do condicionamento. A dor é uma chave sutil da Realidade última. A história do encontro e da entrevista de Bodhidharma com Eka, que viria a ser seu sucessor, é dramática e significativa. Eka, tendo ouvido falar do monge que durante nove anos ficou meditando e olhando uma parede, resolve procurá-lo. Suzuki assim descreve o encontro no *Essays in Zen Buddhism* (2º vol.):

"Certa noite de dezembro, Eka permanece ao relento diante do mosteiro onde se encontrava Bodhidharma. A neve cai continuamente e pela manhã já atingiu os joelhos de Eka. Bodhidarma, penalizado, pergunta-lhe:

– Estás aí de pé na neve por tanto tempo ... O que desejas?

Replica Eka: – Cheguei para receber a tua instrução, que não tem preço! Por favor, abre o portão da misericórdia e estende a mão para salvar este pobre mortal sofredor.

Bodhidharma diz, então: – O ensinamento incomparável só pode ser compreendido após uma longa e dura disciplina, suportando o que é mais difícil de suportar, e praticando o que é mais difícil de praticar. Homens de pouca virtude e sabedoria, superficiais e cheios de preconceitos não podem colocar os olhos na verdade do Budismo. Todo o trabalho desses homens dá em nada.

Eka ficou profundamente tocado e, para mostrar sua sinceridade e o desejo de ser instruído, cortou de um golpe de espada o próprio braço esquerdo colocando-o diante de Bodhidarma, que estava tranquilamente sentado em meditação.

O Mestre replica: – Não deves procurar a Verdade através dos outros.

Eka: – Minha alma não está tranquila, Mestre. Por favor, pacifica-a!

Bodhidharma: – Traga aqui a tua alma, e eu a pacificarei!

Eka: – Eu procurei por longos anos e não a encontrei...

Bodhidharma: – Então, aí está! Tua alma já está pacificada para todo o sempre!"

Essa fase abre o "olho" do *Satori* de Eka. Caem as barreiras e, neste instante, Eka não vê o Mestre diante de si, nem a neve, nem seu braço esquerdo; esquece a dor, a mente, e o Satori toma posse do seu ser.

Em outra história, um monge lamenta-se diante do seu Mestre:

"– Como poderei me libertar da roda dos nascimentos e das mortes?"

Responde o Mestre: "– Quem te colocou nela?"

O fato, provado por inúmeras experiências libertadoras, é que uma gargalhada, um grito, um choque, um som, um relance, ou mesmo uma dor, podem conquistar aquilo que anos e anos de meditação não conseguiram.

Uma doutrina dessa sutileza será, necessariamente, mal compreendida. A popularização do Zen no Ocidente tem produzido uma série de deformações. Alguns veem no Zen uma filosofia do "deixa rolar", do gozo pleno dos sentidos, de um amoralismo profundo conforme certos escritores existencialistas, que sentiram o perfume e não vira a flor. É o Zen para o consumo literário tão em voga na época atual, dos que pensam que Zen é amor livre, tóxicos, bebidas, vier intensamente o momento ... Outros veem no Zen somente o aspecto prático, e dele procuram arrancar todo o aspecto religioso. O caráter antirreligioso é puramente superficial. O que o Zen pretende é evitar a colocação de rótulos naquilo que está além das palavras. Podemos ser profundamente religiosos sem nunca usar a palavra Deus, que é somente o rótulo de algo que se nega a ser contido num mero som. A esse respeito, o conceito de Mente do Budismo é idêntico ao de Deus, o que destrói um antigo mito segundo o qual o Budismo é um sistema ateu oriundo das primeiras interpretações dos textos Theravadas.

O Zen é, portanto, uma técnica aberta a qualquer um, como o *Yoga*, visando a realização individual e utilizando vias de penetração próprias para atingir o âmago de nosso Ser. Para atingir A Coisa em Si.

30

Textos Zen

O Zen não se aprende lendo, mas, sim, vivendo. Não é um conceito intelectual, nem uma especulação metafísica. É um fato, como este papel diante dos olhos. É um caminho direto para o "aqui e agora" que põe de lado todos os intermediários. O Zen adverte, com o caráter direto de suas histórias, que é impossível querer resolver a Vida por uma lógica formal e tentar captar o Absoluto com os 1.500 cm3 de massa cinzenta. Mesmo assim, como meras indicações de direção, inúmeros textos foram e estão sendo escritos. Muitos são verdadeiros enigmas para o leitor condicionado. Quebra-cabeças chocantes, destinados a produzir uma abertura de consciência no homem-máquina. Essas historinhas famosas, verdadeiras anedotas, muitas delas procedem de várias camadas do pensamento oriental, especialmente o chinês e o japonês, e apresentam uma enorme vitalidade que, apesar de velhas, de muitos séculos, podem ser aplicadas no confuso mundo tecnológico e massificado de hoje.

O leitor encontrará nesta coletânea diversos exemplos da vivência de Mestres famosos que atingiram a iluminação (Satori). São ecos de consciências plenamente despertadas. Os nomes de Mumon, Nansen, Ryutan, Dogen, Takuan, Basui passarão a ser, depois de lidas essas historinhas, indicações seguras de que é possível atingir essa consciência do Absoluto.

Mestre Mumon

Mumon certa vez disse:
"O Grande Caminho não tem portão;
Existem milhares de alamedas.
Se conseguires passar a barreira
Caminharás só através do Universo."

Certa vez, um monge perguntou a Joshu:
"– Um cachorro possui a natureza do Buda?"
Joshu respondeu: "MU!"

Um monge disse a Joshu:

– Eu acabei de entrar neste mosteiro. Por favor, ensina-me algo!

Joshu respondeu: – Já comeste a tua sopa de arroz?

– Já, respondeu o monge.

– Então, disse Joshu, vai em frente e lava a vasilha!

Com isso, o monge iluminou-se repentinamente.

Tozan chegou para se tornar discípulo de Mumon, que lhe perguntou:

– De onde vieste?

– De Soto, replicou.

– Onde estiveste durante o verão?

– Estive no templo Hoji, na província de Konam.

– Quando saíste de lá?

– No dia 25 de agosto.

A esta resposta, Mumon explode:

– O que estás necessitando é de pancada!

No dia seguinte, Tozan voltou e ajoelhou-se diante de Mumon dizendo:

– Ontem ia apanhando do senhor. Entretanto, nada disse nem fiz; em que errei então?

Mumon responde:

– Ô barriga suja e grande! Para que vieste então a Kosei e Konam?

Subitamente, Tozan se iluminou.

Um Mestre disse:
"Se estás iluminado, todas as coisas são como se fossem uma grande família.
Se não estiveres, tudo será separado e desligado.
Se não és iluminado, isso não faz qualquer diferença, porque todas as coisas são como uma grande família.
E se és iluminado, isso também não faz qualquer diferença, pois, cada coisa simples é diferente de todas as outras."

Um monge perguntou a Tozan:
– "O que é o Buda?"
Ele replicou: – "Três quilos de sebo!"

Mestre Nansen

Joshu perguntou: – O que é o Caminho?
Nansen respondeu: – A tua mente comum.
Joshu replicou: – Ela não vai para alguma direção particular?
Nansen acrescentou: – Quanto mais buscas por ela, mais ela se afasta.
Joshu voltou à carga: – Então sabes o que é o Caminho?

Nansen: – O Caminho não pertence ao conhecer ou ao não conhecer. Conhecer é ilusão. Não conhecer é falta de discriminação. Quando alcançamos esse caminho sem perplexidades, é como a vastidão do espaço e o abismo insondável; como pode, então, ser isto ou aquilo, sim ou não?

Com estas palavras, Joshu atingiu a iluminação súbita.

"As flores da primavera, a luz do outono,
o frio vento do verão, a neve do inverno.
Se tua mente não estiver enevoada por coisas desnecessárias
este é o dia feliz da vida humana!"

"Súbitos *flashes* de relâmpagos!
Centelhas saltando de duas pedras que se chocam!
Um piscar do olho da mente,
e as pessoas já estão caminhando em diferentes direções!"

Mestre Ryutan

Vamos, agora, contar a historinha da vela de Ryutan:

Certa noite, Tokusan foi procurar Ryutan para pedir-lhe que o ensinasse. Com alguma relutância, Ryutan observou:

– É muito tarde. É melhor ir para a cama.

Tokusan fez as reverências, levantou a cortina e partiu. Vendo como fora estava escuro, voltou dizendo:

– Está muito escuro lá fora.

Ryutan acendeu uma lanterna e entregou-a. Tokusan estava a ponto de segurá-la, quando Ryutan apagou-a com um sopro. Com isso, Tokusan atingiu a iluminação.

A bandeira de Ênno é outra história famosa. Ei-la:

O vento sacudiu violentamente a bandeira do templo e dois monges discutiam a respeito. Um dizia que a bandeira estava se movimentando, enquanto o outro afirmava que era o vento que se movia, e não podiam entrar em acordo na discussão. O Patriarca, então, observou:

"Não é a bandeira nem o vento que se movem. São as vossas honoráveis mentes que se sacodem!"

As palavras não expressam as coisas.
As frases não mostram o movimento da mente.
Aquele que só recebe palavras está perdido.
Estagnar com frases é ser iludido.
Sem ter levantado um pé, já estamos lá.
A língua não se moveu, mas a explicação terminou.
Embora cada movimento tome a iniciativa, temos que
conhecer o verdadeiro ponto de equilíbrio.

Seleções de *Os Mestres Japoneses do Zen*, de M. Shibata

... A atividade de Eisai em Kamakura apresentou dois aspectos: seguia em tudo profundamente o espírito do Zen, e o rito esotérico da seita Shingon. Vemos aí, o aspecto ecumênico do Budismo Zen.

Mestre Dogen

A dúvida do Mestre Dogen, famoso fundador da Escola Soto, relaciona-se aos aspectos exotéricos e esotéricos. Segundo ele, o exotérico e o esotérico, no Budismo, dizem que o homem é, desde sua origem, da mesma natureza que o Buda, e que possui em si a própria essência do *Dharma* (Ser). Se é assim, por que todos os Budas do passado, presente e futuro decidiram praticar para atingir o Bhodi (iluminação)?

Para Dogen, a administração das cozinhas é a coisa mais respeitável e a mais difícil a executar num mosteiro; daí, sua profunda tristeza quando encontrava qualquer desordem nesse setor.

Honen e Shiran, da seita a "Terra Pura", e Eisai e Dogen, do Zen, representantes de um novo Budismo, eram duramente combatidos pelos partidários do Budismo antigo. É a inevitável reação ao novo.

Dogen critica violentamente os cânticos budistas, que compara ao piar das andorinhas. Mas Dogen prestava toda atenção às pessoas que se dedicaram ao Zazen (meditação sentada).

Dizia ele:

"O despertar vem da prática.
Sendo assim, é sem limite.
A prática nasce do despertar.
Sendo assim, a prática não tem começo."

A respeito da possibilidade para os que praticam o Zazen de praticar também o Shingon e o Shi-Kan, da Tendai, Dogen a combate frontalmente dizendo:

– Quando eu estava na China, fiz essa mesma pergunta a um autêntico mestre do Zen, que respondeu nunca ter visto um Mestre que executasse simultaneamente práticas diversas. Sem que nos fixemos somente numa só coisa, será impossível atingir a compreensão.

Para o verdadeiro pesquisador da Lei, a realidade se transforma no próprio.

"Aprender o Caminho do Buda
é aprender o 'Meu'.
Aprender o 'meu'

é esquecer o 'meu'
Isso é conhecido por milhares de Leis.
Ser conhecido por milhares de Leis
é fazer a abstração do nosso corpo e espírito
e do corpo e espírito dos outros".

Falando a respeito da mulher, Dogen afirma:

"Os mais tolos dentre os tolos só veem a mulher como um objeto de luxúria, e não podem olhá-la sem incorrer nesse pensamento."

Dogen recusava categoricamente que se chamasse Zen à sua escola, e dizia mesmo que essa denominação viera dos demônios. Aqueles que se dizem Zenistas não são dignos de serem filhos do Buda e do Patriarca.

Dogen criou regras minuciosas para os menores atos da vida cotidiana, desde o shampoo até as regras de higiene bucal, passando pelos detalhes das roupas. Fazia o mesmo que um Mestre dramático.

Aqui estão algumas perguntas e respostas tiradas do livro *Zen au jour le jour, (O Zen no dia a dia),* de Jacques Rigaux.

"Qual a causa profunda da miséria humana?

A causa profunda da miséria humana é a importância em que se encontra o homem de saber verdadeiramente que possui uma alma imortal, e que tudo nele aspira pela imortalidade.

Por que tal importância?

Essa importância tem sua origem no sono da fé e no dualismo.

Que fazer para fugirmos dessa angústia? Para descobrir nosso próprio julgamento?

Nem fazer, nem ir, que são ilusões comuns à maior parte dos discípulos espirituais. Temos que 'compreender' e 'viver' essa compreensão. Prová-la com todo o organismo.

O que é o Zen?

É um ramo do Budismo, mais do que uma religião. O Zen é uma maneira de viver, uma filosofia da vontade, um livre pensamento espiritual. O mais adequado dos comportamentos, visão de tudo que ignoramos no mundo invisível.

Que é o *Satori*?

A abertura do terceiro olho, uma revelação abrupta, preparada, mas não progressiva (uma dinamite). Parede interior total e instantânea. É ver a própria natureza, o retorno da alma à sua vida natal.

É o alargamento do instante que tem o valor da eternidade!

Como é o homem Zen?

O homem Zen nunca protesta. Preciso, com senso de humor, ausência de romantismo, é natural e espontâneo. É, assim, aquele que nunca escolhe, pois toda escolha significa preferência: – Apego.

O que ensina a moral Zen?

A verdadeira moral não procede nunca do *Satori*. Ela é somente uma consciência. O homem realizado age corretamente por instantaneidade e julgamento, e não procura nenhuma disciplina particular.

Devemos ensinar os outros?

Ensinar é bom; não ensinar também é. O que devemos fazer é evitar as preferências e cessar de manter opiniões, evitar proselitismo do lugar, as perseguições, e as revoluções. Se nos encontramos em posição de ensinar devemos ser discretos, sem nenhum desejo de sermos entendidos.

Qual é o maior obstáculo no caminho do *Satori*?

É a idolatria da salvação. A angústia humana, e a ideia de que podemos morrer antes de atingi-la.

Oito dias sem proteínas animais
fazem desaparecer o nervosismo,
a inquietação, a angústia e a violência.
Uma bela manhã,
Clique!
E o mundo se Transforma!

Novamente mostra Dogen o "Tesouro da Verdadeira Lei";
Uma noite, o Mestre falou desta forma:

"Aquele que estuda o Caminho deve parar de julgar o homem. O que quer dizer, em outras palavras: deve seguir o Budismo. A grande maioria dos homens da terra pensa segundo o espírito do Pequeno Veículo, distinguindo o Bem do Mal, separando o Justo do Injusto; tomam o que lhes parece justo e deixam de lado o injusto. Tudo isso são pensamentos que pertencem ao Pequeno Veículo. Devemos simplesmente parar de julgar e entrar no Caminho *Búddhico*. Para entrar no Caminho *Búddhico*, devemos renunciar a distinguir o que, de acordo com nosso espírito, convencionou-se chamar de bem ou mal. Esquecer aquilo que nos parece agradável, ou os pensamentos que possam nascer em nosso espírito, sem se preocupar com os pensamentos."

Mestre Takuan

Agora, vamos analisar outro Instrutor: Takuan. Takuan escreveu um pequeno livro chamado *Mistério da Mente Imóvel*[90]. É uma das mais importantes obras do Zen. Aqui estão alguns trechos:

"Se deixarmos nosso coração vazio podemos nos tornar ativos, segundo a eventualidade que se apresente, sem que nos "preparemos" antecipadamente. Se queremos ser respeitados pelos outros, devemos, antes de tudo, respeitar a nós mesmos, respeitar os Budas e divindades..."

Em 1645, quando Takuan morreu com a idade de 73 anos, em lugar de deixar, como os outros Mestres, um verso para a posteridade, escreveu somente uma palavra: Sonho! Foi um famoso Instrutor de Judô e de espada, e deixou, para instruir um discípulo, esta joia chamada "A Sabedoria Imóvel dos Budas".

1 – "Se nosso espírito estiver concentrado sobre outro (sabre) que avança de encontro a nós, nossos movimentos ficam endurecidos e seremos atingidos."

"Se nosso espírito presta atenção ao ritmo do combate, nosso espírito será prisioneiro desse ritmo. Se nosso espírito presta atenção ao sabre, nosso espírito dele será prisioneiro..."

"Harmonizai-vos ao ritmo do sabre inimigo sem pensar em contraofensiva, e sem qualquer discriminação conjuntural!"

---

[90] Editora Eric Michael Shahan, 2020. (Nota Ed. Bras.)

2 – *A Sabedoria imóvel dos Budas.*

A palavra "imóvel" não significa um objeto inanimado, como uma pedra ou árvore. Mesmo que o nosso espírito se desloque para a frente, para trás, para a direita ou para a esquerda, ou nas duas direções, ele não se fixa jamais no mesmo instante. É isso que se denomina: Sabedoria imóvel.

3 – *O tempo de reflexo não mede mais que a espessura de um cabelo.*

Por exemplo: assim que batemos as mãos, o ruído propaga-se num espaço de tempo que não é maior que a espessura de um cabelo. O ruído não se produz antes que batamos as mãos. O ruído se extingue imediatamente após a batida. Se o esgrimista tem o seu espírito (atenção) concentrado no sabre do adversário que o ataca, perde seus reflexos. Se o espaço de tempo entre o sabre adversário e o seu tem a espessura de um cabelo, o sabre adverso torna-se o seu. O Budismo recomenda não colocar jamais o espírito num objeto a fim de evitar as paixões.

4 – *Agir como uma centelha.*

Quando chocamos duas pedras, uma centelha salta. Ela será utilizada para simbolizar nosso espírito.

É um erro considerar a centelha somente como símbolo da rapidez. Se mantivermos o espírito apegado somente à rapidez, não estaremos certos. Se agirmos rapidamente com a finalidade de sermos rápidos, o espírito estará ligado à rapidez. Não devemos ficar presos à ideia da rapidez. O poeta Saigyo compôs o seguinte verso, que bem mostra a atitude de um poeta face a essa filosofia:

"Ouvi dizer que não amais a vida em sociedade.

Eu vos aconselho a não terdes espírito morando

Em um albergue provisório."

Na escola Zen, pergunta-se: "Quem é o Buda?", e aquele a quem se interroga levanta simplesmente o punho como resposta.

Se perguntamos "qual é a verdade última da Lei de Buda", teremos como resposta, mesmo antes de terminada a pergunta: "Um ramo de macieira" – ou melhor, "um cipreste no jardim". Isto não é uma questão de saber se um objeto é bom ou mau, mas, sim, o respeito ao espírito que não está em nenhuma parte. Esse espírito não é maculado nem pelo perfume nem pela cor. A Substância desse espírito é venerada como uma divindade, respeitada como um Buda – é chamada o Espírito do Zen, ou a Verdade Última. Até no caso de uma palavra, mesmo que pronunciada após reflexão, ela já conteria em seu espírito algo de apaixonado. O Caminho pode se manifestar no Shintoísmo, certa poesia, ou no Confucionismo, sempre que apareça a claridade desse Espírito Único. *Não* existe qualquer dualismo entre o Buda e os seres vivos, nem entre a Divindade e os homens.

5 – *Onde colocar o nosso espírito?*

Depois de termos conhecimento do preceito de Takuan: - "Não coloques o espírito em qualquer parte" – tudo parece difícil. É, então, preferível colocar o próprio espírito abaixo do umbigo e dirigir a ação segundo à do adversário. A medicina tradicional oriental situa nosso centro vital, onde se misturam o espírito e a parte motriz do corpo, sob o umbigo. Mas, para Takuan, a colocação do espírito sob o umbigo é algo bom somente durante o estudo, como um meio adequado apenas para principiantes. Mas, para os que já atingiram o ponto culminante de seu aperfeiçoamento, os praticantes que ainda colocam o espírito (atenção) sob o umbigo continuam prisioneiros da ideia de não deixar seu espírito divagar. Falta-lhes atividade, não sendo, portanto, livres. Quando não temos o espírito em qualquer parte ele está onipresente em todo o corpo e, quando necessitamos que a mão entre em atividade, a mão está cheia de atividade. Quando necessitamos que a perna se torne ativa, a perna está cheia de atividade. Quando necessitamos que os olhos sejam ativos, eles ficarão cheios de atividade. O mesmo ocorre ao colocarmos o espírito além do corpo. Se colocarmos o espírito numa direção, as nove outras nos faltam. Quando não o colocamos em nenhuma direção, ele enche as dez direções.

6 – *O espírito real e o espírito ilusório.*

O espírito real é aquele que não está infundido em todo o corpo, enquanto o ilusório é aquele preso a um só canto por ideias fixas. Sempre que o espírito se fixa num só ponto, ele se torna ilusório. É como a água e o gelo. A água não se prende a qualquer recanto, enquanto com o gelo não se pode lavar nem o rosto nem as mãos. Temos que derreter o gelo para dar-lhe liberdade e para que se possa, enfim, lavar alguma coisa com ele.

7 – *O espírito com consciência e o espírito sem consciência.*

O espírito com consciência é o espírito ilusório, e o sem consciência é o real. Quando se diz sem consciência, isso não significa que nos transformemos numa pedra ou numa árvore. Sempre que o espírito não se fixa a uma parte qualquer é considerado sem consciência. Ter o espírito em qualquer coisa é o chamado espírito com consciência. Se abstraímos de alguma coisa, é o espírito sem consciência. Se pensamos em deixar de lado essa coisa, esse pensamento torna-se em alguma coisa, donde se conclui que não devemos pensar em não pensar. Se não perseguirmos os pensamentos, eles se vão por si mesmos, e *tornamo-nos* sem *consciência* de uma maneira natural.

8 – *Se nos apoiarmos numa gota de gordura na água, ela não pode se fixar em qualquer ponto.*

Uma gotícula de gordura não pode se manter firmemente em nenhum recanto da superfície das águas. Da mesma forma, o espírito dos santos não pode jamais fixar-se, nem mesmo por um instante, sobre alguma coisa. É como uma gota de gordura flutuando na água. (Densidade diferente).

9 – *É necessário que o espírito seja ativo sem se fixar em parte alguma.*

Um Mestre Zen, da China, fez um verso no momento em que era decapitado pelos invasores mongóis. Disse apenas:

"– O sabre fende
a brisa primavera
como um Relâmpago!"

No momento em que o carrasco ergue o sabre, a arma brilha como um relâmpago, e nesse instante – (Aqui e Agora) – nem o sabre que vai ferir, nem aquele que será por ele ferido tem qualquer pensamento. Aquilo que *fere* é vazio, o sabre é vazio, e o monge que vai ser ferido é também vazio. É como o sabre cortando a brisa primaveril. Tudo isso nos indica o espírito que não se fixa em nenhuma parte. O mesmo acontece com os grandes mestres da dança. Eles dançam, os pés seguem o ritmo. Se pensam em fazer bem os movimentos da mão e dos pés, assim como dançar bem, ainda não dominam totalmente a sua arte, pois, ainda, não esqueceram tudo o *mais*. Se seu espírito estiver apegado aos seus movimentos, sua dança ainda não é perfeita.

10 – *Não relaxar o seu espírito: (distensão)*

Meng-Tseu disse: "O espírito que se relaxa deve voltar à concentração! É dessa forma que poderemos dominá-lo (*Vipassana*)."

Um confucionista da China dos Song, Chao K'ang Tseu, afirma:

"Devemos relaxar o espírito"! Isso significa que se nos apegamos ao interior, o espírito se fatiga. É melhor relaxar o espírito sem ser maculado, como o *lótus num pântano*!

A palavra de Meng-Tseu aplica-se aos principiantes, enquanto a de Chao K'ang Tseu é aplicada aos peritos.

11 – *Quando se joga uma bola de borracha numa correnteza, ela não para nem um instante.*

Se Bergson fosse chinês, teria certamente exprimido dessa forma a sua "duração pura".

12 – *Rejeita o que precede e o que se segue:*

O mal consiste em não rejeitar os pensamentos precedentes e guardar depois os traços do pensamento atual.

– *O canto do gato*

Este precioso conto foi transmitido por Takuan a seu discípulo Yagiu.

A história expõe problemas de vários gatos, face à sua sagacidade. Um gato se vangloria da rapidez de seus movimentos; outro, da força espiritual com que derrota seus inimigos; enfim, o terceiro se vangloria de se colocar em harmonia com os ataques inimigos como uma cortina contra a qual se jogam pedras.

Um velho gato ouve impassível e, por fim, critica os três. O primeiro só possui a técnica; é um prisioneiro do espírito. O segundo é muito autoconfiante, um inimigo que passa à contraofensiva, sabendo que não tem qualquer esperança de sobreviver, não pode ser abatido somente pela força espiritual. Quanto ao terceiro, sua harmonia não é natural. Ao contrário, é uma harmonia refletida. Sem um sentimento natural, os atos supremos não podem nascer. Assim, o velho gato conclui:

"Cada um dos processos que adotam não é inútil, cada um constitui um dos aspectos da Via Suprema, mas são, ainda assim, artificiais. Sem consciência e naturais são os objetivos últimos. Numa palavra, se possuis um "eu", tens um inimigo. Se não possuis um "eu", não tens inimigo!"

Takuan era um grande Instrutor, um grande Mestre. Vejam como resolveu o caso de Sanshiro:

Sanshiro era um afamado lutador de judô. Certo dia, antes da luta contra um lutador de karatê, procura seu Mestre Takuan em meio a uma enorme crise espiritual. O monge o ensina que a consciência de que não será vencido é também maléfica. A única coisa é o espírito Imóvel. Sanshiro se resigna a morrer, e é advertido: "Não fixas teu espírito na Morte! Não coloques teu espírito em qualquer parte"! Dessa forma, podemos resumir os conselhos do monge:

"*Sede livres como a brisa primaveril!*"

Mestre Basui

Chegou a vez do famoso mestre Basui.

Nasceu em 1327, na cidade de Kanagawa, e faleceu em 1387. As cartas que deixou são famosas por sua penetração. Aqui estão algumas:

1 - *A um homem de Kumasaka:*

Pediste que escrevesse sobre o caminho da reflexão e o meio de conservar a vigilância (lucidez) (nota do autor) no meio da doença (nota do autor). Quem está doente? Quem segue o caminho da reflexão? Será que nos conhecemos a nós mesmos? Nosso corpo inteiro é da Natureza do Buda. Nosso corpo inteiro é o Grande Caminho (nota do autor). O Caminho é, substancialmente, puro e desligado de todos os aspectos. Que doença poderá então afetá-lo? Ele é a raiz de todos os Budas, o próprio espírito de todos os homens e sua Face original. É o mestre da visão, da audição e de todas as percepções. Se tivermos o Despertar, seremos Budas; se não temos consciência disso, somos apenas seres viventes, porque todos os Budas e patriarcas indicam diretamente o Espírito do homem que se tornará Buda à vista da Essência. (nota do autor)

Pode ser comparado a uma pessoa enganada por uma sombra e para a qual nada há de mais urgente do que descobrir a realidade. Certa ocasião, um homem ia tomar uma bebida, quando descobriu uma serpente enrolada dentro da vasilha. Logo a seguir, começou a querer vomitar e a sentir violentas dores no ventre. Deram-lhe toda a sorte de remédios, que se revelaram ineficazes, e o homem estava a ponto de morrer. Nesse momento, a mesma pessoa volta a oferecer-lhe a bebida garantindo que nela estava o remédio. O homem levou a bebida aos lábios, quando viu, subitamente, que no fundo do vaso estava a mesma serpente. Lamenta-se amargamente diante do ocorrido, e protesta violentamente. Chamam-lhe a atenção para que olhe para trás e, então, vê a serpente esculpida numa pilastra por trás de suas costas. Os dois se olham e começam a rir. Então, a dor parou instantaneamente e o homem voltou ao normal.

O mesmo podemos dizer quando se afirma: "Tornar-se um Buda vendo a própria Essência".

O Mestre Zen Yong-Kia afirmou: "Se conhecermos o aspecto real não há nem homem, nem fenômeno. Aniquilamos (extinguimos) instantaneamente os atos do inferno definitivamente."

O aspecto real é apenas uma expressão que designa a Fonte dos seres viventes. Nós nos apegamos aos aspectos dos seres sem perceber que nosso espírito é o grande Despertar, completo, do Tatagatha. Buscamos o Buda e as Leis no exterior, e queremos nos transformar em Buda sofrendo todo um processo de ascese. Suportamos grandes sofrimentos transmigrando nos três mundos porque não podemos frear as paixões nascidas da discriminação que fazemos entre os outros e nós. Este caso se parece com o daquele homem que pensava ter engolido uma serpente. Bem que ele tomou toda espécie de remédio sem conseguir o menor resultado. Bastou apenas que visse a origem de si mesmo para que tudo desaparecesse. Sendo assim, vede somente a vós mesmos, no vosso próprio espírito! *Não há qualquer Lei a se transmitir de um para outro!*

Um Sutra nos diz: "Se sabemos o que é um fantasma, bem, tudo estará resolvido sem qualquer estratagema!"

Todos os aspectos são fantasmagóricos e não reais. Os Budas e os seres viventes são como reflexos n'água. Tomamos os reflexos pela realidade porque não vemos a nossa Própria Essência. Sempre cometemos esse erro: – tomamos uma Face original quando todos os nossos pensamentos se acalmam, vazios e tranquilos, – é também um reflexo na água. Somente ultrapassai a etapa da paralisação da compreensão e vede a Ele no impasse em que nada podemos fazer. Quem é Aquele? O vosso aquele vos será íntimo no momento que arrebentarmos os chifres da lebre e encontrarmos o gelo no meio do fogo. Agora dizei-me:

Quem é íntimo?

Hoje é dia 8. Amanhã é 13! (nota do autor)

Até aqui a transcrição do comentário de Shibata. Vamos a outras considerações.

Passado, presente e futuro são três aspectos de uma coisa inteira, íntegra, que não pode ser dividida a não ser ilusoriamente pela mente, a única coisa que tem existência. Nessa afirmativa, está uma vivência e não uma opinião, pois é o aqui e agora. Essa é a verdadeira Face imortal, o repouso atrás do movimento. Entretanto, não é um repouso que representa a privação do movimento, mas um estado inferior, no qual coexistem o repouso e o não repouso. Na verdade, a observação científica da Natureza mostra-nos sempre o movimento por trás da face aparentemente normal das coisas. O próprio Buda, no instante da Iluminação, há 2.513 anos, era um conglomerado de energia fixado no tempo e no espaço. A única e fundamental diferença entre a estátua de pedra e um Buda luminoso vivo em carne e osso é que a estátua é uma nebulosa energética sem consciência, ao passo que o Buda é *infinitamente consciente de tudo.* E a única diferença entre um *Pasu* e o Buda é a mesma que existe entre um Buda e uma estátua de pedra.

2 – *A Um Superior do Templo Jinryu*

Aqueles que anseiam em se tornar Budas devem conhecer Quem se torna um Buda. Se queremos conhecê-Lo, vamos procurá-Lo imediatamente com o auxílio de um pensamento. Se nos perguntamos profundamente quem é que pensa em tudo que é Bom e Mau, que vê as cores e compreende, às vezes chegaremos, *sem dúvida,* ao Despertar. Se despertamos, seremos Budas. O despertar que um Buda realiza é o Espírito Único de todos os seres vivos. Nosso espírito substancial é puro, e não pode ser maculado em nenhuma circunstância. Se o corpo é feminino, Ele não é, em absoluto, feminino. Se o corpo é masculino, Ele não é masculino. Se o corpo é humilde, Ele não tem aspecto humilde. Se é majestoso, Ele não é majestoso. É semelhante ao vazio que não possui nenhuma cor cambiante. Mesmo que o céu e a terra sejam aniquilados, o vazio mantém sempre a mesma cor e a mesma forma. O vazio cobre o mundo nas dez direções, e é onipresente! O mesmo ocorre com o Espírito Único. Mesmo quando nasce o nosso corpo-matéria, o Espírito Único nunca nascerá. Mesmo quando morre, o Espírito Único não morrerá jamais! Mesmo que não possamos ver a sua forma, Ele enche todo o nosso corpo. Seja a visão das cores pelos olhos, a percepção de sons pelos ouvidos, a sensação de odor pelo nariz, a emissão de palavras pela boca, a ação dos braços e das pernas, tudo é função do Espírito Único. Chamam-se "seres humanos ignorantes os que buscam além de si mesmo os Budas e as Leis, e se afastam do Espírito Único. Chamam-se Budas os que alcançam o Despertar e compreendem que somos Budas desde sempre". Essa é a razão pela qual jamais um ser humano conseguiu se tornar Buda sem compreender o seu próprio espírito.

O filósofo Hiriyanna, em *The Essential of Indian Philosophy*, diz:

"A iluminação, porém, não significa somente uma apreensão intelectual da visão de que tudo é uno, mas, também, a realização de fato dessa unidade em nossa própria experiência. Em outras palavras, a finalidade do estado da Filosofia não é somente praticar a curiosidade teórica, mesmo que seja desinteressadamente; é, também, viver a espécie correta de vida, ajustando conscientemente a própria conduta às suas convicções intelectuais. É nesse sentido de devoção a um viver mais nobre, e não no sentido de dogma e superstição, que a religião está mesclada com a Filosofia, na Índia..."

Certo número de seções dos *Upanishads* é dedicado à descrição de exercícios: Upasanas, que preparam o discípulo para a contemplação da Verdade última, acostumando-o a tirar a mente de todos os pensamentos particulares e fixá-la num só objetivo.

A finalidade da contemplação é a de permitir ao discípulo captar diretamente a unidade da existência – tão diretamente quanto apreende a sua diversidade. Assim, se a reflexão (Manana) se destina a conseguir a convicção intelectual, a meditação (Dhyana) visa a conquista da experiência direta. Sem essa aquisição de uma experiência imediata intuitiva, a Filosofia, mesmo que apresente uma certeza lógica, terá somente um interesse acadêmico.

Pu Lo t'ren:

O bambu! Ele possui o espírito vazio!

Eu o fiz meu amigo.

A água, ela possui uma natureza pura!

Eu fiz dela o meu Mestre!

Resposta ao Zenista Inogumi

Li tua carta com cuidado. Estás ainda longe desse *koan*. O sexto Patriarca disse: "Não é o vento nem a bandeira que se movem e, sim, o vosso espírito". Se compreendes bem essa frase, o Céu, a Terra e o Eu têm a mesma raiz. As milhares de coisas e o Eu nada mais são que um só corpo. *Não há nada além disso!* O ruído dos vales e do vento são a voz do Mestre. O verde do pinho e o branco da neve são, também, a cor do Mestre. Eles não são diferentes daquele que sustém minhas mãos, faz mover minhas pernas, que vê as cores e compreende os ruídos. Se pudermos atingir imediatamente esse despertar sem recorrer à inteligência nem apelar para conjecturas, trata-se de personagem que já tem um pouco a sua visão. Entretanto, ainda não se trata de um autêntico Despertar.

Um antigo Mestre disse: "Não vos apegueis ao conhecimento, pois sois o Corpo Puro da Lei". Um outro disse: "O corpo material constituído de quatro elementos não compreende a prédica e o sermão. O vácuo não compreende também a prédica e o sermão. Então, quem compreende o sermão?" Essa pergunta significa: "Se o corpo não entende a voz, quem o entende? Refleti profundamente sobre isso. Vede o *koan* como se estivésseis segurando a espada preciosa do Rei Diamante. Ultrapassai tudo o que nascer em vosso espírito. Ultrapassai os fenômenos mundanos se os fenômenos mundanos parecerem ultrapassar as Leis de Buda, ultrapassai mesmo, o Despertar, ultrapassai o Buda! Ultrapassai o Demônio! Vigiai a vista durante toda a jornada. Quem compreende o sermão? Quando ultrapassares o vazio, após ultrapassar todas as coisas, aquele que compreende o sermão aparecerá!"

"Não pares nunca no meio do Caminho! Logo que morreres e ressuscitares, iluminarás, pela primeira vez, esse importante Assento. Revelei a causa de todas as dificuldades que tivestes e sobre as quais inúmeras vezes me escrevestes. Após ter lido esta carta, queimai-a! Lá estará toda a minha resposta!"

Se me perguntares qual é o aspecto do Buda, e o que é o nosso próprio espírito, eu te responderei:

Um peixe saltita sobre a árvore

Um pássaro voa pelas águas.

Shozan:

"O Despertar é o Despertar que desperta sem despertar.

O Despertar que Desperta é o despertar sem sonho!"

Keizan:

"O vento atravessa o firmamento vazio.

As nuvens surgem nos orifícios das montanhas.

Nenhuma preocupação pela Via

Nem pelos negócios do mundo!"

Daio (1282 - 1337)

Se praticamos o *Zazen* sobre as pontes

ou no meio das ruas,

consideramos as pessoas que vão e vêm

como árvores de uma montanha profunda!"

31

Textos Zen: II

O Zen é o caminho direto, além dos pensamentos, das palavras e dos símbolos. É um descondicionamento ao "conhecimento", na memória, no conhecimento acumulado, na estrutura cristalizada do ser humano. Vamos procurar dar uma visão, ou melhor, transmitir o "gosto" da doutrina paradoxal. Tomando uma segunda dose vinda de vários "alambiques". Comecemos novamente com o Mestre Basui.

Ficou clássica a sua expressão: "Abandona o despertar despertado, e retorna ao sujeito que se desperta". É uma clara advertência contra os que se deixam entusiasmar pelos relances do "despertar". A iluminação total de consciência significa o "despertar"; apresenta graus diversos que vão desde a total iluminação de um Buda até os fugazes relances de consciência que o homem no caminho da busca costuma sentir. É uma tentação, uma vez ocorrida uma dessas "consciências do relance", ficar preso a ela, julgando já se tratar do "despertar" final.

Contra isso, Basui indica a necessidade de voltar ao "sujeito que se desperta". Esse sujeito é o próprio "eu", no instante em que é tomado pela Consciência cósmica.

No trecho a seguir, pode-se sentir bem o que é o "sujeito que se desperta":

O Sermão da Mente Una

Se queres te livrar do sofrimento dos seis reinos, tens que aprender o caminho direto para te tornares um Buda – um Ser totalmente iluminado. Desperto. Esse caminho não é outro senão o da realização da tua própria Mente. O que é essa Mente?

É a própria natureza de todos os seres sensíveis que já existiam antes dos teus pais nascerem e, portanto, antes de teu próprio nascimento, e que ainda existem atualmente, imutáveis e eternos. É chamada por isso a própria Face antes do nascimento dos nossos pais. Essa Mente é *intrinsecamente pura*. Quando nascemos, ela não é novamente criada, e quando morremos *não perece*. Ela não admite distinções de "macho" ou "fêmea", nem tem qualquer coloração boa ou má. Ela não é comparável a coisa alguma, sendo, portanto, chamada de natureza Búdica. Todavia, incontáveis pensamentos brotam desta Autonatureza, da mesma forma que as ondas surgem no oceano ou as imagens são refletidas num espelho.

Se queres compreender tua própria mente, tens que olhar primeiramente para a fonte de onde brotam os pensamentos. Quando estiveres dormindo, trabalhando, de pé ou sentado, deves perguntar profundamente a ti próprio: "O que é esta minha Mente?", movido por um intenso ardor de resolveres a questão. Isso se chama "treinamento", "prática", "desejo pela verdade" ou "sede por realização".

O chamado *Zazen* nada mais é que olhar a própria mente. É melhor pesquisar na própria mente, incansavelmente, do que recitar orações e mantras por anos a fio. Tais tentativas são apenas formalidades que produzem algum mérito, mas esse mérito expira e novamente terás que experimentar o caminho das três sendas más. A busca sendo na nossa própria mente o caminho para a Iluminação, a prática do *Zazen* é um requisito indispensável para que nos tornemos um Buda. Não importa que tenhas cometido as dez ações maléficas ou os cinco pecados mortais; mesmo assim, se voltares a atenção à tua mente e conseguires a iluminação própria, *serás instantaneamente um Buda*. Mas, não cometas pecados constantemente esperando ser salvo pela iluminação do efeito de tuas próprias ações. Nem a Iluminação, nem um Buda, nem um Patriarca pode salvar uma pessoa que, iludindo-se a si mesma, procura os maus caminhos.

Imagina uma criança dormindo próximo aos pais e que, no sono, comece a sonhar que está sendo espancada ou que está dolorosamente enferma. Os pais não poderão auxiliá-la, não importa o quanto sofra, pois ninguém pode entrar nos sonhos dos outros. Caso a criança acorde por si mesma, poderá libertar-se automaticamente do sofrimento. Da mesma forma, o indivíduo, ao compreender que sua própria Mente é o Buda, pode libertar-se instantaneamente do sofrimento que nasce da ignorância da lei da incessante mutação dentro dos Seis Reinos. Se o

Buda pudesse evitar, não deixaria nenhum ser sensível cair no abismo, mas, sem autorrealização, o indivíduo não consegue compreender essas coisas.

Que espécie de Mestre é aquele que, nesse mesmo instante, vê cores com os olhos e ouve vozes com os ouvidos, e que agora levanta as mãos e move os pés? Sabemos que essas funções são da nossa própria mente, mas não sabemos precisamente como são executadas. Pode-se asseverar que atrás dessas ações não há qualquer entidade; todavia, é óbvio que são executadas espontaneamente. Inversamente, pode-se afirmar que esses são atos provenientes de alguma entidade invisível.

Se o indivíduo considera essa questão como sendo insondável, todas as tentativas para encontrar uma possível resposta cessarão, e ficaremos sem saber o que fazer. Nesse estado, cada vez mais nos aprofundamos sem cessar de desejar ao máximo. Quando o raciocínio penetra até ao fundo, e esse fundo é partido, não ficará mais dúvida que tua própria Mente é, em si mesmo, Buda, o Vácuo universal. Não haverá ansiedade a respeito da vida ou da morte, e nem verdade a buscar.

Podes te extraviar num sonho e perder o caminho do lar. Podes perguntar a alguém como fazer para regressar ou rezar a Deus ou aos Budas para te auxiliarem, mas, mesmo assim, não consegues voltar à casa. Logo que despertares do teu estado de sonho, verás que te encontras na tua própria cama, e compreenderás que a única maneira de voltares a ti é *despertando*. Essa espécie de "despertar espiritual" é chamada de "retorno à origem" ou "renascimento no Paraíso". É uma espécie de realização interna que pode ser conquistada com algum treinamento. Virtualmente, todo aquele que gosta de *Zazen* e faz esforços na sua prática, seja leigo ou monge, pode realizar essa experiência. Mas, mesmo assim, tal despertar parcial não pode ser atingido a não ser através da prática do *Zazen*. Entretanto, podes estar cometendo um sério erro, se considerares que essa é a verdadeira Iluminação, na qual não existe mais qualquer dúvida sobre a natureza da realidade. Serás, então, como um homem que tendo encontrado um pedaço de cobre perde a vontade de encontrar um veio de ouro.

A respeito dessa realização, deverás cada vez mais intensamente perguntar a ti próprio: "Meu corpo é como um fantasma, como bolhas de uma torrente. Minha mente, olhando para si mesma, é como um espaço vazio; entretanto, em alguma parte interna os sons são percebidos. Quem está ouvindo?" Deves repetir perguntando a ti mesmo, como profunda absorção, estas sábias palavras, não diminuindo jamais a intensidade do teu esforço. Tua mente racional ficará eventualmente exausta, e somente restará um questionar no mais profundo nível. Finalmente, perderás a consciência do teu próprio corpo. Todas as concepções e noções perecerão após o questionar absoluto, da mesma maneira que cada gota de água desaparece da banheira a que se destampa o fundo. E surgirá a iluminação perfeita como folhas que nascem inesperadamente de árvores secas.

Com tal realização, conquistarás a verdadeira emancipação. Mas, mesmo aí, abandona tudo que realizastes, volta as costas ao sujeito que realiza, isto é, para a raiz do fundo, e continua resolutamente. Tua autonatureza se tornará, então, cada vez mais brilhante e transparente à medida que desaparecerem teus ilusórios pensamentos, da mesma forma que uma pedra preciosa irá ganhando brilho, à medida que é polida, até que, por fim, ilumina todo o Universo. Não duvidas disso! Caso teu ânimo seja muito fraco para te conduzir a esse estágio na vida atual, facilmente ganharás a autorrealização na próxima, desde que continues ainda às voltas com esses problemas no momento da morte. Da mesma forma, o trabalho de ontem, deixado pela metade, pode ser completado, facilmente, no dia de hoje.

Enquanto praticamos o *Zazen*, não deves repelir nem cultivar os pensamentos que surgirem. Em tua mente, procura somente a raiz desses pensamentos. Deves compreender que qualquer coisa que apareça na tua consciência ou que for vista pelos teus olhos é uma ilusão que não possui realidade. Não deves temer ou ficar fascinado com esses fenômenos. Se mantiveres a mente vazia, como o espaço, imaculada de matérias estranhas, nenhum espírito maléfico te poderá perturbar nem mesmo na hora da tua morte. Enquanto estiveres praticando o *Zazen*, não guardes na mente qualquer desses conselhos. Deves te preocupar somente com a pergunta: "O que é a Mente?" ou "O que ouve estes sons?". Quando compreenderes a Mente, saberás que ela é a própria fonte de todos os Budas e dos seres sensíveis. O *Boddhisattva* Kannon é assim chamado porque atingiu a Iluminação ao perceber a fonte dos sons do mundo à sua volta.

No trabalho, ou em repouso, nunca cesses de perguntar quem é que ouve. Mesmo que essa pergunta se torne quase inconsciente, não encontrarás aquele que ouve e, assim sendo, todos os teus esforços darão em nada. Todavia, os seres continuam sendo ouvidos. Deste modo, interrogas a ti próprio num nível mais profundo. Quando, por fim, todo o vestígio de autoconsciência desaparecer, sentirás como se estivesses num céu sem nuvens. Não encontrarás dentro de ti nenhum "Eu", nem descobrirás aquele que *ouve*. A Mente é como o vazio; entretanto, nenhum ponto pode ser considerado vazio. Esse estado é inúmeras vezes tomado erroneamente por autorrealização. Continua a perguntar a ti mesmo, cada vez mais intensamente: "Afinal, quem ouve?". Caso trabalhes profundamente nessa pergunta, esquecendo tudo o mais, mesmo o sentimento de vazio desaparecerá e não terás consciência de coisa alguma, uma treva total prevalecerá. *Não pares aqui!* Mantém a pergunta com todo ardor: "Quem é que ouve?". Somente quando tiveres esgotado completamente a pergunta, ela arrebentará por si. Vais te sentir como um HOMEM QUE VOLTOU DOS MORTOS! Essa é a Verdadeira Realização. Verás os Budas de todos os Universos, face a face, bem como os Patriarcas do passado e do presente. Experimentaste com este *koan*: "Qual a significação de Bodhidharma vindo para a China?". Joshu respondeu: "O cipreste lá está no jardim!". Se este *koan* te deixar alguma dúvida, deves começar a perguntar: "Quem é que ouve?"

Se não alcançares a realização nesta vida, quando, então, a alcançarás? Logo após a morte não poderás evitar um longo sofrimento nos três Caminhos do Mal. O que está obstruindo tua realização? Nada, a não ser o desejo de buscar apenas a metade da Verdade. Pensa nisso, e continua a buscar com todo o ardor!

Agora, chegou a vez de dar um mergulho nas próprias origens do Zen ao considerar o chamado *Sūtra* do Sexto Patriarca. Hui-Neng foi uma das maiores figuras da escola chinesa Ch'na (638-713 d.C.). Nasceu na China do Sul, filho de uma família muito pobre. Perdeu o pai aos três anos, e sustentava sua mãe vendendo lenha de porta em porta. Certo dia, no mercado, ouviu alguém ler um trecho do Sutra Diamante. O jovem foi transfixado pela Iluminação súbita. Informaram-no da existência de um mosteiro dirigido por Hung-Sen (o Quinto Patriarca). Procura imediatamente o monte Wang-Mei. Corria o ano de 661, e Hui-Neng tinha 24 anos. Lá, foi encaminhado às cozinhas do mosteiro, apesar do Mestre Hung-Sen ter visto nele um ser iluminado. Trabalha incessantemente de sol a sol. Certo dia, ouve falar que o Superior iria escolher seu sucessor como Patriarca. Para isso, os monges precisavam escrever um trecho curto que demonstrasse a Iluminação.

Nenhum monge ousou escrever nem uma linha, pois todos reconheciam no seu Instrutor Shen-Hsiu o natural sucessor de Hung-Sen. Shen-Hsiu, vendo que nenhum dos discípulos resolve mostrar a clara percepção que possuía da realidade, vai durante a noite, quando tudo estava tranquilo e ninguém o via, até a sala principal, e escreve, com traços firmes, o seguinte verso:

"O corpo é como a árvore da Iluminação.
A mente é como um claro espelho.
Presta atenção! Limpa-o continuamente
Não permitindo que nem um grão de pó a ele se apegue!"

No dia seguinte, os monges viram os versos e julgaram que o Patriarca que sucederia Hung-Sen tinha sido encontrado. O auxiliar de cozinha Hui-Neng ouviu seus companheiros comentarem o verso, e sentiu brotar em si um segundo verso. Mas não sabendo escrever, pediu a um cozinheiro que escrevesse na parede logo abaixo dos versos de Shen-Hsiu os seguintes:

"O corpo não é como uma árvore.
O claro espelho não existe em parte alguma.
Se, fundamentalmente, nenhuma coisa existe,
Onde irá se apegar então o grão de pó?"

O superior do mosteiro foi chamado e, lendo o poema, apaga-o imediatamente declarando que Hui-Neng não tinha ainda atingido a iluminação. Mas, quando a noite chega, chama às escondidas a Hui-Neng e lhe dá o manto e a tigela, objetos que lhe conferem o título de Sexto Patriarca. Manda que parta imediatamente, pois sabia do perigo que iria correr se ali continuasse. Ocorre uma série de acontecimentos. Durante dezesseis anos, vive recluso nas montanhas e só foi ordenado monge no ano 676. Então, inicia a pregação. O *Sūtra* do Sexto Patriarca é uma síntese de todos os seus ensinamentos.

A chamada Escritura-Plataforma base, da qual apresentaremos alguns trechos a seguir, foi descoberta em 1900, na Ásia Central, nas grutas de Tun-Huang. Até 1950, o manuscrito permaneceu sem tradução, esquecido no Museu Britânico. O texto nos fala da pregação de Hui-Neng no templo de Ta-Fan, em Shad-Chou, tratando da Iluminação Súbita.

Ouçamos sua voz:

"Meus bons e prendados amigos. De que maneira a sabedoria e a paz são as mesmas? Elas são como uma lâmpada e sua luz. Com a lâmpada, há luz. Sem lâmpada, não há luz. A lâmpada é a sustância da luz, a luz é função da lâmpada. Em nome são duas, mas em substância, não são diferentes. O mesmo ocorre com a paz e a sabedoria...

... Meus bons e prezados amigos. No método não há distinção entre a Iluminação súbita e a gradual. Dentre os homens, alguns são estúpidos, outros inteligentes. Os iludidos compreendem gradualmente, ao passo que os iluminados alcançam repentinamente a compreensão. Mas quando conhecem suas próprias mentes, veem a própria natureza, e não há, então, qualquer diferença na Iluminação. Sem Iluminação, eles permanecem presos, para sempre, na transmigração.

... Meus bons e prendados amigos. Desde o princípio da tradição da Iluminação súbita ou gradual, a ausência de pensamento foi instituída como a doutrina principal, a ausência de caráter como sua substância, e o não apego como fundação (base).

O que é a ausência de caráter? Ausência de caráter significa ser livre dos caracteres, mesmo quando se está no meio deles. Ausência de pensamentos significa não ser carregado para diante pelo processo do pensamento. O não apego é a natureza original do homem. Pensamento após pensamento continuam sem permanecer. Passado, presente e futuro continuam sem terminar. Mas, se cortarmos e terminarmos o pensamento *num instante*, o corpo da lei liberta-se do corpo físico. Em qualquer tempo, um único instante de pensamento deve ser unido a qualquer *dharma*. Se um único pensamento que seja estiver unido a alguma coisa, então, cada pensamento estará também unido. Isso é escravização. Isso é o que significa não ter o apego como base.

... Meus bons e prendados amigos. Ser livre de todos os caracteres significa a ausência de caracteres. Somente se pudermos nos livrar dessas características (marcas-distinções), poderá ser pura a substância de nossa natureza. Essa é a significação de tornar a ausência das características como substância. A ausência de pensamento que não é maculado por objetos externos. É livrar nossos pensamentos surgindo sobre os *dharmas*. Mas não parai de pensar sobre todas as coisas, eliminando todos os pensamentos. Tão logo o pensamento cessa, o indivíduo morre e renasce em outra parte. Tomai cuidado com isso, seguidores do Caminho. Se o indivíduo não pensa a respeito do significado da lei e torna-se iludido, isso é desculpável. O pior é encorajar os outros a se iludirem! Estando iludido, ele não o percebe, e chega a blasfemar a respeito das Escrituras da Lei! (nota do autor) Esta é a razão por que a ausência de pensamento é instituída como doutrina. Os pensamentos surgem porque as pessoas iludidas têm pensamentos acerca de objetos externos. Daí procedem todas as aflições resultantes das paixões e dos pensamentos errados.

Esta escola institui a ausência de pensamento como doutrina. Quando as pessoas do mundo se livram de visões erradas, nenhum pensamento surgirá. Se não existem pensamentos, não haverá ausência de pensamentos. Ausência significa ausência de que? Pensamento significa pensamento de que? Ausência de pensamento significa libertação da dualidade (existência ou não existência de características), e de todas as aflições resultantes das paixões. Pensamento significa pensamento da verdadeira natureza, da Verdadeira Raiz. A Verdadeira Essência é a substância do pensamento, e o pensamento é função da Verdadeira Essência. É a autonatureza que dá nascimento ao pensamento. Portanto, a despeito da operação dos sentidos da visão e da audição, o sentir e conhecer a autonatureza não são maculados pelas múltiplas esferas dos objetos, permanecendo, para sempre, livres. A escritura enunciada por Vimala-Kirti diz: "Diferencia com habilidade os vários caracteres (*dharma*), enquanto internamente mora imóvel no Primeiro Princípio".

Meus bons e prendados amigos. De acordo com esse método, no fundo, sentar para meditar não é nem olhar para a mente nem olhar para a pureza. Nem, também, dizemos, deve haver imperturbabilidade. Suponhamos que digamos para olhar a mente. A mente é, no seu fundo, falsa. Desde que ser falsa é o mesmo que ser ilusório, não há nada a que olhar. Suponhamos que digamos para olhar a pureza. A natureza do homem é originalmente pura. É pelos falsos pensamentos que a Verdadeira Essência é obscurecida. Nossa natureza original é pura enquanto estiver livre dos pensamentos falsos. Se a pessoa não compreender que sua natureza é originariamente pura e que prepara a mente para olhar a pureza, está criando uma falsa pureza. Tal pureza não tem existência objetiva. Daí sabermos que aquilo que olhamos é falso. A Pureza não tem nem forma física nem caráter; mas, algumas pessoas estabelecem padrões de pureza e dizem ser esse o objetivo de nossa tarefa. As pessoas que admitem tal ponto de vista ocultam sua verdadeira natureza e tornam-se escravos da pureza. Se aqueles que cultivam a imperturbabilidade ignoram os erros e enganos das pessoas, sua natureza não será perturbada. Pessoas iludidas podem não perturbar fisicamente a si próprios, mas, quando falam, criticam os outros, violando, assim, o Caminho. Assim, olhar a mente ou pretender a pureza causam barreiras ao Caminho.

O que significa sentar em meditação? Neste método, Sentar significa ficar livre de todos os obstáculos e não permitir que, externamente, os pensamentos elevem-se da mente sobre a esfera dos objetos. Meditar significa compreender a imperturbável paz da nossa natureza original. O que significa meditação e paz? Meditação significa ficar livre de todos os caracteres externos. Paz significa não ser perturbado internamente. Quando há caracteres externos e a mente interna não é perturbada, nossa natureza original é naturalmente calma e pura. É somente na esfera dos objetos que existe contato, e o contato conduz à perturbação. Há calma quando o indivíduo está livre das características e não é, portanto, perturbado. Há meditação quando o indivíduo é externamente livre das características, e calma quando está internamente imperturbável. Meditação e calma significam que a meditação externa e a calma interna são alcançadas. A Escritura Vimala-Kirti nos diz: "Imediatamente nos tornaremos completamente claros e resolveremos nossa mente original". O Pu-Sa-Chien Ching (Escritura dos Discípulos do *Bodhisattva*) afirma: "Somos originariamente puros em nossa própria natureza". Meus bons e prendados amigos: compreendei que vossa própria natureza é naturalmente pura. Cultivai e conquistai por vós mesmos o Corpo da LEI da nossa própria natureza. Segui o Caminho de Buda por vós próprios. Agi e conquistai o Budado com vossas próprias mãos!

Meus bons e prendados amigos. Temos que sentir a experiência por nós mesmos e receber a disciplina que nos liberta do apego aos caracteres distintos. Segui-me, repetindo o que digo. Isso permitirá, meus bons e prendados amigos, verem que os corpos do Buda estão dentro de vós: "Nós nos refugiamos no corpo da pura lei do Buda com nossos próprios corpos físicos. Nós nos refugiamos no múltiplo corpo da transformação com nossos próprios corpos físicos. Nós nos refugiamos no Perfeito corpo da Recompensa com nossos próprios corpos físicos". (O acima mencionado deve ser repetido três vezes). O corpo físico é como uma estalagem, e não pode ser considerado como um refúgio. Os três corpos sempre existem na nossa própria natureza. Todos os possuem. Todavia, iludidos que estão, não os veem e buscam os três Corpos do Tathagata externamente, sem compreender que eles são inerentes ao nosso próprio corpo físico. Meus bons e prendados amigos: ouvi o vosso amigo. Se vós, meus bons e prendados amigos, virdes nos vossos próprios corpos a mesma natureza que envolve os Três Corpos do Buda, esses Três Corpos surgirão da vossa própria natureza.

Que significa o Corpo de Pura-Lei do Buda? Meus bons e prendados amigos: nossa natureza é originalmente pura. Todos os *dharmas* repousam nesta mesma autonatureza. Se pensarmos em todas as espécies de más ações, praticaremos o Mal. Se pensarmos em todas as espécies de boas ações, faremos o Bem. Assim, sabemos que todos os *dharmas* existem na nossa própria natureza. Nossa própria natureza é sempre pura, assim como o sol e a luz estão sempre brilhando. Somente quando é obscurecida pelas nuvens é que haverá trevas embaixo e luz em cima das nuvens. E não podemos ver nem o sol nem a lua, ou as estrelas. Mas, quando subitamente começa a soprar um vento doce, as nuvens e a neblina começam logo a se desfazer. Então, todos os fenômenos se apresentam abundantemente diante de nós. Todos aparecendo juntos! A pureza da natureza das pessoas pode ser comparada a um céu claro, sua sabedoria, ao Sol, e sua sagacidade, à lua. Sua sagacidade e sabedoria brilham sempre. É somente devido ao fato das pessoas externamente se aferrarem à esfera dos objetos que os pensamentos errôneos, como nuvens flutuantes, obstruem nossa natureza, impedindo-nos de vê-la. Portanto, quando encontrarmos um bom e prendado amigo que revele o verdadeiro método e espalhe para longe as ilusões e falsidades, ficaremos completamente iluminados interna e externamente. Então, todos os *dharmas* revelarão a característica livre e fácil da sua natureza. Este é o chamado o Puro Corpo da Lei. Ao nos refugiar nesse Corpo Puro da Lei, estamos marcando as nossas más ações. Isso é o que se chama procurar refúgio.

O que significa o múltiplo corpo de Transformação? Quando não existe pensamento, nossa própria natureza é vazia de caracteres diferenciados e, portanto, permanece tranquila. Mas quando há pensamento, há autotransformação. Quando pensamos nos *dharmas* maléficos, a transformação torna-se infernal. Quando pensamos no bem, a transformação torna-se um Paraíso. O que é venenoso e maléfico é transformado em bestas. O que é compassivo é transformado em Bodhisattvas[91]. O que é sagaz é sábio. É transformado num reino mais alto. O que é ignorante e iludido é transformado numa região inferior. As transformações da autonatureza são múltiplas, mas as pessoas iludidas não as compreendem. Se temos um bom pensamento que seja, a sabedoria e a sagacidade surgem imediatamente. Este é o chamado Corpo de Transformação na nossa própria natureza.

O que significa o Perfeito Corpo da Recompensa? Um simples raio de luz pode iluminar num instante uma escuridão milenar. Um pedacinho de Sabedoria pode destruir a ignorância de dez mil anos. Não te importes com o passado! Considera sempre o futuro, e tende bons pensamentos em relação a esse futuro. Esse é o chamado Corpo da Recompensa. A recompensa de um mau pensamento removerá o bem por dez mil anos. A recompensa de um bom pensamento destruirá o mal por dez mil anos. Fazei sempre que o próximo seja um bom pensamento. Esse é o chamado Corpo da Recompensa. O pensar na base do Corpo da LEI é o mesmo que pensar a respeito do Corpo da Transformação e, por isso, é o mesmo que o Corpo da Recompensa. Conquistar a iluminação por si mesmo e praticar por si a LEI, é chamado tomar refúgio. A carne e a pele constituem o corpo físico. Esse corpo é como se fosse uma estalagem, e não pode ser considerado um refúgio. Quando uma pessoa compreende os Três Corpos reconhecerá a minha ideia básica.

Já que nos refugiamos nos Três Corpos do Buda, podemos, juntos, meus bons e prendados amigos, tomar os Quatro Votos. Repeti comigo ao mesmo tempo:

Eu prometo salvar um número infinito de seres!

Eu prometo cortar um número infinito de dores e aflições que resultam nas paixões!

Eu prometo estudar um número infinito de partes para a LEI!

Eu prometo atingir o Supremo Budado!

(Essa intenção deve ser repetida três vezes)

---

[91] Um ser prestes a atingir a iluminação total, a ser um Buda. (Nota do Autor).

Meus bons e prendados amigos: Quando fazemos nossos votos para salvar um número infinito de seres, isso não significa que irei salvá-los. Meus bons e prendados amigos: Todos os seres vivos estão na mente, e cada um terá que salvar o seu próprio corpo através de sua própria natureza. O que significa salvar-se através da sua própria natureza? No nosso próprio corpo há pontos de vista perversos, aflições resultantes da paixão, ignorância, ilusão e pensamentos errados. No entanto, cada um possui a natureza da iluminação original. Cada um pode salvar-se com a visão correta. Quando há compreensão por meio da correta visão, a sabedoria removerá a ignorância, a ilusão e o erro. Assim, todos os seres podem salvar-se a si próprios. Quando chega a perversão, o indivíduo pode salvar-se através da correção. Quando a ilusão chega, ele se salva através da compreensão. Quando a ignorância bate à porta, a sabedoria é a saída. Quando o mal chega, podemos nos salvar através da bondade. E quando chegam as aflições resultantes das paixões, o homem salva-se através da perfeita sabedoria. Ao prometermos cortar um número infinito de aflições resultantes de nossa própria paixão, estamos removendo as ilusões e os pensamentos errôneos de nossa própria mente. Ao termos a intenção firme de estudar um número infinito de portais que conduzem até a Lei, estamos afirmando que iremos estudar a supremamente correta Lei. Quando afirmamos atingir o Supremo Budado, isso significa sermos sempre humildes, respeitar e reverenciar todas as coisas. Dar as costas à ilusão, ao apego, à sensação e ao conhecimento. Fazendo, pois, com que a Sabedoria surja, cortando, assim, os pensamentos errados e as ilusões. O indivíduo alcançará, então, o Budado através da autoiluminação e a prática do poder procedente dos votos.

Agora que já fizemos os Quatro Grandes Votos, deixai-me falar, meus bons e prendados amigos, sobre o arrependimento que libera a pessoa do apego aos caracteres diferenciados, a fim de destruir os pecados e obstruções do passado, do presente e do futuro.

O grande Mestre disse: "Meus bons e prendados amigos: se uma pessoa não permite que um único pensamento, seja passado, presente ou futuro, venha a ser contaminado pela ignorância ou ilusão, e se remover suas más ações anteriores, isso é arrependimento. Não deixai que qualquer pensamento passado, presente ou futuro seja contaminado pela ignorância, ou ilusão, e removei a insensibilidade e a desonestidade passadas, a fim de que elas sejam para sempre cortadas. Isso é chamado arrependimento pela sua própria natureza."

Sozan

Sozan (Seng Tsai, em chinês) foi o Terceiro Patriarca da Escola Chinesa. Viveu no século VI d.C. Da sua vida, pouco chegou até nós. Ficou, entretanto, o registro da sua Iluminação ocorrida num diálogo com o Segundo Patriarca, o Mestre Eka.

Seng Tsai dirigiu-se a Eka, implorando:

"Estou muito doente! Por favor, Mestre, limpai os meus pecados!

Eka calmamente replicou:

- Traz-me os teus pecados que eu os limparei!

- Eu não posso fazer isso – respondeu Seng Tsai.

- Neste caso, já está limpo!

O trabalho mais conhecido de Seng Tsai é:

O Hsinhsiming

Não é nada difícil em relação ao Grande Caminho.

Evita somente a escolha!

É somente quando amas ou odeias

que Ele aparece com toda nitidez.

Basta somente a separação da espessura de um cabelo

para se abrir um grande golfo entre o céu e a terra.

Se queres captar a sua imagem

não sejas a favor ou contra coisa alguma!

O conflito do anseio da lamentação

é uma doença mental.

Não conhecendo o profundo significado das coisas

perturbamos nossa paz original da mente sem finalidade.

Perfeito como o Grande Espaço,
ao Caminho nada falta, nem nada possui em excesso.
Em virtude da nossa atitude de aceitar e rejeitar
não atingimos a base das coisas.
Não sigas, nem mores na Doutrina do Vácuo.
Na mente em paz
esses pontos de vista desaparecem por si.
Quando se atinge a atividade pura e a passividade,
essa passividade é novamente um estado de atividade.
Permanecendo em movimento ou em calma –
Como podemos conhecer o Uno?
Se não compreendemos completamente a unidade nascida do convívio
Ambas (a quietude e a atividade) são fracassos totais!
Se ficamos livres dos fenômenos, todas as coisas se perdem.
Se seguires o vácuo, voltarás as costas à natureza real das coisas.
Quanto mais falares e pensares
mais te afastarás da verdade.
Cortando toda a linguagem, todo o pensamento,
não há lugar onde não possas ir.
Ao retornar à raiz, obtemos a essência.
Seguindo aparências, perdemos o espírito.
Se, somente por um momento, vemos o interno
ultrapassaremos o Vazio das coisas.
As mutações que se produzem nesse vazio surgem
devido à nossa ignorância.
Não busques a verdade!
Evita religiosamente seguir atrás delas!
Se existir o menor sinal disto ou daquilo

a Mente se perde num cipoal de complexidade.

A dualidade surge da Unidade.

Mas não te apegues a essa Unidade!

Quando a mente é una e nada acontece

tudo no mundo é irrecriminável.

Se as coisas não se recriminam, elas deixam de existir.

Se nada acontece, não há mente.

Quando as coisas deixam de existir a mente cessa!

Quando a mente cessa, as coisas a seguem.

As coisas são coisas devido à Mente.

A Mente é a Mente por causa das coisas.

Caso queiras saber o que essa duas são,

eles são, originariamente, uma única Variedade.

Nesse vácuo, ambas (a mente e as coisas) são unas.

Todas as miríades de fenômenos estão contidas em ambas.

Se não distingues então o refinado e o grosseiro, como podes ser a favor ou contra?

A atividade do Grande Caminho é imensa.

Não é fácil, nem difícil.

Pequenos pontos de vista estão cheios de medo sem razão.

Não são fáceis, nem difíceis.

Quando nos apegamos à ideia da Iluminação, perdemos imediatamente o equilíbrio.

E, infalivelmente, entramos no Caminho Tortuoso.

Quando não nos apegamos à coisa alguma, as coisas são o que São!

Com Atividade, não há nem ir nem permanecer.

Ao obedecer a Natureza, estamos

de acordo com a Lei! (O Caminho).

Andando livremente sem aborrecimentos

Quando nosso pensamento está amarrado, ele volta as costas à verdade.
Ele é negro, obscuro, errado!
É tolice irritar tua mente!
Por que evitar isto e ser amigo somente daquilo?
Caso queiras viajar no Verdadeiro Veículo, por que
desgostar das seis espécies de Poeira?
Na verdade, não odiar as seis poeiras é idêntico à Iluminação!
O homem sábio nada faz.
O tolo se envolve!
A Verdade não tem distinção.
As distinções provêm do nosso tolo apego a isto ou àquilo.
Buscar a Mente com a Mente,
não será esse o maior dos erros?
A ilusão produz repouso e movimento.
A iluminação destrói o gostar e o não gostar
Todos esses pares de opostos são criados pela nossa fobia.
Sonhos, ilusões, flores no ar
Por que somos tão ansiosos em captá-los?
Lúcido, parece, certo e errado –
Para longe com eles de uma vez por Todas!
Se o olho não adormecer,
todos os sonhos cessam naturalmente.
Se a mente não faz discriminações,
todas as coisas são como realmente são!
No profundo mistério das "coisas como elas são",
nos libertamos de nossas relações com elas.
Quando todas as coisas são vistas como uma "mente igual"
Elas voltam à sua origem.
Não é possível qualquer descrição por analogia

Nesse estado, cessaram todas as relações.
Quando paramos o movimento, há o não movimento.
Quando paramos o repouso, há o não repouso.
Quando ambos cessarem,
Como pode a Unidade subsistir?
As coisas em sua essência última
estão sujeitas à não lei.
Para a mente desperta na sua unidade,
a atividade individual cessa.
Todas as dúvidas são esclarecidas
A fé verdadeira confirmada.
Nada permanece para trás.
Não há nada que possa lembrar.
Vazia, lúcida, autoiluminada
sem forças, o poder da mente.
Isto é aquilo onde não é integral o pensamento.
Nem o conhecimento pode sondar.
No mundo da Realidade,
não há ser nem o diferente do ser.
Se quiseres uma imediata correspondência com essa Realidade
Tudo que poderás dizer é "Não dualidade"!
Quando não há dualidade, todas as coisas são unas.
Nada há o que não seja incluído.
Os Iluminados de todas as épocas e lugares
penetraram todos nessa Verdade!
A Verdade não pode aumentar ou diminuir.
Um pensamento instantâneo dura milhares de anos.
Não há Aqui e Ali.
O infinito está diante dos teus olhos!

O infinitamente pequeno é tão grande quanto o
infinitamente grande.
Pois limites são coisas que não existem.
O infinitamente grande é tão pequeno quanto o
infinitamente pequeno.
Nenhum olho pode ver fronteiras!
O que é, não é!
O que não é, é!
Até que captes esse fato,
tua posição é insustentável.
Uma coisa são todas as coisas.
Todas as coisas, uma coisa.
Se isso for assim para ti
Não há necessidade de te aborreceres com o Conhecimento Perfeito!
A mente que crê não é dual.
O que não é dual não é a mente que crê.
Além de tudo, a linguagem.
Pois não há
    nem passado
    nem presente
    nem futuro.

32

O Olho do Furacão

No meio da luta, a possibilidade de encontrar a paz. No meio da tormenta, o abrigo seguro. Numa época como a nossa, em que os ventos das paixões sopram cada vez mais desenfreados, em que o homem é impelido como um grão de pó no meio da tempestade, o encontro da paz é a salvação. Nos diversos capítulos desta obra, que não pretende abranger o campo imenso do Oriente, mas, somente indicar as enormes possibilidades de novos caminhos para resolver o velho problema da angústia humana, procuramos mostrar o profundo valor da Filosofia Oriental. A transfusão de seus valores nos nossos padrões será altamente benéfica. Esse encontro é quase uma fatalidade em face da explosão do número e da revolução dos transportes e das comunicações, conforme mencionamos no primeiro capítulo.

Qual o objetivo dos diversos caminhos aqui apontados? O Caminho do Amor de Krishna, o da Sabedoria do Budismo, a Pureza dos Jainas, o da Lei do Hinduísmo, do *Tao* na China, e o Direto do Zen Budismo? Todos esses citados, e os não mencionados, levam o homem a uma experiência fundamental: a visão da coisa em si. Ao não caminho. Há, podem ficar certos, um modo de *Ver* as coisas como elas são que é completamente diferente daquele que elas se apresentam. Ver o novo, o incontaminado, o puro, o cerne, a raiz das coisas e da vida. Aquele que teve, mesmo que por um instante, esse relance, não perderá jamais o seu gosto. Muitos buscam essa realização, iluminação, Satori, – ou o nome que quiserem dar – como uma fuga. Um ponto final na vida que levam. A mecanização crescente dessa vida é muito forte para que possam resisti-la. Costumam, então, colocar o ideal num ponto muito distante, e lamentam constantemente os seus erros, os seus pecados, como se diria no século passado[92]. Revoltam-se contra o vazio do estar só. Preenchem esse vazio com o jogo, a bebida, o cinema, a TV. E, acima de tudo, com o sexo. Toda essa atmosfera que, para grande maioria, constitui a vida moderna, está mergulhada num vazio total e absoluto, na desesperança, na sujeira, na fumaça, nos morros roídos pela erosão. No meio disso, em pleno furacão, o homem poderá encontrar um centro de paz: o seu próprio olho. Não é preciso fugir, pois as culminâncias dos Himalaias estão dentro de nós. Dentro de nós estão todos os deuses, todos os demônios, o inferno, o paraíso, e acima de tudo, Aquilo que é a Paz fundamental. Não pensem que é fácil alcançar o que existe desde todo o sempre. Que o caminho é suave. Milhões de anos de conhecimentos acumulados e de fórmulas verbais gastas nos separam do que está, aqui e agora, dentro e diante de nós. Que culpa tem o Sol se os homens não querem abrir os olhos? Que culpa têm as estrelas se andamos com a cabeça baixa? Vamos, vamos, é o momento de mergulhar. Mas, antes disso, *Stop*! Parem, por favor!

Suspendam por um momento o gesto sem finalidade, o raciocínio sem controle, o remoer de conceitos sem fim.

Parem! É preciso parar com urgência para encontrar o que não se acha quando se procura. É preciso não agir a fim de que a ação surja pura em sua manifestação. A mesma ação que impele o vento e a água que corre, o lótus que desabrocha. Mas, como parar no meio da corrida? Como encontrar o olho do furacão? Parar sem perder o impulso da vida em seu fluxo? Para parar, é preciso assumir inicialmente uma atitude que torne mais fácil a parada. Assim, como é mais simples enfiar uma agulha quando estamos parados e com boa luz, é mais fácil o processo quando adotamos a posição adequada. O nome desse processo é diverso conforme as diversas técnicas nascidas em épocas e regiões diferentes. No Budismo Zen, é chamado *Zazen*; *Vipassana* na escola Hinayana; Aji-ikan, na Shingon. Prefiro chamá-lo simplesmente de Meditação. É a atitude de sentar, pura e simplesmente. Mas esse "sentar" é muito diferente do nosso sentar habitual. Observem atentamente uma estatueta do Buda. Observem as pernas cruzadas, a espinha ereta, os olhos semicerrados, as mãos superpostas no regaço. Sentem-se nessa posição num quarto tranquilo, imóveis durante meia hora, de preferência pela manhã e à noite. Se não

[92] Século XIX. (Nota Ed. Bras.)

conseguirem ficar sentados de pernas cruzadas no chão, usem uma cadeira, tendo o cuidado de não se recostar no espaldar. Se não conseguirem inicialmente ficar imóveis por meia hora, comecem com cinco minutos e vão aumentando, gradualmente, o tempo. O importante é começar já esse exercício, que tem tanta utilidade quanto o banho que tomamos, ou o escovar dos dentes. Não pensem, entretanto, em nada. Não tentem se opor aos pensamentos. Observem-nos como quem olha um rio que passa. E é só. Quando tentamos interferir no curso dos pensamentos, uma série de pensamentos secundários surgem imediatamente. Vão sentir tudo isso no começo desse exercício. Dores nas costas, nas pernas, pensamentos sórdidos. Talvez ouçam vozes ou tenham visões. Nada disso importa! Não esperem que ocorra uma iluminação repentina. Nem pensem nela. Nem em *Nirvāna* nem em *Samsāra*. Aqui e agora! *Nirvāna* é a ação pura. *Nirvāna* e *Samsāra* são uma coisa só. *Nirvāna* é o caminho antigo de todos os Budas. É o teu Caminho, mas a única maneira de "andar" nele é ficar "parado". Aqui está o maior dos paradoxos. Estamos diante dos seus chifres. Sentindo na pele a pressão de suas pontas perfurando nossa carne. Depois, hoje, amanhã, ou nunca, as coisas entrarão no seu centro. Poderemos, então, nos levantar tranquilamente e mergulhar na vida que nos chama. Viver novamente em pleno furacão, mas sem fugir dele. As coisas que então nos cercavam, as pessoas e as situações, se apresentarão verdadeiramente novas como realmente o são. Com a pureza instantânea do que surge a todos os momentos.

Neste momento, não é mais preciso mergulhar nem parar, pois as coisas voltaram para onde sempre estiveram. A coisa fundiu-se, por fim, em si mesmo.

O OLHO DO FURACÃO FOI FINALMENTE ALCANÇADO.

Bibliografia

Para a feitura desta obra, o autor teve que recorrer, entre outros, aos seguintes títulos:

CULTURA DA ÍNDIA

DAS GUPTA, *A History of Indian Philosophy*, 5 volumes, Cambridge.

ZIMMER, *Philosophy of India,* Routledge and Kegan Paul.

G. TUCCI, *Storia della Filosofia Indiana*, Editora Laterza.

RADHAKRISHNAN, *Indian Philosophy,* George Allen and Undwin, 2 volumes.

T. BERNARD, *Hindu Philosophy*, Philosophical Library.

HIRIYANNA, *The Essential of Indian Philosophy*, George Allen and Undwin.

RADHAKRISHNAN, *Contemporary Indian Philosophy*, George Allen and Undwin.

ELLIOT, *Hinduism and Buddishm*, Routledge and Kegan Paul, 3 volumes.

RAJU, *Idealistic Thought of India*, George Allen and Undwin.

C. SHARMA, *A Critical Survey of Indian Philosophy,* Rider.

F. CHALLAYE, *Lees Philosophes de L'Inde.*

RENOU-FILLIOZAT, *L'Inde Classique,* Payot.

RADHAKRISHNAN, *Recovery of Faith,* Allen.

Eastern Religions and Western Thought, Oxford.

KAUTILYA, *Artha Sastra,* Mysore.

GAUTAMA, *Nyaya Sutras,* Oriental Book, Poona.

W. SPEISSER, *Extremo Oriente,* Verbo.

C. PURDOM, *The God Man,* George Allen.

R. SIROMAMI, *The Padarthatattvanirupanam.*

COOMARASMAMY, *Introduction to Indian Art.*

RAWLINSSON, *India.*

J. NEHRU, *El descubrimiento de la India,* Editorial Sudamericane.

ROMAIN ROLAND, *India.*

MORGAN, *The Religion of the Hindus,* Ronald.

PAUL BRUNTON, *The Secret Path,* Rider.

G. JUDGE, *Comentarios al Bhagavad-Gitā,* Biblioteca Orientalista, Barcelona.

J. HERBERT, *Introduction à l'Asie,* Albin Michel.

H. DAY, *The Study of Yoga,* Thorsons.

B. NATH DATTA, *Mystic Tales of Sana Taranatha,* Ramakrishna Vedanta Math – Calcutá.

NIKHILANANDA, *Hinduism,* George Allen.

AYAR, *The Legends of Vikramaditya,* Oriental Publishing Housse.

A. BESANT, *Brahmā-Vidyā,* Adyar.

BHAGAVAN DAS, *The Science of the Self,* The Indian Book Shop.

MEHER BABA, *Life at its Bet,* Ivy O. Duce.

MAC DONELL, *Sanscrit Grammar,* Oxford.

PAUL BRUNTON, *A Scarch in Secret India,* Rider.

C. ISHERWOOD, *Ramakrishna and his Disciple,* Methnen.

L. REVEL, *Les Routes Ardentes de l'Inde,* Adyar, França.

E. LAMOTTE, *L'enseignement de Vimalakirti.*

A. MUKERJEE, *Art of India,* Oxford.

CHARLES ANDRE, *Vertigineuse Asie,* Ed. La Baconière.

R. MUKERJEE, *The Art and Culture of India,* George Allen.

B. ROWLAND, *The Art and Architecture of India,* Penguin Books.

LOUIS FREDERIC, *La Danse Sacrée,* A.M.G., Paris.

KAY AMBROSE, *Classical Dances and Costums of India,* A.C. Block.

P. THOMAS, *Hindu Religion, Costums and Manners,* D. B. Taraporevola.

M. MALLADE, *L'Inde,* PUF.

Arts de L'Asie Ancienne, PUF.

E. D. SANDERS, *Mudrā,* Routledge Kegan Paul.

S. KRAMRISCH, *The Art of India,* Phaidon.

SHERMAN LEE, *A History of Far Eastern Art,* Thomas Hudson.

ZIMMER, *The Art of Indian Asias,* Bollingen.

T. BROSSE, *Etudes Instrumentales des Techniques du Yoga,* Ecole Extreme Orient.

THOMAS, *Early Buddhist Scriptures,* Kegan Paul.

WARREN, *Buddism in Translation,* Harvard.

J. G. JENNINGS, *The Vedantic Buddhism of the Buddha,* Oxford.

R. DAVIS, *Dialogues of the Buddha,* 3 vol., Politeist Society.

Gradual Sayings, 5 vol., Politeist Society.

P. REY, *La Vie du Bouddha.*

T. R. V. MURTI, *The Central Philosophy of Buddhism,* George Allen.

P. SALET, *Les Paroles du Bouddha,* Payot.

S. DUTT, *Buddhist Monks and Monasteries of India,* G. Allen.

L. RENOU, *Suttapitaka Dighanikaya,* vol. 1, Adrien Maisonneuve.

A. FOUCHER, *La Vie du Bouddha,* Payot.

E. CONZE, *Buddhist Thought in India,* George Allen.

Buddhist Texts, George Allen.

STCHERBATSKY, *Buddhist Logic,* 2 vol., Dover.

A. ROUSSEL, Le Bouddhisme Primitif.

E. LAMOTTE, *Histoire du Bouddhisme Indien,* Louvain.

E. F. LUDOWIYK, *The Footprint of the Buddha,* George Allen.

G. F. ALLEN, *The Buddha's Philosophy,* G. Allen.

STCHEBATSKY, *The Conception of Buddist Nirvāna,* Mouton Co.

A. J. BAHM, *Philosophy of the Buddha,* Rider.

M. PERCHERON, *La Vie Merveilleuse du Bouddha.*

CONZE, *The Buddha's Law Among Birds,* Cassirer.

H. OLDENBERG, *Buda,* Aticus.

B. SILACARA, *The Noble Eigthfold Path,* Adyar.

Buddha Life and Teachings, Peter Paupser.

C. HUMPHREYS, *Studies in the Middle Way,* George Allen.

PAULO CARUS, *El Evangelio del Buddha,* Orion.

THOMAS, *The History of Buddhist Thought,* Routledge Kegan.

M. B. BYLES, *Footprints of Gautama, the Buddha,* Rider.

THOMAS, *The Live of Buddha,* Routledge Kegan.

WOODWARD, *Buddhist Stories,* Adyar.

R. DAVIES, *Gautama, the Man,* Suzac Co.

ANDRE PADOUX, *Recherches sur la Symbolique et L'Energie de la Parole dans Certains Textes Tantriques,* E. de Boccard.

GIUSEPPE TUCCHI, *The Theory and Practice of the Mandala,* Rider.

AGCHANADA BHARATI, *The Tantric Tradition,* Rider.

J. EVOLA, *The Doctrine of Awakening,* Luzag

EDWARDES, *The Jewel in the Lotus,* Blond. J.

J. EVOLA, *Métaphysique du Sexe,* Payot, Paris.

ZIMMER, *Myths and Symbols in Indian Art and Civilization,* Bollingen Series VI.

ANANDA COOMARASWAMY, *Miths of the Hindus and Buddhists,* Dover.

B. G. TILAK, *karma-Yoga,* Tilak Bros.

RAMANYACHARYA, *Introduction to the Bhagavad-Gitā,* Theosophical Publishing House, Adyar.

SRI KRISHNA PREM, *The Yoga of the Bhagavad-Gitā,* Hauper.

J. EVOLA, *Teoria del L'Individuo Absoluto,* Fratelli Boca Edit.

L'Umo come Potenza, Stanor

SRI AUROBINDO, *La Bhagavad-Gitā,* Tchou.

The Life Divine, Pondicherry.

GASKELL, *Dictionary of the Sacred Language of All Scriptures Myths,* George Allen.

BHAGAVAN DAS, *Mystic Experiences,* The Indian Bookshop, Benares.

ROHIT MEHTA, *The Search for Freedom,* Adyar.

R. LINSSEM, *Krisnamurti et la Pensée Occidentale,* Ed. Etrelibre, Bruxelas.

DUNCAN GREENLESS, *The Gospel of Advaita,* The theosophical Publishing House, Adyar.

G. JINARAJADASA, *Discourses on Bhagavad-Gitā,* Adyar.

ANNIE BESANT, *Hints on the Study of the Bhagavad-Gitā,* Adyar.

COOMARASWAMY, *The Dance of Shiva,* Asia Publishing House.

JEAN HERBERT, *Glossaire du Raja Yoga et du Hatha-Yoga,* Adrien Maison Neuve.

L. FERRER, Étude et Pratique du Hatha *Yoga* par L'Image, Gerard Nizet.

SRI AUROBINDO, *Essays on the Gitā,* Pondicherry.

EMILE SENART, *La Bhagavad-Gitā,* Les Belles Lettres.

BHAGAVAN DAS, *The Bhagavad-Gitā,* Adyar.

E. WOOD, *The Bhagavad-Gitā Explained.*

SRI AUROBINDO, *Trois Upanishads,* Albin Michel.

C. HUMPHREYS, *Buddhism,* Penguin Books.

N. ROSS, *Three Ways of Asian Wisdom.*

JOHN BLOFELD, *The Whell of Life,* Rider.

M. ELIADE, *Yoga Immortality and Freedom,* Bolingen.

T. BROSSE, Études Instrumentales des Techniques du *Yoga,* Ecole Française Extrème Orient.

L. A. BECK, *A La Découverte du Yoga,* Victor Attinger.

M. CHOISY, *La Metaphysique des Yogas,* Mont Blanc.

MISHRA, *Fundamental of Yoga,* Julian Press.

S. ABHEDANANDA, *Yoga Psychology,* Ramakrishna Vedanda Math.

S. ABHEDANANDA, *Mental Health and Hindu Psychology.*

SRI AUROBINDO, *On Yoga, 3 Vol,* Pondicherry.

B. L. ATREYA, *The Yogavasistha and its Philosophy,* Julian Press.
H. DAY, *About Yoga,* Thorsons.
A. BESANT, *El Yoga el Hombre Perfecto,* Shapire.
E. WOOD, *La Pratique du Yoga,* Payot.
J. HERBERT, *Les Yogas Hidous,* Adyar.
SVATARAMA SWAMI, *Hatha Yoga Pradipika,* T. P. M.
I. K. TAIMNI, *The Science of Yoga,* T. P. M.
D. V. ATHALYE, *Quintessence of Yoga Philosophy,* D. P. T.
S. RAMANASRAMAN, *Maha Yoga,* Tiruvannamalai.
GANGANATHA-JHA, *The Yoga Darshana,* T. P. M.
E. WOOD, *Practical Yoga,* Dutton.
Yoga Dictionary, Philosophical Library.
MISHRA, *The Textbook of Yoga Psychology,* Julian Press.
H. JACOB, *Western Psychoterapy and Hindu Sadhana,* G. Allen.
Sources of Indian, Japanese and Chinese Tradition, 3 vol. Columbia.
ARTHUR AVALON, *Mahanirvana Tantra: The Great Liberation,* Ganesh Co.
HEINRICH ZIMMER, *The King and the Corpse,* Joseph Campbel.
ROHIT MEHTA, *From Mind to Super-Mind,* Manaktalas.
DAWSON, *A Classical Dictionary of Hindu Mythology,* Routledge.
ABINA THORNE, *Precepts for Perfection,* Ganesh Madras.
V. C. SESHACHARI, *Aitareya and Taittirīya,* Adyar.
Chāndogya, Adyar.
Īsha Kena and Mundaka, Adyar
Katha and Prashna, Adyar.
BHAGAVAN DAS, *The Science of Social Organization,* 3 vol., T. P. M.
L. REVEL, *Le Civilità Dell'Oriente,* 2 vol., Casini.
P. THOMAS, *Kama Kalpa,* D. B. Taraporevola.
E. D. SANDERS, *Mudra – Mythologie Asiatique Ilustrée,* Libr. De France.
J. G. JENNINGS, *I Discorsi di Buddha,* 2 volumes.
R. DAVIS, *Kindred Sayings,* 5 vol., Politeist Society.
L. FINOT, *Milinda – Panha,* Bossard.
J. TONDRIAN, *Du Yoga au Fakirisme,* Presses Academiques.
M. PERCHERON, *La Vie Merveilleuse du Bouddha,* del Duca.
D. MAURICE, *The Lion's Roar.*
RENE GROUSSET, *Sur les Traces du Bouddha,* Plon.

LANG, *The Wisdom of Balahavar,* George Allen.
F. MARAINI, *Karakoram,* Hutchinson.
R. DAVIS, *Buddhism,* Society for promoting Christian.
S. AKHILANANDA, *Mental Health and Hindu Psychology,* Harper.
R. DAVIS, *Origin and Grow of Religions: Buddhism,* Putnan.
The Way of the Buddha, Ministry of Information, India.
G. S. GHURYE, *Indian Sadhus,* Popular Book depot.
H. JACOB, *Yoga Sara-Sangrha,* T. P. M.
CULTURA DA ÁSIA CENTRAL
G. TUCCI, *Tibetan Pointed Scrolls,* 2 volumes.
WANDOELL, *The Buddhism of Tibet,* Heffer.
GORDON, *The Hundred Thousang Songs,* Tuttle.
DAVID NEEL, *Magic and Mistery in Tibet,* Souvenir Press.
CHANG, *Teachings of Tibetan Yoga,* University Books.
A DAVID NEEL, *Textes Tibetains,* La Colombe.
DAWA SAMOUP, *Le Yoga Tibetain,* Adrien Maisonneuve.
G. TUCCI, *Shrines of a Thousand Buddhas,* Me Bride.
L. JIVAKA, *The Life of Milarespa,* John Murray.
W. EVANS WENTZ, *Tibet's Great Yoga Milarespa,* Oxford.
Tibetan Yoga and Secret Doctrines.
The Tibetan Book of Great Liberation, Oxford.
The Tibetan Book of the Dead, Oxford.
LONGSTAFF, *Recuerdos de Viaje,* Labor.
C. TRUGPA, *Born in Tibet,* George Allen.
Le Bardo Thodol, Adrien Maisonneuve.
R. HUC, *Souvenirs d'un Voyage au Tibet,* Club Libraires de France.
D. NEEL, *La Connaissance Transcendante,* Adyar.
M. LALOU, *Manuel Elementaire de Tibetain Classique,* Imprimerie Nationale.
DALAI LAMA, *Essays on Buddhist Thought and Practice.*
The Wisdom Gone Beyond, Thai Social Science.
SNELLGROVE, *The Nine Ways of Bön,* Oxford.
The Hevajra Tantra, 2 volumes, Oxford.
Buddhist Himalaya, Cassirer.
G. TUCCI, *The Discovery of the Malla, Nepal,* George Allen.
J. E. ELLAN, *The Religion of Tibet,* John Murray.

G. TUCCI, *Tra Giungle e Pagode*, La Librerie dello Stato.
To Lhasa and Beyond, La Librerie dello Stato.
Records of Nvingma: monasteries in Tibet.
R. WOJKOWITA, *Oracles and Demons of Tibet*, John Murray.
GUENTHER, *The Life and Teachings of Naropa*, Oxford.
ANAGARIKA GOVINDA, *Fondations of Tibetan Mysticism*, Dutton.
SGAN, *The Jewel Ornament of Liberation*, Rider.
SNELLGROVE, *Himalayan Pilgrinage*, Cassirer.
G. TUCCI, *Minor Buddhist Texts*, S. O. R.
S. PRANAVANANDA, *Exploration in Tibet*, Calcuta University.
H. HOFFMAN, *Religions of Tibet.*
ANAGARIKA GOVINDA, *The Psychological Attitude of Early Buddism*, Rider.
R. A. STEIN, *L'Epopée Tibetaine de Gesar, PUF.*
GORDON, *The Iconography of Tibetan Lamaism*, Tuttle.
LUMIR JISL, *Tibetan Art*, Spring Books.
PIETRO MELE, *Tibet*, George Allen.
HUMMEL, *Geschichte der Tibetischen Kunst*, Otto harrassowitz.
ANAGARIKA GOVINDA, *The Way of the White Clouds*, Hutchinson.
PIYADASSE THERA, *The Buddhas'sAncient Path*, Rider.
S. CHAUDRA DAS, *A Tibetan-English Dictionary*, Bengal Secret.
P. V. BAPAT, *Yimuktimarga Dhutaguna Nirdesa*, Asia Pub. House.
SNELLGROVE, *Four Lamas of Duldo*, 2 volumes, Cassirer.

CULTURA DO JAPÃO

D. SUZUKI, *Introdução ao Zen Budismo*, Civilização Brasileira.
Essays on Zen Buddhism, 3 volumes, Rider.
Manual of Zen Buddhism, Rider.
Zen and Japanese Culture, Bollingen.
The Zen Doctrine of Non-mind, Rider.
The Essentials of Zen Buddhism, Rider.
Studies on Zen, Rider.
The Lanokavatara Sutra.
Zen Buddhism and Psychoanalysis, Grove.
Mysticism: Christian and Buddhist, Harper.
The Essence of Buddhism, The Buddhist Society.

Zen and Japanese Buddhism, C. Tuttle.
H. DEMOULIN, *A History of Zen Buddhism,* Faber.
WIENPAHL, *The Matter of Zen,* N. Y. U. P.
C. HUMPHREYS, *Zen Buddhism,* George Allen.
The Way of Action, George Allen.
R. H. BLYTH, *Zen and Zen Classics,* 3 volumes, Hosukeido.
Zen and English Literature, Hosukeido.
HAKVIN ZENJI, *The Embossed Tea Kettle,* George Allen.
M. ELIADE, *From Primitives to Zen,* Collins.
SPIEGELBERG, *Zen Rocks and Waters,* Pantheon.
The Sutra of Wei Lang, Luzac.
JOHN BLOFELD, *The Zen Teaching of Hui Hai,* Rider.
KAPLEAU, *The Three Pillars of Zen,* Weatherhill.
H. BENOIT, *La Doctrine Supreme,* 2 volumes, La Colombe.
Lacher Prise, La Colombe.
SAZAKI, *Zen.*
SHIBATA, *Les Maîtres du Zen au Japon,* G. Maisonneuve.
WEI WU WEI, *Fingers Pointing Towards Moon,* Rutledge Kegan.
Why Lazarus Lauphed, Rutledge Kegan.
Ask the Awakened, Rutledge Kegan.
ELIOT, *Japanese Buddhism,* Rutledge Kegan.
RIVIERA, *El Arte Zen,* Universidade México.
WATTS, *This is it.*
The Spirit of Zen, John Murray.
WOOD, *Zen Dictionary,* Peter Owen.
R. SHAW, *The Blue Cliff Records,* Michael Joseph.
The Zen Teaching of Huang Po.
R. POWELL, *Zen and Reality,* Allen and Undwin.
J. SWAN, *To Hold on Zen,* Allen and Undwin.
R. BENEDICT, *The Chrisanthemun and the Sword,* Tuttle.
MUNSTERBERG, *Zen and Oriental Art,* Tuttle.
R. LINSSEN, *Le Bouddhisme et le Zen,* La Colombe.
CHANG CHEN CHI, *The Practice of Zen,* Harper.
REPS, *Zen Flesh, Zen Bows,* Tuttle.
Zen Telegrams, Tuttle.

S. OGATA, *Zen for the West,* Rider.

CHARLES LUK, *The Secrets of Chinese Meditation,* Rider.

Ch'an and Zen Teaching, 3 volumes, Rider.

N. ROSS, *The World of Zen.*

HERRIGEL, *The Method of Zen,* Pantheon.

Zen and the Art of Archery, Pantheon.

DURKHEIM, *The Japanese Cult of Tranquility,* Rider.

OKAKURA, *The Book of Tea,* Tuttle.

DOM A. GRAHAM, *Zen Catholicism,* Collins.

SOKEI-AN, *Cat's Yawn,* First Zen Institute of America.

T. OKAMOTO, *The Zen Gardens,* Mitsumura Sviko Shoim Publish Co.

MURILLO AZEVEDO, *Zen Poemas,* Civilização Brasileira.

ARTHUR WALEY, *The Nô Play of Japan.*

ZEAMI, *La Tradiction Secrète du Nô.*

Soto Zen.

G. DESHIMARU, *Vraie Zen,* Le Courrier du Livre.

RICARDO GONÇALVES, *Textos Budistas e Zen Budistas,* Cultrix.

SESHU, *A Zen Landscape Jorney.*

Japan, its Land, People and Culture.

F. MARAINI, *Meeting with Japan.*

R. H. BLYTH, *Oriental Humour,* Hokuseido.

Hoiku, 4 volumes, Hokuseido.

A History of Haiku, 2 volumes, Hokuseido.

A. MILAMORI, *Masterpieces of Japanese Poetry Ancient and Modern.*

An Anthology of Haiku Ancient and Modern.

R. H. BLYTH, *Buddhist Sermons on Christian Texts,* Nokudosha.

ISSA, *The Year of my Life,* University of California.

STEWART, *A Net of Fireflies,* Tuttle.

A. WALLEY, *Monkey,* George Allen.

KAN YASHIRODA, *Bonsai, Japanese Miniature Trees,* Faber and Faber.

R. FUGIMOTO, *Na Outline of the Triple Sutra of Shin Buddhism,* Honpa Hongwanji.

WEBB, *Introduction to Japan,* Columbia.

YASUMARI KAWABATA, *Japan, the Beautiful and Myself,* Kodansha.

The Existence and Discovery of Beauty, Mainidri.

G. RENONDOU, *Le Bouddhisme dans le Nô.*

Studies on Buddhism on Japan.

The Shinshu Seiten.

SANSONI, *Litteratura Giapponesa.*

SWANN, *Arts of Japan,* Cassirer.

Y. YASHIRO, *2000 Years of Japanese Art,* Thames and Hudson.

A. MAYBON, *Les Temples du Japon.*

OKUDAIRA, *Emaki: Japanese Picture Scholls,* Tutlle.

Pageant of Japanese Art: Painting, Toto Shuppan Ltda.

HAIKU, *The Four Seasons,* The Peter Pauper Press.

Japanese Haiku, The Peter Pauper Press.

E. RAMPO, *Japanese Tales of Mistery and Imagination,* Tuttle.

KOYAMA, *La Condition Sociale des Japonais et son Evolution,* Unesco.

A. F. PRICE, *The Diamond Sutra,* The Buddhist Society.

Masterpieces Selected from Fine Arts of Far East, 12 volumes.

R. TAJIMA, *Les Deux Grands Mandalas, Esoterisme Shingon,* PUF.

Young East, 1952 – 1962.

MILLER, *A Japanese Reader.* Tuttle.

NELSON, *Japanese-English Dictionary,* Tuttle.

Studies on Buddhism in Japan, International Buddhist Society.

B. ZUZUKI, *Mahayana Buddhism,* George Allen.

T. LEGGETT, *The Tigers Cave,* Rider.

N. ROSS, *The World of Zen,* Random House.

T. LEGGETT, *A First Zen Reader,* Tuttle.

C. HUMPHREYS, *Zen Comes West,* George Allen.

R. H. BLYTH, *Mumokan,* Hokuseido.

DOGEN, *Le Boudhisme Japonais,* Albin Michel.

L. ADANS BECK, *Zenn Amours Mistiques,* Victor Attinger.

AMMES, *Zen and American Thought,* University of Hawai.

DURKHEIM, *Discours and Sermons of Houwei-Neng,* Albin Michel.

YAMPOKKY, *The Platform Sutra,* Columbia.

The Platform Scripture, St. John University Press.

SESHU, *We Japanese.*

R. H. BLYTH, *Japanese Life and Character in Senryu,* Hokuseido.

C. LUK, *The Surangama Sutra,* Rider.

CULTURA DA CHINA

LAO TSÉ, *O Livro do Caminho Perfeito,* Civilização Brasileira.

Tao Te Ching, Penguim Books.

LEGGE, *The Texts of Taoism,* Julian Press.

LEON WIEGER, *Les Pères du Sistème Taoiste,* Cathasia.

LIN YUTANG, *The Wisdom of China,* Michael Joseph.

Selections from the Upanishads and the Tao Te Chingh, Cuninghan Press.

HOUANG KIA-TCHENG, *La Voie et sa Vertu,* éditions du Seuil.

JEAN HERBERTH, *Tao Te Ching,* Dervy Livres.

LIN YUTANG, *The Wisdom of Lao Tsé,* Michael Joseph.

I-CHING, *Book of Changes,* University Books.

I-CHING *or Book of Changes,* 2 volumes, Bollingen.

H. WILHEM, *Change,* Bollingen.

J. LAVIER, *Le Livre de la Terre et du Ciel,* Tchou.

SOOTHILL, *The Three Religions of China,* Oxford.

J. LAVIER, *Histoire, Doctrine et Pratique de l'Acupuncture Chinoise,* Tchou.

A. VALEY, *The Nine Songs,* George Allen.

N. VANDIER, *Le TAoisme,* PUF.

Buddhism in China, PUF.

El Legado de China, Oxford.

CH'EN, *Buddhism in China,* Princeton.

E. T. WERNER, *Myths and Legends of China,* George Harrap.

H. A. COILES, *Chuang Tzu,* George Allen.

FUNG YU-LAN, *A History of Chinese Philosophy,* 2 volumes, G. Allen.

BASIC GRAY, *Buddhist Cave Paintings at Tun-Huang,* Faber.

I. VINCENT, *The Sacred Basis.*

PIERRE HUARD, *La Medicine Chinoise,* Roger Dacosta.

A. VALEY, *The Analects of Confucius,* Allen and Unwin.

LIN YUTANG, *The Importance of Understanding,* Heinemann.

ROBINSON, *Early Madhyamika in India and China,* Wiscousin.

CHANG CHUNG-YUAN, *Creativity and Taoism,* Julian Press.